JN421319

중·미 전략경쟁과 새로운 세계

강정구

선인

책을 내면서

지구촌 역사 갈림길을 맞이한 오늘날, 트럼프가 이끌어가는 미국은 21세기의 정상국가라고 보기 힘들 정도로 이단적이고 야만적이다. 이럼에도 불구하고 마가(MAGA)라는 신기루에 취해 트럼프에 대한 열광적인 지지는 아직도 미국인의 상당 부분을 차지한다.

이러한 이변적 현상은 우연이 아닌 것이다. 바로 세계사적 역사전환을 맞아 패권지배국인 미국이 그 수명을 다해가는 즈음, 점잖은 퇴조를 택하기보다 안간힘을 쏟으면서 기존의 지배력을 유지하기 위해 발버둥치는 모습으로 비쳐진다. 그렇지만 역사의 흐름은 멈추지 않을 것이다.

자연적인 지구촌 역시 이러한 전환기를 맞은 것 같다. 기후위기는 이제 위기 정도를 넘어 기후재앙 수준으로 격화되고 있다. 우리 인류가 쾌적하게 살아 갈 수 있는 생명공동체의 모습이 나날이 일그러지고 있다. 재생에너지를 통한 녹색전환은 자연생태공동체의 복원을 위해 발등에 불이 붙은 듯 화급한 과제이다.

분단과 적대 및 전쟁위기로 얼룩져 왔던 한반도 역시 이제 새로운 역사이행기를 맞아 조선 본래의 평화·통일·화합의 민족공동체로 나아갈 역사적 전환기를 맞을 것이다. 우리를 에워싼 전체 구도가 새롭게 짜여 지고 있는 중이다. 미국이 주조한 대(大)분단체제와 소(小)분단체제의 우리 속에 갇혔으면서도 남과 북은 각기 저력을 발휘해 왔다. 이제는 이 저력을 한껏 자주적으로 발휘하여 80년 전에 이 땅에 외세에 의해 강제적으로 구축된 이 멍에의 우리를 우리 손으로 찢어 내버릴 때를 맞은 것 같다.

철부지 혐중(嫌中) 시위가 난무하는 가운데서도 보수의 대명사라는 『조선일보』가 최근 무려 연속 7차례 사설을 통해 중국의 굴기를 다루면서 이 '쓰나미'를 부정하거나 외면하지 말고 함께 올라타 이를 넘어설 것을 주문하고 있다. 그렇다. 애써 외면하거나 혐오한다고 길이 열리는 것이 아니다. 역사의 도도한 흐름과 함께 나아가야 할 것이다.

이 책 집필이 끝난 10월 9일 중국이 '독과점'하고 있는 희토류와 그 제련기술 등에 대한 수출 통제를 발표했다. 미국이 중국에게 실시해 왔던 반도체 등 기술수출 통제에 전적으로 맞대응을 선언한 것이다. 9월 3일 전승절 열병식에서 첨단 군사무기를 과시하여 전쟁 방식의 미국 대응을 억지하고, 열세에 놓여 있던 반도체 등의 기술자립을 거의 완공한 바탕 위에서, 중국이 대담하게 접근한 것이다.

약 500년에 걸친 서구에 의한 야만적 식민주의와 자본주의 제국주의의 포악한 패권주의가 이제 종말을 향해 그 불가역적 행보를 보여주고 있다. 이러한 구도가 실현되는 대 역사적 현장에 지금 우리는 살고 있다. 그래서 희망과 낙관으로 이 책을 집필해 왔다.

해방둥이로서 통일둥이를 꿈꾸어 왔던 팔순을 넘긴 소생이 간절히 바라는 것은 이러한 전망이 구체적으로 뚜렷이 구현될 것 같은 2035년경까지 생을 부지하여 이를 목도하고 확인하고 환희에 짧은 기간이나마 취해 보자는 것이다.

초벌 원고를 읽고 조언을 마다하지 않은 송승락 대학동기 펜실바니아 경제학교수와, 어려운 출판사 사정에도 불구하고 기꺼이 출판을 맡아주신 윤관백 선인 대표님과 까다로운 편집 일을 도맡아 주신 박애리 실장님께 감사를 올립니다.

2025년 10월 여름과 같은 가을을 맞아

강정구

차 례

1장

왜 중·미 전략경쟁인가?

왜 이 책을 쓸까? 아니 굳이 쓸 수밖에 없는가? 다음 다섯 가지 충격과 이에 따른 절실한 문제의식에서 비롯되었다. 첫째는 2000년부터 세계적으로 창궐한 코로나역병의 결과였다. 이를 통해 현재의 세계와 세상이 새 판짜기로 뒤바뀌져야 할 긴요성을 절감하고 또한 그 가능성을 발견했다. 둘째는 미국 대통령 바이든이 '신냉전'을 획책하기 위해 내세우는 '가치동맹'의 허구성이었다. 이로써 우리 지구촌이 새 판짜기 해야 할 역사적 당위성을 거듭 확인했다. 셋째는 30여년 계속된 한반도 핵 위기와 2018년 열린 6·12싱가포르합의의 무산과 연속되는 한반도 전쟁위기였다. 이를 통해 1945년 이후 한반도를 짓누르고 있는 외적 멍에의 강고한 구조를 재확인하고, 이제는 이 외적 구조가 새 판짜기로 허물어지고 있음을 목격하면서, 평화와 통일 친화적인 외적 구조의 근접함을 절감하기 시작했다. 넷째는 술 취한 조타수 윤석열정권과 같은 남한 내 극우 정권의 주기적 등장이었다. 이 주기성을 허무는 밑바탕을 내적요소 못지않게 외적 요소에도 주목하게 되었다. 다섯째, 나날이 격화되고 있는 기후재앙에서 생태문명건설로 지구촌의 생명공동체 기능의 회복이 화급한 과제로 더 이상 미룰 수 없는 현안이 되었기 때문이다.

이들 큰 충격과 문제의식의 밑뿌리에는 태평양전쟁을 공식적으로 종결하고, 전범국가 일본을 미군사정부체제에서 '해방'시켜 정치적 '독립'을 허용하고, 동시에 동아시아를 중국과 미·일 종속연합 대립구도로 판짜기 한 샌프란시스코체제에[1] 바탕을 둔 '동아시아 대(大)분단

---

[1] 서승은 샌프란시스코체제를 다음과 같이 보고 있다. "냉전으로 미국은 반파시즘민주화의 방향을 왜곡하여, '매카시선풍'으로 파시스트를 껴안고, 반공편향인 동아시아 패권을 추구하였다. 루스벨트개혁을 무산시키는 '역코스'라는 정책전환에 의해서, 일본의 전쟁책임을 덮어버리고 일본을 평화국가로 변신시킨다고 하는 공약은 휴지조각이 되어버렸다. 이 역코스에 국제법적 근거를 부여한 것이 '샌프란시스코조약체제'였다.

체제'와 한반도 분단과 지속되는 냉전이라는 '소(小)분단냉전체제'의[2] 작동이 있어 왔다. 또한 세계를 폭력으로 지배하고 자본주의 첨단을 이끌어간다는 '선진' 미국에 대한 구조적 한계성에 대한 절감이 있다. 더 나아가 이 절감의 문제의식을 넘어서서, 이러한 미국 단극패권 주도의 세계질서와 세상살이인 사회경제체제가 새로운 판짜기를 할 수밖에 없는 역사전환기가 도래하고 있다는 징후를, 중·미 전략경쟁과 우크라이나전쟁에서부터 확인하여, 새로운 세계와 세상의 다가오기가 희망으로 비춰지고 있다. 그래서 이 책의 본론으로 중·미 전략경쟁을 다룰 수밖에 없는 것이다.[3] 인간의 주체적 행위의 결과물인 역사를

원래 샌프란시스코강화회의는 대일강화조약 체결을 명분으로 내세웠지만, 일본 제국주의의 최대 피해자인 중국과 조선을 회의에서 배제하고 일본 군국주의 세력을 부활시키고 반영구적인 주일미군기지 사용과 미군주둔을 허용하게 하여, 일본을 동아시아의 전진기지로 삼는 미국의 '6·25전쟁 수행체제'를 정비하는 것을 의도한 것이었다."… "1952년 4월 샌프란시스코 조약 비준의 날 주일미군기지 영구적 사용과 반영구적 미군주둔을 명기한 '미일안전보장조약'과 타이완으로 내몰린 장제스 국민당정부에게 중국 전체를 대표할 수 있는 정통성을 부여하고, 중국인민의 압도적 지지를 받는 중국의 권력을 장악한 마오쩌둥이 이끄는 신생 중국을 공산비적으로 규정하여 그 정통성을 부정하는 '일화(日華)평화조약'을 동시에 비준했다. 샌프란시스코 조약체제의 반역사성, 반동성은 명백하다." 서승 책임편집, 『동아시아와 샌프란시스코 조약체제: 3개의 분단과 2개의 정전을 넘어서』, 진인진, 2023, 15-16쪽; 한승동은 샌프란시스코체제를 "[샌프란시스코조약으로] 말미암은, 또는 그 조약과 동시에 체결된 미·일 안전보장조약 등을 중심으로 형성된 관계, 특히 국제관계 그리고 그것이 관련 당사국들의 정치·군사·외교·안보·경제의 작동방식을 좌우하거나 거기에 중대한 영향을 끼치고 있는 관계망 전체"로 인식하고 있다. 김영호 외 22인, 『샌프란시스코 체제를 넘어서: 동아시아 냉전과 식민지 전쟁범죄의 청산』, 메디치, 2022, 612쪽.

2 이삼성, 「동아시아 대분단체제론과 미중 갈등 그리고 한반도」, 『동아시아 대분단체제론』, 한길사, 2023. 이삼성은 동아시아 대분단체제와 소분단체제를 개념화하여 냉전 이후 동아시아 전체의 맥락에서 대결구도를 미·일연합과 중국과의 대립구도로 보고 있다. 그렇지만 한반도는 동아시아 전반과는 달리 탈냉전 이후에도 남과 북의 분단체제와 이념대결인 냉전체제가 아직도, 비록 약화는 되었지만, 잔존하고 있다. 그래서 필자는 한반도의 경우 동아시아대분단체제와 한반도소분단냉전체제로 개념화하여 한반도 평화와 통일 및 핵위기 등을 분석하는 게 더 유효하다고 보고 있다.

3 필자는 미국이 먼저 도발한 중국과의 전략경쟁을 주제로 삼고 있다. 당위적으로도 새로운 세계나 지구촌은 이제까지의 서방패권주의 방식의 패권지배체제가 아닌 다극화체제(과도기적으로) 또는 다자주의체제로(궁극적으로) 지향해야 할 것이다. 실제적으

좀 긴 호흡으로 보면서 보다 희망적인 앞날을 기약(期約)해 본다.

여기에 덧붙여, 환경파괴로 인한 지구촌 기후위기가 이제 마치 기후재앙으로 비화한 듯 한반도를 비롯하여 전 지구촌에 걸쳐 기승(氣勝)을 부리고 있기 때문이다. 40도까지 치솟는 염천더위의 만연(蔓延)화, 극한호우, 빙하의 잠식 등등은 인간은 물론 생명공동체 전체를 위협하고 있다. 이제 지구 생태계에서 거의 모든 생명체가 공생을 이룰 수 있는 생태문명건설을 시급히 지향해야 할 시점이다. 이에 대한 중국의 녹색전환은 주목할 만하다.

1. 2000년부터 창궐하기 시작한 코로나역병의 충격

같은 전염병이지만 이 코로나역병에 대처하는 미국과 중국의 접근방식과 그로 인한 결과의 차이가 천양지차(天壤之差)라는 점은 충격적이었다. 코로나가 독감처럼 간헐(間歇)화하기 이전인 2022년11월 2일 현재 미국과 중국의 확진 숫자가 각각 9천9백만과 26만이고, 사망자가 110만과 5,200명 정도였다.[4]

자본주의 최첨단이고 가장 '선진적'이라는 미국이 아직도 그 반열에 오르지도 못했다고 일컬어지는 중국과 비교할 때, 더구나 인구가

로도 중국이나 러시아 등 브릭스 회원국가 또한 다자주의 또는 다극화 세계를 지향하면서 패권주의를 배격하고 있다. 중국의 공식적 외교 전략은 독립자주평화지향, 자주권 존중, 내정개입 반대, 反패권주의, 反확장주의 등으로 패권을 추구하지 않을 것을 명시적으로 선언하고 있다. 또한 G-2라는 패권체제를 암묵적으로 내포하는 개념 자체를 배격하고 있을 정도다.

[4] 2023년이 되면 코비드-19에 대한 면역력이 세계적으로 강화되어 전염병으로서의 위력이 사라지고, 감기 정도로 그 위협이 격감되었기에 기준 일을 2022년 말로 잡았다.

미국의(2021년 약 3억 3천만) 약 4.27배에 달하는 중국(2021년 약 14억 1천만)과 비교할 때, 그 차이는 극명했다. 미국의 코로나로 인한 확진과 사망률을 기준으로 인구비례 환산을 해 보면 중국은 4억 2천만의 확진자와 469만의 사망자로 추론할 수 있다. 그러나 실제 중국은 확진자 약 26만과 사망자 약 5,200명 정도였다.

이러한 엄청난 격차는 인간이 인간으로서 존엄성을 누리고 살아갈 수 있는 제반 조건을 부여받을 권리인 인권, 그 가운데 가장 핵심인 생명권, 더 세분한다면 건강생명권에서 미국과 중국 두 사회는 너무나 대조적이다. 이러한 극명한 차이는 여러 가지 요인이 결부되어 있겠지만, 가장 중요한 요소는 사회경제체제와 각자의 문명 속에 스며든 가치체계에 기인할 것이다.

자타가 공인하듯이 미국은 자본주의의 최첨단으로서 지구촌의 경제를 쥐락펴락 해 왔다. 그렇지만 코로나 창궐을 계기로, 자국 인민의 건강생명권조차 제대로 돌봐 줄 수 없는 사회라는 지탄을 받을 수밖에 없게 되었다. 그렇지만 서방에서 '권위주의' 국가로 '인권이 제대로 보장되지 않기'로 일컬어지는 사회주의 경제체제 지향인 중국은, 생명지상주의와 인민지상주의를 내세우며 제로코로나를 실시해 방역에서 미국에 비해 혁혁한 성과를 거둔 것이다. 이 결과 중국인 일반과 특히 젊은이들의 자기 나라 중국에 대한 긍지와 자신감이 충만해지기 시작했다.

이로부터 자본주의적 사회경제체제의 한계를, 더구나 신자유주의를 바탕으로 한 빈부격차의 절정화로 치달아왔던 경제체제의 한계를 절감하였다. 또한 보다 인간의 얼굴을 가진 문명사회와 사회경제체제로의 탈바꿈 필요성을 절감하는 계기가 되었다.[5] 필자 또한 중세 흑사

[5] 이에 대한 대표적 저작으로는, 파올로 제르바우도, 남상백 옮김, 『거대한 반격: 포퓰리

병의 세상 바꾸기를 연상하면서 새로운 세계질서와 새로운 세상의 도래가 구조적으로 또 행위 주체적으로 촉진돼 가고 있음을 절감하여 왔다.

2. 미국 대통령 바이든이 내세우는 '가치동맹'의 허구성

코로나 충격 속에 등장한 미국의 바이든 대통령은, 그 이전 오바마가 추동해 왔던 아·태재균형전략과 이의 연장인 트럼프의 인도·태평양구상을 심화·확대하여, 민주주의와 권위주의와의 대결이라는 '신냉전'구도로 몰고 갔다. 그러면서, 서방과 나토, 한국 및 일본 등을 끌어들여 중·미 전략경쟁을 격화시키고는, '가치동맹'을 그 대결의 명분으로 내세워 왔다. 그리고 그 가치를 민주, 인권, 규정에 기초한 법치(또는 국제질서, Rule-based International Order)로 대별하였다.

이 가치 또는 규범을 이끌고 또 '신봉'하는 미국과 서방 등은 이를 '배반' 내지 '수정'하고 있다는 중국 및 러시아 등을 겨냥하면서 대결구도를 '정당화'시켜 왔다.[6] 그렇지만 과연 이 세 종류의 가치규범이 현재의 인류사회에서 가장 우선시해야 할 가치규범인지, 더구나 이를

즘과 팬데믹 이후의 정치』, 다른백년, 2022; 림 마휘, 마이클 행 시암 행, 조세종, 심영보 옮김, 『코로나 19와 구조적 위기의 시대』, 사회적가치연구원, 2023쪽; 김상준, 『붕새의 날개 문명의 진로: 팽창문명에서 내장문명으로』, 아카넷, 2021.

6 탈냉전 직후 '역사의 종말'론이 급격히 팽창하면서 자유주의적 시장경제, 자유민주주의, 인권 등을 기조로 한다는 자기들의 형상에 따라 세계를 이들 표준에 맞춰 개조하려는 '자유주의적 거대 환상'에 미국이 도취되었다고 보고, 이를 미국의 사명으로 인식하는 대전략에 철학적 기조를 두고 있다고 클린턴 이후 나토 동진 등을 포함한 미국의 '자유패권' 국제정치 전략을 지적한 글로는 차태서, 「탈쟁전 시기 미국의 대외전략과 동아시아: 단극구조와 자유주의 국제질서」, 최종현학술원, 『한미일중 100년 II, 냉전 해체와 중국의 부상(1970-2023)』, 일조각, 2023, 193-223쪽.

명분으로 지구촌을 과거 미·소냉전 때처럼 '의사(擬似) 신냉전' 대결 구도로 몰아가는 게 정당한지, 또 이 세 부분에서 과연 미국은 그 표준이라고 자처할 근거를 제대로 가졌는지는 지극히 의문이다.

오히려 수백만 수천만 및 수억의 생명권을 단 시간 내로 앗아갈 수 있는 전쟁을 예방하는 평화, 이 평화가 오늘날 인류사회가 직면한 가장 소중한 보편적 규범이고 가치일 것이다. 더구나 오늘날과 같이 핵무기가 몇 분 사이에 발사되어 수억의 생명권을 앗아갈 수 있는 핵대결의 시대에는, 더 더욱 이 평화가 핵심적이고 근본적인 가치나 메타적 규범으로 자리 잡아야 할 것이다. 또한 이 세 종류의 가치인 민주, 인권, 법치에 따른 국제질서라는 영역에서마저 과연 미국은 표준이고 그 선도자로서 이를 당당히 외칠 수 있는 논거를 도대체 얼마나 가졌는가라는 의문이 따른다.

흔히들 중국이 비록 경제력 등 경성권력에서는 세계를 이끌어갈 역량을 구비한 단계에 가까이 진입했지만 연성권력 또는 소프트 파워(soft power)에서는 아직 시기상조라면서 미국 가치외교의 구성요소인 민주주의, 인권, 규정에 기초한 법치 등을 표준으로 내세우기도 한다. 그러나 앞에서 지적한 바와 같이 미국이 내세우는 이들 규범이 과연 현 인류사회가 요구하는 우선적 규범인지 또 이 영역에서마저 미국은 과연 표준으로 간주될 수 있는 요건을 얼마나 갖췄는지는 엄격한 경험적 검증이 요구된다. 더구나 신식민지적 약탈주의로 치닫는 트럼프 2기에서는 더욱더 엄격한 검증이 요구된다고 볼 수 있다. 또한 과연 민주주의가, 그것도 대의제민주주의와 직접선거로 주로 대변되는 미국이나 서방식의 민주주의가 마치 만병통치인양 회자될 수 있는 자격을 누릴 수 있는지는 근본적으로 검토되어야 할 것이다.[7] 대조적으로

---

[7] 이러한 시도로까지 미치지는 못하지만 보다 민주주의적인 민주제도를 모색하는 시도

중국과 러시아는, "평화, 발전, 공평, 정의, 민주, 자유의 인류 공동가치를 수호하고, 각국 인민의 자주적 발전 선택권과 각국의 주권 안전 발전 이익을 존중"하는 것을 인류사회의 우선적 규범으로 설정하고 있다.[8]

민주란 인민대중이 주체가 되고 통제력을 발휘해 인민통치를 수행할 수 있는 광장이 제도적으로 뒷받침되는 데서 그 기준을 잡아야 할 것이다. 그러나 이러한 사회제도를 만드는 것은 그 사회를 움직이는 권력이 뒷받침되어야 한다. "최고 부자 3명이 하위소득자 50%보다 더 많은 재부를 소유하는" 사회가 바로 미국이라고 노벨경제학자 스티글리츠교수가 통탄했다.[9] 이렇게 기형적인 사회로 전락한 곳에서, 더구나 돈이 절대적으로 지배하는 미국식 자본주의 사회에서, 인민대중이 통제력을 발휘할 수 있는 사회제도를 창출할 수 있는 역량인 인민권력이나 인민통치가 그 토대를 갖추기는 어렵고도 어렵다.

그 결과 미국의 대의제 민주주의는 결코 그들이 주장하듯이 지구촌에 내세울 이념적 자산이나 자유 패권주의적 프로젝트로의 구성물로서 특등 자격을 가질 수가 없다.[10] "오늘날 '민주주의'는 세계를 지배

로는 엘렌 랜드모어, 남상백 옮김, 『열린 민주주의: 21세기 민주주의의 재발명』, 다른백년, 2024.

8 2022년 2월 베이징 동계올림픽 개막식에 참가한 푸틴과 시진핑 사이 38번째의 정상회담에서 발표한 "중화인민공화국과 러시아 연방의 신시대 국제관계와 글로벌 지속가능한 발전에 관한 공동 성명"(中华人民共和国和俄罗斯联邦关于新时代国际关系和全球可持续发展的联合声明), 『신화사』(2022.02.04.) https://www.gov.cn/xinwen/2022-02/04/content_5672025.htm.

9 이와 마찬가지로 세계적 수준에서도 금융화된 자본주의로 인해 "2018년에는 상위 26명의 억만장자가 전 세계인구의 하위 50%보다 더 많은 부를 소유했다." 림 마휘, 마이클 행 시암 행, 조세종, 심영보 옮김, 『코로나 19와 구조적 위기의 시대』, 사회적가치연구원, 2023, 172쪽.

10 이를 반영하듯 영국 이코노미스트의 산하기관인 '이코노미스트 인텔리전스 유닛'(EIU)이 2024년 2월 15일 발표한 '민주주의 지수 2023'(Democracy Index 2023)에서 미

하기 위해 미국이 주도하는 노력 앞에 내세우는 슬로건으로, 미국이 그들이 말하는 '권위주의' 국가들에 대한 강제적인 내정간섭을 정당화할 때 사용하는 바로 그 어휘인 것이다."[11]

또한 민주주의란 인류사회가 지향해야할 보편적 가치와 규범의 하나임에는 틀림없다. 그렇지만 세계 제2차 대전 이후 미국중심의 세계질서 속에서 오늘날 누리는 메타적 특권을 가져서는 안 된다. 민주주의가, 이제까지 미국식의 대의제나 3권 분립체계의 과두(寡頭)정치를 무비판적으로 지칭해 왔지만, 마치 최우선적인 가치로 다른 가치나 규범을 압도하는 가치나(overriding value) 규범(norm)인 것처럼, 과잉이념화와 절대이념화 되어 있는 게 오늘날 서방주도의 국제질서다. 또한 민주화가 되면 생태계 파괴문제까지도 해결될 수 있다는 식으로 모든 문제가 해결된다는 식의 민주만능주의에 함몰되어서도 안 된다.

인류에게 중요한 보편적 규범은 평화, 평등, 연대, 민주, 녹색전환, 자유, 인권, 생명 등등이고 이 가운데 어느 것을 우선 및 중시할 것인가는 그 사회가 처한 역사적 조건에 따라 결정되고 선택될 문제이다. 미국의 끊임없는 전쟁 위협 속에 생존을 최우선으로 삼고 있는 북조선의 경우 최우선 보편 규범은 평화협정을 체결해 한반도평화를 이룩해 전체 인민의 생명권을 확보하는 것이지 미국식 대의민주나 선거체제 및 자유시민권 등일 수는 결코 없을 것이다.[12]

국은 10점 만점에 7.85점을 받아 세계 29위로 8년 연속 '결함 있는 민주주의'(Flawed Democracy) 국가 군으로 분류됐다. 한국은 8.09점으로 22위를 기록해 4년째 '완전한 민주주의'(Full Democracy) 범주에 속했다(https://namu.wiki/w/%EB%AF%BC%EC%A3%BC%EC%A3%BC%EC%9D%98%20%EC%A7%80%EC%88%98). 그러나 윤석열 내란 수괴의 집권기에는 결함있는 민주주의로 하락했다.

11 더글라스 러미스, 이승렬·하승우 옮김, 『래디컬 데모크라시』, 한티재, 2024, 26쪽.

12 마틴 자크 역시 이와 유사한 인식을 공유한다. 그는, "민주주의를 역사적, 문화적 여건과는 상관없이 모든 상황에 적용할 수 있는 추상적인 이상으로 여겨서는 안 된다.…한

인권 역시 마찬가지다 국제인권규약 A인 사회경제문화권과 B인 시민정치권을 지구촌 대부분의 나라가 비준했다. 그렇지만 미국은 아직도 규약 A를 비준하지도 않았고 또 비준 전망도 거의 없다. 트럼프 1기 당시에는 국제인권이사회에서도 탈퇴하였고, 이를 미국사회가 용납할 정도다. 그러면서도 미국은 거의 해마다 '인권보고서'를 만들어 세계 다른 나라의 인권을 '평가' 및 '판별'해 왔다. 또 이를 빌미로 타국에 대한 폭력적 내정개입, 침략 및 외교적 압력행사를 일삼아 왔다.[13] 이렇게 합리성 제로상태이고 맹목적인 패권행위에 매몰된 미국이 세계를 이끌어가는 세계질서 자체가 기형적이다. 시급히 재(再)구축될 필요가 절실하다.

미국 국내에서도 노숙인 65만3천(2023년 12월 기준), 총기사망 연 4만 5천, 인종차별, 혐오범죄의 극성, 하루 17억 건의 국내외 스파이활동 등이 펼쳐져, 미국 자체가 반(反)인권의 백화점이다. 여기에다 지미 카터 전 대통령이 지적했듯이 역사상 가장 전쟁을 많이 벌여온 국가로 절대적 인권인 생명권, 그 가운데 평화생명권을 제일 많이 짓밟아 오고 있는 국가이다.[14] 이러한 반(反)인권의 표본인 미국이 내세우는 인권을 포함

나라의 정부를 평가할 때 민주화 수준을 다른 기준보다 중요시해서는 안 된다.... 사회가 다르면 사회가 처한 상황이나 역사, 개발의 수준에 따라 우선순위도 달라지는 법이다." 마틴 자크, 안세민 옮김, 『중국이 세계를 지배하면: 패권국가 중국은 천하를 어떻게 바꿀 것인가?』, 부키, 2010, 279쪽.

13 미국의 인권보고서를 발판으로 미국이 제정한 '북한인권법'이 범하고 있는 반(反)인권성을 지적한 글로는 강정구, "미국의 북한인권법이 인권을 위한다고?" 강정구, 『미국을 알기나 하나요?』, 『통일뉴스』, 2004, 165~174쪽.

14 필자의 인권관을 약술하겠다: 현재 또는 다가올 세기에서 범사회적으로 또 초역사적으로 공유되어야할 핵심 메타가치는 생명권이다. 동서고금, 남녀노소, 인간사회와 동식물 세계를 막론하고 모든 생명체에게 가장 핵심적이고 메타적인 가치는 생명 자체다. 거의 모든 인간사회에서 생명을 가장 중시해왔기에 이를 침탈한 행위에 대해서는, 살인죄를 적용해 가장 가혹한 처벌에 임해 왔다. 동양사회는 인간사회를 넘어서 동식물과 자연계 생명체의 생명까지 중시하고 자연계와 인간계와의 상생을 중시하는 사상

한 '가치동맹'이 얼마나 허구인지는 자명하다.

다음은 '규정에 기초한 국제질서'라는 가치를 보자. 여기서 핵심은

적 조류가 문명 초기부터 활발했다. 이 생명권은 국제인권규약에서 직접적으로는 고문이나 구금 등 미시적 차원에서 다루고 있고, 규약 차원에서는 규약B 곧 자유시민권에서 일부 다루고 있다. 그렇지만 생명권일반을 포괄적으로 다루고 있지 못한 한계가 뚜렷하다. 인간이 인간으로서 존엄성을 누리고 살아갈 수 있는 제반적 조건을 부여받을 권리인 인권 가운데 생명과 직접적으로 관련성이 높은 게 생명권이다. 이 생명권 일반을 세부적으로 소(小)분류할 필요가 있다. 생명권 침해를 저지르는 범주는 다양하지만 그 가운데 핵심은 전쟁, 가난과 궁핍, 흑사병이나 코로나와 같은 전염병 창궐, 기후위기 등 자연생태계 파괴로 대별할 수 있을 것이다. 이들로부터 해방되어 생명권 침해를 보호 및 보장받는 핵심적인 각론적 생명권은 다음과 같이 4가지로 대별될 수 있을 것이다: 전쟁으로부터 해방되어 생명권 침해에서 벗어나는 평화생명권, 가난과 궁핍으로부터 해방되어 최소한의 생존을 보장받는 생존생명권, 전염병이나 각종 질병으로부터 보호받는 건강생명권, 탄소배출 과다 등으로 인한 자연생태계 파괴로부터 보호받는 환경생명권. 인류의 생존력은 위의 소분류 생명권이 얼마나 보장받느냐에 따라 대부분 결정된다고 볼 수 있다. 우리가 중·미 전략경쟁을 논의할 때 미국이나 중국이 현재 또는 미래에 지향하는 가치관이 위의 생명권에 얼마나 근접하느냐에 따른 평가가 필수적으로 요구된다. 어떤 사회나 문명이든지 간에 이들을 평가하는 요소는 메타 가치인 생명권을 최우선에 두고, 각기 처한 역사적·사회적·시대적 조건 등에 따라 평등, 민주, 정의, 자유, 연대 등등의 가치를 부가할 수 있을 것이다. 자본주의 패권을 전횡한 미국이 지배하는 탈냉전이후의 세계질서 속에서는 미국식의 자유나 민주 및 인권이 과도하게 가치화되어 마치 다른 형태(version)나 기타 가치를 압도하는 구도를 형성하고 있다. 그렇지만 인류사회의 보편적 기준에서 본다면 이는 왜곡된 가치관으로 인식될 수도 있을 것이다.이에 중·미 전략경쟁을 다루면서 메타가치를 중심으로 중국과 미국을 자리매김할 필요가 있다. 더구나 전략경쟁의 결과에 따라 새로운 세계, 새로운 세상, 새로운 문명이 태동될 수 있기 때문에 이는 더욱 긴요한 과제일 것이다. 이들 메타가치를 바탕으로 중국과 미국을 비교하면 그 평가는 간단히 결론난다. 평화생명권에서는 카터 전 미국대통령의 언급에서 지적했듯이 미국은 역사상 가장 호전적인 국가였고 또 현재 진행형이다. 또한 바이든이 대 중국·러시아와 전략대결을 벌이면서 내세운 가치동맹에서 평화를 아예 배제한데서도 미국의 반(反)평화생명권의 극치는 그대로 드러난다. 건강생명권에서는 코로나 희생에서 판명됐다. 생존생명권 역시 부자 3명이 하위소득자 50%의 재산보다 많은 부를 소유한데서 비교의 여지가 없다. 단지 환경생명권은 아직도 진행형이고 추이를 지켜보아야 할 사안이다. 그렇지만 없는 욕구도 인위적으로 창출시켜 교환가치 취득에 진력하는 자본주의사회경제형태 자체가 근본적으로 반(反)환경생명권적인 속성을 가지고 있음을 중시해야 할 것이다. 이런데도 불구하고 서방이나 한국의 언론이나 지식인 등의 인식은 피상적인 인권과 민주를 들먹이면서 거의 70년 이상 서구의 대의민주제를 초과잉 평가하여 마치 이런 민주가 만병통치적인 주술을 가져 다른 모든 가치를 능가하는 것으로 인식해왔다. 그래서 제국주의 패권국 미국이라는 제국이 저질러왔던 엄청난 죄악을 단지 대의제 민주라는 것만으로도 상쇄하는 역할을 상당부분 해 왔던 것이 현실이었다.

‘규정’(rule)이다. 이 규정에 대해, 미국은 아직 그 보편적 기준을 제시하지 못하고 있다. 아니 제시할 수가 없다. 왜냐면 미국은 그때그때 사안별로 미국이 제시하는 게 규정이라고 보기 때문이다. 국제질서는 응당 유엔헌장이나 유엔 중심의 규약과 결의사항, 국제법, 국가 간 조약, 협정, 합의사항 등이 그 기준이 되어야 할 것이다. 이를 무시하거나 짓밟는 행위는 패권적 행위이고 강권과 폭력행사에 불과하다.

현재 진행 중인 이스라엘의 대 팔레스타인 학살전쟁에 대한 ‘즉각휴전’(immediate ceasefire)을 요구(demand)하는 2024년 3월 25일자 유엔안보리결의안에 대해 미국은 ‘구속력 없는’ 결의안이라고 해석하면서 준수할 의향이 없음을 노골화 했다. 그러나 북조선 핵실험에 대한 유엔안보리 결의인 대북 제재는 온갖 수단을 동원해 관철시켜 왔다. 이러한 미국 패권을 위해 자의적 이중 잣대를 일삼는 ‘규정에 기초한’ 국제질서를 법치라고 할 수는 없다. 더 나아가 지속적으로 팔레스타인에서 집단학살극을 벌여왔던 이스라엘이 레바논, 시리아 등 이웃까지 학살극을 확대하기도 했다. 이런데도 미국은 겉으로는 휴전을 종용하는 척 하면서 실제로는 무기와 정보를 제공해 학살극을 지원 및 사주하고, 심지어 이란을 폭격하는 만행까지 저지르는 위선의 극치를 보여주고 있다. 이런 위선의 미국을 정의길 기자는 다음과 같이 신랄하게 질책하고 있다.

> 이스라엘은 1년 가까이 전쟁을 끌면서 확전하고 있다. 미국의 무기 지원 없이는 그럴 수 없다. 가자 휴전을 원하고, 중동에서 확전을 막고 싶다고? 당장 이스라엘에 무기 지원을 중단하면 된다. 미국이 그럴 수 있을까?[15]

---

[15] 정의길, “이스라엘에 무기 쥐여 주며 휴전하라고?” 『한겨레』 (2024.09.25.) https://

이러한 위선과 허구의 가치동맹에 대해 한국의 윤석열은 그 내용도 전혀 모르면서 걸핏하면 가치동맹과 가치외교를 내세우고, 한국사회에서 이에 대한 문제제기는 마치 성역을 건드리는 것으로 금기의 영역처럼 몰고 갔다. 그러나 제대로 된 세계나 사회는 이를 용납할 수 없다. 더구나 학문의 세계는 결코 어떤 성역도 허용할 수 없고, 파헤쳐서 진실을 드러내야 할 의무와 책임이 우리들 학문을 업으로 하는 사람들에게 있다.

3. 한반도비핵화 중단과정과 미국의 실체

2017년 여름 미국대통령 트럼프는 "이것을(북의 핵미사일) 멈추기 위해 전쟁이 있어야 한다면, 그곳에서 벌어질 것", "만일 수천 명이 죽는다면, 그곳에서 그들이 죽는 것이지 이곳에서 죽는 게 아니다"라고 말할 정도로 한반도는 전쟁위기에 휩싸였다. 2024년 노벨문학상을 받은 한강 작가는, 2017년 10월 8일 『뉴욕타임스』 기고문의 제목에서 당시의 엄중한 상황을 잘 묘사하고 있다. '미국이 전쟁을 말할 때 한국은 몸서리친다: 승리하는 전쟁이란 세상 어디에도 없다(While the U.S. Talks of War, South Korea Shudders: There is no war that ends in victory.)' 또한 그녀는 "한국인은 두렵다. 아직 (살아남아) 맞고 싶은 날들이 있고, 우리 옆에 사랑하는 사람들이 있기 때문이다. 한반도 남쪽에 5천만이 살고, 그중 70만 유치원생이 있다. 우리에겐 단순한 숫자가 아니다." "한반도에서 또 다른 대리전을 절대적으로 원치 않는다." "평화적이지 않은 해법과 승리

---

www.hani.co.kr/arti/opinion/column/1159686.html

는 공허하고, 터무니없으며, 불가능한 슬로건"이라면서 절규하였다.[16]

이러한 화급한 전쟁위기가 2018년 6·12싱가포르회담으로 사그라지고 이제는 한반도에 평화정착이 이뤄질 것 같은 환희에 빠져 있었다. 합의내용은, 첫째 양국은 "새로운 관계를 확립하기로 약속"했고, 둘째 "영속적이고 안정적인 한반도평화체제를 만드는 노력에 참여"하고, 셋째 북은 "한반도의 완전한 비핵화를 향해 노력하겠다는 2018년 4월 27일 판문점선언 내용을 재확인"하였다. 이 싱가포르 합의는 기존의 선(先) 비핵화 후(後) 평화체제와 관계정상화라는 도식적이고 우격다짐이면서 불가능한 미국의 접근법에서 북조선의 동시행동의 원칙을 수용한 점에서 전향적인 합의였다.

그러나 2019년 2월 하노이 후속회담이 결렬되면서 한반도 비핵화 협상은 원점으로 되돌아가고 한반도 평화정착 추진은 중단되었다.[17] 정전협정 4조60항 "쌍방의 관계 정부에 정전협정 효력 발생 후 3개월 내에 정치회담을 소집하여 외국 군대의 철수와 한반도 문제의 평화적 해결 문제를 협의할 것을 건의한다"고 규정한 평화협정 체결은[18] 72년이 지난 지금까지도 미국의 끈질긴 훼방에 의해 미완으로 남겨진 가운데 우리 남과 북 주민의 신성한 생명권은 지속적으로 위협받고 있다.

한반도에는 아이젠하워의 대량보복전략에 따라 1957년 전술핵무

---

16 이런 철학적 바탕위에서 그녀는 세계 곳곳에서 전쟁으로 사람이 죽어가고 있는 시점에 노벨상 수상 축하잔치를 열 수 없다고 평화의 절대성에 대한 신념을 보여주었다.

17 이에 관해서는 이삼성, "2018~19년 북미 평화협상이 실패한 이유" 2022년 10월 26일 열린 한겨레통일문화재단 주최 제 18회 한겨레-부산 국제심포지엄(주제: 한반도평화, 신냉전과 패권경쟁을 넘어) 발표문 참조요. https://www.pressian.com/pages/articles/2022102710472783641

18 한반도 평화협정에 관한 포괄적 흐름과 '모범적'인 시안으로는 평화·통일연구소, 『전쟁과 분단을 끝내는 한반도 평화협정』, 한울, 2010.

기가 배치된 이후, 냉전기간인 1991년까지 무려 1,000~1,300기의 핵무기가 배치되어 있었고, 이로 인해 한반도는 핵전쟁 위험에 상시적으로 노출되어 있었다.[19] 1991년 탈냉전이후에도 지금까지 수없이 많은 전쟁위기가[20] 발발하면서 거의 주기적으로 이 위기는 되풀이되어 왔다. 우리 7천만 한민족의 생명권을 통째로 앗아갈 수 있는 이런 끔찍한 핵전쟁위기가 북·미 정상 간의 6·12싱가포르회담을 계기로 해소될 것 같았다. 궁극적 해결방안인 평화체제 구축과 한반도비핵화 그리고 북·미관계 정상화라는 기본요건을 동시행동의 원칙에 따라 추진할 것을 합의했기 때문이다. 그러나 이런 기대는 속개된 하노이 정

---

[19] 탈냉전 이전 미국의 대(對)북조선 핵전략과 핵위협의 일상화 현황을 연대기적으로 약술하면:

1〉 아이젠하워 미국은 단순한 억제역할을 넘어 핵선제사용 전략인 대량보복전략에 따라 1957년부터 전술핵무기 배치

2〉 1969년 대북 '전술 핵무기 사용' 비상계획 '프리덤 드롭(Freedom Drop)' 작전계획

3〉 베트남전쟁 패배를 맞아 1974년 '북한의 심장부에 핵무기를 퍼붓는' '9일 전쟁계획'

4〉 1975년6월 슐레징거국방장관 한국 전술핵무기 배치를 처음으로 공식 확인하고 동시에 북의 공격 경우 핵사용 시사

5〉 1976년부터 핵전쟁연습인 세계 최대 팀스피리트 한미연합전쟁연습 시작과 지속

6〉 1978년 한-미 안보협의회의(SCM=ROK-US Security Consultative Meeting) 공동성명에서 미국의 핵우산 공약 명시: "한국이 미국의 핵우산 하에 있으며 앞으로도 계속 있을 것"

7〉 탈 냉전이후 대 소련 전면핵전쟁 가능성 소멸로 1992년 7월 부시대통령 해외 배치 지상·해상 발사 전술핵무기 철수 완료 선언

[20] 한반도 전쟁위기를 약술하면 냉전기 4번의 전쟁위기와 탈냉전기 6번의 전쟁위기를 겪은 것으로 보인다. 냉전기간에는 1962년 쿠바미사일위기 당시 주한미군과 1천여 핵무기 배치 때문에 미·소 전쟁터화 위기; 1968년 미국의 정탐선이 북한영해를 침범해 나포되었던 푸에블로사건 위기; 1969년 미국의 정찰비행기인 EC-121정찰기 격추사건 위기; 1976년 판문점 미루나무사건 위기 등이다. 탈냉전기의 전쟁위기는: 1993년 6월 '한 두 시간'만 늦었더라도 전쟁이 발발할 수밖에 없는 상황으로 몰렸던 영변 핵위기; 미국의 인공위성 사진으로 북한이 핵무기를 개발한다고 단정 짓고 모의 핵폭탄 BDU-38로 핵전쟁 실전연습까지 벌였던 1998-99년 봄의 금창리 핵위기; 휴전이후 최초의 정규군에 의한 무력충돌이라는 1999년의 1차 서해교전과 2002년 2차 서해교전위기; 2005년 북의 2·10핵보유선언과 5-6월전쟁위기, 2010년12월 20일 연평도 보복포격의 12·20전쟁위기; 2017년 북의 5-6차 핵시험 당시의 전쟁위기 등등이다.

상회담이 결렬되면서, 곧 커다란 나락으로 떨어져 기약을 할 수 없게 되었다.

지난 30여 년 동안 한반도 전쟁위기 및 핵 위기의 양태를 보면 북·미는 극적인 위기를 거쳐 서로 해결책에 합의한다. 그 합의는 한반도 평화체제와 한반도 비핵화의 맞교환이 핵심이다. 또 이를 뒷받침하기 위한 미국의 대 북조선 적대시정책 포기와 북·미 수교였다.

이들을 이행하기 위한 세부사항 진행과정에서, 북은 시종일관 합의사항을 준수하면서 완결을 위해 매진하였고, 때로는 냉각탑 폭파와 같은 선의의 선제적 조치를 취하기도 하였다. 그러나 일정기간이 지나 위기의 강도가 약화되면, 미국은 언제나 전혀 합의하지 않은 사항을 느닷없이(unexpectedly) 꺼내거나 클린턴처럼 북조선 붕괴론을 믿고는 전체 합의사항을 파기해 버린다. 이후 양국 사이 긴장이 고조되다 북이 돌파구를 내기 위해 핵이나 미사일 관련 시험 등의 충격요법을 다시 쓴다.[21] 그러면 미국이 또다시 반응해 결국은 합의를 이뤄낸다. 그렇지만 미국은 그 합의사항을 일부 진행시키다 또다시 느닷없는 합의파기를 반복한다. 이러한 과정의 연속이 세계적 탈냉전의 기점인 1992년의 솔로몬합의에서부터 2017년 핵무력완성에[22] 이르기까지 이어온 것이다.[23]

---

[21] 미국과 한국 측에서는 이를 흔히들 '벼랑 끝(brinkmanship)' 전술이라고 부르지만 이는 북의 의도를 제대로 드러낼 수 없는 서술어다.

[22] 핵무장화 과정은 일반적으로 핵무기 개발 성공, 핵무기 다양화, 핵무기 투발 수단인 미사일 개발, 미사일의 다양화, 핵무기와 미사일의 대량생산 과정을 거친다.

[23] 이와는 전혀 상반되는 시각을 보여주는 미국이나 한국 관변학자들이 있다. "미국의 정책결정자들은 과거 북한이 단계적 협상전략을 통해 제한적인 비핵화만 실행하면서 핵개발을 위한 시간을 벌고 경제적인 보상을 얻은 후 협상을 파기하는 행태를 보였기 때문에 다시는 이를 용납해서는 안 된다는 데 강한 합의를 이루고 있다. 반면, 북한은 협상을 단계로 나누어 진행하면서 장기화하려 한다. 이러한 단계적 접근법의 선호는 근본적으로 북한 지도부가 한미동맹에 대한 현격한 재래식 전력상의 열세를 만회하기 위해 핵 억

선망의 대상이고 표준으로 또 성역으로 잘 못 여겨졌던 바로 그 미국에 의해서 이러한 악순환이 되풀이 된 것이다. 이런데도 이들 패권(覇權)적이고 패륜(悖倫)적인 행위의 바탕이 되는 한미동맹과 주한미군은 불가침의 성역으로 무려 80년 가까이 절대적 위치를 이 땅에서 누리고 있는 것이 우리의 기막힌 현실이다.

1) 전쟁 일보 직전에서 일궈낸 10·21제네바 합의(1994.10.21.)

1994년 화급한 전쟁위기 발단 역시 기존 1992년의 솔로몬5개항 합의사항에다 미국이 특별사찰을 느닷없이 끼워 넣고 중단됐던 팀스프리트전쟁연습을 1993년 2월 재개함으로써 시작됐다. 이에 북은 3월 특별사찰 거부와 NPT(Non Proliferation Treaty: 핵확산금지조약) 탈퇴선언으로 응수했다. 이 결과 1993년 6월 한 시간만 늦었더라도 전쟁이 폭발했을 화급한 전쟁위기를 맞았다.[24] 지미 카터 전(前)대통령과 김일성주석

제력을 포기할 수 없다고 판단하고 있기 때문이다. 북한 지도부는 완전한 비핵화가 아니라 일정한 핵능력을 유지하면서 부분적 비핵화를 통해 미국과의 관계정상화, 제재 해제 및 경제적 혜택을 얻으려는 목표를 추구하고 있다" 최우선(국립외교원 교수 wchoi38@mofa.go.kr), 「북한 비핵화 전망과 한국의 정책」, 『KDI 북한경제리뷰』 2019년 12월호. 그러나 이러한 견해는 미국이 북의 선(先)비핵화 후 대북 적대시정책 폐기와 평화협정을 이행하지 않고 북을 위협할 경우 북은 무방비 상태가 되어 카다피 리비아식의 위험에 그대로 노출된다는 점을 고려하지 않은 일방적인 견해이다.

[24] 2001년 6월 제주도평화포럼에 참석한 페리(Perry)의 "한국 어디로 가는가?"라는 제목의 특별연설이 이 사실을 확인해 주었다. "'서울을 불바다로 만들겠다'는 북한의 위협을 심각하게 받아들인 나는 전쟁비상계획을 검토하라고 지시했다. 이틀 동안 군지휘자들을 만나 전쟁계획의 모든 세부상황을 검토했다. 파견할 육군·공군 부대를 결정했고 이동방법, 도착시간 등에 대해 심사숙고하는 한편 기습공격을 언제 어떻게 할 것인지를 고려했다. 검토결과 전쟁이 발발하면 승리하겠지만 한국군·미군·한국국민의 피해가 엄청날 것이라는 게 드러났다. 나와 군지휘관들은 주한미군을 강화하면 피해를 대폭 줄일 수 있을 것으로 보고 주한미군을 수만 명 증원하는 계획을 입안했고, 주한 미대사관에 민간인 철수계획을 준비토록 지시했다. 그러나 클린턴 대통령이 전쟁개시를 승인하기 불과 몇 시간 전에 우리는 '영변의 핵활동을 중지하고 의미 있는

의 양자회담에서 극적인 탈출구가 마련되고 후속으로 1994년 가을 10·21제네바합의가 이뤄졌다. 북은 핵동결과 사찰을 허용하며, 미국은 북에 경수로건설, 원유제공, 안전보장, 외교정상화 등의 동시이행을 약속했다. 초기에는 합의대로 북에 원유제공과 경수로 건설 등이 진행되었고 북은 핵동결과 일부 사찰을 허용해 동시이행이 진행되었다. 그러나 클린턴 미국은 북이 곧 붕괴할 것이라는 판단 하에 경수로 타설 공사만 시작한 채 경수로건설과 원유제공을 중단했다.[25]

2) 금창리 핵위기와 10·12조미공동성명(2000.10.12.)

더 나아가 미국은 1997년경부터 북의 금창리 동굴에 대한 인공위성 사진을 조작하고 또 의도적으로 왜곡하여 북의 핵개발을 단정하고는, BDU38이라는 모의 대북 핵폭탄시험을 진행하고 작전계획 5027-98로 위협했다.[26]

협상을 할 준비가 됐다'는 김일성의 전언을 받아 협상에 나선 것이다." 『중앙일보』(2001. 06.17.)

25 필자는 1993년 핵위기 발생 이후 1994년 10·21제네바합의에 이르기까지 각 당사자의 행위유형을 단순화 하여 예측적 지식을 다음과 같이 유형화했다: "IAEA는 '긁어 부스럼 만드는 훼방꾼', [김영삼 정권의] 남한은 '더 크게 흔들기와 느닷없이 끼워 넣어 재 뿌리기와 판 깨기', 미국은 '강·온 양동작전으로 양보를 강요하는 양파껍질 벗기기', 북한은 '큰 고기를 낚아 생존을 보장받으려는 외로운 섬에 있는 낚시꾼'이라고 볼 수 있다." 강정구, 「북핵문제를 둘러싼 국제적 대응의 실체: 한국·미국·IAEA를 중심으로」, 『역사비평』 계간 27호, 1994년 겨울호.

26 미국의 대북 작전계획(OPLAN)은 5027(전면전, 북한정권 제거), 5026(핵 시설 등 정밀타격), 5029(북한급변사태대비계획), 5030(교란, 저강도전쟁) 5028(우발계획) 등으로 세분화되어 있었다. 이후 작전계획 5015로 통합되었다. 지금은 재래식 위주의 전략과 작전에서 핵전력 위주의 전략과 작전계획인 2022로 개편하고 있는 중이다. 이는 초공세적 작전계획이 될 것이고 북과 중국 미사일로부터 한국이 미국 영토(태평양 미군과 미 본토)를 방어하는 임무가 새로 포함되며 대 중국 작전계획에 포함된다고 알려지고 있다.

이에 북은 광명성 1호 미사일발사라는 충격요법으로 대응했다. 남쪽의 김대중 정부는 임동원-페리 라인을 가동시키고 적극적인 중재를 펼쳐 2000년 10·12조미공동성명으로 돌파구를 열었다. 당시 북의 조명록 차수가 군복차림으로 백악관을 방문하여 클린턴대통령을 만나는 극적인 장면이 나타나기도 하였다. 이 공동성명은 10·21제네바합의 이행, 북의 장거리미사일 3년 유예, 적대정책 종결선언, 평화체제 추진에 합의했다. 추가로 미국은 식량 6백만 톤 제공을 담보로 30여명이 금창리에 대한 현장 '검증'을 했지만 금창리 핵개발 의혹은 사실무근임이 밝혀졌다. 그러나 미국은 이에 대해 사과 한 마디도 없었다.

오히려 10·12조미공동성명 이행은 지체되다 부시공화당 정부가 등장하면서 중단되었다. 2001년 9·11테러가 발생하자 미국은 북을 '악의 축(axis of ill)'과 테러지원국으로 몰아가면서 대북 적대시정책을 더욱 고조시켰다. 북은 9·11테러 발생 후 반(反)테러 정책을 공개적으로 공포하여 이를 사전에 막기 위해 노력했다. 그렇지만 초극유일패권에 도취된 부시 미국은 막무가내였다. 2002년 미국은 북에 고농축우라늄 핵개발 의혹을 제기하고 중유 50만 톤 공급중단과 10·21제네바합의를 일방적으로 폐기했다. 미국은 고농축우라늄 핵개발 증거나 북이 시인했다는 녹취록을 제시하지 못하고는 북이 시인했다고 거짓 발표했다. 네오 콘(Neo-Con) 부시정부는 한국정부와 사전협의 없이 대북 선제공격 계획 등이 담긴 작전계획 5027-02을 채택하고, 중국 주석에 부시의 북폭 의도를 통보하는 등 한반도 위기를 증폭시켰다. 페리 전 국방장관과 닉쉬 미 의회연구원이 2003년 9-12월 전쟁위기설을 신문에 발표하면서 긴장은 더욱 고조되었다.

이에 북은 2003년 1월 NPT를 정식으로 탈퇴했다. 이후 북은 2005년 초 '자위를 위해 핵무기를 만들었다'면서 2·10 핵보유선언을 공포하고, 6자회담 중단을 선언하는 등의 충격요법으로 대응했다. 위기를 절감한 노무현 정부는 국가안보회의의 이종석을 미국에 급파하고, 남측이 북측에 200만 KW 전력을 제공하고, 정동영통일부장관을 6·15특사로 북측에 파견하는 등으로 중국과 러시아의 지원을 받아 6자회담을 재가동시키고 돌파구를 열었다.

3) 말대 말 행동 대 행동 원칙'의 9·19공동성명(2005.9.19.)

이 결과 중국의 적극적인 중재(仲裁)에 의해 성립된 6자회담을 통해 2005년 9월 9·19공동성명이란 남·북·중·러·미·일 6자간의 모범적인 합의를 일구어냈다. 이 성명은 다섯 가지를 합의했다: 평화적 방식의 한반도비핵화, 북·미 및 북·일 관계정상화, 에너지 등 경제협력 증진(남측의 200만 KW 전력제공 포함), 한반도평화체제 협상약속과 동북아 안보협력체제 모색, '말대 말 행동 대 행동 원칙'의 합의실현 등이다.[27]

그러나 합의 바로 이튿날 미국 재무부가 마카오의 방코델타아시아은행 북조선 계좌를 동결함으로써 이 훌륭한 합의를 파탄내고 말았다. 이후 미국은 지속적으로 대북 위조화폐·마약·담배위조·인권침해 혐의 등 온갖 거짓을 연속 제기하였다. 그러면서 한반도비핵화라는 단일문제가 아닌 북조선문제 전반으로 문제를 확대하고 북 정권 붕괴시도를 노골화했다.[28] 이는 그야말로 트럼프 정부에서 국무장관과

---

[27] 이 훌륭한 9·19공동성명에 부응해 필자가 소장으로 있던 평화·통일연구소는 평화협정 조기체결의 분위기 조성을 위해 포괄적 평화협정 시안을 만들기로 결정하고 4년 동안의 공동연구를 통해 이를 2010년 완결하였다. 평화·통일연구소, 『전쟁과 분단을 끝내는 한반도 평화협정』, 한울, 2010.

[28] 2005년 9·19 공동성명 시점까지의 한반도 전쟁위기와 평화협정 모색은 다음을 참고: 강정구, 평화·통일연구소 엮음, 「한반도 전쟁위기의 실상과 평화협정(평화체제) 모색

CIA부장을 역임했던 폼페이오의 실토처럼 미국이란 존재의 근본속성이었다: "우리는 거짓말하고, 속이고, 빼앗았다. 이는 미국이 끊임없이 추구해온 영광"이다.[29]

4) '평화의 보검'으로서 1차 핵시험(2006.10.9.)

이에 북은 2006년 7월 6일 사정거리 6천km 이상의 미국겨냥 대륙간탄도미사일 수준의 백두산2호를 시험 발사했다. 연이어 1,300km 일본겨냥 노동미사일, 500km 정도의 남한겨냥 스커드 미사일 발사시험을 속개하면서 미국위협에 따른 자위조치라고 북 외무성은 선언했다. 이어서 2006년 10월 9일 드디어 1차 핵시험을 단행했다. 이를 북은 "미국의 군사위협에 대처하기 위한 불가피한 선택"이었고 "핵은 평화의 보검"이라면서 핵시험을 정당화했다. 또한 "평화와 비핵화라는 최종목표는 명백"하다면서 한반도 비핵화는 김일성주석의 유훈통치이고 핵무기보유 자체는 목적이 아니고, 평화와 안전이 보장되면 한반도 비핵화를 추진할 것이고, "제재는 결코 해결책이 될

의 역사」, 『전쟁과 분단을 끝내는 한반도평화협정』, 한울, 2010, 130-162쪽. 이 논문에서 필자는 한반도 평화-생명권 위협의 실체는 바로 미국임이 확인되었고 다음과 같은 결론에 이르렀다: "첫째, 일반 '상식'과는 달리 한반도는 미국과 주한미군 덕분에 전쟁위기에서 벗어난 것이 아니라 오히려 이들 때문에 연속된 전쟁위기에 직면해 왔고 이는 지금도 진행형이다. 둘째, 맹목적으로 믿어 왔던 북한전쟁위협론은 허구이고, 구체적인 경험적 사실에 의해 확인된 과학적 진실은 미국전쟁위협론이다. 셋째, 우리 모두에게 지고(至高)의 가치인 평화-생명권을 위해서는 미국의 한반도 전쟁위협 토대인 주한미군을 철수시키고 한미군사동맹을 해체해 미국의 전쟁토대를 이 땅에서 제거해야 한다(137쪽).

[29] "美 관리 '미 정부, 신장 문제 조작' 시인…中 외교부 "의외가 아니다, 해명하라" 『인민망』 한국어판, 2022.6.7(http://kr.people.com.cn/n3/2022/0607/c414496-10106700.html)

수 없을 것"이며 금융제재 해제 등 "미국 쪽에서 상응하는 조치만 한다면 6자회담에 복귀하겠다고 밝혔다.

다급해진 미국은 자신이 지속적으로 거절해왔던 북·미 양자회담을 먼저 요구해 2007년 2·13합의에 도달한다. 이 합의는 4단계로 구성되었다. 1단계는 비핵화 초기단계로 현존 핵시설과 핵 프로그램의 동결과 불능화였다. 2단계는 현존 핵은 물론 과거 핵인 최대 50kg의 플루토늄과 6~7개의 핵무기로 추정되는 핵폭탄 폐기와 해체 단계였다. 3-4단계는 평화체제의 본격화 단계였다. 미국은 북이 중단한 태천의 중수원자로 2기 대체용으로 경수로 원전 200만kw 건설, 평화협정과 평화체제로 대북적대시정책 완전폐기, 북·미(북·일) 완전 국교정상화, 남북 전체를 포괄한 한반도비핵지대화에 합의했다.

이에 따라 비핵화 1-2단계가 정상적으로 진전되어, 북이 플루토늄 시설인 냉각탑을 선제적으로 폐기하였을 정도였다. 이로써 북은 지금까지도 플루토늄 생산이 불가능한 상태이다. 이럼에도 불구하고 미국은 평화체제의 본격 논의 시점인 3단계 직전에 또 다시 합의하지 않았던 검증문제를 끼워 넣었고 평화협정 지연 전술을 구사했다. 결국 2008년 가을 2·13합의를 파탄내고 말았다.

3-4단계는 핵폐기와 평화협정 본격화 단계로 북·미 간 정치군사적으로 근본적 이해관계가 첨예하게 대립하는 의제를 본격적으로 논의하는 단계였다. 그 의제는 현존 핵시설 폐기, 경수로제공, 북·미관계 정상화, 남북과 주한미군 포괄적 검증, 평화협정, 과거 핵 폐기, 주한미군 철군 또는 근본적 성격변화, 한·미군사동맹폐기, 포괄적 대북적대정책 종결 등이었다. 이들은 미국의 동아시아 전체 전략과 직결되는 근본적 의제였다. 또한 샌프란시스코 동아시아 대(大)분단체제를 구성하는 중요 요소의 변경을 요구하는 것이었다.

미국은 이를 회피하기 위해 기존 합의에 없던 검증문제를 2단계 마무리시점에서 억지로 끼워 넣었다. 북은 7·12합의 등으로 유연하게 접근했으나 미국은 '검증모형에서 국제적 기준 적용'을 요구하면서 다섯 가지를 요구했다. 검증대상에 플루토늄뿐만 아니라 우라늄 핵 프로그램과 핵 확산 및 핵무기까지 포함하고, '신고시설 외의 의혹시설 전반에 대해 검증'하고, '사전 통지 없이 불시방문 허용'하고, '시료(샘플) 채취 허용' 등이었다.

이러한 미국의 느닷없는 다섯 가지 추가 요구에 대해 〈뉴욕타임스〉(2008.09.29 사설)조차 "이 검증 계획은 패전국만이 받아들일 법한 것"이라고 혹평했고, 〈워싱턴포스트〉(2008.09.26)는 "북한의 군사시설을 정탐할 권리", "어느 주권국가에서도 받아들일 수 없는 요구"라 평가했을 정도다. 이미 2008년 8월 경 김정일의 뇌졸증을 기화로 북한급변사태 대비계획, 작전계획 5029 상시화 등 북한붕괴론과 그 대비책이 비등하는 시기였기에[30] 미국의 강경대응은 더욱 탄력을 받았다.

이에 북은 미국에 고위급군사회담을 제안했고 이를 〈조선신보〉는 "대담하고 획기적인 제안"이라고 불렀다. 또 2008년 10월 방북했던

---

[30] 2008년 8월 김정일 건강이상 대비 '북한급변사태 대비계획'과 작전계획 5029의 실행계획화는 작전전개 조건인 6가지 북조선 상황을 설정하고 있다: 정권교체, 내전(쿠데타 등), 한국인 인질, 대규모 탈북, 대량살상무기 유출, 대규모 자연재해. 또한 실행계획('전쟁 이외의 군사작전'--Military Operation Other Than War)으로는 북조선 정권이 통제력을 잃어 반군이 대량살상무기를 탈취하거나 북조선 외부로 반출하려 할 경우 한국군 특전사와 미 해병특수부대 등 한·미 특수부대가 투입돼 반군을 제압하는 방안을 포함하고, 한국군이 미군과 함께 유엔군 일원으로 '북한 자유화 프로그램'에 참여해 평양 등 북 주요도시를 점령하고, 인민군 무장해제와 북 주민들에 대한 임시구호와 필수적인 공공서비스 제공 등 민사업무를 수행하는 것 등이었다. 여기에다 이명박 정부 단독의 북한 비상점령통치계획인 부흥계획은 1〉 작계5029가 상정한 북 급변사태 발생 시 통일부장관을 본부장으로 '북한자유화행정본부'(가칭)를 세워 북에 대한 비상통치 2〉 급변 이후는 대통령을 의장으로 국가통합위원회를 구성해 남북을 통합. 이는 실제로 북에 대한 흡수통일을 목표로 하고 있다. 김정일 국방위원장은 2011년 12월 17일 사망했다.

힐 차관보는 "경우에 따라서는 정상회담을 해야 할 사안"이라고 말했다. 이로 미루어 보아 북은 대북적대시정책 철회와 관련해 필수조건인 한·미군사동맹 철폐, 주한미군 근본적 지위변경이나 철군, 핵우산 제거 등을 제기한 것으로 추정된다. 임기 말을 맞은 부시는 차기 오바마정부에 이를 넘겼고, 이명박 한국은 쾌재를 부르며 대북 중유지원 중단을 선언했다. 2008~2009년 초 북과 오바마 인수위 등 사이 비밀접촉이 있었지만 미국은 대북 적대시정책 철회에 불응하여 타협점에 이르지 못했다.

5) 2~7kt 규모로 확대한 2차 핵시험(2009.5.25.)

북은 충격요법으로 2009년 5월 25일 2~7kt 규모의 2차 핵시험을 단행했다. 비핵화 1-2단계를 넘어 3-4단계에 접어들면서 근본문제인 한반도 평화체제 수립이 본격적으로 논의되려는 시점에서 미국은 딴지 걸이를 다시 드러내었던 결과였다. 따라서 북의 광명성 2호 발사(2009년 4월 13일)와 5월의 2차 핵시험은 예정된 길이었고 논리적 귀결이었다. 이때부터 유엔안보리 대북제재가 시작되었다.[31] 오바마 미국은 '전략적 인내'를 내세우면서도 북의 2차 핵시험이라는 충격요법에 대해 오히려 공세적으로 대응했다.

김정일 건강이상설이 나돌면서 2010년 8월 한미연합 을지전쟁연

---

[31] 안보리제재에 찬동했던 중국은 2009년7월 중국 대외관계 최고 정책결정기구인 외사영도소조는(外事領導小組, 후진타오 외 15인 당정 최고 간부로 구성된 특별위원회) 북핵시험에도 불구하고 북·중 전략적 협력관계 정책을 확정했다. 1〉 한반도 비핵화 2〉 북핵은 미국이 책임지고 해결하고, 중국은 협조한다. 3〉 북과 중국의 전통적 우호협력관계는 확대 발전시킨다. 4〉 이를 위해 중국은 "不戰(평화), 不亂(안정), 無核(핵폐기)" 입장을 견지한다. 이어 9월 원자바오 총리가 방북해 '대대손손 우의'를 다짐했다.

습은 평양포위시나리오를 실행했다고 8월 27일 〈MBC〉 TV 9시 뉴스데스크가 이를 공개적으로 보도했다. 이에는 63일 만에 미군 주도 평양 점령과 포위, 북 최고위층(김정일) 생포, 미군 주도 핵무기와 대량살상무기 제거, 중국과 러시아의 개입 제지, 통일부와 경찰청 참여 자유화 실시 등이 포함되어 있었다고 했다. 이는 무력에 의한 대북 흡수통일을 노골화 한 것이다. 이에 북은 2010년 11월 우라늄 농축을 발표하면서, 이 시점에 방북한 미국의 헤커교수를 통해 이를 확인시키고는 핵 개발 본격화를 진행한 것으로 보인다.

이 시점 오바마 미국이 중국을 겨냥한 전략경쟁인 아 태재균형전략은 일본의 하토야마 민주당 정권의 오키나와 미군기지 이전 요구와 동아시아중시론에 의해 제동이 걸린 상태였다. 바로 이러한 묘한 시점에 한·미 연합전쟁연습기간인 2010년 3월 26일 의문투성이인 천안함사건이 발생했다. 2010년 4월 사건발생 초기에는 당시 이명박 대통령조차 국방부장관이 북의 소행으로 몰아가는 것에 제동을 걸기까지 하였다. 그러나 결국 과학적 근거도 제대로 갖추지 못한 채 북측 소행으로 결론을 내리고 5·24조치를[32] 단행해 남북긴장을 확장시켰다.

유엔 안보리는 2010년 7월 9일 "북한이 천안함 침몰의 책임이 있다는 결론을 내린 합동조사단의 조사결과에 비추어 깊은 우려를 표명한다", "천안함 침몰을 초래한 공격을 규탄하며 한국에 대한 공격이나 적대행위를 방지하는 것이 중요하다"는 내용이 담긴 의장 성명을 채택했다. 유럽의회, G8 정상회의 등도 한국의 조사 결과와 대북 조치를 지지하면서, 북한의 '천안함 공격'에 대해 규탄하는 성명 등을 합동 오케스트라 식으로 발표하였다.

---

32 5·24 조치의 내용은 다음과 같다: 북조선 선박의 남측 해역 운항 전면 불허, 남북 교역 중단, 국민의 방북 불허, 대북 신규 투자 금지, 대북 지원사업의 원칙적 보류.

이에 따라 안보문제가 부각 및 쟁점화 하고, 전쟁연습이 서해로까지 확산 및 강화되고, 12·20전쟁위기[33] 등이 발생해, 결국 오키나와 미군기지 이전을 요구했던 일본의 하토야마정권이 붕괴하였다. 이로써 오바마의 아·태재균형전략이 탄력을 받았다. 결과적으로 이명박 정권은 천안함 관련 5·24조치 등으로 미국의 아·태재균형전략이라는 중·미 전략경쟁의 촉진자 역할을 한 셈이다.

이 결과 2011년 아 태재균형전략을[34] 공식화하여 '신냉전'전략을 공고화하였다. 이로써 한반도 평화체제 구축은 미국의 대(對)동북아전략 또는 샌프란시스코체제에 바탕을 둔 미국과 중국 간 큰 대결의 동아시아 대(大)분단체제에 의한 중·미 전략경쟁의 본격화로 더욱 강력한 구조적 제약아래 놓이게 되었다.

---

33 5·24조치 후 2010년 11월 23일 연평도에서 남측 해병대의 포격 훈련에 대한 대응으로 북이 연평도를 직접포격하면서 위기가 고조되었고, 이명박 남측이 12월 20일 보복연습을 빌미로 고조시킨 전쟁위기를 일컫는다. 당시 MBCTV 9시뉴스(12월 20일)는 '미국 영변 부분폭격 고려'를 보도하였고, 미국은 1주전부터 한반도 위기대응 팀을 운영하였고, 19일부터 미 국무·국방부가 비상사태에 돌입할 정도였다. 또 대통령 이명박은 후일 국회 국방위원에게 "연평도 포격 때 (북한을) 못 때린 게 천추의 한이 된다"며 "(군통수권자로) 울화통이 터져서 정말 힘들었다"(『동아일보』 2011.6.24.)고 까지 술회할 정도였다. 추르킨 유엔주재 러시아대사는 18일 안보리 긴급소집을 요구하며 "한반도 상황이 몇 시간, 며칠 안에 급격히 첨예화될 수 있음을 우려하고 있다"; 중국 王民 유엔 차석대사는 21일 안보리 특별토론회에서, 남한의 연평도 사격훈련으로 전쟁에 가까운 상황까지 갔었다고 밝히기도 했다. 블레어 전 미국국가정보국국장은 12월 12일 "한국이 인내심을 잃고 있다"며 한국 주도 전쟁위험을 경고하면서 오바마 행정부가 한국에 자제 요청해야한다고 경고했다. 이에 "미국은 당시 한국의 대응사격 훈련을 자제시키기 위해 총력을 기울이는 한편, 중국과 협조해 북한이 이에 대응치 말도록 하기 위해 외교적 노력을 쏟았다"(『경향신문』, 2011.6.6). 김영춘 인민무력부장은 12월 23일 평양 4·25문화회관서 열린 중앙보고대회에서 전면전 경우 핵무기 공격을 하겠다고 밝혔다.

34 아·태재균형전략을 개괄하면, 중국위협론을 빌미로 아시아중시('pivot to Asia')를 내세우고는 미국 해군 60%를 아시아태평양에 배치해 중국 포위망 구축; 대중국 해상봉쇄를 위한 미국의 해양패권전략 수립; 중국 주변국과 군사동맹 강화로(Fulcrum for the Strategic Turn to the Asia-Pacific) 중국 포위망 구축 등이다. 이러한 기조 아래 한·미·일 3각 군사동맹으로 중국의 동태평양 진출 차단, 미·일·호 3각 동맹으로 남태평양 진출 봉쇄, 미·일·인도 3각 동맹으로 인도양 진출 봉쇄를 꾀한다.

6) 오바마 2·29합의 파기와 김정은의 비핵화 불가 및 '반미대결전' 선언

2011년 12월 김정일 국방위원장 사망과[35] 김정은 정권이양으로 체제 안정화가 필요해, 김정은 북은 미국과의 대결구도를 강화할 수 없었다. 오바마 미국 또한 2012년 11월 대통령 재선을 앞두고 대선 악재를 방지할 필요가 있었다. 이에 쌍방은 2012년 2월 29일 2·29합의에 이른다. 미국은 북에 대해 "적대적 의도를 갖고 있지 않으며, 주권과 평등에 대한 상호 존중의 정신으로 양자관계를 증진시킬 조치를 취할 준비가" 돼 있다고 했다. 북은 "결실 있는 회담이 진행되는 기간 핵시험과 장거리미사일 발사, 영변 우라늄 농축활동을 임시 중지하고 우라늄 농축활동 임시중지에 대한 국제원자력기구(IAEA)의 감시를 허용"하기로 했다.

또한 양측은 한반도 비핵화와 평화체제 문제를 근본적으로 해결하기보다 원칙적인 방향에 합의하고 추가 논의에서 종결짓기로 하였다. 이에 따라 2012년 4월과 8월 오바마인사가 방북하여 대선기간 북의 자제를 요청하고 재선 이후 현안해결을 약속했다. 북은 2012년 미국 CIA와 NSC 인사와의 평양 비밀회동 후 8월 31일 외무성비망록을 통해 미국에게 대조선적대시정책 중단과 평화의 길과 적대시정책 유지와 북핵 '현대화와 확장'의 길 가운데 택일(擇一)을 요구했다.

---

[35] 12월 20일-21일 중국 국가주석 후진타오를 비롯한 최고지도자인 정치국상무위원 9명 전원이 조문하고, "우리는 조선 인민이 김정일 동지의 유지를 받들어 조선노동당을 중심으로 단결해 김정은 동지의 영도아래 사회주의 강성대국 건설과 한반도의 장기적 평화와 안정 실현을 위해 노력할 것이라 굳게 믿는다."라는 방명록을 남겼다. 또한 1994년 김일성 주석 유고 때에도 국가주석, 총리 등 상무위원 7명이 전원 조문을 하였다. 이는 조·중 관계가 '항미원조보가위국' 전쟁 등으로 얼마나 공고한지를 상징적으로 보여 준다.

그러나 미국은 10월 7일 한국의 미사일 사거리를 800km로 연장해 북 전역을 사정권에 포함시켜 대결구도를 유지했다. 오바마 재선 후 북은 "20년간에 걸친 조·미회담역사를 총화"한 후 "미국이 대조선 적대시정책을 버리지 않는다면 핵보유가 장기화되고 핵억제력이 현대화, 확장된다는 결론에 이르렀다"며 최후결단을 촉구했다. 그러나 오바마 미국의 거절로 2·29합의 역시 파기됐다. 이후 북은 광명성3호2호기 실용위성을 발사했고(2012.12.12.), 미국은 안보리제재 2087호(2013.1.22.)로 대응했다.

이에 북은 2013년 1월 22일 '평화적위성발사권리 계속 행사' '세계의 비핵화가 실현되기 전 조선반도비핵화불가' '핵억제력 포함 자위적 군사력을 질량적으로 확대·강화하는 임의의 물리적대응조치'를 선언하고, 국방위원회는 2013년 1월 24일 북·미 대결을 공식화 했다. "우리가 계속 발사하게 될 여러가지 위성과 장거리 로켓도, 우리가 진행할 높은 수준의 핵시험도 미국을 겨냥하게 된다는 것을 숨기지 않는다", "미국과 그에 추종하는 불순세력의 대조선 적대시 책동을 짓부수고 나라와 민족의 자주권을 수호하기 위한 전면 대결전에 진입할 것"이다. 이러한 북의 비핵화 불가선언과 '반미대결전'의 초강경 대응은 '20년간에 걸친 조미회담역사 총화'로 더 이상 6자회담, 비핵화·평화체제 동시행동 협상 등이 무용하다는 결론이었다. 이는 대북적대시정책을 폐기하지 않으면 핵보유 장기화, 핵억제력 현대화 및 확장화를 할 것임을 2012년 8월 이후 수차례 오바마 정부에 최후 통첩한 바 있다.

7) 소형화 및 경량화한 원자탄의 3차 핵시험(2013.2.12.)

이어 2013년 2월 12일 북은 3차 핵시험을 단행하고, "이전과 달리 폭발력이 크면서도 소형화, 경량화한 원자탄을 사용하여 진행" 되었으며 "다종화한 우리 핵억제력의 우수한 성능이 물리적으로 과시되었다"(〈조선중앙통신〉 2013년 2월 12일)고 자체 평가했다. 또 북 외무성은 당일 "(3차) 핵실험을 꼭 해야 할 필요도 계획도 없었"고 "우리의 핵억제력은 (…) 신뢰성 있는 능력을 충분히 갖추고 있다"라고 밝혔다. 이어서 2013년 3월 31일 노동당중앙위회의에는 "경제 건설과 핵무력 건설의 병진노선"을 채택했다. 4월 1일 북한 최고인민회의는 "자위적 핵보유국의 지위를 더욱 공고히 할 데 대하여"란 핵보유법을 제정하고 이는 "북한의 핵무력은 세계의 비핵화 때까지 침략과 공격을 억제, 격퇴, 보복하는 데 복무한다"고 명시하였다. 이의 연장선에서 4월 18일 국방위정책국 성명은 "조선반도 비핵화는 우리 군대와 인민의 드팀없는 정책적 과제"라고 밝혔다.

2011년에 공식출범한 미국의 아·태재균형전략에 따라, 2014년 일본의 집단자위권, 2015년 미·일 신(新)방위협력지침과 안보법제화, 미·일 통합사령부창설 등에 의한 미·일 군사일체화와 군사동맹이 절정화로 치달았다. 이어서 한반도 사드배치를 시작으로 한·미·일 통합 MD체계추진, 한·일 정보보호협정과 군수지원협정 추진 등 실질적인 한·미·일 3각 군사동맹이 본격화하였다. 여기에다 북에 대한 공세는 더욱 강화되었다. 김정은 참수작전을 포함한 새로운 대북 작전계획 5015가 2016년부터 적용되었다. 이는 기존 작전계획인 5027(전면전, 북한정권 제거), 5026(핵 시설 등 정밀타격), 5029(북한급변사태대비계획), 5030(교란, 저강도전쟁) 5028(우발계획) 등을 하나로 통합한 새로운 대북 작전계획이다.

핵 포함 대량살상무기, 국지전, 전면전, 급변사태 등에 종합적으로 대응하기 위한 것이고 핵전쟁 계획도 포함하고, 전시·평시를 불문하고 대북 선제공격을 실행하기 위한 계획이다. 핵무기 사용 징후가 보이면 핵무기 승인권자인 북조선정권 수뇌부에 대한 정밀타격 또는 특수부대 침투로 제거해 핵무기사용을 막고 조기에 전쟁을 끝낸다는 참수작전을 포함하고, 북 핵·미사일발사 징후 30분 내 선제타격을 한다는 한국군의 '킬 체인' 개념과 연계되어있다. 여기에 박근혜정권은 통일대박론,[36] 통일준비위 등 무력흡수통일을 노골화하였다.

8) 수소폭탄을 위한 4차 핵시험(2016.1.6.)

이같이 점증하는 전쟁위기 구조화 위협에 대응해, 핵 억지력으로 자위력 확보와 미국의 대북적대시정책에 대한 협상력 제고 목적으로 **2016년 1월 6일 4차(수소폭탄) 핵시험을 단행했다.** 북은 정부성명을 통해 "자주권을 침해하지 않는 한 먼저 핵무기 사용안할 것"과 "미국의 대조선적대시정책이 근절되지 않는 한 우리의 핵개발 중단이나 핵포기는 있을 수 없다."고 밝혔다. 일본소재 〈조선신보〉는 미국의 대북 예방적 선제공격과 일본의 한반도 재침략 기도에 대응한 자위적 조치라고 보도했다. 북 외무성은 1월 15일 "미국의 합동 군사 연습 중지

[36] 박근혜의 통일대박론을 무력흡수통일로 해석한 중국의 왕이 외교부장은 케리 국무장관에게(2014.2.14) "우리는 반도에서 난이 일어나거나 전쟁이 발생하는 것을 절대로 허용하지 않겠다." "조선반도에는 (중국의) 중대한 이익이 걸려 있고 중국의 한반도 문제에 대한 입장은 한결같다" "우리는 그렇게 말할 뿐 아니라 (실제) 그렇게 할 것이다"면서 〈한반도 비핵화〉 〈평화 안정 유지〉 〈대화를 통한 문제 해결〉 등의 기존 입장을 강조했다. 이와 더불어 한(조선)반도와의 역사적 연결고리를 종합적으로 감안해 중국은 한반도문제를 중국의 핵심이익 영역으로 간주하고 있다.

대 핵시험 중지 제안과 평화협정 체결 제안을 포함한 모든 제안은 아직 유효하다"는 담화를 발표했다.

이를 두고 『조선일보』는 북의 매체인 〈'조선의 오늘'〉이 "미국에 우리에 대한 침략전쟁연습을 그만둔다면 핵시험을 보류할 수 있다고 통보했다."고 전하면서, "북한의 핵개발이 미국의 대북적대시정책에 맞서기 위해 시작됐으며, 핵개발 과정에서 수소탄 개발은 당연한 수순임에도 불구하고 미국이 '회피 전략'으로 이를 인정하지 않기 때문에 수소탄 실험으로 미국 본토까지 공격할 수도 있음을 보여준 것이라는 점과 그렇지만 협상을 통해 해결할 수 있다는 메시지를 전하려 했던 것으로" 풀이했다.[37]

9) 소형화·경량화·다종화를 위한 5차 수폭 핵시험(2016.9.9)

북은 2016년 5월 6일과 8일 사이 열린 노동당 7차 전당대회에서 핵과 경제의 병진노선을 재확인하고 당 규약에 "병진노선을 틀어쥐고 사회주의 경제강국, 문명국 건설을 다그쳐나간다"를 수록했다. 이어서 7월 6일 정부 대변인 성명을 통해 조선반도의 비핵화는... 김일성과 김정일의 유훈이고 당과 군대 및 인민의 드팀없는 의지라며 5개항의 원칙적 요구 수용을 촉구했다: 남측에 배비된 핵무기 공개, 이들 핵무기와 핵기지 철폐 및 세계적인 검증, 한반도 주변 핵타격 수단의 비(非)전개 담보, 핵위협과 핵 비(非)사용의 확약, 주한미군 철수.[38]

---

[37] "北, '수소탄 실험 미국에 대한 경고' 주장", 『조선일보』 (2016.02.01.) https://nk.chosun.com/news/articleView.html?idxno=162703

[38] "北 '한.미 안전담보하면 조선반도 비핵화 돌파구 열릴 것'(전문), 『통일뉴스』 (2016.07.07.) https://www.tongilnews.com/news/articleView.html?idxno=117315

그러나 오바마 미국과 박근혜 남측의 거절로 북은 **2016년 9월 9일 소형화·경량화·다종화를 위한 5차 핵시험을 단행했다.** 북조선 핵무기연구소는 2016년 9월 9일 성명을 통해 "이번 핵시험에서는 조선인민군 전략군 화성포병부대들이 장비한 전략탄도로케트들에 장착할수 있게 표준화,규격화된 핵탄두의 구조와 동작특성,성능과 위력을 최종적으로 검토확인하였다. 소형화,경량화,다종화된 각종 핵탄두들을 마음 먹은대로 필요한만큼 생산할수 있게 되었"다고(북조선 핵무기연구소 2016년 9월 9일 성명) 발표했다.

북은 미국의 '신냉전'전략과 전쟁위기구조화가 확고한 상태에서 4차 핵시험 이후 핵장착 ICBM 수준의 핵미사일 개발로 미국 본토 위협 수준의 '완결된' 핵 억지력을 추진하였다. 이러한 핵장착 ICBM에 의한 미국 본토를 위협할 수 있는 '완결된' 핵 억지력만이 미국의 대북적대시정책 철회를 이끌 수도 있을 것으로 판단한 충격요법이다. 또한 '핵무기 없는 세계' 구상을[39] 발표하였던 오바마의 재임기간이 상대적으로 전쟁위험성이 낮은 것으로 판단하여, 북은 오바마 임기말에 핵·미사일 기술수준을 완결화 하여 차기 미국정부와 본격적인 협상에 임하겠다는 계산도 깔려 있었던 것으로 보인다.

2017년 트럼프가 집권하자 한반도는 곧바로 전쟁위기에 휩싸였다. 7월 6일 문재인대통령이 베를린선언에서 "지난 4월, '전쟁 위기설'이 한반도와 세계를 휩쓸었다"고 언급할 정도였다. 브룩스 당시 주한

---

[39] 오바마의 '핵무기 없는 세계' 구상과 대 한반도 핵우산·확장억제 정책은 완전히 모순된 것으로 허구에 지나지 않는다. '핵무기 없는 세계' 표방과 핵우산·확장억제 공약은 핵무기를 사용해 핵을 없애겠다는 자가당착적 모순이다. 또한 한국이 NPT 등에서 전세계적 핵군축을 지지하면서 미국에 핵우산을 요구하는 것 역시 모순이다. 이는 상대가 핵무기를 먼저 포기해야 자신도 핵무기를 버릴 수 있다는 고압적 발상이고, 한반도 핵문제 책임을 북에 전가하고 또 동시행동과 평화공존을 원칙의 평화군축 관점에 정면으로 배치된다.

미군사령관은 2018년 11월, “2017년 4월 북한과 미국이 전쟁 위기에 근접했느냐?”라는 질문에 “근접했다” “당시 대화가 없던 상황에서 북-미 양쪽은 상대의 어떤 행동이든 전쟁으로 갈 수 있는 불씨가 될 수 있었고, 당시에 주한미군은 모든 가능성을 고려하고 있었다”고 회고했다. 미국방정보국(DIA)이 북이 핵탄두장착 ICBM을 실전배치할 가능성을 2018년 초로 보고하자 미국의 대북 압박정책이 강화되고 전쟁위기가 고조되었다.

폼페이오 미 CIA국장은 4월 29일부터 5월 2일까지 비공개로 방한해 대북정보를 수집하고, 5월 10일 북한 붕괴공작 목적의 ‘코리아임무센터(Korea Mission Center)’ 신설을 공개하고 7월 20일 ‘북 김정은 정권교체’ 희망을 피력했다. 또 미국은 북 지휘부 타격과 김정은 참수작전 수행 가능 무인공격기 그레이 이글'(MQ-1C)를 군산에 상시배치하고, 김정은 참수작전 관련 특수부대를 창설했다. 2017년 초 키리졸브-독수리 한미연합전쟁연습에서 김정은 제거 등의 임무를 띤 미국의 육·해·공·해병대 특수부대뿐 아니라 레인저, 델타포스, 데브그루-네이비실 6팀(빈 라덴 살해 특수부대, 그린베레 등) 합동 특수전 부대까지 1,000명 이상이 실전 연습을 했다.

“북조선과 같은 나라들을 염두에 두고 설계됐다”(NYT 2016.1.11)는 소형 정밀유도핵무기인 B61-12 개발, 핵우산 B52(히로시마 핵폭탄 150배 장착)·B-1B(히로시마 핵폭탄의 300배 장착)·B2·F22·핵항모·핵잠수함 등 전략자산의 상시 순환배치 검토와 빈번한 무력시위 등이 뒤따랐다. 전쟁위기를 절감한 미국 하원의원 64명이 대북선제타격 반대 서한을 5월 23일 대통령 트럼프에 발송하면서, “북한과 같은 핵무장국가에 대한 타격 개시나 전쟁 선언 움직임에 앞서 더 많은 논의가 필요”하고 “그처럼 불안정한 지역에서 일관되지 않거나 예측할 수 없는 정책은 상상할 수 없는 충돌의 위험으로 이어진다."고 경고했다.

북은 참수작전에 공포감을 드러내며 강하게 반발했다. 〈노동신문〉은 2017년1월 "최고 수뇌부를 노린 특수임무여단 편성 놀음은 사실상 우리에 대한 노골적인 선전포고"라며 가담자를 일차적인 처단 대상으로 설정한다고 발표했다. 또한 김정은 '도주로' 땅굴 3곳에(묘향산국, 자모산-공항, 평양삼석-남포 별장) 활주로를 건설했다고도 알려졌다. 촛불항쟁으로 집권한 문재인은 초기에는 제재와 압박 일변도, 중국 책임·역할론 되풀이, 한미일 공조, 사드배치 등 상황 악화정책으로 치달았다. 취임 100일 기자회견에서 레드라인을 "대륙간탄도미사일(ICBM)을 완성하고 거기에 핵탄두를 탑재해 무기화하게 되는 것"으로 설정하고 "레드라인을 넘어설 경우 우리가 어떻게 대응할지 알 수가 없다."고도 했다. 북에 비해 40배 이상인 군사비를 GDP의 2.4%(현재 40조)에서 2.9%로(50조 이상)로 약 20% 증강하고, 3축체계를(Kill Chain, KAMD 한국형미사일방어, KMPR 대량응징보복) 조기구축하고 핵잠수함도 건설하겠다고 했다.

중국은 2017년 4월 22일 『환구시보』 사설을 통해 미국과 조선 양측에 경고를 보냈다.[40]

> "일단 미국과 한국 군대가 38선을 넘어와 조선의 영토에 대한 침략을 전개하고, 직접 조선정권을 전복하려 한다면, 중국은 즉각 필요한 군사적 개입을 당연히 전개해야 한다."
>
> "우리는 결단코 무력수단을 통해 조선정권을 전복하고 조선반도를 통일하는 일이 발생하는 것을 허용할 수 없다."
>
> "중국은 조선의 핵 보유에 대해 반대한다. 동시에 무력으로 조선

---

40 "중국의 대미 대북 최후통첩?", 『통일뉴스』(2017.04.25.) http://www.tongilnews.com/news/articleView.html?idxno=120561 출처: "社评: 朝核,华盛顿该对北京寄多高期望", 『환구시보』 (2017.04.22.) http://opinion.huanqiu.com/editorial/2017-04/10520761.html

반도의 현상을 개변시키는 것도 반대한다.”

“위에서 밝힌 정책은 베이징이 설사 일부 대가를 치르더라도 반드시 확고히 견지하는 마지노선이다.”

중국이 이 같은 경고를 보낸 것은 전쟁위기가 절정에 이르렀기 때문이다. 또한 북이 2017년 4월 20일 6차핵시험을 시도한 것과 직결되어 있었다. 북은 4·25 인민군 창건기념일을 맞아 4월 20일 6차 핵시험 계획을 중국에 통보했고 중국은 이를 정지시켜 전쟁위기를 막기 위해 대북 압박에 전력을 기울였다.[41] 국경을 봉쇄해 식량과 생활물자 및 석유 등 모든 물류 유통금지를 통보하고, 동북부 경찰에 핵시험 대비 철야 근무 명령을 내리고, 중국 북부전구에 4월 중순부터 ‘1급 전비 태세’로 20만 병력을 대기시켰고, 조·중 접경 지역인 압록강변 단둥(丹東)시 등 돌발사태 대비, 북부전구 병사들 조선말 교육을 시켰다. 미국의 특수정찰기 WC-135가 긴급 동해 상공으로 출현해 핵 시험 확인 준비태세에 들어갔다.[42]

이에 트럼프는 4월 20일 “바로 2~3시간 전에 매우 ‘특이한 움직임’(unusual move)이 있었다”며 “모든 전문가가 중국이(북한 문제 해결을 위해) 지금

---

[41] 그러나 정작 문재인정권은 이 4월 20일 전쟁위기에서 아무른 역할도 못한 것으로 보인다. 이후 정세가 좀 진정된 이후 7월에 가서야 적극적인 목소리를 낸 것으로 보인다.

[42] 중국의 이러한 개입은 2017년 4월 6-7일 플로리다 중·미 정상회담에서 미국의 초 강경기조와 한반도 위기를 ‘확인한’데서 비롯된 것으로 보인다. 트럼프 대통령은 2일(현지시간) "중국이 북한 문제를 해결하지 않는다면, 우리가 할 것"이라고 말했고 "만약 중국이 그렇게 한다면 중국에 좋을 것이고, 그렇게 하지 않는다면 누구에게도 좋지 않을 것"이라고 주장했다. 또 회담직전에 시리아에 대한 공습을 승인했다. 헤일리 주유엔 미국대사는 "중국은 북에 엄청난 영향력을 가졌고 우리를 도와 북조선 문제를 다룰지 말지 결정할 것"이라며 또 ABC 방송에서는 "북한을 멈출 수 있는 유일한 나라가 중국이고, 중국도 그걸 안다"면서 "우리는 중국이 행동에 나서도록 압력을 계속 가할 예정"이라며 "어떤 점에서 중국이 북한을 규탄하는 의미로 단순히 말로만 하지 말고 결정적인 행동(definitive actions)을 보여줄 필요가 있다"고 강조했다.

처럼 일하는 것을 본 적이 없다"고 피력했다. 4월 20일 6차 핵시험이 중국의 개입으로 무산된 후, 북은 5월 3일 관영매체에서 김철이라는 개인 명의를 통해 중국이 레드라인을 넘어 북의 자주권을 침범했다고 직접 중국을 거명하며 맹비난했다.

> 조중관계의 '붉은 선'을 우리가 넘어선 것이 아니라 중국이 난폭하게 짓밟으며 서슴없이 넘어서고 있고 우리 두 나라 사이의 '붉은 선'은 그 어떤 경우에도 상대방의 존엄과 이익, 자주권을 침해하지 않는 것이다. 우리에게 있어서 핵은 존엄과 힘의 절대적 상징이며 최고 이익이다.[43]

4월 20일 북의 6차 핵시험이 무산된 후 북·미 양측은 2017년 5월 8~9일 오슬로 1·5트랙(반관반민) 대화에서 북의 최선희 대미국장은 대북적대시정책철회·대북제재해제·북미평화협정체결 조건의 경우 핵·미사일시험을 중단하겠다고 밝혔다. 5월 11일 〈핵보유국 불인정〉, 〈제재와 압박〉, 〈정권교체 비추진〉, 〈대화로 해결〉이라는 대북정책 4대 기조에 트럼프대통령은 서명했다.[44] 2017년6월 계춘영 인도주재 북대사는 "미국 측이 잠정적이든 항구적이든 대규모 군사훈련을 완전하게 중단한다면 우리 또한 (핵과 미사일 실험을) 잠정적으로 중단할 수 있다"고 타협안을 제시했으나 트럼프·문재인은 즉각 거절했다.

화급한 전쟁위기가 지속되자 문재인대통령은 7월 6일 "대한민국의 보다 주도적인 역할을 통해 한반도에 평화체제를 구축하는 담대한 여

---

[43] "北 '中, 북중관계 붉은선 넘고 있다' 관영매체 고강도 직접비난", KBS 뉴스, 2017.5.4(https://news.kbs.co.kr/news/pc/view/view.do?ncd=3475285)

[44] "트럼프 정부, 4대 대북정책 기조 확정…군사옵션 배제 눈길" 『연합뉴스』 2017.5.26. "제재·압박 강조하면서도 '최종 해법은 대화' 천명" https://www.yna.co.kr/view/AKR20170526008600071

정을 시작"하겠다면서 평화통일 전략인 '베를린 선언'을 발표했다.[45] 견지해야할 5가지 정책방향으로 〈선 평화 후 통일 전략〉, 〈북한체제 안전보장의 한반도 비핵화 단계적이고 포괄적인 추진〉, 〈항구적 평화체제 구축〉, 〈한반도 신경제지도로 남북 번영의 경제공동체〉, 〈비정치적 교류협력 사업의 정치·군사적 상황과 분리와 일관성 있는 추진〉을, 또한 당장의 실천적 과제로 〈10월 4일 이산가족 상봉 및 성묘〉, 〈북의 평창올림픽 참가〉, 〈군사분계선의 적대행위 중단〉, 〈남북대화 재개〉를 제시했다.

이를 바탕으로 2018년 북·미 정상의 6·12싱가포르선언의 산파역할을 했던 것이다. 문 대통령은 연이어 전쟁불가론을 역설하였다. 2017년 8·15경축사에서,

> 한반도에서 또 다시 전쟁은 안 됩니다. 한반도에서의 군사행동은 대한민국만이 결정할 수 있고, 누구도 대한민국의 동의 없이 군사행동을 결정할 수 없습니다. 정부는 모든 것을 걸고 전쟁만은 막을 것입니다. 어떤 우여곡절을 겪더라도 북핵문제는 반드시 평화적으로 해결해야 합니다. 이 점에서 우리와 미국 정부의 입장이 다르지 않습니다.

라고 단호하게 선언했다.

한반도 전쟁위기가 심화되자 5월 22일 모스크바에서 러시아 푸틴 대통령이 제안한 중·러 공동의 '한반도 긴장완화 로드맵'이 발표됐다. 1단계로 북은 추가 핵·미사일 시험을 중단하고, 비확산을 공약하고, 한·미 양국은 연합전쟁연습을 축소 또는 중단하고, 2단계로 남북, 북

---

45 "[전문] 문 대통령의 '신(新) 베를린 선언'" 『중앙일보』 2017.7.6. https://www.joongang.co.kr/article/21735593#home

미, 북일 간 평화공존 및 군사력 불사용 양자협정 체결로 정전협정을 평화협정으로 대체하고, 3단계로 동북아지역안보체제를 위한 다자협정을 개시해 여기서 비핵화, 제재해제, 군비통제, 주한미군철수 등을 논의하자는 것이다. 이어 8월 을지프리덤가디언 전쟁연습 중에는 전략핵폭격기의 동해 전개로 대미 무력시위를 전개했다.

중국 또한 8월 1일 시진핑이 중국인민해방군 창군 90주년 기념 연설에서 중국의 6·25전쟁 개입 명분인 항미원조보가위국(抗美援朝保家为国)을[46] 높이 평가하고 "당시 화력이 우세했던 미군을 정면으로 상대하지 않고 일부만 노려 섬멸하는 '영고우피당(零敲牛皮糖)' 전술을 펼쳤다며" 한반도전쟁 발발 시 중국이 다시 개입하겠다는 경고를 보냈다. 3-4월 김정은 참수작전을 포함한 키리졸브 한미연합전쟁연습기간 동안 돌발 상황 대비 2개 집단군 약 15만 병력을 조·중 접경에 배치하고, 혜산시 맞은 편 길림성 백산시 장백조선족 자치현에 인민해방군 특수화력부대를 배치했다. 7월 27-29일, 8월 5-8일 서해에서 대규모 군사훈련으로 한반도 전쟁에 대한 경고를 보내고 이에 대비했다. 8월 12일 시진핑은 트럼프와의 통화에서 평화적 해결을 강조했다.[47]

---

46 중국은 조선전쟁과 항미원조전쟁을 다음과 같이 구별하고 있다. 첫째, 전쟁 폭발시점에서 조선전쟁은 1950년 6월 25일 반도의 북과 남 쌍방지간 폭발했으나 항미원조전쟁은 중국 공개적 경고 후 1950년 10월 25일 개전됐다. 둘째, 전쟁 발발지점에서 "38선"과 중·조 변경인 압록강 부근지점으로 차이가 난다. 셋째, 전쟁 성격에서 조선전쟁은 내전이고 항미원조전쟁은 미국의 내전 개입과 동시에 중국영토인 대만 침략으로 국지적 국제전쟁 성격을 가진다. 넷째, 전쟁의 전략목적과 결과에서 조선전쟁은 북남통일 실현이었으나 결과는 실패였다. 그러나 항미원조전쟁의 목적은 "집을 지키고 나라를 보위하는(保家卫国)" 것이었으므로 그 목적 실현은 이뤄졌다. 리둔츄(강정구 번역), "조선전쟁과 항미원조전쟁, 무엇이 다른가?" 『통일뉴스』 (2020.11.16.) http://www.tongilnews.com/news/articleView.html?idxno=200372 출처: 李敦球(곡부사범대학 국가 및 지역 연구센터 주임, 교수), "70年洗礼--抗美援朝战略遗产熠熠生辉(70년을 이어온 항미원조 전략유산은 밝게 빛난다). https://opinion.huanqiu.com/article/40fcZAlYiOl

47 중국은 한반도비핵화 해결방안으로 쌍잠정중단(북의 핵미사일 시험 중단과 한·미 연합군

10) 대륙간탄도로케트(ICBM) 장착용 수소탄시험인 6차 핵시험(2017.9.3.)

북은 8월 19일 〈노동신문〉을 통해 "미국의 반(反)공화국 군사 행동에 가담하지 않는 한 그 어떤 나라에 대해서도 핵무기를 사용하거나 위협하지 않는다.", "우리 공화국의 핵 무력 강화 조치들은 미국의 무분별한 핵전쟁 도발 책동을 억제하기 위한 것이지 세계를 위협하기 위한 것이 아니"라면서 핵시험을 암시한 후 2017년 9월 3일 6차 핵시험을 단행했고, 예견되듯이 중국에 사전통보하지 않았다. 외무성대변인은 9월 5일,

> "이번에 진행한 대륙간탄도로케트 장착용 수소탄시험은 국가핵무력 완성의 완결단계 목표를 달성하기 위한 일환"이고, "이로써 우리는 지구상 그 어디에 있는 침략세력도 단호히 격퇴하고 조선반도와 지역의 평화와 안전을 믿음직하게 수호할 수 있는 최강의 핵억제력을 갖추게 되었다."

고 밝혔다. 이로써 북의 핵전략은 전술핵에서 전략핵 단계로 또 수소폭탄 완결단계에 도달한 것으로 평가되었다.

11) 화성15 ICBM 발사로 '핵무력 완성'(2017.11·29)

이러한 핵시험과 병행하여 북은 핵투발 수단의 '완결'을 위해 지속적으로 화성 및 북극성 등의 이름으로 IRBM 및 ICBM 시험을 진행

사훈련 두 가지 동시 중단)과 쌍궤병행(한반도 비핵화와 평화협정 병행)을 제시해 왔다.

해 왔다. 중국이 1965년을 기점으로 1970년 완수한 양탄일성처럼(원자폭탄+수소폭탄+미사일) 핵이 없는 미사일은 있어도 미사일이 없는 핵은 없기 때문이다. 이 결과 2017년 11월 29일 화성15호(사거리 13,000km) 발사로 미국본토 타격 ICBM 마지막 단계에 도달했다. 북 정부대변인은 '화성-15'형은,

> "정점고도 4,475km, 사거리 950km를 53분간 비행"했고, "이미 확증된 조종 및 안정화 기술, 계단분리 및 시동기술, 재돌입(재진입) 환경에서 전투부(탄두부)의 믿음성들을 재확증"했다고 발표했다. 또한 "국가 핵무력 완성의 역사적 대업, 로켓 강국 위업이 실현됐다.... 세계의 평화와 안정을 수호하기 위한 숭고한 목적의 실현을 위해 모든 노력을 다 기울일 것"

이라고 다짐했다. 이제 실질적이고 직접적인 미국 위협단계에 도달한 것이다.[48] 이는, 오바마 미국이 김정은 초기에 합의한 2012년 2·29합의를 파기하자 국방위원회가 2013년 북·미대결을 공식화하고, 2013년 3월 31일 노동당중앙위회의가 "경제건설과 핵무력건설의 병진노선"을 채택하고, 5년에 걸쳐 3~6차 핵시험과 이번 화성15 탄도탄 시험 등으로 2017년 11월 11·29 '핵무력 완성'까지 질주해 온 결과이다.

---

[48] 우드워드 워싱턴포스트(WP) 부편집장이 2024년 10월 15일 출간한 '전쟁(War)'에서 당시 매티스 국방장관은 "북한과의 핵전쟁을 우려해 언제든 국가비상사태회의에 참석할 수 있도록 운동복을 입고 잠을 잤으며 미국을 방어하기 위해 북한을 상대로 핵무기를 사용해야 할 가능성을 준비하며 워싱턴 대성당을 찾아 기도를 올리기도 했다" 그는 2020년 출간 '분노'에서도 "북한 미사일이 시애틀을 향하고 있다는 말이 나왔다면 벌써 요격 미사일을 발사하고 있었을 것"이라고 밝혔다. 또한 우드워드는 그 당시 "미국은 북한에 핵무기 80기를 사용하는 핵전쟁 계획을 담은 작전계획 5027과 5015를 검토했다는 내용을 공개한 바 있다." "트럼프, 국방장관에 북한 ICBM 발사하면 격추하라 지시…핵전쟁 우려돼 성당서 기도도" 『동아일보』 문병기 특파원(2024.10.15.) https://v.daum.net/v/20241015165331399

이 충격적 결과물을 바탕으로 미국과 결정적인 담판을 꾀하려는 장기적 기획의 결실이다. 이로써 이전까지 북의 대미 억지력은 한국과 일본을 볼모로 삼은 것이었지만, 핵무력완성으로 한국과 일본을 인질로 잡을 필요가 없어진 상태에서, 미국에 직접 핵미사일로 공격할 수준에 도달했다. 이로써 대미 전쟁 억지력과 핵 억지력은 획기적으로 상승했다.[49] 폼페이오가 상원 인준 청문회에서 "핵·미사일 시험 중단 합의는 미 본토 타격 능력을 갖출 문턱을 못 넘게 하는 것"이라고 증언할 정도로 미국의 안보문제와 직결되었다.

이러한 북의 전쟁 억지력 상승은 대미 협상력 상승으로 직결되므로 북·미 정상회담에서 자신감을 가질 조건을 확보한 것을 의미한다. 이는 미국과 결정적인 담판을 꾀하려는 장기적 기획의 결과물로 한반도 새판짜기의 결정적 구조 확보를 의미한다. 또 오바마 임기 말과 문재인정권 출범에 맞춰 북이 핵무력 완성으로 질주한 것은 북측 입장에선 합리적 선택이었다.

12) 11·29 핵무력완성을 바탕으로 한 6·12북·미싱가포르공동성명

이러한 북한의 자신감은 2018년 김정은의 신년사에서 나타난다. "지난해에 주체조선의 국방력강화에서 획기적전환이 이룩되여 우리

[49] 억지력의 3대 요소는 대응 가능 무력의 보유, 이 무력보유 사실을 상대방에게 알려 상대의 도발에 따른 위험 인식시키기, 무력대응 의지 전달 등이다. 북이 핵시험이나 미사일 시험을 한 후 지속적으로 그 성능 등을 비밀에 붙이지 않고 공포하는 것은 바로 전쟁억지력을 행사할 수 있는 무력을 갖췄다는 것을 상대에게 인식시키기 위한 것이다. 또한 핵사용 법제화 등의 발표는 무력으로 대응하겠다는 의지를 확실히 전달하기 위한 것이다.

조국이 그 어떤 강적도 감히 건드릴수 없는 동방의 핵강국,군사강국으로 솟구쳐올랐"다고 했다. 또 이를 바탕으로 북남관계개선, 자주통일의 대통로 열기, 평창올림픽 대표단 파견, 북남당국회담을 제안하였다. 이로써 남측 문재인의 베를린선언이나 전쟁절대불가론에 화답하였다. 곧 이어 남측의 특별사절단을 파격적으로 환대하며 3월 5일 판문점 남북정상회담 개최 등 6개 항에 합의한다. "4월 말 판문점 평화의 집에서 제3차 남북 정상회담 개최", "군사적 긴장완화와 긴밀한 협의를 위해 정상 간 핫라인을 설치", "북에 대한 군사적 위협이 해소되고 북의 체제 안전이 보장된다면 핵을 보유할 이유가 없다는 점을 명백히 하였다.", "북측이 비핵화 문제 협의 및 북미 관계 정상화를 위해 미국과 허심탄회한 대화", "북측이 핵무기는 물론 재래식 무기를 남측을 향해 사용하지 않을 것임을 확약", 대화 기간 중 핵·미사일 전략도발 중단, "평창올림픽을 위해... 남측의 태권도시범단과 예술단의 평양 방문을 초청" 등이다.

드디어 남과 북 정상은 냉전의 산물인 분단과 대결 종식, 민족화해와 평화번영의 새로운 시대 열어나가기를 천명한 4·27판문점선언에 이른다. 남북관계의 전면적이며 획기적인 개선과 발전으로 공동번영과 자주통일의 미래를 앞당겨나갈 것, 첨예한 군사적 긴장상태를 완화해 전쟁위험의 실질적 해소, 한반도의 항구적이며 공고한 평화체제 구축을 위해 적극 협력할 것 등에 합의했다.

이어 5·27 남북정상회담, 5·22 한미정상회담 등으로 남과 북은 조·미 정상회담 되살리기와 쐐기 박기에 전력투구했다. 이로써 **역사적인 6·12싱가포르공동성명에 이르게 되었다.** 이후 2018년 9월 9일 9·19 군사분야합의와 15만 북의 인민들 앞에 문재인대통령의 연설 등으로 한반도 역내 적대체제를 해소하여 북·미 2019년 2월 협상을 견인하

기 위한 안간힘을 쏟기도 했다.[50]

그러나 북에서 되돌아온 문 대통령은 "평화협정은 (북한의) 완전한 비핵화가 이뤄지면 최종 단계에서 이뤄지게 되는 것이고 그 때까지 기존 정전체계가 유지된다." "종전선언이 유엔사를 해체하거나 주한미군 철수 같은 걸 이야기하는 게 아니다." "특히 주한미군 문제는 한미동맹에 의한 것이기 때문에 그것은 종전선언이든 평화협정이든 무관하고 전적으로 한미 간의 결정에 달렸다." "그런 점에 대해 김 위원장도 동의했다."고 발표했다.[51] 북이 주한미군 철수문제에 유연한 입장을 취했지만, 행동 대 행동의 원칙이라는 북의 점진적 비핵화 방안과는 거리가 먼 선(先)비핵화 후(後)평화협정이라는 미국 방안을 주장한 것이다. 이로써 2019년 2·27북·미하노이회담을 살릴 정도의 성과를 거두긴 했다. 그렇지만 평화협정체결이라는 궁극적 목표지점과는 거리가 멀었다. 결국 이렇게 험난한 과정을 겪어 이룩한 북·미합의가 2차 하노이회담에서 결렬되었고, 이후 6·30판문점 북·미 깜짝 회동도 3차 북·미 정상회담으로 이어질 수 없었다.

---

[50] 미국의 남북관계 개선 발목잡기는 거의 일상화했다. 4·27판문점선언 합의사항인 남북 철도 연결과 현대화에 대해 "남측 정부는 지난달 22-27일 남쪽 기관차와 객차를 서울역에서 출발시켜 개성-신의주까지 운행하며 남북 공동점검 계획을 세우고 유엔사에 군사분계선 통과 승인 요청을 했으나, 유엔사가 승인을 거부했다." 또 "미국 국무부는 남측의 대북 특사 파견 등 남북 정상회담 추진 움직임과 관련해 남북관계와 비핵화를 분리해선 안 된다는 원칙을 밝혔다. 즉, 남북관계 진전은 비핵화 진전과 발맞춰 이뤄져야 한다는 것이다. 이는 남북관계 개선과 북핵 문제 해결은 별개로 진전될 수 없다는 기존 입장을 강조한 것"으로, 이는 "본질적으로 남측에 대한 주권 침해인 셈"이다. "미국의 간섭과 대북 특사 파견" 『통일뉴스』 (2018.9.4.)

[51] "文대통령 '평화협정 체결, 완전한 비핵화한 뒤 가능." 『뉴스핌』, 서울, 2018.9.20.

13) 핵과 대량살상무기(WMD) 전반의 신고와 폐기까지 요구한 2·27북·미하노이회담

2019년 2월 2차 하노이 북·미정상회담의 성격은 6·12 싱가포르 북·미정상회담에서 합의한 "새로운 북·미 관계 수립", "한반도 평화체제 구축", "완전한 비핵화"를 위한 중간수준의 상호 주고받기를 구체화하는 회담이다. 곧, 포괄적 완결단계인 일괄타결(빅딜 Big Deal)을 위한 징검다리 단계인 중간수준의 타결(Small Deal 또는 Midddle Deal)을 모색하는 회담인 것이다.

오랜 동안 적대관계였던 북·미간의 신뢰수준과 기술적 필요성 때문에 점진적·단계적·동시적·상응적 조치를 통한 비핵화와 평화체제의 점진적 이행 과정을 거쳐야만 가능한 일이었다. 영변을 비롯한 핵관련 시설·물질·무기 등의 동결·폐기 대상의 신고와 선정, 이들에 대한 동결과 폐기 절차와 과정에 대한 합의와 검증이 요구되는 일이다. 평화체제 역시 포괄적 평화협정의 합의와 세부사항에 대한 부속합의서 등으로 복잡다단하고 현실적으로 이들을 위한 실무협의체 구성과 작업이 필요하다.[52] 따라서 점진적으로 부분-단계별, 상응-동시적 이행을 통해 상호 신뢰구축이 필요하고 이후 빅딜에 의한 로드 맵이 담긴 포괄적 일괄타결이 현실적으로 가능한 것이다. 그래서 비건을 비롯한 협상 실무진은 Small Deal 수준의 잠정 합의문까지 만들었고 중간수준의 Small 또는 Middle Deal을 2차정상회담에서 추진하였던 것이다.

그러나 미국은 플루토늄 시설인 영변과 추가 핵시설인 분강·강선 등의 고농축 우라늄시설까지 끼워 넣어 신고 및 폐기를 요구하였다.

---

[52] 포괄적 한반도 평화협정에 관한 최초의 시안으로는 평화·통일연구소, 『전쟁과 분단을 끝내는 한반도 평화협정』, 한울, 2010.

이는 중간수준의 합의를 넘어선 것으로 점진적·단계적·동시적·상응적 조치를 통한 비핵화와 평화체제의 점진적 이행 도식을 위배한 것이다. 동시에 북으로서는 평화체제의 보장도 없이 핵 전반을 폐기하는 것과 다름없다. 여기에다 대표적 네오 콘인 볼턴이 빅딜문서에서 생화학 무기, 미사일 등 대량살상무기(WMD) 전반에 대한 신고와 폐기까지 요구함으로써 합의 가능성을 완전 배제하였다. 이러한 요구는 단계별 상응·동시 행동의 원칙에 어긋나므로 현 단계 신뢰수준에서 북이 수용할 수 없다는 것을 미국은 이미 알고 있었다. 결국 2차 하노이 회담도 역시 기존의 미국 행태와 동일한 유형에 의해 실패하고 말았다.[53]

이제까지 살펴본 바와 같이 북은 미국의 대북 적대시정책을 해소하고 평화체제 구축을 위해 1992년부터 30년 동안 전력을 기울였지만 결국 이 시도는 무산되고 말았다. 이 과정에서 북은 생존을 위한 핵무력 완성에까지 이르렀다. 드디어 2022년 9월 8일 최고인민회의 제14기 제7차 회의를 통해 핵무력 법제화를 발표해 5가지의 경우 핵무기를 사용할 수 있다고 선언했다.[54]

더 나아가 김정은 국무위원장은 2024년 1월 15일 최고인민회의 제14기 제10차회의 시정연설에서 화살을 남쪽에 까지 직격하면서 남

---

[53] 미국의 차기 대통령으로 트럼프가 유력시되던 시점에서 트럼프의 대북 유화정책 시사 발언에 대해 북은 지도자 개인과의 친분과 국가와 국가 사이의 관계는 구별되어야 한다는 논평을 내었다. 이는 핵협상 실패의 역사적 교훈을 그대로 드러낸 것으로 보인다.

[54] 조선민주주의인민공화국에 대한 핵무기 또는 기타 대량살륙무기공격이 감행되였거나 림박하였다고 판단되는 경우; 국가지도부와 국가핵무력지휘기구에 대한 적대세력의 핵 및 비핵공격이 감행되였거나 림박하였다고 판단되는 경우; 국가의 중요전략적대상들에 대한 치명적인 군사적공격이 감행되였거나 림박하였다고 판단되는 경우; 유사시 전쟁의 확대와 장기화를 막고 전쟁의 주도권을 장악하기 위한 작전상필요가 불가피하게 제기되는 경우; 기타 국가의 존립과 인민의 생명안전에 파국적인 위기를 초래하는 사태가 발생하여 핵무기로 대응할수밖에 없는 불가피한 상황이 조성되는 경우

북관계를 완전 남과 남 및 적대관계로 규정했다.

> "지금까지 괴뢰정권이 10여차나 바뀌였지만《자유민주주의체제하의 통일》기조는 추호도 변함없이 그대로 이어져왔다." "우리 제도와 정권을 붕괴시키겠다는 괴뢰들의 흉악한 야망은《민주》를 표방하든,《보수》의 탈을 썼든 조금도 다를바 없었다." 이 결과 "쓰라린 북남관계사가 주는 최종결론은《정권붕괴》와《흡수통일》을 꿈꾸면서 우리 공화국과의 전면대결을 국책으로 하고있고 나날이 패악해지고 오만무례해지는 대결광증속에 동족의식이 거세된 대한민국족속들과는 민족중흥의 길, 통일의 길을 함께 갈 수 없다"고 결론짓고, "공화국의 민족력사에서《통일》,《화해》,《동족》이라는 개념 자체를 완전히 제거해버리"고, "조선반도에서 전쟁이 일어나는 경우에는 대한민국을 완전히 점령, 평정, 수복하고 공화국령역에 편입시키는 문제를 반영하는 것도 중요하다"

이제 남북관계는 거의 완전 파탄에 이르렀고 북·미관계는 원점으로 되돌아가서 한반도 전쟁위기가 급팽창하는 반역의 행보를 보여주고 있다. 여기에다 남쪽에는 또다시 반(反)민족적, 반(反)평화적, 반(反)역사적인 윤석열 내란외환 정권이 등장하여 상황은 더욱 악화되었다. 이처럼 샌프란시스코체제에 바탕을 둔 동아시아 대(大)분단체제, 중·미전략경쟁, 한반도 소분단냉전체제의 구조적 규정력 등은 한반도를 옥죄고 있고, 이 구조적 규정력의 강대함과 문재인정권의 비(非)자주적 나약함은[55] 6·12싱가포르 회담과 2019년 2월 하노이회담 사이에 여실히 나타났다.

---

[55] 김여정 조선노동당 중앙위 부부장은 2024년 1월 2일 대남 신년메시지에서 문재인에 대해 나약함을 넘어 "평화보따리를 내밀어 우리의 손을 얽어매놓고는 돌아앉아 제가 챙길 것은 다 챙기"는, "입에는 꿀을 바르고 속에는 칼을 품은 흉교한" 인물로 혹평했다. 이제훈, "북 김여정 "무식한 윤석열…문재인은 진짜 안보 챙길 줄 알아" 『한겨레』 2024.1.3.

이러한 과정을 두고 차태서는 클린턴 이후 바이든까지 미국 외교의 대서사(大敍事)이고 철학적 기조인 자유패권 전략에 기초를 둔 '한반도 완전비핵화' '국제안보규범 위반자'로서의 북조선에 대한 응징 기조를 띠고 있다고 본다.[56] 현실주의적 접근이 결여된 이 해법은 생사가 걸린 핵문제를 북조선이 아예 수용할 수 없는 구도였다고 볼 수 있다. 이에 북은 재래식 군사력에서 엄청난 열세에 놓여 있고 미국의 대북 적대시정책이 더 일층 강화되고 남측이 확대억제정책 등 '힘에 의한 평화'란 군비경쟁을 가속화하는 상황에서, 그 돌파구를 핵과[57] 미사일 영역에서의 확고한 전쟁억지력을 확보하는 전략을 확고히 구사하여 비대칭적 군사력 증강에 몰두해 왔고 또 이는 소기의 성과를 거둔 것으로 보인다.[58]여기에 더 나아가 한·미·일은 2023년 8월 18일 캠프 데이비드에서 정상회담을 통해 한·미·일 전쟁동맹체를 출범시켰

---

[56] 차태서, 「탈냉전 시기 미국의 대외전략과 동아시아: 단극구조와 자유주의 국제질서」 최종현학술원, 『한미일중 100년 II, 냉전 해체와 중국의 부상(1970-2023)』, 일조각, 2023, 218-223쪽.

[57] '스톡홀름국제평화연구소'(SIPRI)가 2023년 6월 12일 발표한 '2023년 연감'은, 사용가능 핵무기 기준 보유량을 러시아 (4489기), 미국(3708), 중국(410), 프랑스(290), 영국(225), 파키스탄(170), 인도(164), 이스라엘(90), 북한(30)이라고 밝히고 있다. 핵무기를 미사일에 장착했거나 작전 부대에 배치한 실전 배치 국가는 미국·러시아·프랑스·영국 4개국이다; 나가사키(長崎)대학 핵무기폐기연구센터(RECNA)는 2024년 6월 1일 현재 배치 또는 배치대비 보관 중 핵탄두 수는, 러시아 5580기 미국 5044기, 중국 500기 프랑스 280기 영국 225기, 파키스탄과 인도 각각 170기, 이스라엘 90기, 북조선 50기로 보고 있다(유세진, 『뉴시스』, 2024.6.5).

[58] 북은 2023년 3월 화산-31 전술핵탄두를 공개했고, 다양한 미사일을 개발 및 보유하고 있음을 전쟁억지력 확보를 위해 의도적으로 과시하고 있는 것으로 보인다. 중장거리탄도미사일 화성-12(2022년 실전배치), 13형(열병식으로만 공개); 장거리탄도미사일 화성-14, 15, 16(열병식으로만 공개), 17(2022년), 18(2023년, 고체형); 장거리순항미사일 화살-1(2021년), 화살-2(2022년); 잠수함발사탄도미사일 북극성-1, 2(개량형), 3, 4, 5형; 잠수함발사순항미사일 불화살 3-31형(2024년 1월); 극초음속미사일 화성-8형(2021년); 고체연료 극초음속 미사일 시험발사(2024년 1월); 무인핵어뢰정 해일(2023년); 대함미사일 바다수리(2024년). 이들의 개발을 위해 북은 2014년 18회, 2016년 25회, 2022년 36회, 2023년 31회의 미사일 발사시험을 한 것으로 알려졌다.

고, 이에 대응해 북은 러시아와 '북·러 포괄적전략동반자조약'을 체결해 한반도는 다시 냉전시대의 대결구도로 되돌아 온듯하다.

한·미·일은 캠프 데이비드 정상회담에서 3자 협의에 대한 공약'(Commitment to Consult)을 채택해,

> 대한민국, 미합중국, 일본국 정상은 우리 공동의 이익과 안보에 영향을 미치는 지역적 도전, 도발, 그리고 위협에 대한 우리 정부의 대응을 조율하기 위하여, 각국 정부가 3자 차원에서 서로 신속하게 협의하도록 할 것을 공약한다. 이러한 협의를 통해, 우리는 정보를 공유하고, 메시지를 동조화하며, 대응조치를 조율하고자 한다.

라면서 한반도 및 이를 넘어 중국 등을 겨냥한 3국 '전쟁공동체'를 선언했다. 이에 대응해 북조선과 러시아는 1961년 7월 6일 조인한 조·소 우호협력 및 상호원조조약 제1조 "체약일방은 어떠한 국가 또는 국가연합으로부터 무력침공을 당함으로써 전쟁상태에 처하게 되는 경우에 체약 쌍방은 지체 없이 자기의 보유하고 있는 온갖 수단으로 군사적 및 기지원조를 제공한다"라는 자동개입 조약과 유사한 '북·러' 포괄적인 전략적 동반자관계 조약'을 2024년 6월 19일 체결했다. 그 제4조는 "쌍방중 어느 일방이 개별적인 국가 또는 여러 국가들로부터 무력침공을 받아 전쟁상태에 처하게 되는 경우 타방은 유엔헌장 제51조와 조선민주주의인민공화국과 로씨야련방의 법에 준하여 지체없이 자기가 보유하고 있는 모든 수단으로 군사적 및 기타 원조를 제공한다."를 공약하고 있다.[59]더 나아가 북이 러·우전쟁에 파병과

[59] 그러나 1961년 7월 6일 조인한 조·소 우호협력 및 상호원조조약 제1조는 "체약일방은 어떠한 국가 또는 국가연합으로부터 무력침공을 당함으로써 전쟁상태에 처하게 되는 경우에 체약 쌍방은 지체없이 자기의 보유하고 있는 온갖 수단으로 군사적 및 기지

무기지원으로 개입하여 북과 러시아의 관계는 냉전초기와 비슷한 수준으로 밀착하고 있다.

4. 중·미 전략경쟁의 역사 갈림길과 한반도

중·미 전략경쟁의 역사 갈림길에서, 장기적으로는 곧, 중·미 세력교체 완결기에는, 한반도 평화통일이 최적기를 맞을 것이다. 왜냐면 분단·전쟁·냉전·적대체제를 만들고, 강제·강화하고, 끊임없이 재생산해 온 주역인 미국이 그 단극패권을 상실해 한반도에 대한 구조적 제약이 약화될 것이기 때문이다. 중·단기적으로는 오늘날의 한반도와 같이 세력교체기라는 이행기의 전쟁위기 속으로 내몰릴 것이다. 이는 단일패권국 미국이 세력교체기를 맞아 짐짓은 퇴조를 수용하기보다, 러·우 무력충돌을 유도하고 팔레스타인 학살에 노골적인 뒷배 역을 하듯, 판세를 되짚기 위해 발악할 것이기 때문이다. 또한 중·미의 직접적인 무력충돌은 지구촌 종말을 의미하기에 그 변방인 한반도가 대만이나 남중국해 충돌을 계기로 대리 전쟁터로 몰릴 수도 있기 때문이다.

또한 한국전쟁 이후 한반도는 세계에서 군사밀집도가 가장 높고, 미군이 한국군과 연합전쟁연습을 가장 많이 해왔고, 오키나와 등 최

원조를 제공한다." 자동개입 조약이지만 2024년 6월 19일 조인된 '북·러 '포괄적인 전략적 동반자관계 조약' 제4조는 "쌍방중 어느 일방이 개별적인 국가 또는 여러 국가들로부터 무력침공을 받아 전쟁상태에 처하게 되는 경우 타방은 유엔헌장 제51조와 조선민주주의인민공화국과 로씨야련방의 법에 준하여 지체없이 자기가 보유하고있는 모든 수단으로 군사적 및 기타 원조를 제공한다."로 조건부 개입이라는 점에서 차이가 난다.

강의 미군기지가 가장 많이 집중되어 있는 일본이 후방기지로 있고, 해외미군기지 중 세계 최대인 평택 미군기지를 중심으로 무려 약 2만 8천의 주한미군이 배치돼 있고, 전시작전통제권마저 미국이 무려 73년 넘게 장악하고 있고, 그래서 세계5위라는 한국군을 통솔할 수 있고, 줄곧 '악마화'한 북조선이 대상이고, 거짓이름이지만 유엔사 등 거짓명분으로 전쟁연합국 구성이 쉽고, 확장억제를 빌미로 미국의 전략자산이 수시로 출동해 왔고, 등등으로 미국이 가장 손쉽게 전쟁을 일으킬 수 있는 지역적 대상이다. 단지 북한의 핵무장과 미국을 직접 타격할 수 있는 투발수단을 갖고 있어 전쟁억지력을 일정 정도 행사할 수 있어 그나마 안전판이 어느 정도는 조성되어 있는 셈이다.

이러한 미국의 구조적 제약과 전쟁위험성에 대해 우리는 어떠했는가? 1991년 탈냉전의 시점에서 노태우정권은 북방정책을 통한 한·중수교, 한·소 관계개선, 남북기본합의서와 한민족공동체통일방안 수립 등으로 기존의 구조적 제약이 약해진 틈바구니를 잘 활용한 훌륭한 업적을 남겼다. 그러나 결국 한반도의 탈냉전은 무소불위가 된 부시 미국에 의해 중단 당했다. 1992년 연초 미8군 방문이란 비공식 방한을 통해 청와대를 방문한 부시는 남북기본합의서 국회비준과 남북정상회담 추진 불가라는 '패권주의적 명령'을 내렸다. 구조적 제약에 난파당하고 말았다.

이럼에도 불구하고 김대중정권은 6·15공동선언이라는 민족의 대서사시를 창출하고 평화밑바탕을 수놓으면서 합리적인 통일방안까지 창출했다. 또한 이산가족상봉, 금강산관광, 개성공단 등으로 외세에 의해 강제된 분단구조에 대 파열을 내는 기념비적 업적을 남겼다. 그렇지만 더 이상의 후속조치는 미국 단극지배질서에 의해 제대로 피어나지 못했다.

그 명맥을 이어받아 노무현정권은 임기 종반에서야 10·4평화번영선언을 일구긴 했다. 그렇지만 선언에 그치고 말았다. 오히려 우회로를 통해 일찍부터 동북아균형자론을 제시해 한반도의 자주적 행보를 시동했다. 내외의 저항에 부딪쳐 빛을 발하지는 못했지만 나라 밖 자주 행보의 서막을 열었다. 이의 바탕에는 노대통령의 말처럼 '한국이 단군이후' 최대의 경제적 번영을 누린 점도(세계 10위권 경제대국) 작동하였다.

이명박정권은 이를 이어받기는커녕 전략경쟁의 본격적 출발인 2010년에 일어난 또는 누군가에 의해 일으켜진 천안함사건을 계기로, 자발적이든 강요되었든, 오바마의 아·태재균형전략의 2011년 공식적 출범을 촉진시켰고, 한국이 주도하여 12·20전쟁위기를 일으켰고, 북한급변사태대비계획이라는 무력흡수통일을 한·미 합작으로 추진하였다. 박근혜정권은 성주의 사드배치를 덥석 받아 미국의 대 중국 MD체제에 편입되는 길을 열어줬고, 미국의 강요로 한·일 관계를 '개악'시켜 한·미·일 군사동맹의 터전을 닦아주고는 속으로는 통일대박론을 펼치면서 통일대통령 환상에 젖기도 했다.

기울어진 운동장을 물려받은 문재인정권은 균형외교와 전략적 모호성으로 한·미·일 군사동맹 진전을 가로막고 중·미 전략경쟁에 거리를 두어 독자성을 세워나갔고, 한반도의 급박한 전쟁위기를 잠재워 나갔다. 그러나 결정적 시기에 비(非)자주적 나약함을 그대로 드러내어 결과적으로 북에 의해 '흉교한' 인간으로 낙인찍히고 말았다.

그러나 태어나지 말았어야 하는 윤석열 검찰독재정권은 역사와 민족사의 발길을 완전히 거꾸로 돌리는 반역의 행보를 이어갔다. 출범한지 11일 만에 서울에서 열린 한·미 정상회담에서(2022.5.21) 미국이 제시한 노선도를 그대로 따르다보니 한국외교는 사라지고 '한국판 미국외교'가 자리를 채웠다. 이 정상회담 공동성명은 한·미동맹의 적용대상을 한반도에서 중국을 주목표로 한 전(全)지구적(글로벌)동맹 및 전략동맹으로, 미국의 '신(新)냉전'구도에 완전 편입하는 가치동맹으로, 군사동맹을 넘어서서 경제·기술·우주탐사를 포함한 포괄동맹 등으로 완전 탈바꿈했다.

이렇게 근본적으로 새로운 차원으로 나아가는 외교행보를 위해선 시간을 두고 심모원려의 연구 및 검토와 국민적 동의를 이끌어나가는 것이 선행돼야 한다. 그렇지만 윤 정권은 내각 구성도 완료하지 않은 채 2022년 5월 21일 서울에서 열린 한미정상회담에서 바이든 미국이 제시한 각본을 그대로 복창(復唱)한 미국의 꼭두각시였다. 이후 실질적인 외교행보는 이 공동성명의 합의사항을 실행하는 차원이었다.

켐프 데이비드에서 매듭지은 한·미·일 군사동맹, 9·19남북군사합의 파기, 확장억제전략협의체(EDSCG) 등 상설협의체구성, 힘에 기초한 평화, 사상유례가 없이 빈번하고 미국·일본·영국·호주 등과 함께 하는 연합전쟁연습, 우크라이나 전쟁지원, 대만문제나 남중국해 등 노골적인 대중(對中) 내정개입 발언, 아시아판 나토(NATO) 끌어들이기, 대중 탈동조화인 인도·태평양 경제프레임워크'(IPEF) 앞장서기, 반도체·전기차 등 한국생산기지 미국이전, 대일(對日) 탈(脫)역사문제화 등등이다.

더구나 이러한 반역사·반자주·친미친일극단적사대주의·전쟁친화전략과 정책을 바이든 미국과 윤석열은 글로벌 '중추(中樞)국가(Global Hub Country)' 구상으로 걸 포장하였다. 그러나 한반도 평화·통일 훼손전략, 동북아평화 교란전략, 미국과의 외교·군사 일체화, 나쁜 호랑이인 미국을 위해 기꺼이 창귀 짓을 자행하는(甘为虎伥) 짓거리로는 전 세계 중추국가는커녕 미국의 아·태전략 창귀로 귀결되고 말 것이다. 이러한 윤석열은 필자가 제시하고 있는 인류의 메타가치인 평화생명권 등을 전적으로 짓밟는 고주망태로 술 취한 아니 술 중독자임에 틀림없는 것 같다. 이러한 중독자는 당연히 격리대상이고 입원대상이지 중·미 전략경쟁 속의 한반도 조타수가 될 수는 없다.[60]

이제까지 살펴본 대로 6월항쟁 이후 남측은 나름대로의 합리적 보수와 역사 퇴행의 반동적 보수가 거의 주기적으로 반복 등장하는 모습이다. 이에 따라 합리적 보수기간 이룩한 평화통일을 위한 터다지기가 연속적으로 진행되지 못하고 제자리로 돌아가거나 오히려 더 역행하는 역사가 반복되어왔다. 이러한 구조적 제약의 뿌리는 밖으로는 샌프란시스코체제라는 동아시아 대분단체제와 또 안으로는 한반도 소분단냉전체제가 각기 및 상호 상승작용을 통해 작동하고 있기 때문이다.

그렇지만 미국이 주조한 이러한 대분단체제가 중·미 전략경쟁으로 서서히 허물어지고 있어 미국의 패권주의가 제대로 작동하기 힘든 구조 속으로 흘러들어가는 게 오늘날의 역사적 흐름이고 역사의 진전이다. 특히 다시 집권한 트럼프는 미국의 한계를 절감하고 이러한 흐름에 '순응해' 미국의 자유주의적 글로발리즘(Globalism)은 서서히 쇠퇴하고 있다. 이러한 대분단체제의 약화기를 맞아 소분단체제를 남북이 주체적으로 파열하여 한반도 평화통일을 앞당기는 우리의 주체적 행위가 절실히 요구되는 시점이다.

---

60 이러한 필자의 우려는 현실로 나타났다. 대통령 윤석열은 2024년 12월 3일 친위쿠데타를 일으켜 헌법을 유린하는 내란 수괴(首魁)가 됐다. 더 나아가 1주일 전인 11월말 내란 실행자인 김용현 당시 국방부 장관이 계엄 선포 전 북에서 보내는 오물풍선을 빌미로 대북 국지전을 일으키려했다고 한다: "김 전 장관이 지난주부터 김명수 합참의장에게 '북에서 오물풍선이 날아오면 경고 사격 후 원점을 타격하라'고 지시했고, 김 의장이 이에 반대하자 질책했다는 제보가 있다". 권혁철, "김용현, 계엄 1주 전 북 풍선 '원점타격' 지시…국지전 유도", 『한겨레』 2024.12.7(https://www.hani.co.kr/arti/politics/defense/1171635.html). 이 밖에도 노상원(전 정보사령관)의 "NLL(북방한계선)에서 북한의 공격을 유도" 메모, 세 차례에 걸친 무인기 평양침투, 북한의 동해선·경의선 도로폭파에 남의 대응 사격 등등으로 전쟁 위험은 극단화했다. 그렇지만 정말 다행으로 북의 사려 깊은 맞대응 자제로 파국을 피할 수 있었던 것 같다.

이를 두고 스위안화는 다음과 같이 분석했다.[61]

> 한반도 평화프로세스는 아직도 갈 길이 멀고 한반도 핵문제의 장기화 추세는 바뀌기 어렵다는 점을 냉철하게 인식해야 한다. 포스트 샌프란시스코체제로 인해 미국의 아시아-태평양전략(또는 인도-태평양전략)은 한반도의 적정한 긴장을 필요로 하게 되었다… 남북한이 평화통일을 이룬다면, 이는 미국이 한반도에 계속 존재할 이유가 없다…미국이 한반도에서 철수하게 되면 그 직접적인 결과는, 중국과 러시아를 겨냥한 미국의 제1도련선이 와해되고 괌으로 후퇴하는 것이다. 이는 미국의 글로벌 전략이익 및 국익의 차원에서 허용되지 않는다.

그러나 중·미 전략경쟁에 의해 이 샌프란시스코체제와 동아시아 대분단체제는 대전환을 맞을 것이고 한반도의 소분단냉전체제는 남과 북의 자주적 행보에 의해 대분단체제보다 먼저 파열음을 맞을 수도 있을 것이다. 바로 대일·대미 자발적 예속주의의 화신인 윤석열이 일으킨 12·3내란·외환 기도를 평정하고 새로운 역사로 비약하려는 남쪽 사회는, 미국과 일본이 형성해 왔던 이들 반역사·반민족·반평화적인 예속체제를 무너뜨리고 자주평화통일의 새로운 역사행로로 비약해야 하고 또 비약할 것이다. 세력교체기 또한 역사전환기는 역사전환의 소용돌이에 휩싸이는 위험에 봉착하기도 한다. 그렇지만 외세의 구조적 규정력이 약화하고 재조정이 이뤄지는 과도기이기 때문에 우리 남과 북의 주체적인 역사행보에 의해 자주평화통일의 역사궤적을 일구어 낼 수 있는 절호의 기회이기도 하다.

---

61 스위안화, 「포스트 샌프란시스코 체제와 한반도에서 중·미의 전략적 상호작용」, 김영호 외 17인, 『샌프란시스코 체제를 넘어서: 동아시아 냉전과 식민지 전쟁범죄의 청산』, 메디치, 2022, 580-581쪽.

5. 기후재앙이 분출되는 지구촌

2025년 올해 여름 7~8월의 염천은 9월에 접어들어서도 사그라질 줄 모른다. 또한 극한호우라는 다소 생소한 어휘가 이번 여름부터 상용화하는 듯하다. 2022년부터 계속되는 동해안 쪽의 산불은 거의 연례행사로 등장한다. 이러한 현상은 한반도에 국한되지 않고 전 지구촌에 걸쳐 파키스탄이나 아프리카, 중국 및 미국 등 여기저기서 재앙을 몰고 오고 있다.

기후재앙 사정이 이렇게 다급한데도 미국의 트럼프는 기후위기나 생태계 파괴로 인한 생명공동체 위기를 가짜 뉴스 정도로 취급한다. 더 나아가 재생에너지인 풍력발전과 태양광발전 건설 허가를 취소하고 오히려 석유의존을 강화하고 세일가스 채굴을 독려하고 있다.

생태계 문제는 어떤 국가나 지역에 국한되는 문제가 아니라 지구촌 전체의 가장 기본적인 공공재의 문제이다. 이러한 지구촌 전체의 공공재를 가장 앞장서서 파괴한 주범은 바로 미국을 비롯한 서방 선진국이었다. 응당 이들이 자발적으로 생태문명건설의 선도자로 나서야 한다. 그렇지만 유럽 국가 일부에서 일어났던 이러한 움직임은 러·우 전쟁 이후 경제사정의 악화로 뒷걸음질 치고 있다.

오히려 아직도 개발도상국 위치에 있는 중국은, 자신의 다급한 환경악화 치유에서 시작해 녹색전환과 생태문명건설을 기치(旗幟)로 내걸고 있을 정도다. '신(新)녹색 3종 제품'인 전기자동차·리튬배터리·태양광발전은 국내는 물론 지구촌 곳곳으로 확산되어 생태환경 개선에 크게 이바지 하고 있다. 태양광, 풍력 등의 재생에너지 발전 설비는 폭발적인 가성비 낮추기와 간편한 시설공정 등으로 제3세계의 재생에너지 생산에 획기적 기여를 하고 있다.

이럼에도 불구하고 미국과 서구는 과잉생산이라면서 이에 제동을 걸고 있다. 그렇지만 녹색전환을 통한 생태문명건설을 위한 중국의 발걸음은 멈추지 않을 것이다. 이미 재생에너지 사용 발전설비 비중이 화석연료 사용 발전설비를 넘어섰다. 2030년 탄소정점, 2050년 RE100, 2060년 탄소중립(제로) 목표를 공표했지만 이들 목표를 조기 달성할 것으로 전망된다. 이제 지구촌은 중국의 환경악화 대응에서부터 생태문명건설을 향하고 있는 족적을 통해 어떤 교훈과 전략을 터득(攄得)할 수 있을지 엄밀한 탐색에 나서야 할 시점인 것 같다.

2장

중·미 전략경쟁의 역사적 개괄

1. 전략경쟁 도발 기점과 오바마의 아·태재균형전략

무력과 우격다짐을 중심으로 세계를 지배하는 패권국가의 생리는 거의 언제나 자기의 패권을 지속하기 위해, 또 타국의 강대국 부상을 막기 위해 안간힘을 쓰기 마련이다. 그러면서 없는 적도 굳이 만들어 내어 선제타격을 가함으로써 도전자의 부상을 그 싹부터 잘라버리는 짓을 자행하기도 한다. 미국은 1991년 탈냉전 이후, 푸틴이 2007년 2월 뮌헨안보회의에서 질타했듯이, "하나의 권력중심, 하나의 무력중심, 하나의 의사결정중심"이면서 "세계의 주인이자 군주"인 단일패권국가 되었다.

이러한 패권국 미국의 일부에서는 1980년대 말 '일본위협론'으로, 1990년대는 '황화론' 또는 '중국위협론'으로 '신냉전' 조짐을 일찍부터 보여 주었다. 그래서 당시 필자는 노태우정권의 북방정책이 작동하던 1990년대 중반부터 '신냉전' 본격화 이전에 비록 상징적이고 형식적인 통일이라 할지라도 긴급히 민족통일을 달성해, 한반도 통일을 국제사회에서 기정사실화해야한다고 주장해 왔다.[1]

1997년 미국의 '4개년국방계획보고서'는 중국을 암시하여 2010-15년 사이에 "1개 이상의 지역 국가가 이 기간 중 미국의 이익에 군사적으로 도전하려는 야망과 수단을 보유할 가능성이 있다"고 주장했고, 1995년 발표된 '나이보고서'는 아·태 지역에 10만 미군을 계속 주둔시킬 것을 언명하고 있었다. 또한 증가하는 중국의 경제·군사력은 그들의 야망과 '외국혐오증'과 결합돼 더 공격적이 될 것이다. 중

---

[1] 강정구, 「'아리랑통일민주공화국'을 주창하며」, 『민족의 생명권과 통일』, 당대, 2002, 493~528쪽.

요한 점은 중국이 자기 나라의 이익을 위해서 미국에 전쟁을 도발하는 게 아니라 바로 중국의 일부 통치도당에 이익이 되기에 미국에 대한 전쟁을 도발할 것이라는 허무맹랑(虛無孟浪)한 주장까지도[2] 자주 제기되었다.

반면 스웨인은 이러한 '중국위협론' 가설을 신랄히 반박했다: 첫째, 중국이 대만에 취한 위협 행위를 근거로 아시아 전체를 위협한다는 가설은 대만이 중국의 일부라는 엄연한 사실과 또 대만이 제국주의에 의한 중국 침략의 희생물이었다는 역사성을 인정한다면 신화에 불과하다. 둘째, 중국군사비를 8백억~1천5백억$ 추정은 실제 280억~360억$에 불과하고, 중국 GDP의 0.8-1.5%수준으로 미국의 3-4% 수준에 비해 엄청 낮다. 셋째, 중국이 보유한 현대첨단무기가 아시아를 위협할 수준이라는 가설은 홍콩·대만 언론의 과장보도에서 오는 근거 없는 신화다. 넷째, 중국 군사력이 10년 내 공격 능력을 갖춘다는 가설 또한 신화이고 최소한 중국은 현대병기 생산에서 한세대정도 뒤졌다. 다섯째, 중국군 현대화가 미국에 도전을 위한다는 가설은 주변국과의 사소한 분쟁에 대비한 점을 고려하면 신화에 불과하다.[3]

그렇지만 탈냉전 단극주의 패권질서 속에서 미국의 자유주의패권 항로의 기본 틀을 세운 클린턴 미국은, 중국의 산업화가 진전되면 서방화가 진전될 것으로 판단하고, 2001년 중국의 WTO가입을 수용했다.[4] 그는 탈냉전을 맞아 미국의 금융자본주의화와 더불어 기존 관세

---

[2] Bernstein, Richard and Ross Munro, *The Coming Conflict with China* (Alfred Knopf, 1997). 이러한 미국의 대 중국인식은 수많은 미국 정치군사 '전문가'들, 아니 네오콘과 같은 '선동가'들 사이에서 오늘날까지 지속되고 있다.

[3] Swaine, Michael, "Don't Demonize China" *Washington Post* (1997.05.18).

[4] 탈냉전 이후 미국의 자유주의 패권질서 흐름을 간략히 보여주는 글로는 차태서, 「탈냉전시기 미국의 대외전략과 동아시아: 단극구조와 자유주의 국제질서」, 최종현학

무역일반협정(GATT)의 상품중심 무역체제를 미국의 현존 이익에 부합하는 신생 세계무역기구(WTO)의 상품·서비스·지적재산권 중심 무역체제로 개편을 이미 1995년 끝내었다. 이어 등장한 아들 부시 미국은 2001년 9·11테러를 맞아 이라크전쟁 등 대 중동 전략에 함몰되어, 중국에 대한 견제를 수행할 여유가 없었다. 더구나 중국은 1978년 이후 덩샤오핑 주도의 개혁개방을 추진하고, 도광양회(韜光養晦: 자신을 드러내지 않고 때를 기다리며 실력을 기른다)의 낮은 자세로 미국에 접근해 왔고, 흰 고양이든 검은 고양이든 쥐만 잡으면 된다는 선부(先富)론을 바탕으로 경제발전에 매진하고 있어, 미국 경계심의 대상에서 어느 정도 비껴가고 있었다.[5]

그러나 중·미 전략경쟁 도발의 싹은 2008년 미국의 금융위기에서부터 서서히 부상하였다. 당시 중국은 사상최대의 경기부양책으로 전체예산의 12.5%인 4조 위안을 투입해 이 미국 발 세계금융위기를 안정화 시키는 흑기사 역할을 하였다.[6] 또 개혁개방 이후 연 9%의 경제

술원, 『한미일중 100년 II: 냉전해체와 중국의 부상(1970-2023)』, 일조각, 2023, 193~223쪽.

5 중국의 경제전략 변화추이를 1978년 개혁개방, 1992년 남순강화, 1997년 동아시아 외환위기, 2001년 중국의 WTO가입, 2008년 세계금융위기, 2018년 무역전쟁 등의 시기에 따라 약술한 글로는 서봉교, 「사회주의 경제와 자본주의사이에서」 이희옥·백승욱 엮음, 『중국공산당 100년의 변천: 혁명에서 신시대로』, 책과함께, 2021, 95~127쪽.

6 이 글로벌 금융위기를 계기로 중국은 미국의 패권적 지배에 대한 의문과 중국 자신에 대한 신흥강대국으로의 자의식이 강력해지면서 국제사회에서 독자적인 목소리를 높이기 시작했다. 특히 2012년 집권한 시진핑이후 외교기조가 "개혁개방 이후 견지해온 도광양회식 소극적 외교노선에서 자신의 이익과 선호를 적극적으로 밝히고 수호하려는 분발유위(奮發有爲)의 적극적인 외교노선"으로 변화했고, "'국가 주권, 안보, 발전 이익'으로 대표되는 중국의 핵심이익을 구체적으로 적시하고 이를 국제사회가 존중해 줄 것을 명시적으로 요구"하기 시작했다. 강수정, 「대외인식과 외교정책 노선」, 이희옥·배승욱 엮음, 『중국공산당 100년의 변천: 혁명에서 '신시대'로』, 책과함께, 2021, 185쪽. 그러나 학술적으로는 훨씬 이전부터 도광양회에서 벗어나 정비젠(鄭必堅)의 화평굴기 옌쉐퉁(閻學通)의 대국굴기 이론이 대두되고 있었다. 문정인, 『중국의 내일

성장을 기록했고, WTO가입 후는 연 13% 성장률을 기록할 정도로 경제적 도약을 이룩했다. 이 결과 중국은 2007년에는 명목 GDP 수준에서 독일을 능가하여 세계 3위로, 2010년에는 2위 일본을 추월하여 세계적으로 미국 다음의 G-2 경제체제를 구축했던 것이다. 2014년에는 구매력기준(ppp) GDP에서 미국을 능가했다.[7][8]

이에 미국은 '다자적 개입주의'로 불리는 오바마독트린을 채택하고, '아시아 중시'(Pivot to Asia)라는 대 중국 포위봉쇄전략인 아·태재균형전략을 출범시켜 대 중국 전략경쟁을 본격화하기 시작했다. '급성장'한 중국과 주변국들 사이에 '재균형'을 위해 명시적인 대 중국 포위·봉쇄전략을 구사(驅使) 하겠다는 것이다. 이라크전쟁을 종결시키고 아프칸전쟁에서 철군을 시작하면서 군사력을, 특히 해군력을 60%이상 태평양에 집중할 수 있었던 것이다. "아시아 할당 국방예산은 한 푼도 깎지 않겠"고, 호주에 미군 군사기지를 구축하고, 한국·일본·필리핀·태국·인도·대만 등과 군사동맹을 강화해 중국을 포위·봉쇄하겠다는 것이다.[9]

을 묻다: 중국 최고지성들과의 격정토론』, 삼성경제연구소, 2010, 25~69쪽.

7 파이낸셜타임스가 세계은행 국제비교프로그램(ICP) 보고서와 IMF의 GDP 전망치를 분석해 2014년 PPPGDP 중국 약 19조, 미국 약 18조 달러로 예측했다: 오관철, "'경제대국' 중국, 올해 안에 미국 추월한다", 『경향신문』, 2014.4.30.

8 마틴 자크는 "권력의 헤게모니를 장악하거나 이러한 능력을 보유하려면...경제력이 전제되어야 한다. 결국 경제력은 냉혹한 척도가 된다"(18쪽). "군사력과 정치력은 경제력에 달려 있다. 영국 역사학자 폴 케네디가 『강대국의 흥망』에서 지적했듯이 국가가 세계적 헤게모니를 행사하고 유지하는 능력은 궁극적으로는 생산능력에 달려 있다"(17쪽). 마틴 자크, 안세민 옮김, 『중국이 세계를 지배하면: 패권국가 중국은 천하를 어떻게 바꿀 것인가?』, 부키, 2010.

9 그러나 "이후 중국은 트럼프행정부 시점을 기점으로 미국 발 견제에 직면했다."라면서 중·미 전략경쟁의 출발이 오바마의 아·태재균형전략에서부터라는 점이 제대로 부각되지 않고 있다. 서정경, 「미국의 견제 속 '중국 특색 강대국 외교'의 시련과 응전」, 이희옥·조영남, 『중국식 현대화와 시진핑 리더십: 중국공산당 제20차 전국대표대회 분석』, 책과함께, 2023, 156~235쪽.

이를 위해 인도와 장기 전략적 동반자관계를 확립하고, 미군 접근과 자유로운 작전을 막을(전자전, 사이버전쟁, 미사일활용) 적성국가 후보로 중국과 이란을 설정하고, 미군의 주요 임무를 적성국의 반접근(anti-access) 전략 대비 잠수함, 스텔스 폭격기, 미사일방어 체제, 우주 전력을 결합한 '합동작전 접근'을 발전시킬 필요성을 강조했다. 경제적으로도 한·미FTA를 발판삼아 일본·호주·동남아국가·캐나다·멕시코·페루·칠레까지 포함하는 '환태평양경제동반자협정' (TPP, Trans Pacific Partnership)으로 중국을 고립시키겠다는 것이다.

이 아·태재균형전략의 핵심은 샌프란시스코체제의 한 축(軸)인 일본이었고, 그 가운데 류큐(오키나와)에 있는 광대한 미군기지 활용이었다. 그러나 당시 일본은 자민당정권에서 하토야마 민주당정권으로 정권교체가 이뤄졌고, 이 새 정권은 류쿠(오키나와)의 일부 미군 군사기지를 괌으로 이전할 것을 요구하였다. 더 나아가 하토야마-오자와의 민주당정권은 기존 미국중심의 외교 기조를 동아시아 중시 전략으로 바꾸고는 중국에 대규모 사절단을 파견하는 등 중국을 포위봉쇄하려는 미국의 아·태재균형전략과는 어깃장 행보를 보여주고 있었다.

그러나 역사의 우연인지 아니면 고도의 음밀한 기획인지 후세에 밝혀질지도 모르지만, 한·미 연합전쟁연습기간인 2010년 3월 26일 천안함사건이 발생하였다. 이명박 한국은 과학적인 근거도 없이 이를 북측 소행으로 몰아붙이면서 5·24조치를 시행하였다. 잇달아 유엔안보리, 유럽의회, G8 정상회의 등도 제대로 된 검증도 없이 이를 그대로 수용하여 쟁점화 시켰다. 한반도 긴장이 첨예화하면서 북 겨냥 한·미 연합전쟁연습을 상시화 하는 등으로 한반도와 동북아에는 더욱더 긴장이 조성되었다. 이 결과 동아시아 중시의 하토야마정권은 실각하였고, 2011년 말 아·태재균형전략이 공식적으로 출범할 수 있었다.

결과적으로 이명박 한국은 미국의 아·태재균형전략의 촉진자였다.

아·태재균형전략은 한·미·일 3각 군사동맹으로 중국의 동태평양 진출을 차단하고[10], 미·일·호 3각 동맹으로 남태평양 진출을 봉쇄하고, 미·일·인도 3각 동맹으로 인도양 진출 봉쇄를 꾀한다. 이같이 일본이 이 전략의 중심축임을 여실히 보여주고 있어 이런 점에서 이 전략은 1952년에 주조된 샌프란시스코체제의 적극적 구현에 다름 아니었다.

이의 실행은 미·일 전쟁공동체화로 나타났다. 2015년 4월 일본 자위대와 미군의 역할분담 규정문서인 '미·일 방위협력지침'을 개정하였다. 이 새롭게 개정된 '신(新)방위협력지침'은 중국을 "힘과 강제에 의한 일방적인 현상 변경을 시도해 주권과 영토 일체성의 존중을 해치는... 국제적인 질서에 대한 도전"국으로 설정했다. 이에 따라 미·일은 통합사령부 구성에 합의하였다. 2014년 7월 1일 아베내각은 이 평화헌법에 대한 새로운 해석을 내리는 내각결의안을 채택하여 일본의 집단자위권을[11] '확보'하고, 연이어 20개 안팎의 안보관련 법을 제·개정하였다. 이로써 일본을 보통국가화(전쟁을 할 수 있는 국가) 하여 평화헌법을[12] 실질적으로 무력화하였다.

---

10 제주 강정해군기지 건설은 이런 맥락에서 구상된 것으로 보여 수많은 평화운동단체들의 집중적인 반대에 직면했었고, 필자 또한 평통사(평화와통일을여는사람들)의 대표로서 이 운동에 참여하여 10여 차례 현장을 방문하기도 했다.

11 '집단적 자위권'은 자국이 직접 공격받지 않아도 자국과 밀접한 관계에 있는 외국이 무력 공격을 받을 경우 이를 무력을 통해 저지할 수 있는 권리를 뜻한다. 집단적 자위권은 타국의 공격을 직접 받은 경우 자국을 방어하기 위해 무력을 사용하는 '정당방위' 성격의 '개별적 자위권'과 함께 1945년 발효된 유엔헌장 51조에 국가의 고유권리로 명기됐다. 第51조: "이 헌장의 어떠한 규정도 국제연합회원국에 대하여 무력공격이 발생한 경우, 안전보장이사회가 국제평화와 안전을 유지하기 위하여 필요한 조치를 취할 때까지 개별적 또는 집단적 자위의 고유한 권리를 침해하지 아니한다...."

12 일본국 헌법 제9조는 전쟁 포기, 전력 및 교전권을 부인하고 있다: "① 일본국민은 정의와 질서를 기초로 하는 국제 평화를 성실히 바라고 추구하며, 국제 분쟁을 해결하는 수단으로써 국권이 발동되는 전쟁과 무력에 의한 위협 또는 무력행사를 영구히 포

이 결과 일본은 자국의 평화와 안전에 중요한 영향을 준다고 일방적으로 판단하면, 이를 '중요영향사태'로 보고 무력개입이 가능하게 되었다. 또한 일본의 '밀접국가'인 미국에 무력행위가 발생해 일본 존립이 위협받는다고 자의적으로 판단하기만 하면 '집단자위권'을 명분으로 삼아 전쟁이 가능하도록 했다. 또한 군사예산을 2012년 3조 1천억 엔에서 2016년 4조 8천억 엔으로 대폭 증강하여 한 때 무기수입 세계 1위를 기록했고, 2017년에는 경항공모함 1기를 추가 도입하고, 2018년에는 해병대를 창설하는 등 군비를 확충하고 군사대국화로 발돋움했다.

이렇게 전쟁가능 '보통국가화'한 일본과 패권수호 추구 미국은 군사일체화를 통해 공동 군사작전 확대를 공공연화 했다. 지리적으로는 기존의 일본과 주변사태라던 인근 공해에서 아·태지역과 전 지구촌으로 확대하고; 공간적으로는 기존의 지상이나 해상에서 우주와 사이버공간까지 포함하고; 시간적으로는 평시부터 긴급사태까지(회색지대포함 평시, 중요영향사태, 존립위기사태, 일본유사사태) 확대하고; 질적으로는 상설 미·일 통합사령부를 만들어 모든 단계에 빈틈없이 대비하고; 범정부적 조정과 협조 및 활동을 하도록 확대하였다.

더 나아가 한·일 군사정보보호협정(GSOMIA)과 군수지원협정(ACSA, 물품용역상호제공협정) 등으로 한·미·일 3각 군사동맹을 추진하고 사드를 한국에 배치해 한·미·일 통합 MD체계 구축을 꾀했다. 이를 바탕으로 기술적

기한다. ② 전항의 목적을 달성하기 위하여 육·해·공군, 그 밖의 전력을 보유하지 않는다. 국가 교전권은 인정하지 않는다." 그러나 2014년 7월 1일 아베내각은 이 평화헌법에 대한 새로운 해석을 내리는 결의안을 채택하여 '집단적 자기 방위'는 일본에 대한 무력 공격뿐만 아니라 일본이 긴밀한 관계를 유지하고 있는 국가에 대한 공격의 경우와 그러한 공격의 심각한 위협이 있는 경우에도 자위대를 사용할 수 있습니다.'를 채택했다. 이 결의안에 따라 일본 국가는 현행 헌법 하에서도 집단적 자위권을 행사할 수 있다고 본다.

으로 한·미·일 전쟁공동체화를 꾀하는 장기적 기획인 셈이다.

그러나 한·일 간에는 위안부문제 등 역사문제가 걸림돌이었다. 이에 미국은 박근혜 한국에 일방적 양보를 강요했다. 오바마대통령은 박근혜대통령과 아베수상의 '정상회담 억지만남'까지 연출하기도 했다. 2015년 2월 미국 국무부 차관 웬디 셔먼은 "정치지도자가 민족주의적 감정을 악용할 수도 있겠고 과거의 적을 악당으로 만듦으로써 값싼 박수를 받기도 쉽지만, 그런 도발은 마비를 낳을 뿐 진전을 가져다주지 못한다"면서 노골적인 압력을 가했다. 결국 미국은 이를 한국에 관철시켜 2016년 11월 군사정보보호협정(GSOMIA) 체결로 이어졌다.

그러나 문재인정권 하에서는 한·일 간의 역사쟁점화로 주춤해진 상태에 놓여 있었다. 그렇지만 2022년 5월 10일 집권한 배일((拜日)배미(拜美) 자발적 노예주의 전형인 윤석열은 집권 열흘 만에 열린 2022년 5월 21일 한·미정상회담에서 기존의 한반도 중심 한미동맹을 전 지구적 〈글로벌 포괄적 전략동맹〉으로 전환시켰다.[13] 이로써 이들 쟁점들은 한·미간에 마무리 되었고, 2022년 11월 13일 〈인도태평양 한·미·일 3국 파트너십에 대한 프놈펜 성명〉에서 한·미·일 간에 이를 공식화했다. 여기에다 2023년 8월 18일 캠프데이비드 한·미·일 정상회담에서 '캠프데이비드 정신', '캠프데이비드 원칙', '세 정상의 공약'이라

---

[13] 2022년 5월 윤석열정권이 출범하자말자 열린 5·21한미정상회담은 한국을 미국의 신냉전 전초병으로 다음과 같이 전락시켰다: 1. 한미동맹 적용대상을 한반도에서 전 세계로(중국겨냥) 확대; 2. 한미동맹 영역을 군사동맹에서 경제·기술 동맹으로 확대; 3. 가치동맹을 내세운 미국의 '신냉전'구도에 완전 편입; 4. 미국의 대북 적대시정책 강화와 한반도 평화중심 해법 완전 상실; 5. 경제안보로 일본과 함께 미국 전위대에 편입해 중국 견제 총력; 6. 러시아의 우크라이나 특수작전을 '추가적 공격' 등으로 표현하며 미국에 완전 편승; 7. 한미일 3각동맹을 지속적으로 강조하면서 배일((拜日)배미(拜美)파의 전면화

는 세 개의 문건을 채택함으로써 완전 쐐기를 박았다. 이로써 한·미·일 간에는 실질적인 3각 군사동맹이 거의 마무리 되었다.

이 '캠프데이비드 정신' 문서에서는 중국을 명시적으로 겨냥했다:

> 최근 우리가 목격한 남중국해에서의 중화인민공화국에 의한 불법적 해상 영유권 주장을 뒷받침하는 위험하고 공격적인 행동과 관련하여, 우리는 각국이 대외 발표한 입장을 상기하며 인도-태평양 수역에서의 어떤 일방적 현상변경 시도에도 강하게 반대한다. 특히, 우리는 매립지역의 군사화, 해안경비대 및 해상 민병대 선박의 위험한 활용, 강압적인 행동에 단호히 반대한다.[14]

이를 위해서 '캠프데이비드 공약'은 우리 한·미·일은,

> 공동의 이익과 안보에 영향을 미치는 지역적 도전, 도발, 그리고 위협에 대한 우리 정부의 대응을 조율하기 위하여, 각국 정부가 3자 차원에서 서로 신속하게 협의하도록 할 것을 공약한다. 이러한 협의를 통해, 우리는 정보를 공유하고, 메시지를 동조화하며, 대응조치를 조율하고자 한다.

라고 확약하고 있다. 비록 공약 끝부분에서 이 "공약은 국제법 또는 국내법 하에서 권리 또는 의무를 창설하는 것을 의도하지 않는다." 라고 모순된 언명을 구사했지만, 이는 국회비준이나 국제적 쟁점화를 우려한 꼼수에 불과하다. 이로써 오바마의 아·태재균형전략 핵심의 하나인 한미일 3각 군사동맹은(JAKUS) 바이든 미국에 의해 2023년 8월 캠프 데이비드 3국 정상회담에서 '비 조약적인 변칙 형태로' 마무리

---

14 "캠프 데이비드 정신: 한미일 정상회의 공동성명"(https://www.president.go.kr/newsroom/press/yeE9qWlT)

되었다.

미국의 이러한 대 중국 전략경쟁 공세에 2012년에 집권한 시진핑 지도하의 중국은 2013년 일대일로를 출범시키고, 2017년 10월 19차 공산당 전국대표대회에서 중화민족 부흥을 실현할 "중국의 꿈" 구상을[15] 제시하고, 2015년에는 '중국제조 2025'와 10대 전략산업 육성계획을[16] 발표하며 독자적인 행보를 취했다. 또한 오바마 미국에게 태평양이 넓다면서 신형대국관계를[17] 제안하여 미국과 장기적 유대를 형성하고 미국의 도발과 공세를 완화하려 했지만 거절당했다. 이 결과 중·미 전략경쟁은 미국의 도발과 점증하는 공세와 확장에 의해 점점 더 가열 차게 진행되었다.

2. 트럼프의 대 중국 무역·기술전쟁과 인도태평양구상

'미국을 다시 위대하게(MAGA: Make America Great Again)'라는 구호로 등장한 트럼프가 이끄는 미국은, 2017년 12월에 작성된 새 국가안보전

---

15 2012년 시진핑주석 집권 후 2017년 중국공산당 19차 전국대표대회에서 제시한 중국몽은 당 창건 100년인 2021년 첫째 100년 목표인 전면적 소강사회 실현, 2035년까지 '사회주의 현대화 국가' 건설, 건국 100년인 2049년 두 번째 100년 목표인 전면적 사회주의현대화강국 건설로 전체인민공동부유시대, 중화민족위대부흥시대, 세계무대중앙접근시대, 인류공헌시대 열기를 망라하고 있다.

16 '중국제조 2025'는 향후 30년 동안 3단계 목표와 9대 과제에 따라 중국의 산업구조를 완전히 바꾸는 계획으로, 2025년까지 미국·독일·일본 등 세계 제조업 강국의 대열에 진입(1단계), 2045년까지 강국의 중간 수준에 안착(2단계), 2045년 이후엔 주요 산업에서 경쟁력을 갖춰 선두(3단계)로 진입한다는 IT·로봇·항공·우주·바이오·반도체·AI 등 10대 전략산업 육성

17 중국의 C2(cooperation, coordination)에 기초한 상호존중, 호혜협력, 핵심이익 존중, 상호이익 동반자관계를 시진핑이 요구했으나 오바마 미국은 이를 거절했다.

략(NSS, National Security Strategy)에서 중국과 러시아를 현존 국제질서의 변화를 꾀하는 '수정주의 세력(revisionist powers)'이자 '전략적 경쟁자'로 낙인찍고, 힘에 의한 평화를 기치로 내걸었다. 그는 일본 아베의 인도·태평양구상을 수용·확대하고, 적극적으로 인도를 중국 포위망 구축에 끌어들이는 등으로 오바마의 아시아태평양회귀전략을 이어 받았다. 2017년 4월 6-7일 플로리다 중·미 정상회담을 앞두고 중국이 '비(非)충돌, 비(非)대결, 상호존중, 협력 윈-윈' 등 이른바 '14자 원칙'을 포함시킨 공동성명 초안을 미국에 전달했다고 홍콩 〈사우스차이나모닝포스트〉가 보도했다. 그렇지만 시진핑 주석이 줄곧 강조해온 상호 핵심이익을 존중하자는 '신형대국관계'의 원칙을 오바마에 이어 트럼프도 반대한 것으로 알려졌고, 이에 따라 위의 '14자 원칙' 또한 수용되지 않았다.

트럼프 미국은 2018년 5월 기존의 태평양사령부의 명칭도 인도·태평양사령부로 바꾸어 중국 겨냥을 노골화 했다. 더 나아가 과거 대만에 대해 어김없이 존중해 왔던 '하나의 중국 정책'을[18] 훼손하고, 남중국해에 대한 항행자유를 강화하고, 공자학원을 제한하고, 기존의 5

[18] 중국과 미국은 양안관계 처리에서 지킬 기본원칙과 약속을 세 가지의 공보에서 명기하고 있다. 1972년 2월 닉슨 방중 시 '상해공보': "대만해협 양변의 모든 중국인은 모두 단지 하나의 중국만이 존재하고, 대만은 중국의 일부분이라고 인식하고 있다. 미국 정부는 이 입장에 대해 이의를 제기하지 않는다.“; 1978년 12월 국교수립 당시 '수교 공보': ”아메리카합중국은 중화인민공화국이 중국의 유일 합법 정부임을 인정한다. 이 범위 내에서, 미국 인민이 앞으로 대만 인민과 문화, 상업 및 무역, 기타 비(非)관방 관계를 유지한다. 단지 하나의 중국만이 존재하고, 대만은 중국의 일부이다."; 또 1982년 〈817 공보〉는, 대만 문제는 중국의 내정 문제이고 또한 주권과 영토완정에 대한 상호존중과 상호 내정불간섭은 중·미관계를 지도하는 근본원칙임을 재천명했다. 주펑(강정구 번역), "미국은 반드시 '하나의 중국정책' 무력화를 즉각 멈춰야", 『통일뉴스』, 2022.8.9.(http://www.tongilnews.com/news/articleView.html?idxno=205842)
출처: 朱锋(남경대학 국제관계학원 집행위원장) "美国须立即停止掏空'一中政策'" 『환구시보』, 2022.8.5(https://opinion.huanqiu.com/article/496n3yQv2GK)

개 함대에서 러시아를 겨냥한 2함대를 다시 복귀시켜 6개 함대체제로 개편하고, 북조선과의 한반도비핵화 협상 답보상태를 중국 탓으로 몰아가는 등등 대중 압박을 가중하였다. 2019년 6월 1일 미 국방부는 '인도·태평양 전략보고서'에서 한국, 일본, 호주 등 동맹국에 이어 대만을 싱가포르, 뉴질랜드, 몽골과 함께 미국이 파트너십을 강화해야 하는 4개 '국가'로 규정하여 대만을 국가로 언급해 지난 40년간 고수해온 '하나의 중국' 원칙을 사실상 '부인'하고 "미국은 대만이 충분한 자위력을 갖추기 위해 필요한 모든 군사적 지원을 다해야 한다"라고 명시하였다. 또 2019년 8월 2일에는 〈중거리핵전력조약(INF)〉 폐기와 중거리미사일을 한국, 일본, 호주 등에 배치할 것이라는 계획을[19] 발표하기도 했다.

이러한 군사적 조치 외에도 미국은 2018년 3월 22일 '중국의 경제침략을 표적으로 하는 행정명령'으로 관세부과 방침을 발표하고, 미 무역법 '301조'를 꺼내어 중국산 일부 수입 상품에 25% 관세를 몇 차례에 걸쳐 부과하는 무역전쟁을 벌였다.[20] 미국무역대표부(USTR)

---

[19] 이에 중국은 4가지 대응을 시사했다: 1〉 미사일 배치 가능성 있는 국가에 사전 경고하고; 2〉유관 국가를 적국으로 간주해 그 나라의 모든 목표는 우리의 반격 대상에 포함시키고; 3〉핵으로 반격하고; 4〉미사일을 배치만 해도, 발사체계 포함 상관된 모든 것을 중국의 반격 대상으로 설정한다. 王洪光(강정구 번역), "미국 중거리마사일 아·태 배치, 어떻게 대처해야 하나?" 『통일뉴스』, 2019.8.13.(https://www.tongilnews.com/news/articleView.html?idxno=129580). 출처: 王洪光, "如何应对美在亚太部署中导" 『환구시보』, 2019.8.09.(http://opinion.huanqiu.com/hqpl/2019-08/15272046.html:)

[20] 무역전쟁은 관세 인상을 통해 수행되었지만 특정기업이나 특정 상품에 대한 수출 금지나 제한의 방식으로 시행되기도 했다. 트럼프2기가 시작되자말자 관세전쟁의 포문을 열면서 트럼프는 이를 아주 훌륭한 수단임을 누차 강조했다. 이는 상대국에 비해 미국의 GDP 대비 무역의존도가 매우 낮아 미국 측에 유리하다는 단순논리가 작동한 것으로 보이기도 한다. 2023년 각국의 GDP 대비 무역 비중 자료(세계은행 및 한국은행 자료): 한국 88.9% 독일 83, 멕시코 73, 가나다 67, 영국 64, 일본 45, 중국 37, 미국 25%. 김윤나영, "무역 질서 흔들면 미국이 웃을까…'결국엔 미국도 운다'" 『경

는 이를 "미국 기술과 지식재산권을 침해한 중국의 불공정 무역관행에 대응조치"라고 자기 정당화 했다. 또 미국은 중국이 맞대응 할 경우 제품 전체에 관세를 부과하겠다고 위협했다. 그러면서 미국에 연간 3,700억$에 이르는 대중 무역적자 해소, 중국 기업의 미국 지식재산권 "도용·남용" 중단, 중국 기업의 미국 기업 인수·투자 시 기술 이전 강요 중단, '중국제조 2025' 등 차별적인 자국 기업 육성·지원 정책 중단, 위를 보장하기 위한 중국의 법률 개정 요구, 위안화 환율 임의조절 중단 등을 요구했다.

이러한 대 중국 무역전쟁은 미국 자신이 주도해 구축한 국제협약인 WTO자유무역체제를 인정 않고 미국의 직접적, 즉자적 이익 추구에만 매몰된 강탈행위이다. 실제 미국은 WTO 탈퇴위협을 하면서 이사를 임명하지 않음으로써 WTO를 계속 무력화하고 있다. 이렇게 국가안보를 빌미로 보복관세를 부과하는 미국의 무역확장법 232조는 기존의 국제규범(WTO규정 등)에 대한 위배이며 미국 법과 규정을 국제법보다 상위법에 치환시키는 '탈법행위'의 일종으로 볼 수 있다.[21] 이는 패권 미국의 약화로 인한 세력교체의 세계사적 흐름을 역류시키려는 데서 비롯되었다고 볼 수 있다.

이에 중국 관영매체인 『환구시보』는 2018년 8월 1일 사설에서, 중국이 제1의 제조업 대국, 최대 시장 잠재력 보유, 동시에 핵 대국인 점 등을 감안하면, 미국의 군사방식이나 전면단절 방식으로 중국을 억제하는 것은 불가능하다고 진단하고 8대 대처방안을 제시했다[22]:

향신문』, 2025.3.11.

[21] 개정된 한·미FTA도 '필수적 안보'는 투자자-국가분쟁해결(ISDS)의 중재절차에서 예외로 인정하고 있어 무역확장법 232조를 협정으로 보장해 주고 있다.

[22] "中美会战略性对抗并影响一代人吗", 『환구시보』, 2018.8.1(http://opinion.

1〉 전략상 겸허, 수세적 입장 유지, 결코 주동적으로 미국에 도전과 힘 과시 불용;

2〉 미국의 압박은 단호히 막고, 미국의 무리한 방법은 불용인, 막아내기는 과도하지 않고 대등한 반격에 국한;

3〉 중·미간에 군사충동 발생 회피 노력

① 중국군대 핵심이익 구역 밖 미국 반대 군사행동 불 전개.

② 핵심이익 구역 내의 중국 측 마지막 노선 단호하게 수호, 강대 핵역량 발전 가속화시켜 미국의 마지막 패나 승부수 행사 못 하게 함;

4〉 비 핵심이익 경우 미국과 많은 협력, 대항에서 앞장서기 기피, 패권행위에는 다변방식의 투쟁 전개;

5〉 경제부문에서 지적 재산권 존중, 중국 산업발전이 첨단 과학기술의 우세를 유지하려는 미국의 희망과 그 관계를 잘 처리하여, 양측이 함께 이기는 방식을(双赢的模式) 모색;

6〉 중국 굴기

① 굴기가 미국을 대체 또는 압도 않는 방법, 영합게임(제로 섬 게임) 타파의 현실적 방식 탐구

② 인구대국으로서 중국 경제총량이 최종적으로 미국 초과 추세를 미국이 수용해야 함

③ 중국은 당연히 미국의 혁신 중심성과 다방면에서 중국에 장기적 앞장서기 수용;

7〉 미국의 전 지구적 지정학적 게임과 전략경쟁 행사에 단호한 불참. 패권주의 방식에 대해서는 사실을 근거로 한 논의를 바탕으로 투쟁 요구됨, 중국이익 옹호에는 추호의 유예도 주지 않는 방식으로;

8〉 중국의 정상적 발전권리를 절대 불 포기. 어떤 정황 하에서도 진보를 멈출 수도, 낙후를 자처하면서(自甘落后) 미국에 화해 구걸 불용;

---

huanqiu.com/editorial/2018-08/12618314.html "미국 발 신냉전에 대처하는 중국의 8대 전략", 강정구 번역, 『통일뉴스』, 2018.8.3(http://www.tongilnews.com/news/articleView.html?idxno=125738).

9〉 결론
① 주동적으로 미국에 不도발
② 중국 억제 비용 높이기
③ 미국과 중국 동시 윈윈 모색 유도

또한 무역전쟁에 대해서, 중국 상무부는(2018.07.06), "우리의 존엄성과 인민의 이익을 지키기 위한 대응조치"로 강고한 대결을 표명했으나, 같은 날 외교부는 "항상 상호 존중과 평등, 상호 이익에 기반한 협의가 무역 차이를 해결하는 효과적인 방법"이고 "일방적 위협이나 협박은 갈등을 심화시키고, 양국 모두의 이익을 해칠 뿐"이라고 자세를 낮췄다. 『환구시보』는 워싱턴이 5가지를 목표로 하고 있다고 보았다: "미국을 무역 흑자로 변성시키는 새 판짜기, 미국 제조업의 전 지구적 대국의 지위 회복, 미국 과학기술의 전면적 선두자리 확보, 도전자 출현의 가능성 일체 배제, 군사상 한 세대 앞선 뛰어난 군사무기 우세와 비할 바 없을 정도의 종합적인 강대국 유지" 등으로 보고 있다.[23]

또한 중국은 2018년 9월 25일 〈중·미 경제무역 마찰의 사실과 중국 측의 입장에 관하여〉라는 중국 백서를 발표했다. 백서는 상품무역, 서비스무역, 초국적기업의 글로벌 경영 등 각 방면을 종합적으로 고려해 판단해야하고, "무역 흑자는 중국에 있다는 것을 보여주지만 이익 흑자는 미국에 있다는" 견해도 가능하다는 등으로 '미국 손실론'을 반박하였다.[24] 또한 미국이 당연히 해서는 안 되는 여섯 가지를 제시

---

[23] "무역전쟁과 세계질서의 대변동" 『환구시보』 사설, 강정구 번역 『통일뉴스』, 2018.7.6(http://www.tongilnews.com/news/articleView.html?idxno=125428). 출처: "我们或许处在世界大变动的前夜", 『환구시보』, 2018.7.3. 출처: 环球时报 http://opinion.huanqiu.com/editorial/2018-07/12407422.html

[24] "2015년 미국은 중국으로부터의 수입을 통해 미국 국내 생산총액의 0.8%를 증가시켰고; 미국은 대 중국 수출과 중·미 쌍무적 투자로 미국 경제 성장률을 1.2% 상승시켰

하기도 했다.[25]

1. 상품무역 차액만으로 중·미 경제무역관계의 득실을 일방적으로 비판해서는 안 되고,
2. 세계 무역조직의 호혜호리 원칙 담론인 공평무역을 이탈해서는 안 되고,
3. 계약정신을 위배하면서 중국이 기술이전을 강제적으로 진행시킨다고 비난해서는 안 되고,
4. 중국이 지적 재산권을 보호하기 위한 거대한 노력과 효과를 말살해서는 안 되고,
5. 중국 정부의 기업격려를 마치 인수합병을 통해 선진기술을 획득하라고 기업을 추동한다고 정부행위를 왜곡으로 내몰아서는 안 되고,
6. 세계무역조직의 규칙을 벗어나 중국의 보조정책을 비난해서는 안 된다.

대내적인 대응초치로는 중국에 투자하는 미국 기업에 대한 제재나 지사 설립에 제동을 거는 식의 비관세 제재, 중국의 내수시장을 활성화하는 감세정책, 소비재 수입에 대한 관세인하 등 단기적 조치를 취했다. 때마침 9월 3~4일 열린 '중·아프리카 협력 정상회의'에 참여한

고; 2015년 미국은 대 중국 수출과 중·미 쌍무적 투자로 미국 국내에 260만 개 일자리를 뒷받침했고, 중·미 무역은 매년 미국의 각 가정에 850$의 원가를 평균적으로 절감시켰고, 이는 미국 가정 수입의 1.5%에 상당한다." "应当客观准确认识中美经贸关系事实", 『人民日报』, 2018.9.26(http://world.people.com.cn/n1/2018/0926/c1002-30312917.html), 강정구 번역, "중·미 경제무역관계는 사실을 바탕으로 응당 객관적으로 또 명확히 인식해야", 『통일뉴스』, 2018.10.1(http://www.tongilnews.com/news/articleView.html?idxno=126373).

[25] "应当客观准确认识中美经贸关系事实", 『人民日报』, 2018.9.26(http://world.people.com.cn/n1/2018/0926/c1002-30312917.html, 강정구 번역, "중·미 경제무역관계는 사실을 바탕으로 응당 객관적으로 또 명확히 인식해야", 『통일뉴스』, 2018.10.1(http://www.tongilnews.com/news/articleView.html?idxno=126373).

53개국을 대상으로 5년 이내 수출을 현 1,700억$에서 5,000억$ 이상으로 늘려 미국 대체 수출처로 키우고, 원유·철광석·구리 등 풍부한 천연자원 수입을 늘리고, 기존의 600억$ 인프라 투자에 이어 600억$ 추가 투자하는 등 대체 수출처 확대에 나섰다.[26] 또한 2012년부터 논의돼 왔던 '역내포괄적경제동반자협정(RCEP)'을 서두르고, 동남아국가연합(ASEAN), 한중일, 호주·뉴질랜드·인도 등 16개국 관세철폐 FTA 체결 또한 박차를 가했다.

사실 중국은 2008년 글로벌 경제위기 이후 경제발전 핵심기조를 수출·투자 중심의 성장 일변도에서 소비촉진을 통한 내수시장 강화구조로 전환하는 신상태시기(New Normal) 대응체제를 구축해 왔다. 이에 따라 목표 경제성장률을 고속성장에서 7-8%의 중·고속성장 기조로 낮추었다. 또한 소비구조의 질적 개선으로 곧, 온라인·관광·의료·문화 등 서비스 소비확대를 기했다. 그래서 미국의 무역전쟁에 대해 내구성을 어느 정도 갖춘 상태였다.

2019년에는 싱크탱크인 신미국안보센터(CNAS, Center for a New American Security)가 중국이 2049년 군사력에서 미국추월을 예측하고, "인공지능(AI)과 사이버, 극초음속, 생명공학, 전자전 등 첨단 분야에서 강점을 갖췄다" "모의 전투에서 미국이 중국에게 종종 패할 정도"라는 보고서가 나오자, 미국정부는 보안성을 이유로 이동통신 5세대(5G) 분야에서 세계적으로 앞서가고 있던 중국 화웨이 통신장비의 구매를 금지시

[26] 자본주의 경제체제를 강요하고 세부적으로 간섭하는 미국식의 해외원조와는 달리 중·아 베이징 정상회담에서 중국은 "하지 않을 것 다섯 가지(五不)"를 선언했다: 〈그 나라 사정에 부합하는 발전 노선을 탐색하는 데 개입하지 않을 것〉, 〈내정에 개입하지 않을 것〉, 〈중국 자신의 의지를 강요하지 않을 것〉, 〈원조 중에 어떤 정치적 조건을 부가하지 않을 것〉, 〈투·융자 중 어떤 정치적 사익을 도모하지 않을 것〉.

키고 동맹국에 공동대응을 요구했다.[27] 연이어 반도체[28] 등 첨단기술 대 중국 유출을 막는 기술전쟁을 시작했다.[29] 2020년 8월에는 클린 네트워크 구상을 발표해 이동 통신, 모바일 앱, 클라우드서버, 해저케이블에 이르기까지 중국의 거의 모든 ICT 제품을 전면 금지시켰다.[30] 또한 반(反)중국 산업·안보동맹인 '경제번영 네트워크(EPN)'를 추진했다. 이는 세계적 범위에서 산업 새 판짜기(产业重组)의 시도로 제조업 회귀나(Re Shoring) 미국, EU, 일본의 제조업 공장을 동남아 등으로 이전시켜 탈(脫)중국화(Decoupling) 하자는 것이다.

그렇지만 신자유주의의 세계화 확대로 인해 전(全)세계 수준의 생산 및 공급 사슬이 이미 굳건히 구축되어 있어, 이들 기존의 구조를 허무는 것은 결코 단기적 정책으로 이룩될 수 없었다. 게다가 트럼프의 미

---

27 이에 시진핑은 2019년 6월 5일 러시아를 방문해 '신시대 전면적 전략 협력 동반자 관계'를 선언해 상호협력을 증진하고, 6일에는 러시아 전역에 걸쳐 화웨이의 5G 네트워크를 구축하는 초대형 계약을 체결하였다. 또한 일대일로 참여국들을 대상으로 5G네트워크 장비 수출 확대로 대응했다. 화웨이는 사업 분야를 AI, 사물인터넷(IoT), 자율주행차 등으로 다변화했다. 중국 정부는 중장기적으로 기술경쟁 대비책을 갖춰 오늘날 반도체 5나노급 수준에 이르고 파운드리에서 격차를 1년 정도로 단축하는 성과를 거두었다. 이 중심에 화웨이가 놓여 있다.

28 반도체 기술에서 한두 세대 뒤처지면 AI인공지능, 클라우드도 뒤처지게 되고 이는 최종적으로 자율주행, 메타버스 등 미래 신산업 분야에서도 뒤처지는 결과를 낳을 것이기 때문에 기술전쟁에서 가장 핵심이 반도체다.

29 2021년 한국의 반도체 수출 1,294억 달러가운데 대중 수출은 514억 달러, 홍콩 수출은 266억 달러로 대 중국 수출비중이 약 60%에 이르고 있다.

30 『월스트리트저널』(2020.4.12.)은 미·중 간 첨단핵심기술경쟁을 비교분석했다: 1〉 5G 이동통신: 화웨이의 우수 기술력으로 5G 기반 자율주행차량 등 중국 우위; 2〉 인공지능(AI): 전자상거래계산법·안면인식 등에는 중국 훨씬 앞서지만, 포괄적으로는 미국 우세; 3〉 양자 컴퓨터와 통신: 컴퓨터에서 미국 우세, 통신에서 중국 우세. 4〉 반도체: 중국의 칩기술 5-7년 뒤짐. 미국 여전히 우위; 5〉 자율주행자동차: 연구개발에서 중국 3년 정도 뒤짐, 중국은 최대 자동차시장, 5G 첨단장비 우세로 지도·교통데이터·원격제어에서 무선기술 활용 쾌속 진전. 미국 지금 당장엔 우세, 머지않아 역전 Asa Fitch and Stu Woo, "The U.S. vs. China: Who Is Winning the Key Technology Battles?", *Wall Street Journal*, April 12, 2020(https://www.wsj.com/articles/the-u-s-vs-china-who-is-winning-the-key-technology-battles-11586548597).

국제일주의와 동맹홀대로 인해, 유럽 등 서방의 호응도는 전반적으로 낮았다. 이 때문에 체계적인 전략경쟁체계를 범세계적으로 구축할 수는 없었다. 이로써 트럼프의 무역·기술 전쟁과 경제적 탈(脫)동조화(Decoupling) 시도는 전(全)세계적으로는 그다지 성공적이지 못했다.

결국 탈(脫)동조화(=탈중국화)에서 탈(脫)위험화로(Derisking) 수위를 낮춘 데서도 진상은 그대로 드러난다. 거대한 시장을 가진 중국에 진출한 미국 기업의 대부분인 80% 가량이 철수할 의향이 없다고 대답하고 있고, 애플이 대중의존율을 10% 줄이는데 8년이 소요되었다는 블룸버그 보도는 미국 국가의 시도가 무리임을 그대로 보여주고 있다. 최근 2024년 전반기 반도체 장비업체인 어플라이드 머티리얼즈는 중국의 SMIC에 반도체 장비를 공급했다는 이유로 미국정부의 제재를 받게 되었다. 지난 1/4분기 매출에서 중국 비중이 45%에 달해 거대한 중국시장을 포기하기 힘들었던 것이다.[31]중국 또한 트럼프의 무역전쟁에 대비해 2020년 8월 내수중심 경제발전 정책인 "국내 대순환 주체로 국내·국제 쌍순환 방식 신발전 모델"을 채택하고 세계 최초로 (상해) 수입박람회 등을 해마다 개최해 수입시장 확대를 모색하여 세계 수준의 가치사슬 유지와 확대로 대응했다.

2008년 미국 금융위기 당시의 재무장관이었던 폴슨은(Paulson) 탈(脫)중국화는 실패했다면서 2020년 중국은 EU의 최대 무역동반자였고, 2022년까지도 무역은 확대되었으며, 2021년 아프리카와 중국의 교역은 35%성장해 신기록을 세웠고, 전 세계 국가 중 2/3가 중국과 무역을 유지해 교역 국가 수에서도 미국을 능가했다고 지적했다.[32]2022

---

[31] 임선우 외신캐스터, "'막으면 직접 만든다'…中 사상 최대 '반도체 굴기' 지원", SBS 비즈, 2024.5.31(https://biz.sbs.co.kr/article/20000174221).

[32] Henry M. Paulson, "America's China Policy Is Not Working: The Dangers

년 중국의 전체무역흑자는 8,776억$로 신기록을 세우기도 했다.

그렇지만 미국만을 볼 때는 판별하기 어렵다. 한국무역협회의 김나율연구원의 분석에 의하면 미국의 대중국 수입비중은(%): 2017년 21.9%에서 2023년 14.1%로 7.8%나 줄었다. 그러나 중국이 베트남과 맥시코를 경유한 우회수출로 대응하고 있어 실질적 감소는 그다지 높지 않다. 2019년 중국의 베트남 경유 미국 귀착 우회수출은 전년대비 160% 증가해 41억 달러를 기록했고, 맥시코 경유의 경우 2015년 34억 달러에서 2022년 105억 달러로 급등했다.[33] 이들 무역외에도 2021년 현재 1,956개 미국기업의 중국지사를 통한 매출은 세계 최대 수준인 4,720억 달러에 해당하고 있다[34] 중국의 14억 인구와 중산층 4억이라는 거대한 시장과 직결되어 있어 테슬라·애플·컬컴 등 미국 초국적기업이 쉽게 탈(脫)중국화에 동조하기 어려운 구조적 문제가 작동하고 있다. 한편 재선을 시도하고 있던 트럼프는 대 중국 무역 관세를 60%까지 인상하겠다고 엄포를 내기까지 했고, 재선 후 실제 관세전쟁을 일으켜 중국의 희토류 반격에 의해 고개를 숙이고 마는 수모를 겪었다.

---

of a Broad Decoupling", *Foreign Affairs* January 26, 2023(https://www.foreignaffairs.com/china/americas-china-policy-not-working).

33 김나율, 「중국의 대미국 우회수출 추이 분석: ADB MRIO를 중심으로」, 한국무역협회, Trade Focus 2024년 19호.

34 约瑟夫·昆兰(乔恒译 번역), "美媒:与中国分手没有看起来那么容易(미 언론: "중과 헤어지기 쉽지 않을 듯")" 『环球时报』, 2024.3.23(https://oversea.huanqiu.com/article/4H5PpFOnW3A).

3. 바이든의 가치동맹과 '신냉전' 전략

2021년에 집권한 바이든은 바로 2월 24일 대 중국 탈(脫)동조화(Decoupling) 행정명령을 내렸다. 반도체, 고용량 배터리, 의약품, 희토류 등 4개 품목은 향후 100일 이내, 방위산업 및 IT(정보기술), 공중위생, 생물학적 대비, 에너지, 운송, 식량 등 6개는 1년 이내, 이들에 대한 공급 망의 탈(脫)중국 전략을 수립하라는 명령이다.[35] 또 정부 보조금 지원으로 국내 생산을 촉진하고, 해외 조달을 다원화하라는 회귀전략(Re-shoring) 방안을 제안했다.[36] 2021년 3월 25일 기자회견에서는 임기 내 중국의 세계영도와 최고 부유강대국을 허용할 수 없다면서 이를 위해 노동과학기술투자를 GDP 0.7%에서 2%로 상향하고, 동맹을 강화하고, 인권문제 압박을 제시했다. 블링컨 국무 또한 "중국이 21세기의 가장 큰 지정학 숙제"라면서 '가용한 모든 수단 동원'을 공언하고 '동맹과 우방의 협력'을 강조했다.

이러한 기조 하에 체계적으로 서방의 유럽세력과 나토, 인도, 일본, 호주, 한국 등 군사동맹세력을 적극적으로 끌어들이고, '경제안보'라는 개념을 확대하여 대 중국 탈동조화(Decoupling)와 기술전쟁 등으로 경제적 전략대결을 극대화 하고, 민주·인권·법치를 기치로 '가치동맹'을 내

---

35 미 상공회의소는 2021년 2월 17일 '미·중 디커플링의 이해' 보고서에서, 완전 탈(脫)중국 경우 항공업은 연간 380억~510억$ 매출손실, 16만7천~22만5천 일자리 손실, 반도체 830억$ 매출손실, 12만4천 일자리 소실을 예측했다.

36 2020년 각국의 주요 제품 생산량 전 세계 비중(출처; BCG, Nikkei)은 반도체: 대만 22%, 한국 21%, 일본 15%, 중국 15%, 미국 12%, 고용량 배터리: 중국 34%, 한국 27%, 일본 19%, 기타 20%, 의약품 원료 공장 수; 미국 26%, 중국 13%, EU 26%, 기타 16%, 희토류 생산: 중국 58%, 미국 16%, 미얀마 13%, 호주 7%, 기타 6% 등 이었다.

37 서방의 전매특허인양 '민주주의 대 권위주의' '인권국가 대 비인권국가'라는 상호 대립 항을 내세워 갈라치기 하면서, 미국·서방 대 중국·러시아의 대결 구도로 국제정치

세우면서 '민주주의와 권위주의' 간의 이념적 대결인[37] '신냉전'[38] 구도를 축적해 갔다. 여기에다 우크라이나를 끌어들여 러시아와의 대리전을 벌이면서 전 지구촌을 '신냉전'과 전략경쟁의 장으로 더욱 격화시켰다. 또한 이스라엘의 대 팔레스타인 제노사이드 학살전의 강력한 뒷배 역할을 하면서 패권미국의 미련을 떨쳐버리지 못하였다. 이러한 세계적 정세에 중추국가론이란 이름으로 '강제적·자발적' 개입을 통한 윤석열정부의 예속적 대미(對美)추종은 한반도 정세를 더욱 위태롭게 내몰았다.

를 분석 비판하는 패러다임은 사실에 근거하지도 않거니와 현실분석력도 없다. 미국이야말로 평화생명권, 건강생명권, 생존생명권, 환경생명권의 세계적인 최대 인권침해국이고 미국대의제의 반민주적 제도 역시 전혀 개선되지 않고 오히려 악화일로로 치닫고 있다.

38 중·미 전략경쟁을 신냉전과 패권경쟁으로의 개념화는 성립 불가다. 미·소냉전은 1947년 3월 "모든 나라 인민은 서로 다른 두 가지 생활방식가운데 하나를 선택해야만 한다."는 트루만 독트린에서 시작되어 미·소 사이 이념적 적대로 세계가 양진영으로 나뉘져 정치·경제·사회·문화 등 거의 모든 분야에서 단절과 대결을 지향하는 상태의 지속을 의미하는 세계질서체제를 말한다. 그러나 진영나누기와 전면적 적대체제인 '신냉전'체제는 다음 요인으로 성립되지 않는다. 1〉 이념적대가 미·소처럼 격렬치 않다. 중국특색사회주의는 사회주의 기본, 시장중심, 경쟁자본주의 등의 요소가 결합된 혼합경제체제로 자본주의 대 사회주의라는 이념대결이 성립되지 않는다. 2〉 중국특색사회주의는 중국의 역사와 조건 속에 생성·발전한 중국 고유의 발전방식으로 결코 인류보편적인 이념이 아님을 중국이 부단히 강조하고 있고 실제 확산을 시도하지 않고 있다. 3〉 신자유주의 이후 등장한 세계화라는 국경을 초월한 자본축적으로 인해 세계전체가 유기적 연계성을 갖는 세계적 가치사슬(Global Value Chain)에 묶여 있어, 곧 상호의존성이 구조화되어 냉전시대의 진영나누기가 어렵다. 4〉 중국은 2023년까지 연속 세계 최대제조업국가(2022년 세계제조업 비중31%), 연속 6년 최대교역국, 2022년 현재 수출시장 점유율 14.6%로 1위 (미국8.4%), 수입시장 점유율 13.5%(홍콩포함)로 1위(미국 12.9%), 최대교역국(140개국, 미국 40개국), 유엔 산업분류의 모든 산업부문을 보유한 유일한 국가, 세계 GDP성장기여도 2016~2021년 42.5%로 미국 19.5%, 2014년 (ppp)GDP 미국 추월 등을 기록하고 있다. 이러한 구도에서 냉전식 중국고립화나 탈동조화는 구조적으로 거의 불가하다. 5〉 중국은 패권추구를 부인하고 있고 다극체제 지향을 명시하고 있어 패권경쟁 개념도 불성립한다. 6〉 이럼에도 불구하고 왜 미국은 지금 가치동맹을 중심으로 허구적 이념 잣대로 '신냉전'을 획책하는가? 미국은 힘의 한계로 전략경쟁을 이념적대로 몰아 서방을 규합하고 일본·인도·한국 등을 견인하기 위해 이 구조적 한계를 가치동맹과 민주주의 대 권위주의라는 허구적 '이념'대결로 몰아가는 꼼수를 부리고 있는 것이다.

출범과 동시에 바이든은 '가치동맹'을 내세우면서 'D10', '민주주의 정상회의' 등을 열어 세계의 편 가르기, 곧 이념적 갈라치기를 시도하고, 5Eyes(미·영·가·호·뉴), 쿼드(미·일·호·인도)[39], 오커스(AUKUS, 미·영·호), 한·미·일 군사동맹(JAKUS), 나토 아·태화 추진 등으로 군사대결을 체계화 하고 확대시켰다.[40] 여기에다 우크라이나 무력충돌을 유도해 대리전쟁을 일으켜 러시아까지 전선을 확장하였다. 경제적으로는 중국을 배제한 인·태 경제프레임(IPEF)와 반도체동맹 '칩4', 인플레이션감축법안(IRA) 등으로 대중국 탈동조화에 박차를 가해 왔다.

2022년 6월에는 일본·한국·호주·뉴질랜드까지 참여한 마드리드 나토정상회담을 열어 나토를 아·태까지 확장시키려 했고, 나토의 신 '전략개념'에서 러시아를 '유럽·대서양의 평화와 안정에 가장 중대하고 직접적인 위협'으로 규정하고, 중국을 '이익과 안보, 가치에 대한 도전자'로 명시하였다. 지리적으로 너무나 먼 거리에 있는 중국을 나토에 대한 도전자로 명시함으로써, 1900년 의화단 사건에서 중국을 유린한 서방 8개 연합국을 연상케 했다.[41]

---

39 바이든 미국의 쿼더 확대를(한국, 베트남, 뉴질랜드) 통한 아시아판 나토 추진에 대해 문재인 정부의 강경화 외교는 다른 국가 이익을 자동 배제하는 것은 좋은 아이디어가 아니다. "정의용 안보실장은 투명성·개방성·포용성·국제규범 준수등 '전제조건'에 부합 경우 "협력가능"으로 부정적인 견해를 곧바로 밝혔다.

40 Jonathan E Hillman은 중·미 '패권경쟁'의 시각에서 미국 동맹국인 호주, 캐나다, 프랑스, 독일, 일본, 한국, 영국 7개 국가와 연합하여 '개방적이고 탄력적인 경제연합, 즉 CORE(Coalition of Open and Resilient Economies)'를 만들어, 기술과 경제문제를 최우선적으로 고려하고 정보와 군사문제를 다루는 글로벌 네트워커를 구성해 대처해야 한다고 주장하고 있다. Jonathan E Hillman, 박선령옮김, 『디지털 실크로드』, 로크미디어, 2022, 328~329쪽.

41 퇴임을 앞둔 노르웨이 출신 나토 사무총장 스톨텐베르크는 2024년 6월 17일 워싱턴에서 우크라이나전쟁에 서방의 무기 공급을 촉구하면서, 이를 "평화로 가는 길"이라고 했다. 이를 두고 『환구시보』는 전형적인 "전쟁 시도와 죄를 덮는 화술이자, 나토 전체의 화술"이라고 질타했다. "즉 위기 예방이라고 하며 충돌을 일으키고, 위기관리라 하며 재앙을 가중시키는 화술이다. ... 침입은 '인도주의적 개입'이 되고, 정변은 '민주

바이든이 집권과 동시에 대(對)중국 전략경쟁에 몰입한데는 국면적 요인인 코로나창궐이 촉진제가 된 것으로 보인다. 2019년 발생하고 2020년 창궐한 코로나로 인해 미국의 내적 모순이 격화하고 쇠락이 적나라하게 드러난 것이다. 앞에서도 지적했지만 2022년 11월 2일 현재 통계는 미국의 경우 확진자 약 9천9백만, 사망자 약110만이다. 대조적으로 인구가 4배에 이르는 중국은 확진자 약 26만과 사망자 약 5,200 정도로 극명한 대비를 이룬다. 또한 중국의 경제력은 2020년 '유일'하게 플러스 성장을 기록할 정도로 더욱 탄력을 받았다. 미국의 쇠락과 중국의 굴기가 코로나로 인해 더욱 촉진되었던 것으로 미국 뿐 아니라 전 세계가 인식하게 된 것이다. 이로 인해 새로운 세상에 대한 요구가 지구촌의 민중세계와 지성세계에 활성화하기 시작했다.[42]

이러한 미국 패권위기의 본격화 시점에 바이든이 등장한 것이다. 그는 안으로는 빈부격차의 표피적 완화를 시도하고, 밖으로는 대중국 전략경쟁에 몰입하면서 훨씬 체계적·전면적·장기적 구도로 전략경쟁을 격화시켜 왔다. 그렇지만 군사 및 경제 분야에서 각각 지나친 대결 구도의 위험성과 미국 힘의 한계 역시 드러났다. 앞에서도 언급했지만 탈동조화에서 탈(脫)위험화(De Risking)로 수위를 낮출 수밖에 없었다.

혁명'이 되며, 정권 전복은 '민주주의 촉진'이 된다. 함포외교는 '항행의 자유'로, 군사집단의 확충은 '유럽의 일체화'로, 지배는 '실력에 입각한 협상'으로 변모한다." 김정호 번역, "퇴임을 앞둔 스톨텐베르크, 여전히 세계에 '지뢰'를 묻다", 『울산함성』, 2024.6.23(http://www.ulham.net/foreignissue/20136). 출처: "社评:要卸任的斯托尔滕贝格还在给世界埋雷", 『환구시보』, 2024.6.19(https://opinion.huanqiu.com/article/4IGKXjSDhyd).

42 지성계의 전형적인 보기로는 김상준, 『붕새의 날개, 문명의 진로: 팽창문명에서 내장문명으로』, 아카넷, 2021; Paolo Gerbaudo, 『The Great Recoil: Politics after Populism and Pandemic』, London: Verso, 2021; 파올로 제르바우드지음, 남상백옮김, 『거대한 반격: 포퓰리즘과 팬데믹 이후의 정치』, 다른백년, 2022.

이로써 전략경쟁 차원에서 벌이고 있는 반도체나 인공지능 등 첨단기술 분야인 과학기술경쟁에 집중하고, 일반 상품의 경우에 벌여왔던 무역전쟁은[43] 그 강도를 선별적으로 낮추는 책략을 구사하였다. 그만큼 신자유주의와 세계화의 질주로 인한 세계적인 가치사슬은(Global Value Chain) 강고했고, 특히 중국의 제조업 강세는 미국 서민의 생활물가에[44] 결합되어 있는 구조적 문제와 직결되었기 때문이다.[45] 중국 또한 자유무역과 세계화 기조의 유지가 자국의 근본이익과 직결되어 있기 때문에 강대 강 맞대응을 자제하였다.[46]

여기에다 우크라이나 전쟁을 계기로 러시아는 물론이거니와 인도, 브라질, 남아공 등 브릭스국가와 남반부(Global South)의 미국 달러 외한보유 축소전략으로 인해 미국채권의 해외 판매가 줄어들고, 대외결제에서도 미국달러 기준의 스위프트(SWIFT: Society for Worldwide Interbank

---

[43] 무역전쟁과 탈동조화에도 불구하고, 중국의 2022년 대미 무역흑자는 약4,000억 $였고 사상최대 무역흑자인 8,776억$를 기록했다.

[44] 서민생활과 직결된 Big Data와 AI가 결합한 전자상거래(E-Commerce)의 2023년 실적(Sensor Tower발표)을 보면 탈동조화가 결코 녹녹치 않음을 그대로 보여 준다: 중국의 '테무(Temu)'와 '쉬인(SHEIN)'이 전 세계·미국·유럽·중남미·중동에서 앱 다운로드 1-2위를 차지하고, 세계 5대기업에서 알리(Ali)·사오훙수(Xiaohongshu) 등 중국이 4개 기업을 차지했다. https://www.newswire.co.kr/newsRead.php?no=982020 그러나 실제 세계 점유율을 보면 미국의 아마존 24%, 알리 익스프레스 16%, 쉬인 9%, 테무 7%, 5위 쿠팡 순이었다.

[45] 중국은 유엔 산업분류의 모든 산업부문을 생산하는 유일한 국가로서, 2023년까지 연속 14년 세계 최대의 제조업국가이고, 2022년 세계제조업 비중의 31%를 차지하고, 중국 GDP의 33.2%를 구성하고, 연속 6년 최대교역국이고, 2022년 현재 수출시장 점유율 14.6%로 1위 (미국8.4%), 수입시장 점유율 13.5%(홍콩포함)로 1위(미국 12.9%), 최대교역국(140개국, 미국 40개국)이다.

[46] 중국은 금속 자원부문인 갈륨·게르마늄·희토류·마그네슘·비스무트·텅스텐·실리콘·형석 등에서 거의 독점권을 갖고 있고. 전기자동차 용 리튬·코발트·니켈·구리 등 기술개발 필수재료의 개발과 가공을 주도하고 있지만 이에 대한 수출 통제를 자제하여 왔다. 그러나 트럼프2기를 맞아 그의 무리한 관세전쟁에 희토류 수출 통제로 맞대응해 미국의 기조 완화를 이끌었다.

Financial Telecommunication) 일색에서 러시아의 SPFS와(Bank of Russia's system for transfer of financial messages) 중국의 CIPS(Cross-Border Inter-Bank Payments System)로 다변화하여 기축통화로서의 미국달러 위상이 하락했다.[47] 중국의 달러 보유 또한 5조 수준에서 3조로 격감했고 미국 채권 보유도 7천억 달러(홍콩 보유분 제외) 수준으로 축소되었다. 게다가 코로나창궐에 대응하여 트럼프-바이든 정부에서 무려 10조 달러 정도의 양적완화를 단행하고[48] 무려 35조 달러의 연방부채를 갚기 위해 해마다 빚 갚고 빚내어 국가를 운영해야 하여 통화팽창의 압력이 거세지고 있다. 이러니 미국채권 해외 판매 등에서 중국의 도움이 요구되는 구조에 몰렸다.

군사부문 또한 2022년8월 펠로시 하원의장의 대만 전격 방문과 중국의 대만 봉쇄형 무력시위, 고무풍선 격추, 2027년 또는 2035년 중국의 '대만침공설' 유포 등으로 양국의 충돌상황은 위험수위로 치달았다. 1998년 양쪽 해군과 공군의 소통을 규정한 해상군사통신협정에 따른 대면회담까지 중단되고 펠로시 대만 방문이후로는 모든 군사소통 통로가 완전히 끊긴 상태에서 남중국해나 대만해협에서 우발적 충돌을 막는 기제까지 중단된 상황이었다.

이에 2023년 11월 샌프란시스코 APEC회담을 계기로 양국 정상회

---

47 기축통화로서 달러 위상의 약화나 불신은 서방의 전(全)방위적 대 러시아 제재에서부터 시작되었다. 국제결제망인 스위프트에서 러시아 은행 퇴출, 러시아 국가와 개인이 은행에 예치된 약 3천억$ 이상의 외화 몰수, 유럽 상공에서 러시아 항공기 운항 금지, 다국적 기업들의 러시아 철수, 전력물자 등의 대 러시아 수출 금지, 러시아산 원유 거래제한 등등이다. 달리프 싱 전 미국 백악관 안전보장회의(NSC) 부보좌관은 제재 직후 "러시아 경제는 침략 전의 절반 규모가 될 것"이라고 경고하기도 했다. 그렇지만, 러시아 경제는 2023년 오히려 3%이상의 성장률을 기록했다. 미국의 단극패권주의가 더 이상 제대로 작동되지 않고 있음을 나타내고 있다.

48 이 결과 미국의 재정적자는 2020년 3조 1300억$ 2021년 2조7700억$에 이르렀다. 윤원섭 특파원, "美신용강등 후폭풍 … 트럼프, 재정적자 메우려 관세 폭주 우려", 『매일경제』, 2025.5.18.

담이 열려 고조된 대결 수위가 낮추어졌다. 바이든은 "우리는 경쟁이 충돌로 향하지 않게 해야 한다"고, 시 주석은 "충돌과 대립은 양쪽에 감당하기 어려운 결과를 낳을 것"이라면서 상호 화답했다. 양측은 군사소통 통로 복원, 핵무기 지휘·통제 체계에서 인공지능(AI) 소프트웨어 적용을 배제하기 위한 실무협상단(working group) 구성합의, 마약성 진통제 펜타닐의 원료 화학물질에 대한 중국 쪽의 단속 등에서 합의를 이루었다. 그렇지만 여전히 미국의 전략상품인 반도체 등 '첨단 산업의 공급망 재편'문제나 중국의 핵심이익인 대만문제에서는 이견을 드러내었다. 결국 강경일변도로 치닫던 전략경쟁은 '관리모드'로 들어가는 '전술적 타협'에 그치고 전략적 경쟁과 대결은 진행형으로 마무리되었다.

정상회담 후 6개월도 되기 전에 '과잉생산론'과 '대만 포위작전'이란 전략대결이 다시 펼쳐졌다. 미국은 전기자동차·리튬배터리·태양광발전으로 대표되는 중국의 '신 녹색 3종 제품'의 생산능력이 과잉이라며 대폭적인 품목관세 인상을 단행했다. 미 무역법 '301조'를 적용해 전기차는 25%에서 100%로, 철강·알루미늄 및 전기차용 리튬이온 배터리는 25%로, 범용반도체와 태양광 전지(배터리)도 25%에서 50%로 높였고 유럽 등에도 공동대응을 촉구했다.[49] 유럽 또한 중국의 전기차 강세에 따라 공동보조를 취하는 방향으로 움직이고 있다. 중국의 전기차는 아직 미국에 거의 수입되지 않고 있다. 그런데도 관세를 무려 100%로 높여 전략적 적대를 더욱 고조시켰다.

중국의 '신 녹색 3종 제품'에 대한 과잉생산론은 기후위기에 대처

---

[49] 중국은 이에 대응해 2024년 4월 26일 보복 관세를 명시한 새 관세법을 제정했다. 이 법안 제17조는 중국과 특혜무역협정(PTA)을 체결한 시장이 고율 관세를 부과할 경우 '상호주의 원칙'에 따라 상대 국가 상품에 동등한 관세를 부과하도록 했다.

하기 위해 지구평균 온도상승을 2도 아래 억제하고 1.5도를 넘지 않게 하자는 2016년 체결의 '파리협정'(Paris Climate Agreement)과도 배치된다.[50] 또한 2023년12월에 열린 제28차 유엔기후변화협약(UNFCCC) 당사국총회(COP28) 합의사항에도 배치된다. "2050년까지 전 세계가 넷 제로(이산화탄소 순배출 0)를 달성"하기 위한 방법으로 "(온실가스 감축에) 결정적인 시기인 10년(2021~2030년) 안에 에너지 체계에서 화석연료로부터 벗어나기 위한 전환을 가속해야 한다"며, 2030년까지 재생에너지를 전 세계 전력의 60%까지 늘리는 것을 목표로 삼고 있다. 이를 위해 재생에너지 발전 용량 3배 확대, 에너지 효율 연간 2배 확대에 130여개 국가가 합의했다.

중국의 태양광패널은 10여 년 전에 비해 무려 90%의 원가절감에 성공해 1와트 발전 비용을 140원 정도로 낮추었다. 이 결과 세계시장 점유율이 90%가 될 정도이고 앞으로 거의 독점할 기세다. 전기차 배터리 생산도 거의 60%에 이르고, 전기차 생산·국내판매·수출 세계 1위에 힘입어 2023년 세계 최대 자동차 수출국이 되었고, 2024년 중국의 전기차 생산과 판매는 약 1,280만대에 달했다.[51] 시장조사업체 SNE 리서치에[52] 따르면 2023년 중국의 세계 전기차 시장(중국 제외) 점유율은 12.5%였다. 또 중국의 비야디(BYD)는 테슬라를 제치고 전기차 판매량

---

[50] 파리협정에 호응해, 문재인 한국은 2030년까지 2017년 대비 온실가스 24.4%, 영국은 2030년까지 탄소 배출량 68%, 프랑스는 2030년까지 온실가스 배출량 55% 감축 목표를, 중국은 2030년 이전에 온실가스 배출 정점을(peak year), 2060년까지 탄소 중립 목표를 각각 달성하겠다고 선언했다. 미국은 트럼프의 탈퇴와 바이든의 재가입으로 대응했다.

[51] 장신신기자, "2024년 중국 자동차 판매량 3,144만 대…16년 연속 세계 1위", 『중국뉴스』 2025.1.15(https://www.cmnews.kr/news/articleView.html?idxno=403110).

[52] 친환경에너지, 배터리, 전기차 분야 등에서 전 세계 시장조사 및 컨설팅 수행 업체, https://www.sneresearch.com/kr/home/

세계 1위 기업으로 올라섰고 전기차 값을 1만 달러 수준으로 내리는 선도적 결과를 이뤘다. 이들 획기적인 원가절감을[53] 이룩한 중국의 '신 녹색 3종 제품'은 지구촌 기후위기 대처나 탄소제로를 위해 전 세계적으로 더 널리 또 더 많이 보급해야할 품목이지, 전략대결에 혈안이 된 미국이나 서방이 '과잉생산'이라며 억제할 대상이 결코 아니다.

중국은 이미 2030년 탄소정점, 2050년 RE100, 2060년 탄소중립(제로) 목표를 제시했다. 그러나 이러한 '신 녹색 3종 제품'의 획기적 원가절감과 보급 확대에 따라 2030년 탄소정점을 이미 달성했거나 1-2년 후 달성할 것으로[54] 예측하고 있다. 또한 베이징을 비롯한 중국 전체에 초미세먼지 배출은 획기적으로 줄어 '2023 베이징시 생태환경 현황 공보'에 따르면 "베이징의 지난해 연평균 초미세먼지(PM2.5) 농도는 32μg/㎥로 대기오염이 정점에 달했던 2013년에 비해서는 64%, 코로나19 직전인 2019년에 비해서는 24% 감소했다."[55] 이처럼 중국

---

53 중국은 세계 1위의 제조업 대국이고 유엔 산업분류의 모든 산업부문을 생산하는 유일한 국가다. 따라서 거의 완전한 산업 연결망(chain)을 형성해 원부자재 지원 시스템을 자체적으로 갖추고 있고, 대부분의 자재와 부품은 현지에서 조달가능하다. 이는 혁신적인 시제품 양산을 강력 지원한다. 또한 초대형의 시장과 공급망 및 숙련된 인력을 통해 물류·노동력·원자재·운송 등의 비용을 절감할 수 있다. 여기에다 국가의 관련 기본설비 구축과 치열한 경쟁, 첨단을 걷고 있는 IT의 응용력과 혁신 등을 통한 스마트공장 등으로 전 세계 경쟁력을 획기적으로 높이고 있다.

54 기후 관련 싱크탱크인 엠버(Ember)는 "중국의 경우 세계 태양광 풍력 발전량의 37%, 세계 석탄 발전량의 절반 이상, 2023년 세계의 신규 풍력 태양광 발전의 절반 이상을 차지한다면서, 2015년 이후 풍력 태양광 발전이 성장하지 않았다면 중국의 전력 부문 배출량은 2023년에 21%나 더 늘었을 것으로 추산했다. 엠버는 국제에너지기구(IEA)의 넷 제로 배출 시나리오를 인용해, 중국과 다른 신흥국들이 2023년을 고비로 배출량을 급속히 줄이기 시작해 2045년에 넷 제로에 도달할 것으로 내다봤다. 엠버는 중국의 대규모 청정에너지로의 신속한 전환으로 2023년에 배출량 정점에 이미 도달했거나 늦어도 2024, 2025년에는 도달할 것으로 봤다." 한승동, "세계 재생에너지 발전 30% 넘어…한국 뒷걸음질" 『민들레』, 2024.5.8(https://www.mindlenews.com/news/articleView.html?idxno=8237).

55 "'앞 동도 안 보여' 이랬던 중국 달라졌다…전기차 달리자 벌어진 일", 『머니투데이』, 2024.5.30(https://m.news.nate.com/view/20240530n20635).

의 '신 녹색 3종 제품'은 기후위기와 탄소절감에 탁월한 성과를 증명하고 있어 미국과 서방의 '과잉생산론'을 빌미로 한 수입 장벽치기는 타당성을 상실하고 있다. 이같이 중국은 신3종 녹색제품인 신(新)에너지차 생산·판매량 9년 연속 세계 1위, 동력 배터리[56] 시장규모 8년 연속 세계 1위, 태양광 발전설비 10년 연속 세계 1위로 전 세계 기후변화 대응과 녹색·저탄소 전환에 획기적 기여를 하고 있다.

그렇지만 미국이 벌이는 대 중국 전략경쟁은 합리성을 상실하여 기후위기 해소의 커다란 장애물로 전락하는 등으로 인류 전체의 환경생명권 개선을 저해하고 있다. 게다가 1조 달러 가까운 군사비를 투입해 과잉군사력을 발판으로 여전히 우크라이나전쟁, 팔레스타인 집단학살 전쟁, 대 이란전쟁 등을 지속하면서 인류의 절박한 염원인 평화생명권을 유린하고 있다.

또한 코로나창궐 당시인 2021년 2월 14일 기준 블룸버그 통신은 이른바 선진국들은 인구대비 백신 확보율을 캐나다3.30배, 영국3.02, 호주2.50, 뉴질랜드2.47, 미국1.99, EU27개국1.92, 스위스1.33, 일본1.20, 한국0.90배 등으로 백신을 '과잉' 확보하여 제3세계의 건강생명권을 외면했다.[57] 미국은 심지어 코백스 퍼실리티(COVAX facility, 국제 백신 공동구매 및 분배 프로젝트)에 가입조차 거절했다. 미국과 서방의 이

---

[56] 시장조사 업체 SNE리서치의 "2024년 글로벌 리튬이온배터리 적용처 별 중장기 전망"에 따르면, 소형 IT기기, 전기차(EV), 에너지저장장치(ESS) 등에 탑재되는 리튬이온배터리 수요는 2035년 총 5570GWh에 이르고 이는 2023년 994GWh보다 약 5.6배며 연평균 성장률은 15.4%수준이다. 류근영 기자, "시장조사업체 '리튬이온배터리 수요 2035년까지 연 15.4% 증가'", 『비즈니스 포스트』, 2024.5.21(https://www.businesspost.co.kr/BP?command=article_view&num=352820).

[57] "[김진경의 오래된 유럽] 선진국의 '백신 국수주의' 중국·인도·러시아는 웃는다", 『피렌치의 식탁』, 2021.2.19(https://www.firenzedt.com/news/articleView.html?idxno=14463)

러한 백신인종주의 등으로 세계를 이끌어갈 수 없다는 것은 자명하다. 대조적으로,

> 실제적 도움은 러시아, 중국, 인도에서 왔다. 알제리는 러시아의 스푸트니크 V 백신 첫 배치를 받은 후 2021년 1월 백신 접종 프로그램을 시작했다. 이집트는 거의 같은 시기에 중국의 시노팜 백신을 맞은 뒤 접종을 시작했고, 남아공은 인도 혈청연구소로부터 아스트라제네카 100만 도스를 조달 받았다. 아르헨티나에서는 스푸트니크가 국가백신 프로그램의 근간이 되었다. 반면에 서구에서는 자신들의 재정 자원을 사용하여 수백만 개의 복용량을 미리 구입한 다음 유효기간이 만료되면 종종 폐기하는 사건들이 발생했다. 서구가 Global South에 던진 메시지는 분명했다 '귀하 국가의 전염병은 우리 문제가 아니라 귀하의 문제입니다'.[58]

이러한 자화상에도 불구하고, 미국은 중국의 C2(cooperation, coordination)에 기초한 상호존중, 호혜협력, 핵심이익 존중, 상호이익 동반자관계인 신형대국관계 제안을 일축하였다. 오히려 군사적 대결에 집중한 2011년 오바마의 아·태재균형전략에서부터, 경제와 군사 양 측면의 대결을 시도한 트럼프의 2018년 인도태평양구상을 거쳐, 2021년에 집권한 바이든의 가치동맹을 중심으로 전방위 대결을 펼치면서 이념대결로까지 몰고 가 신냉전구도로 끌고 나갔고, 트럼프 2기 출범 초기에는 짝사랑과 같은 친(親) 러시아 정책으로 중국을 '고립'시켜 집중적으로 제압하려는 게 미국의 대 중국 전략경쟁의 현주소였다. 그러나 곧바로 미국의 한계를 실감한 트럼프는 중국, 러시아, 미국의 3

---

[58] Krishen Mehta, "지구촌 남반구에서 바라본 우크라이나 전쟁" 미국진보시민단체 포탈 CommonDreams.Org, 2023.2.23. 출처: 이래경의 [격동 세계]: Krishen Mehta는 US Russia Accord 미국위원회 위원이자 Yale University의 글로벌 정의 연구소 선임 펠로우.

극체제의 세계질서 구상을 펼치는 등 노선 변화를 보이고 있는 듯하다.[59] 이처럼 오바마에서 트럼프1기와 바이든을 거쳐 트럼프2기에 이르기까지 약 15년에 걸쳐 펼친 미국의 대 중국 전략경쟁은 도전자로서 미국 자신의 한계를 드러낸 채 그 강도를 낮출 수밖에 없는 객관적 현실에 직면하고 있는 것이다.

---

[59] 미국갤럽의 2024년 3월 18일 여론조사는 미국 최대의 적으로(greatest enemey) 응답자의 41%가 중국을, 러시아 26%, 이란 9%, 북한 4%로, 2021년부터 중국이 연속 4년 1위를 차지했다. 민주당 지지층은 18%가 또 공화당 지지층은 67%가 중국을 최대 적으로 꼽았다. 러시아의 경우 민주당 지지층의 48%가, 공화당 지지층의 10%만이 최대 적이라고 답했다. "미국인들 '최대 적국은 중국…2위는 러시아'", 『해럴드경제』 2024.3.19.

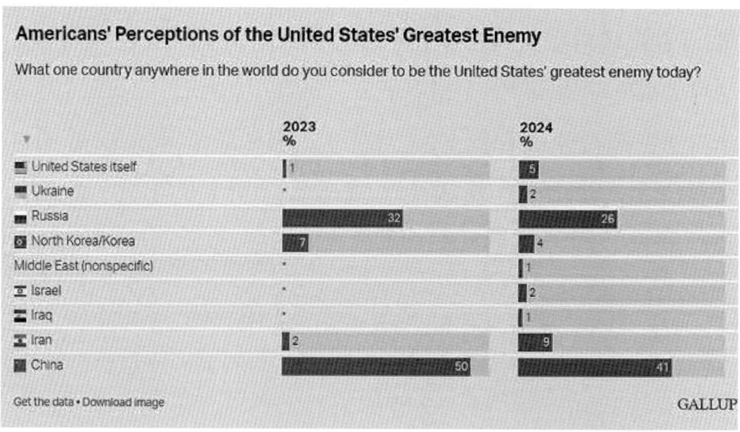

3장

미국의 쇠락

1장과 2장에서 패권적 세계질서를 풍미해 왔던 미국의 반(反)역사, 반(反)평화, 반(反)인권적 특성을 부분적으로 살펴보았다. 인권의 핵이라고 할 수 있는 생명권가운데 건강생명권과 생존생명권에서 자국민에게 제대로 뒷받침해 줄 수도 없거니와, 평화생명권에서 타국 인민의 생명권을 대거 앗아가는 전쟁과 폭력의 전횡을 휘두르는 미국이란 점에서 역사의 가혹한 심판이 요구된다고 볼 수 있다. 전쟁광에 가까운 모습에서 지구촌의 평화생명권은 거의 주기적으로 무너져 왔다. 빈부격차의 천양지차로 자국민의 생존생명권은 희생되고 있고, 코로나창궐을 계기로 자국민의 건강생명권은 한없이 부실함이 입증되었다. 또한 지구촌의 환경생명권에 대해서, 미국은 강대국으로서 선두에 나서 진작(振作)해야 할 책임이 있지만 오히려 세일가스 개발이나, 중국의 녹색전환 '신 3종 제품'인 전기차·태양광발전·리튬배터리 등에 대한 '과잉 생산론' 등을 일삼으면서 이를 억제하고 있다. 포퓰리스트 트럼프가 두 차례 대선에서 내건 '미국을 다시 위대하게'(MAGA) 라는 구호 자체가 스스로 미국 또는 미국 패권의 쇠락이 진행형임을 역설적으로 보여주고 있고 그를 선택한 많은 미국 시민들 역시 같은 생각을 가졌다고 보아야 할 것이다.

이러한 유일패권국 미국은 또 이와 동조하는 서구 일반은 자본주의라는 사회경제체제를 통해 생산력 증강이라는 측면에서 인류사회에 일정 정도 기여를 했다. 그렇지만 수많은 측면에서는 오히려 잉카·마야 문명 말살이나 식민지지배, 노예사냥 등 인류역사 진전을 역행하기도 해 왔다. 이제는 거의 500여 년 동안 세계를 패권적으로 지배해 온 서방 제국주의 세계질서가 새로운 세계질서와 새로운 세상으로 전환되어야 할 시점인 것 같다. 이러한 전망이 중·미 전략경쟁에 의해 촉진되기도 하지만 미국 사회 자체의 모순이 극단화하여 스스로 쇠잔의 길로 접어들고 있다. 이에 이번 장에서는 이러한 추세에 놓여 있는 미국 쇠락의 내부적 요인에 접근해보고자 한다.

세계와 세상이 '근본적'으로 바뀌는 역사전환은 그 서막인 내·외적 구조적 동인이 작동해야 한다. 또한 이 구조적 동인을 실행시키는 행위적 요인이 동반해야 하고, 때로는 이를 촉진시키는 자연재해나 전염병 창궐과 같은 촉매제가 발동하기도 한다. 이런 구도에서 미국 쇠락의 내적 구조적 요인으로는 첫째, 신자유주의 범람 둘째, 전쟁국가화와 초과잉군사력 셋째, 자체 정화(淨化)역량의 상실 등으로 대별될 수 있다. 또 촉진요인[1]으로는 중·미 전략경쟁의 첨예화, 코로나 창궐, 우크라이나 전쟁유발 등으로 볼 수 있다.

1989년의 탈냉전과 1990년대 초반 소련연방과 동구사회주의 붕괴를 계기로 미국은 무소불위의 패권을 전 세계에 휘둘러 왔다. 앞에서도 언급했지만, 2007년2월 뮌헨안보회의에서 푸틴의 연설이 이 모습을 잘 묘사하고 있다. "하나의 권력 중심, 하나의 무력 중심, 하나의 의사 결정 중심, 이게 세계의 주인이자 군주가" 되어버린 미국이라며, 그는 미국의 유일초강대국 패권횡포를 질타(叱咤)했다.

그러나 2008년 서버프라임모기지 금융위기를 변곡점으로 미국의 내적 모순이 본격적으로 가시화하고 제국의 쇠락이 표면화하기 시작했다. 그러나 바로 이 시기에 등장했던 오바마정권 또한 미국의 구조적 제약 하에 개혁이나 혁신을 전혀 이루지 못한 채, 2016년 대통령 선거에서 '이단아' '미국제일주의'의 '국수(國粹)적' 포퓰리스트 트럼프

---

[1] 촉진요인은 역사의 대전환이나 새 판짜기의 충분조건은 아니다. 곧, 새 판짜기는 촉매제만으로 이뤄지지 않는다. 촉매가 작동할 발판이 구비돼야 한다. 곧, 그 인과적 요소가 이미 구조화되어 있거나 진행형이어야만 촉매가 작동하고 새 판짜기를 실행하는 역사의 주체와 행위가 활성화 할 수 있게 된다.

가 당선되었다. 이는 신자유주의로 인한 금융자본화와 세계화의 절정으로 핍박해진 미국 보수 중산층의 선택이었다. 다른 한편 '진보적' 표퓰리스트인 샌더스 역시 선풍을 일으키면서 새로운 바람을 불러일으켰다.

1. 신자유주의의 범람

미국 쇠락의 구조적 요인은 보편적 복지와 '큰 정부'를 기조로 하는 케인즈주의 경제 사조를 밀어내고 등장한 시장만능주의와 '작은 정부'를 표방하는 신자유주의 경제 사조(思潮)다. 곧, 1980년대 영국의 대처와 미국의 레이건 시대에 등장한 레이건-대처리즘이었다. 이는 감세[2], 시장화, 사(민)영화, 금융화, 개방화, 세계·지구화, 무역·외환 자유화, 규제철폐, 작은 정부, 세계적 가치사슬(GVC) 등의 정책과 전략적 행보의 질주였다.[3]

레이건은 이 신자유주의와 함께 대(對)소련 강경 반공주의를 내세우면서 스타워즈라는 미사일방어체제(Missile Defense System) 구축을 추진하고, 이를 위한 사상 최대 규모의 군사비 증액을 꾀했다. 이 결과 신자

---

2 2차대전 전후 미국의 소득세 최고세율은 90%였으나 레이건 집권기에는 무려 20%대 후반으로 격감했다.

3 케인저주의를 국가독점자본주의로 보고, 이 국가독점자본주의의 생산력 발전에 따른 생산관계의 변화를 수반하여 등장한 것이 신자유주의이며, 이는 사회성격상 후기국가독점자본주의에 속하며, 이의 ICT 등 생산력발전이 신자유주의의 지구화와 경제세계화를 이끌었다고 보는 견해가 있다. 그렇지만 이 책에서는 사회성격에 관한 논의는 논외로 한다. 김정호, 〈후기국가독점자본주의론과 한국사회 성격〉(밥복, 2025). 신자유주의 전반에 대한 개략적 설명으로는 이 책 '상권 지구적 신자유주의와 국제독점자본의 전개' 1장 신자유주의의 본질 (16~54쪽) 참조.

유주의로 인한 파격적인 세금감면과 전쟁국가 강화로 인한 군사비지출의 폭증으로 재정·무역 적자인 '쌍둥이 적자'를 맞게 되었다.

이럼에도 신자유주의는 1989년 탈냉전을 계기로 선진자본주의를 넘어서 전 세계에 강요하는 '워싱턴합의'를 1990년 출범시켰다. 행위주체는 미국의 재무부·IMF·월가자본의 3자복합체였다. 이 전략적 합의에 따라 사유재산권 보호, 정부규제 축소, 국가 기간산업 사(민)영화, 외국자본에 대한 제한 철폐, 무역 자유화와 시장 개방, 경쟁력 있는 환율제도의 채용, 자본시장 자유화, 관세 인하, 정부예산 삭감, 경제효율화 등을 강제하기로 했다. IMF를 통해 각 국가의 자본 통제체제를 제거하고 외환거래를 자유화시키며, OECD를 통해 다자간 투자협정을 추진하였다. 또 1995년에 가트체제를(GATT) 대신해 새로 창립된 세계무역기구(WTO)를 통해 은행·외환·채권·주식·보험 등의 금융자율화를 추진하였다.

이러한 기조 하에서 탈냉전 초기에 집권한 클린턴 미국은 계속 세계를 패권지배하려는 전략을 세웠다. 그것은 바로 군산복합체의 축적 한계를 넘어 금융투기산업과 실리콘밸리에 바탕을 둔 정보지식산업의 결합에 의한 '부드러운' 세계지배였고 금융자본주의화의 질주였다. 이는 기존의 신자유주의 전략과 융합해 전 세계 자본주의 생산체제의 대대적 개편을 가져왔다. 이미 쇠잔해져 가는 미국의 국내 제조업을 해외로 이전하고 경쟁력이 절대적으로 미국에 유리한 서비스, 금융, 정보지식 산업을 기반으로 한 세계지배였다. 물론 냉전 구도 하에서 미국의 보호를 받던 한국을 비롯한 아시아 발전국가 역시 1997년의 IMF체제 등으로 편입을 강요당했다.[4]

---

[4] 1997년 IMF 구제금융 당시 한국에 강요하고 관철시킨 IMF 8개항 요구는 정부예산

쌍둥이적자의 일시적 해소와 같은 단기적 성과와 동구사회주의체계의 붕괴에 도취되어, 프란시스 후쿠야마 등은 이러한 역사의 흐름을 '역사의 종말' 이라면서 자본주의의 영원화로 규정하고 환희의 찬가를 불러댔다. 그렇지만 이는 스스로 묘혈을 파는 출발이었다.

"가난한 사람에게 돈을 빼앗아 부자들을 도와준다(劫贫济富)"고 비판받는 이 신자유주의는 소득·재산·기회 불평등의 폭발, 부의 극소수 집중화와 빈부격차의 극단화, 제조업 위축으로 인한 실물경제력 약화[5], 국가 재정·역량·기능의 축소로 이어져 건강의료·환경·기후변화 등에 대처할 공공재 역부족으로 코로나에 대한 취약성을 그대로 노출했다. 노벨 경제학상 수상자, 스티글리츠교수는 상위 1%가 미국 부의 40% 이상을 차지하고, 최고 부자 셋이 하위소득자 절반의 부보다 많이 소유한다고 한다.

이러한 극단적 상황에서 사회가 원활하게 작동할 수는 없고 미국이 마치 전매특허처럼 내세워 왔던 미국식 '민주주의'가 제대로 작동될 수 없다. 민주주의란 인민이 주인이 되고 인민이 통제력을 행사하는 역학 구조를 필요로 한다. 그렇지만 이처럼 경제적 불평등이 절대화된 구조에서 인민대중이 통제력을 행사할 수 있는 힘이(power, capability) 거의 원천적으로 배제되기 마련이다.

자본주의 자체 또한 금융자본의 비대화, 경제의 금융화, 선진국 산

삭감, 자본시장 자유화, 외환시장 개방, 관세 인하, 국가 기간산업 민영화, 외국 자본에 의한 국내 우량 기업들의 인수·합병 허용, 정부 규제 축소, 재산권 보호 등이다. 당시 IMF 협상 대표는 실제로 당시 미 재무부장관이었던 섬머스(Summers)였다.

5 세계은행 자료는 2022년 기준 국내총생산(GDP)에서 제조업이 차지하는 비중은 유럽연합 15%, 미국 11%(2021년)였다. 같은 기간 한국과 중국은 각각 26%, 28%였다; 경제협력개발기구(OECD) 통계는 2020년 기준 중국의 제조업 생산 규모는 세계의 35%에 달해 압도적인 1위다. 세계 2~9위 국가를 합친 34%보다 비중이 더 높다.

업의 공동화로 이어져 자본주의의 막장이라는 금융자본주의로 변질되었다. 금융자본 자체는 결코 재부를 창조하지 못하고, 단지 재부의 분배에 참여할 뿐이다. 이래서 금융자본이 경제의 주도권을 갖게 되면 생산력 퇴조가 이뤄지기 마련이다. 이로써 실물경제 위축과 생산력 퇴조 및 산업공동화로 이어졌다.

이 결과 2008년 경제위기를 맞았으나 자체 개혁은 미봉에 그쳤다. 오히려 그 당시 중국으로서는 사상최대의 경기부양정책인 4조 위안을 투입해 세계적으로 경기를 안정화시키는 획기적 기여를 하였다. 그렇지만 미국은 2020년 코로나창궐에도 불구하고 '작은 정부'와 공공성의 쇠락으로 인해 효과적인 대응을 제대로 할 수 없었다.[6]

2. 전쟁국가화와 과포화 군사력

미국의 전쟁국가화와 과포화한 군사력과 군사비는 카터 전(前)대통령이 중국 굴기를 우려하는 트럼프 현대통령에게서 걸려온 전화 답변에서 잘 보여준다(*NEWSWEEK* Apr 22, 2019).

> 1979년 이후 중국이 누구와 전쟁을 한 적이 있나? 단 한 번도 하지 않았다. 반면 우리는 늘 전쟁을 하고 있다. 미국은 242년의 역사 동안 전쟁을 하지 않은 기간이 단16년이다. 역사상 가장 호전적인 나라이다. 중국은 18,000마일의 고속철을 건설했고 그 기간 미국

[6] 그렇지만 이미 세계적으로 퇴출되어버린 이 신자유주의 경제체제를 건전재정이란 주술에 취해 '윤석열-국민의 힘' 정권은 온 힘으로 받아들여 완전히 역사를 거꾸로 돌리는 시대역행을 그대로 노출하였다.

은 3조 달러를 전쟁에 탕진했다. 중국은 단 1위안도 전쟁에 낭비하지 않았다. 그들이 모든 면에서 우리를 앞서고 있는 게 전혀 이상하지 않다.[7]

이재봉의 분석에 의하면, 미국은 건국해인 1776년에서 2016년까지 240년 가운데 비(非)전쟁기간은 8.8%로 21년이었고, 나머지 219년 동안은 전쟁을 치렀다. 또 냉전종식 후인 1991년부터 2016년까지 26년 사이 24년 동안 전쟁(1997년 2000년 제외)을 치렀다 한다.[8]

이러다보니 전쟁비용 또한 천문학적이어서 가늠을 못할 정도다. 이라크·아프가니스탄 전쟁 10년 동안 〈뉴욕타임스〉는 1조 3천억$(NYT.2011.6.22), 지미 카터 전(前)대통령은 3조$, 또 일부에서는 4조 4천억$로 2차 세계대전의 전쟁비용과 비슷하다고 주장하고, 샌더스는 20년 동안 6조$를 투입했다 한다.

과포화한 군사력 또한 엄청나다. 〈World Population Review)〉는 2024년 기준 현역병 규모로 중국 2,185,000명, 인도 1,455,550명, 미국 1,328,000명, 러시아 1,154,000명으로 보고하고 있다.[9] 그렇지만, 미국의 경우 군속이 거의 39%에 해당하므로 이들을 포함할 경

7 "Jimmy Carter Took Call About China From Concerned Donald Trump: 'China Has Not Wasted a Single Penny on War'(By David Brennan On 4/15/19 at 5:12 AM EDT) "Since 1979, do you know how many times China has been at war with anybody?" Carter asked. "None. And we have stayed at war." The U.S., he noted, has only enjoyed 16 years of peace in its 242-year history, making the country "the most warlike nation in the history of the world," Carter said. This is, he said, because of America's tendency to force other nations to "adopt our American principles."

8 이재봉, "미국의 전쟁과 외교" 『통일뉴스』, 2016.8.3(http://www.tongilnews.com/news/articleView.html?idxno=117635)

9 https://worldpopulationreview.com/country-rankings/military-size-by-country

우 약 1,845,900명에 이른다. 해외 군사기지는 독일 173, 일본 113, 한국 83으로 약 800여 개에 이르고, 그 가운데 세계에서 가장 큰 해외기지인(여의도 면적의 5.5배) 험프리스 기지를 우리 땅 평택에 두고 있다.

이 해외기지를 기반으로 약 20만의 미군을 해외에 진주시키면서 매년 170여개 나라에서 미군참가 전쟁연습을 실시하고 있다. 특히 이곳 한반도에서는 원인이 제대로 밝혀지지 않은 2010년 천안함 사태 이후 2018년 이전까지 거의 사흘에 한번 꼴로 한미연합전쟁연습을 실시해 왔다. 2018년 이후 중단되었던 대규모 전쟁연습은 윤석열 집권이후 사상 최대 규모의 한미연합전쟁연습 형태로 수시로 실시되었다. 이에 북은 핵무기 사용 법제화와 미사일 발사로 맞불대응을 펼쳤다. 이는 한국을 대 중국포위망에 깊숙이 편입시키려는 미국의 대 중국 전략경쟁 차원에서 비롯된 것이다. 이러한 기도를 어느 정도 막아왔던 문재인 정권과는 정 반대로, 미국에 무조건 맹종하는 철부지 윤석열 조타수 아닌 조타수에 의해, 이러한 한반도 위기가 폭증하였다.

또 전 세계 6개 지역통합사령부 [유럽, 인도-태평양, 남부(남미), 중부(중동), 북부(북미), 아프리카]와 5개 기능사령부(특수전, 수송, 전략, 사이버, 우주-트럼프가 세움) 등 11개 사령부를 두고 있다. 각 지역사령부는 예하 육·해·공과 특수부대까지 보유해 독자전쟁 수행능력을 가지고 있을 정도로 위력적이다. 해상에서는 6개 함대를, 곧 2함대(서대서양, 러시아를 겨냥해 트럼프가 재건), 3함대(동태평양), 4함대(카리브 연안과 남미), 5함대(걸프만, 인도양), 6함대 (동대서양 지중해), 7함대(서태평양과 인도양)를 보유하고 있다. 항공모함 또한 11척으로 세계에서 유일하게 항모전단을(CSG: Carrier Strike Group) 꾸릴 수 있다. 이를 바탕으로 걸핏하면 항모전단을 파견하여 범지구적 고강도 전쟁투사력을 남발하는 유일한 나라다.[10]

---

[10] 그러나 항모전단의 위력은 값이 싼 드론이나 미사일의 등장으로 급격히 낮아졌다. 전

이러한 과포화군사력을 유지하기 위해 천문학적인 군사비가 소요되고 있다. 2022년 정부의 국방예산은 7,780억$이고, 의회 국방수권법상 국방예산은(실질적인 예산에 해당함) 8,130억$로 2위 중국 2,520억$의 3.2배, 예산 5.8조의 14%, 명목 GDP 25조의 3.25%이다. 2023~2025년 국방수권법 군사비는 각각 8,580억$, 8,860억$, 9,355억$이고 핵 예산 등을 포함할 경우 거의 1조 달러다. 그렇지만 트럼프정부는 2026회계연도(2025년 10월~2026년 9월) 국방예산을 "'힘을 통한 평화'를 이루기 위한 도널드 트럼프 대통령의 공약에 기반"해 1조 100억 달러(약 1412조원) 수준으로 올렸다. 그러나 클린턴 말기인 2000년의 군사비는 약 2,800억$였다.

이러한 군사비 폭증은 미국의 첨단무기 의존 군사기술맹신주의에서 비롯된다고 현대 전쟁학자 콜코는(G. Kolko) 주장한다. 최첨단무기 때문에 55만 병력을 파견한 베트남전쟁보다 15만을 파견한 이라크전쟁 전비가 5배가 된다면서 비싼 무기와 장비를 유지하고 관리하는 비용을 감당 못할 경우 군사적 약점에 직면한다고 지적했다. 보다 큰 문제는 군사적 약점이 아니라 미국사회 전체가 완전 핍박해지는 데 있다. 미국의 재정적자는 미국재무부자료에 따르면 2021년 2조7,700억$, 2022년 1조3,800억$, 2023년 1조7,000억$, 2024년 1조8,300

쟁학자인 게브리엘 콜코(Gabriel Kolko)는 이를 예견했다. "미국의 힘은 상당 부분 고도의 기동성을 가진 해군에 의존해 왔다. 그러나 오늘날 전함들은 갈수록 미사일 공격에 취약해지고 있으며 또한 전술적으로, 그리고 궁극적으로 전략적으로도 그 능력이 제한받고 있다." "핵무기 확보가 보다 손쉬워지고, 미사일은 값이 싸진 반면 이동성과 정확도는 높아지고 있으며, 모든 미사일방어시스템은 근원적 한계를 안고 있는 오늘의 현실은 앞으로 북한, 이란, 대만, 나아가 베네수엘라 등 지구촌 어느 곳에서 발생하는 위기든 그 위기의 전개양상을 결정짓게 될 것이다." Posted at Japan Focus on August 25, 2006. Gabriel Kolko, "'군사력 만능시대', 종언을 고하다", 〈해외 시각〉 이라크·레바논전쟁의 교훈, 『프레시안』, 2006.8.29. 출처: http://www.japanfocus.org/products/details/2203

억$이고[11], 무역적자는 미국상무부자료에 의하면 2021년 8,481억$, 2022년 9,448억$, 2023년 7,849억$, 2024년 9,184억$다.[12] 이러한 쌍둥이적자에도 불구하고, 미국의 패권전략이 근본적으로 수정되지 않는 한 군사비와 전쟁비용의 감축을 통한 쌍둥이 적자해소는 불가능할 것으로 보인다. 단지 대규모 국채발행의 양적완화라는 빚내어 빚 갚기 방식의 임시땜질 처방으로 버티고 있지만 우크라이나 전쟁이후 기축통화로서의 달러체제가 흔들리고 페트로 달러가 무너져 이 또한 장기적인 처방이 될 수가 없을 것이다.

2024년 7월 29일 미국재무부 발표 부채는 35조 달러이고 이는 중국, 독일, 일본, 인도, 영국 5개 국가의 경제총량에 버금가고 있다. 이에 테슬라의 머스크는 미국은 파산열차에 올라탔다고 경고했다.[13] 이 천문학적인 국가부채에 대한 이자만 계산해도 2032년 1조4천억$, 2053년까지 5조4천억$에 이르러 미국 연방예산에서 사회보장이나 의료지원 등의 예산을 넘을 것으로 추정하기도 했다.[14]미국 재무부는 2024년 회계연도 재정적자는 1조8,330억 달러이고, 이 재정적자 증가의 가장 큰 요인은 금리상승과 부채증가 때문이라고 했다. 이미 2024년 9월말 현재 35조7700억 달러에 달한 연방부채에 대한 이자비용이 1조1330억 달러에 달해 공식적인 국방예산과 노인의료보

---

[11] 윤원섭 특파원, "美신용강등 후폭풍 … 트럼프, 재정적자 메우러 관세 폭주 우려", 『매일경제』, 2025.5.18.

[12] "强달러에 美 작년 무역적자 9천184억달러 '사상 최대'", 『한국무역협회』, 2025.2.6(https://www.kita.net/board/totalTradeNews/totalTradeNewsDetail.do?no=89410).

[13] "马斯克发帖警告：按照政府目前支出速度，美国正处在破产的"快车道"上", 来源:『环球网』, 2024.9.2(https://world.huanqiu.com/article/4JGzDwFm8q6).

[14] Ahmed Adel, "US Treasuries No Longer A 'Safe Haven,' Warn Experts" Global Research, August 28, 2024 출처: https://www.globalresearch.ca/us-treasuries-no-longer-safe-haven-warn-experts/5866454

험 지출을 초과했을 정도다.[15] 이 부채에 대한 이자만으로도 2024년도 연방 총예산 6.9조 달러의 16%를 차지할 정도로 국가재정을 압박하고 있다.

이럼에도 불구하고 2024년 11월 대선을 앞둔 민주당과 공화당은 둘 다 감세와 지출확대를 공약하고 있어 해결은 기대하기 힘든 상태이다. 이 같은 예측대로 2025년 8월 현재 미국의 연방부채는 37조에 이르렀다. 사정이 이런데도 바이든 행정부는 2024년 3월 핵사용지침을 변경해 러시아·중국·북한을 상대로 한 3개의 전선, 3개의 전쟁, 3개의 '동시 혹은 순차적' 핵전쟁에서 승리하는 새로운 전략을 세운 것으로 알려졌다.[16] 그야말로 전쟁문제나 군사비는 치외법권의 절대성역이다. 트럼프 2기 정부는 미국의 단일패권 상실을 공개적으로 표명하고, 재정적자 등을 줄이기 위해 교육부를 폐지하고, 공무원 수와 연구개발(R&D) 예산의 대대적 감소를 추진하고 있다. 그렇지만 군사력이 중국에 뒤진다면서 오히려 1조 달러로 국방예산을 인상하였다. 그야말로 군사비는 미국 사회에서 절대 성역에 가깝다.

이러한 미국의 과잉군사비에도 불구하고 핵무기 시대의 상호확정파괴전략(MAD: Mutually Assured Destruction) 때문에 중국이나 러시아와의 전면전은 인류의 멸절로 이어져, 정상적인 사회에서는 결코 실행 가능한

---

15 임다연기자, "美 국채 이자비용 1조 달러 돌파…26년 만에 최대, GDP의 3.9%: 국방비·의료보험보다 지출 커", 『한국경제』, 2024.10.10(https://www.hankyung.com/article/2024102068231).

16 "바이든 행정부는 지난 3월 핵 사용지침을 변경하여 미국이 러시아, 중국 그리고 북한을 상대로 한 3개의 전선, 3개의 전쟁, 3개의 '동시 혹은 순차적' 핵전쟁에서 승리하는 새로운 전략을 세웠다." 이해영, "한반도-대만에서 동시 전쟁나면 한국 GDP 60% 떨어진다" [2024 평화통일시민강좌] ⑥ 이해영 한신대 국제관계학부 교수 황남순 평화통일시민행동 사무국장, 2024.10.30(https://www.pressian.com/pages/articles/2024102815591909197).

대안이 될 수 없다. 그렇지만 중국을 겨냥한 듯, 이를 '돌파'하기 위한 핵무기개량을 위해 1조 달러 이상의 자금을 투입한 것으로 알려지고 있다. 여기다 핵잠수함, MD체계(Missile Defense System), 극초음속미사일, AI활용 전쟁, 새로 등장한 골든 돔 미사일방어체제 구축 등등의 개발로 군비경쟁은 가중되고 있다.

이러한 과잉군사비에도 불구하고 위의 게브리엘 콜코가 예견했듯이 미국의 군사력은 미국 내 제조업 자체의 붕괴, 군산복합체의 만성적 부패와 부풀리기 속에 극초음속미사일 등 최신 무기분야에서 러시아와 중국에 비해 점차 열세로 기울어지고 있는 것으로 평가되고 있다.[17] 이는 사실상 미국의 대리전인 러·우전쟁에서 점차 드러나고 있고, 집권 2기의 트럼프 또한 미국 군사력 한계를 절감하고 이 대리전의 종식을 서두르고 있다. 이에 따라 미국과 유럽연합 간의 균열은 심화되고 미국은 서방 나토국가에 국방예산 GDP 5% 인상을 강요했고, 유럽연합은 이를 받아들여 우크라이나전쟁의 주역을 본격화할 움직임을 보여주고 있다.[18]

3. 사회정화(社會淨化) 동력의 상실

미국은 스마트폰이나 컴퓨터 등 첨단 과학기술의 선두주자이다. 그

---

17 "러·우 전쟁의 끔찍한 결말! 곧 전세계 판도가 뒤바뀐다 (진재일 교수 3부)" https://www.youtube.com/watch?v=AjzQnQL0qjI

18 미국과 서방 간의 균열을 분석한 글로는, "서방은 '역사적 결렬'을 향해 가고 있는가?" 진찬롱(金灿荣, 김정호 번역), 『울산함성』, 2025.4.23(http://www.ulham.net/foreignissue/32424).

러나 미국사회의 기득권 지배체제의 공고화로 인해 하드웨어 부문과는 대조적으로 사회 정화나 개혁은 제대로 이뤄지지 않고 있다. 그만큼 관련 기득권 세력이 공고하고 카르텔로 방어막을 치고 있다는 것이다. 이의 대표적 사례를 몇 가지 들면서 미국 쇠락의 징후를 확인해 보겠다.

미국은 2023년 4만2천여 명이 총기사고로 사망하였다(KBS TV 뉴스, 2023.12.27). 이런데도 서부개척 시대의 자위권 운운하면서 아직도 강력한 총기규제는 거의 난공불락이다. 총기관련 협회 등의 로비 실력은 너무나 잘 알려져 있다. 노숙자 또한 2023년 1월 현재 65만 3,104명으로 월스트리트저널(WSJ)이 미국 주택도시개발부(HUD)의 발표를 인용 보도했다.[19]코로나 창궐 당시 대대적인 재난지원금 지급으로 잠시 주춤했다 다시 증가하는 추세다.

반(反)민주적인 선거제도 역시 난공불락이다. 이에 관해서는 필자가 "미국의 제도적 반민주성"이란 제목으로 『한겨레』에 투고한 내용의 핵심을 약간 수정해 옮겨보겠다.[20]

하나, 미국 대통령 선거제도는 미국 전체 유권자 다수결의 원칙을 위배하고 있다. 주 단위 선거에서 단 1표라도 이기면 승자가 그 주 선거인단 전체의 몫을 독식하게 된다. 이러니까 힐러리나 고어의 경우처럼 전체 유권자로부터 더 많은 지지를 받아도 선거인단 수에서 져 대통령에 낙선하게 되는 반(反)민주적 모순이 원천적으로 발생한다.

둘, 하원과 달리 일률적으로 2명의 상원의원을 각 주에 배정하는

---

[19] 『조선일보』. 2023.12.18(https://biz.chosun.com/international/international_general/2023/12/18/YLCNLP6LWVEMJFJDETPM54X37E/)

[20] 강정구, "미국의 제도적 반민주성" 『한겨레』, 2021.1.11(https://www.hani.co.kr/arti/opinion/because/978215.html).

상원 할당제도 자체가 다수결의 원칙을 위배하고 있다. 4천만에 가까운 인구를 가진 캘리포니아도, 가장 적은 인구를 가진 와이오밍(2017년, 57만9315명 추계)도 각기 2명의 상원의원을 선출한다. 캘리포니아 상원의원이 약 2천만 명을 대표한다면 와이오밍 상원의원은 약 29만 명을 대표하는 꼴이다. 물론 연방국가로 출범한 미국의 역사성을 반영한다고 강변하지만, 이미 200년 가까운 역사가 흘렀고 더구나 주 상원의원도 아닌 연방국가의 일을 다루는 상원의원 선출에서 다수결의 원칙 위배를 정당화할 수는 없다.

셋, 상·하원 상임위원장 승자독식 배정의 반민주성이다. 비례대표제 없이 오로지 승자독식의 소선거구제 자체가 다수결의 원칙에 위배된다고 볼 수 있지만 현실적으로 미국을 비롯한 많은 국가에서 이를 채택하고 있다. 그렇지만 의회 상임위원장까지 승자독식을 적용하는 것은 절대다수나 거의 반수 이상의 유권자를 더더욱 제대로 대표하지 못하게 만드는 반민주성을 띤다.

넷, 참정권 제한 문제다. 대부분의 국가에서 유권자는 응당 투표할 권리를 가지지만, 미국에서는 사전등록을 마쳐야만 투표권을 행사할 수 있다. 이는 애초 아프리카계 미국인, 이민자, 육체노동자, 시골 거주자, 일용노동자 등을 '합법적'으로 배제하고 축소하려는 반민주적 발상으로 출범했다. 민주주의 표본으로 자부하면서도 아직도 이를 그대로 둔 채 여전히 민주성을 옥죄고 있는 것이다.[21]

---

[21] 이러한 비민주적인 사전 선거등록제는 1948년 대한민국 정부수립 선거인 5·10선거 당시부터 주한미군에 의한 군사정부의 강제에 의해 실시되었다. 이를 비롯해 초대 제헌의회 선거인 5·10선거의 정당성 부재 현황을 간략해 보겠다. 하나, 이는 민족분단을 기정사실화하는 선거였다. 둘, 당시 유엔조선임시위원단이 선임한 10명의 지도자 가운데 2명만이 곧, 이승만과 김성수만 5·10선거를 지지한 선거였다. 셋, 당시 남쪽 총 425정당·사회단체 중 43개 단체만 선거에 참여했다. 거의 모든 좌익과 중도세력, 한독당을 비롯한 우익세력이 5·10선거자체를 부정하였다. 이승만의 독립촉성회와 친

다섯, 선거공영제 없는 금권선거의 극치다. 개인이 연방선거 후보 개인과 정당에 낼 수 있는 기부금 상한선이 있었지만 2014년 연방최고법원은 상한선을 폐지시켰다. 나아가 기업 등은 '슈퍼정치행동위원회'에 무제한 정치헌금을 할 수 있다. 지난해 10월 미국의 책임정치센터(CRP)는 이번 2024년 대선과 상·하원 선거비용을 140억달러(대선 66억, 의회 70억)로 추산했다. 이는 2016년 65억과 2012년 62억을 합친 금액을 넘어선 것이다.[22]

이러한 정경유착 때문에 대통령 후보 샌더스가 지적한 부자 3명이 하위소득자 50%보다 더 많은 부를 누리고 있다는 극단적 경제불평등 문제에는 속수무책이다. 곧, 민주주의의 정의라고 할 수 있는 인민의 통제력이나 주인 됨이 발휘될 공간은 구조적으로 위축되고 있는 것이다. 이 결과 미국 사회는 경제력을 장악한 일부에 의해 사회전체가 운행되는 과두제(寡頭制)정치로 전락하고 있고, 이에 좌절한 젊은이들은 이의 해소에 무용지물인 미국식 민주주의 자체에 근원적인 의문을 던지고 있다. 또 일부는 트럼프식 포퓰리즘에 빠지고 있다. 이러니 미래의 미국 민주주의 전망 또한 비관적일 수밖에 없다.

보건의료제도 역시 마찬가지다. GDP의 약 11% 가까이를 쓰면서

일파 한민당 등 단지 10%에 불과한 정당·사회단체만이 후보자를 내어 선거구민의 선택권이 원초적으로 제약되는 선거였다. 넷, 서울시내의 조사에 의하면 강제등록률이 91% 자발적 등록률이 9%로 자유선거가 아니었다. 다섯, 당시 공식 등록률은 79.7%였으나 자발적 등록률은 79.7%x9%=7.17%에 불과한 것으로 보인다. 당시 공식투표율은(등록자 중의 투표율) 94.9%였다. 여섯, 전체 유권자 대비 투표율은 75.63%였고 [94.9%(등록자 중 투표율)X79.7%(공식 등록률), 전체 유권자 대비 자발적 투표율은 6.8%였던 것으로 추정된다(75.63%X9%=6.8%). 일곱, 향보단, 경찰, 서청 등이 주도한 선거로 자유선거가 제대로 이뤄지지 못해 선거절차의 정당성이 부재한 선거였다.

22 미국식 선거제도에 대한 일부 대안으로 '추첨 민주주의를' 주창하는 책으로는, Ernest Callenbach·Michael Phillips, 손우정·이지문 옮김, 『추첨 민주주의: 선거를 넘어 추첨으로 일구는 직접 정치』, 이매진, 2011.

도 그 저(低)효율성 때문에 코로나 최악의 국가란 오명을 기록했고 의료보험 미(未)가입률이 15%에 이른다. 영리병원, 사적 의료보험, 비대해진 의사집단 등의 카르텔에 의해 클린턴 집권과 동시에 시도했던 힐러리의 의료개혁은 몇 발자국 뛰자마자 낙마하였고, 오바마 케어 등이 등장했으나 그 효과는 미미했다.

군사비 역시 마찬가지다. 미국본토가 외세에 의해 피침될 가능성은 거의 없음에도 불구하고 세계군사비의 40%인 약 1조 달러를 투입하고 있다. 이는 연방예산의 약 16%, GDP의 약 3.7%를 차지한다. 계속되는 재정적자와 무역적자 속에서, 빚을 내어 빚을 갚으면서 살아가고 있는 형편인데도, 군사비는 오히려 더 가파르게 올라가고 있다. 이런데도 현재 중·러 두 개의 전쟁수행 군사능력 만들기를 조직이기주의에 마비된 싱크탱크와 군산복합체 중심으로 활발하게 논의해 이를 관철시켰다.[23]

이러한 상황에서도 미국을 지탱시켜온 결정적 요인은 오일달러(석유 대금 결제를 달러로만 특정한 결제체제), 미국 달러를 특정한 스위프트무역결제 체제, 달러 기축통화 지위를 악용해 무책임한 통화발행 등으로 다른 나라의 축적을 강탈해 왔기 때문이다. 천문학적인 무역수지 적자를 유지할 수 있었던 것은,

미국의 가장 중요한 수출품이 아이폰이 아니라 바로 미국 달러

---

[23] "바이든 행정부는 지난 3월 핵 사용지침을 변경하여 미국이 러시아, 중국 그리고 북한을 상대로 한 3개의 전선, 3개의 전쟁, 3개의 '동시 혹은 순차적' 핵전쟁에서 승리하는 새로운 전략을 세우기까지 했다." 이해영, "한반도-대만에서 동시 전쟁나면 한국 GDP 60% 떨어진다" [2024 평화통일시민강좌] ⑥ 이해영 한신대국제관계학부교수·황남순 평화통일시민행동사무국장, 2024.10.30(https://www.pressian.com/pages/articles/2024102815591909197); 张家栋, "警惕美国进一步滑向'大国战争预期'", 『환구시보』, 2024.8.3(https://3w.huanqiu.com/a/de583b/4Irjf5z2JEX).

> 였기 때문에 가능했[다]...미국은 기축통화의 지위를 이용해 필요할 때 마다 자유롭게 달러를 찍어 냈[다]. 100달러짜리 한 장을 찍어내는데 들어가는 돈은 고작 18센터(260원)에 불과[하다]... 미국인들은 헐값에 찍은 달러만 있으면 손쉽게 원하는 물건을 손에 넣을 수 있었[다].[24]

이러한 방식으로 미국은 1980년 이래 연 평균 6,800억$씩 약탈해 2022년까지 누계 29조$를 약탈해 왔다면서 미국의 패권적 군사주의와 저효율 의료체계의 전면적 새 판짜기가 선행되어야 한다는 주장이 제기되기도 한다.[25] 그러나 우크라이나 전쟁 이후 사우디의 '오일 위안화' 등으로 오일달러는 무너지고, 스위프트에 대한 대항 국제 결제체제가 중국·러시아·인도 등의 주도로 등장하고[26], 안전자산 보존용의 달러가치 하락으로 인해 기축통화로서의 미국 달러 약화는 가속화 할 것으로 예견된다.

미국이 2차 세계대전 이후 세계의 패권국으로 또 동구사회주의 몰락이후 유일패권국으로 자리매김하면서 무소불위의 강권을 휘두를 수 있었던 요소는 크게 3가지로 축약된다. 첫째는 군사력, 둘째는 경제력, 셋째는 민주주의나 인권 존중과 제도화 등 이념적 자산 등으로 일컬어진다. 그렇지만 오늘날의 미국은 위에서 살펴 본대로 민주주의

---

24 박종훈, 『세계경제 지각변동』, 글로퍼스, 2025, 120쪽.

25 루오쓰이(강정구 번역), "미국의 기생성 자본축적 방식을 경계하자", 『통일뉴스』, 2023.10.27(https://www.tongilnews.com/news/articleView.html?idxno=209284) 출처: "【英】罗思义：警惕美国的寄生性资本积累模" 『환구시보』, 2023.10.16(https://opinion.huanqiu.com/article/4ExPETfoklt)

26 우크라이나전쟁 이후 국제결제체계가 미국 달러 주도의 SWIFT(Society for Worldwide Interbank Financial Telecommunication) 대체용으로 러시아의 SPFS(Bank of Russia's system for transfer of financial messages), 중국의 CIPS(Cross-Border Inter-Bank Payments System)가 활성화되고 있고, 인도, 브라질, 사우디 등이 자국화폐로 무역거래를 하는 등 결제체계가 다양화하고 있다.

나 인권은 나락에 떨어졌고, 경제력 또한 중국에 뒤처지고 있고, 이는 시간이 지날수록 더욱 심화할 것이다. 군사력 또한 가브리엘 콜코(Gabriel Kolko)가 예견한대로 군사기술주의의 자승자박에 걸려 있고 러시아와 중국의 추격을 넘어서지 못하고 있다. 비근한 예로 극초음속미사일 경우 러시아나 중국, 이란이나 북조선의 경우 활용단계까지 도달했지만 미국은 아직도 개발 중이다. 결론적으로 미국의 강권적 세계지배의 하락은 가속화 할 수밖에 없는 구도로 나아가고 있다. 물론 이는 미국에 국한되지 않고 500년 넘게 지속돼온 서구 지배력의 퇴조와 동반할 것으로 보인다.

4. 코로나창궐로 극명히 드러난 미국의 쇠락

이 절에서는 2019-2022년 코로나 창궐로 인해 극명하게 드러난 미국사회 모순의 양태와 쇠락 징후를 살펴보겠다. 코로나가 독감화로 보편화하기 이전인 2022년 11월 2일 현재 미국과 중국의 확진자 수는 각각 9천9백만 대 26만이고, 사망자 수는 각각 110만 대 5,200 정도다. 가장 '선진적'이고 '민주적'이라면서 세계보건안전지수[27] 세계 1위이고 자본주의 첨단국가라는 미국이 코로나창궐 대응에서는 세계 최악 수준이었다. 대조적으로 세계보건안전지수 51위이고 인구

[27] 미국 존스홉킨스대학 보건안전센터와 싱크탱크 핵위협방지구상(NTI)이 영국 '이코노미스트 인텔리전스 유닛'(EIU)과 함께 개발해 2019년 말 발표한 '세계보건안전지수'에서 195개국 가운데 미국과 영국은 각각 1, 2위, 한국 9위, 중국 51위였다. "세계보건안전지수 1위 미국, 코로나 대응 앞선 한국 9위", 『한겨레』, 2020.4.13(https://www.hani.co.kr/arti/economy/economy_general/936760.html).

가 미국의 4배인 사회주의 표방 중국은 생명 중심주의와 인민 중심주의를 내세우면서[28] '제로 코로나'를 시도하여 가장 성공적인 결과를 거뒀다.

또한 코로나창궐을 계기로, 중국 등 사회주의권을 제외한, 세계 거의 모든 나라는 돈 찍어내기 재난구제 지원으로 통화팽창을 유발했고, 미국은 약 10조 달러의 양적완화를 단행했다. 동시에 이 전염병 창궐은 세계적으로 신자유주의와 '작은 국가' 경제 전략을 소멸시켰으며,[29] ICT의 전면적 확산을 추동해 원격 회의·근무·의료·교육 등을 활성화하고 생활화하는 계기를 이루었다. 또한 역병의 발병이 자연 생태계의 파괴로 인한 인과응보라는 인식을 바탕으로 인간과 자연의 생태공동체 지향적 삶의 모색이 기후위기와 함께 강조되고 있다. 이 결과 세계 민중과 지성계에서 자본주의 대안체제에 대한 근본적 논의가 이뤄지기도 한다.

코로나 창궐 중에 집권한 바이든은, 신자유주의의 '작은 국가' 기조를 넘어서서,[30] 집권과 동시에 긴급구제를 위해 1조9천억$, 낙후된 사

---

28 "하나의 생명이라도 존중하고 보호해야(尊重敬佑每一个生命)", 『인민일보』, 2020.4.17(http://opinion.people.com.cn/n1/2020/0417/c1003-31676778.html). 여기서, 우한의 코로나 발병과 창궐에 즈음해 중국은 "인민대중의 생명안전과 신체건강을 무엇보다 첫 번째 과제"로 설정하고; "(중국공산당-역자) 당원과 간부들이…군중의 훌륭한 심부름꾼과 버팀목(群众的贴心人和主心骨)"이 되었고; 4만2천여 의사·간호사 자발적 봉사와 인민과 타 지역 자진봉사로 화신·뇌신산의원을 10일 만에 건설했다고 서술하고 있다.

29 지극히 예외적인 경우는 철지난지도 모르는 한국의 윤석열 정부와 영국의 최 단기 정권의 하나였던 42일 집권 테레사 정권이었다.

30 에델만 신뢰도 지표 조사가 11개국을 대상으로 조사한 "코로나19와 신뢰도 관계 연구 발표"(2020년 6월 18일)에 의하면 지표 조사 20년 동안 국가가 '가장 신뢰할 수 있는 기관'으로 선정된 것은 처음이라고 했다. 또 국가신뢰도는 중국 (95%), 인도 (87%), 사우디아라비아 (83%), 캐나다 (70%) 한국(67%)이었고, 6개 국가에서 국가신뢰도가 두 자리 수가 증가했다. https://www.edelman.kr/newsroom/2020-trust-barometer-spring-update-press-release

회기반시설과 일자리를 위해 2조2천5백억$, 교육·가족계획 등으로 1조 8천억$ 등을 투입하겠다고 밝혔다. 또 이를 위해 자본이득세 최고세율을 20%에서 39.6%로, 법인세 최고세율을 21%에서 28%로, 소득 상위 1% 겨냥 소득세 최고세율을 37%에서 39.6%로 '국가의 귀환'이랄 수 있는 대대적인 개혁안을 발표했다. 그렇지만 이러한 개혁조치는 미국사회 기득권층의 반발에 부딪쳐 대거 후퇴할 수밖에 없었다.

또한 오바마의 아·태재균형전략 이후 가열되고 있는 중·미전략경쟁에 덧붙여 '경제안보'를 빌미로 자유무역체제를 완전히 짓밟는 경제패권을 종횡무진 행사하였다. 극단적 미국 우선주의 정책, 공급망의 탈(脫)중국 및 탈(脫)동조화, 생산기지 본국 귀환의 리쇼어링(reshoring), 인플레이션 감축법(IRA), 반도체동맹, 인도·태평양경제프레임(IPEF) 등으로 미국 자신이 주도해 만든 세계무역기구(WTO)에 기초한 기존 국제무역체계의 근간을 허무는 반(反)법치주의로 자신의 가치동맹을 스스로 훼손하는 자기부정의 전횡까지 휘둘렀다.

코로나 창궐에 즈음하여, 미국의 참담한 결과는 신자유주의 만연화로 인한 미시적인 보건의료구조의 열악한 수준과 거시적인 빈부격차 최악이 서로 상승(相乘) 한 결과에 의해 초래된 것이라고 볼 수 있다. 동시에 미국의 치료·첨단 의학은 세계 최고의 수준이지만, 서민을 위한 공공보건의료체계는 지극히 열악한 구조라는 양면성이 그대로 드러난 것이다. 영리병원과 비효율적인 의료보건체계, 사적보험 활성화, 의료양극화, 공공의료 및 공적보험 불구화 등은 미국사회 전반에 걸친 현상이다. "최고부자 3명이 하위소득자 50%의 富"를 독식하고 있을 정도로 빈부격차가 천양지차인 구조에서 코로나창궐은 의외가 아니라 당연한 결과이다.

코로나 창궐은 기존 세상에 대한 근본 질문을 던지면서 서구 '선진국' 유래의 범용(汎用) 가치관이나 표준 등에 대한 환상을 깨뜨렸다. 왜 선진, 민주, 인권, 자유 등의 '준범'이고, 세계보건안전지수 1, 2위였던 미국과 영국이 그 모양이고, 51위 중국이 가장 성공적이고, 9위 한국이 선방하였는가? '독재' '권위주의' 때문에 중국이 성공했다면, 최악 독재인 사우디는 왜 실패했나? 한국이 민주주의라서 조기 진화에 성공했다면, 왜 대표적 '선진 민주국가'라고 일컬어지는 미국과 유럽은 그렇지 못했는가?

프랑스, 이탈리아, 스페인, 영국 등 서구 국가들은 전면 또는 지역봉쇄를 몇 차례나 반복했지만 효과는 변변치 못했다. 처음에는 중국의 우한 지역봉쇄나 한국의 거리두기에 전체주의적 발상이라면서 자기들의 개인자유 절대주의를 진정한 민주라며 조롱까지 했다. 같은 봉쇄인데 중국은 아주 성공적이었는데 서구는 왜 기대 수준 이하인가? 또 왜 한국의 거리두기는 어느 정도 성공할 수 있었나?

걸핏하면 민주를 만병통치약으로 차출해 견강부회(牽强附會)를 남발하기도 한다. 그래서 한국이 민주적이기에 방역에 성공적이었다고 해석하기도 했다. 그렇다면 대표적 민주국가로 일컫는 미국과 유럽은 민주사회가 아니란 말인가? 중국의 우한과 후베이 성(省) 봉쇄가 반(反)민주적이라면서 비난하더니, 왜 서구는 오히려 더 광범하고 강력한 봉쇄를 잇달아 단행하였는가?

또 걸핏하면 인권을 간판으로 패권을 휘두르는 미국은, 인권가운데 인권인 인간생명권, 더 자세히는 건강생명권이 무려 110만 가까이 희생될 정도로 무참히 짓밟혔는가? 이런데도 서구는 왜 인권차원에서 제대로 된 논의도 없이 쟁점의 비(非)쟁점화로 일관하는가? 역으로 생명과 인민 제일주의를 내건 중국처럼 미국이 코로나를 잘 통제하고 중국이 미국처럼 사망자를 내었다면, 미국이나 서구는 필연코 중국에 인권 파산선고를 내렸을 테다.

또한 서구가치관의 절대영역인 자유, 엄밀히 말해 개인자유 절대주의는 방역을 위한 마스크착용, 거리두기, 격리 등을 개인의 자유·인권의 침해로 여겨 배격 및 저항해 왔다. 심지어 "자유가 공포보다 우선한다"며 총까지 등장 했다. 이런 극단적 개인자유지상주의로 인해 대규모 공동체의 건강생명권 침해가 허용돼야 하는가? 또한 미 대법원은 코로나창궐에도 불구하고, 행정명령으로 헌법상 보장된 종교 예배의 자유를 제한할 수 없다고 판시했다. 또 이를 제한하는 "헌법은 세상 어디에도 없다"는, 사실과는 전혀 다른 어이없는 주장을 '최고'의 법원이라는 미국대법원이 펼치기까지 했다. 이처럼 코로나는 우리들의 기존에 고착된 시각이나 가치관을 허물면서 기존의 "보편적" 가치관이나 분석 틀에 근본적 의문을 제기하고 새로운 정립을 요구하였다.[31]

다른 한편 코로나창궐에 대한 중국의 제로방역과 효과적인 통제는 중국의 사회주의적 정치제도와 디지털 기반 관리체계가 서방을 능가하는 것임을 경험적으로 입증했다는 자부심과 자신감으로 충만하게 했다. 특히 중국 젊은이들의 자의식은 강렬했다. 2020년 코로나발병은 중국의 "초가속적 디지털 대전환의 기폭제"로 작동했다. AI 화상진단시스템은 단 20초 만에 정확도 96%의 검사결과를 얻게 하였고, 또 5G를 활용한 온라인 원격의료는 우한시의 코로나 전용병원 '화신

---

[31] 위와 같은 다방면의 비교분석 없이 중국의 미시적인 대응 수준에만 국한하여 분석하면 글로벌 차원의 평가가 이뤄지지 않아 근본적인 설명을 놓치고, 사회경제체제, 가치관 등의 주요변수의 설명력을 제대로 평가하지 못하기 마련이다. 이의 전형적인 보기로는 윤종석, 「시진핑 집권 10년 이후, 중국사회의 안정은 지속될까?」, 이희옥·조영남, 『중국식 현대화와 시진핑 리더십: 중국공산당 제20차 전국대표대회 분석』, 책과함께, 2023, 171~218쪽.

산(火神山)'과 뇌신산(雷神山)'에서 전국적으로 확대되었다. 우수한 의사가 많이 모여 있는 북경 병원과의 원격의료는 우한 현지에서의 의사 부족을 해소하였고, 여기에다 AI를 탑재한 드론과 로봇 또한 PCR 검사의 검체 운송, 의료현장의 청소와 소독, 환자의 체온측정, 의료물자와 병원음식을 운반하는 등 다방면에서 인력을 대체하여 코로나확산 방지에 기여하였다.[32]

『환구시보』 리서치센터는 2021년 4월 베이징·상하이 등 129개 도시 15~35세 젊은이 1,281명 대상 설문조사를 실시했다. 여기서, 서구에 대해 '우러러 본다'가 5년 전 37.2%에서 8.1%로 급감했고, '낮춰본다'는 18.4%에서 41.7%로 급증했고, '대등하게 본다'는 42.1%에서 48.3%로 소폭 늘어났다. '중국이 어떤 분야에서 서구 국가를 뛰어넘었느냐'는 질문에, 60.3%가 '사회 치안', 57.1%가 '인권에 대한 존중', 53%가 '역사문화', 45.4%는 '가치관', 42.5%는 '정치' 순이었다(복수응답). 또 서구가 중국에 배울 분야에서는 인권 존중이 72.1%로 3위를 차지했다.[33] '중국이 서구 국가와 대등하게 된 사건'은 이라는 질문에, 53.8%가 '전 세계에서 괄목할 만한 중국의 방역 성과'를, 40.5%는 '일대일로를 통한 중국의 글로벌 협력 성과를, 37.6%는 지난해 전 세계 유일의 플러스 경제성장, 30.3%는 '끊임없는 빈곤 탈출 노력과 목표 달성'이라고(복수응답) 답했다.[34]

---

[32] 이병한, 『테크노 차이나: 대반격과 대격변의 서막』, 라이스메이커, 2022, 130~139쪽 또는 "이병한의 [미래견문 : PROTOPIA] 2035: 디지털 차이나", 『THE TOMORROW』, 2022.06.24(https://thetomorrow.cargo.site/PROTOPIA-10-2035).

[33] 여기서 인권의 핵심기준은 미국이 아예 배제하고 있는 생명권과 사회경제권인 생존권을 의미한다. 참고로 미국은 세계의 95%이상의 국가가 비준하고 있는 국제인권규약 A(사회경제권)를 미국 표준의 인권에서 배제하고 단지 국제인권규약 B(자유시민정치권)만 비준하고 있다. 중국 또한 국제인권규약 B를 배제하고 있다.

[34] 모종혁 중국 통신원, "'코로나 종식' 선언으로 장기집권 길 튼 中 시진핑", 『시사저널』,

2021년 7월 1일 중국공산당 창당 100주년을 맞아 『환구시보』는 "사회주의현대화강국 건설로 향하는 중국의 발길, 누구도 막을 수 없다"라는 사설을 게재해 중·미전략경쟁에서 자신감을 피력했다: "서방의 방식은 근본적으로 보편성을 구비하고 있지 못하고"; 중국은 "노선 자신감을 둘러싼 미국과의 게임에서 점차적으로 우세한 위치를 차지했고"; 자신들이 "일종의 새로운 문명형태를 창안할 수 있다"고 낙관적 전망을 보였다[35]이처럼 생명중심주의로 제로코로나를 실시했던 중국은 자신의 사회경제체제에 대한 자신감과 자부심을 급상승시켰다.

5. 우크라이나전쟁과 다극화 세계질서의 가시화

2022년 6월 상트페테르부르크에서 열린 '러시아판 다보스 포럼'인 국제경제포럼(SPIEF)에서 푸틴은 미국 주도 '세계질서의 종식'을 선언했다. 또한 세계적인 통화팽창, 식량·에너지 위기 등은 러·우 무력충돌 때문이 아니라 최근 2년 동안 38%와 20% 각각 증가한 미국과 유럽연합의 통화량에 기인한다고 말했다. 영국의 블레어 전 총리도 '우크라 전쟁에 서방패권 끝났다', '중국, 러시아와 손잡고 초강대국 지위 반열', '서방의 글로벌 정치·경제 지배의 끝을 향해 가고 있다. 세

2021.5.11(https://www.sisajournal.com/news/articleView.html?idxno=216570).

35 "不断的成功推动了中国社会的理论觉醒，我们开始真的思考西方那一套根本不具有普世性，并且开始意识到我们很可能在开创一种新的文明形态。现在倒是美国和西方出现了他们的"道路不自信"，中国在同美国围绕"道路自信"的博弈中逐渐开始占据上风 "두 번째 100년 목표인 사회주의현대화강국 건설로 향하는 중국의 발길, 누구도 막을 수 없다"(走向第二个百年目标，无人能挡中国) 『환구시보』, 2021.7.1(https://opinion.huanqiu.com/article/43lRsxUsAnK), 강정구 번역, 『통일뉴스』, 2021.7.5.

계는 최소한 양극화, 어쩌면 다극화'라고 진단했다. 〈이코노미스트〉의 우크라이나전쟁 분석은, "세계 인구의 15%를 차지하는 서방과 그 우방국 52개는 러시아의 행동을 맹비난하고 응징하고 있지만, 12개국은 러시아를 칭찬하고, 127개 국가는 소속 진영이 분명하지 않다."[36]면서 미국 패권의 쇠락을 보여주고 있다.

같은 맥락에서 미국의 유라시아그룹 회장인 Cliff Kupchan 역시 Global South 여섯 개 스윙(swing, 중견)국가인 인도·인도네시아·브라질·남아공·터키·사우디가 미국·중국의 양극화에서(Sino-U.S. bipolarity) 상대적 독자성을 유지해 지정학 및 지경학적 영향력을 발휘하기 때문에 미국 외교가 초점을 이들 나라에 맞춰야 한다고 역설했다.[37]또한 북반구의 프랑스·독일·일본·러시아·한국 등이 중견국가이긴 하지만 러시아를 제외하고는 미국과 동조하기[38] 때문에 스윙국가가 될 수 없다고 했다. 2016년 미국 대선에서 마가(MAGA, Make America Great Again)를 외친 이단아 트럼프가 당선되고 또 2024년에도 재선된 것 자체가 미국 패권의 쇠락에 대한 포퓰리즘적 반응의 표출이라고 볼 수 있다.

이를 확인해 주듯 2022년 8월 3일 오펙 플러스가 내달 10만 배럴

---

[36] 정혜연기자, "[이코노미스트] 미국 추종 대신 실용주의 추구, 127개 국가에 달한다" 『민중의 소리』, 2023.4.16(https://vop.co.kr/A00001631351.html).

[37] Cliff Kupchan, the chairman of Eurasia Group, "Future of Geopolitics, These middle powers of the global south should be the focus of U.S. policy.", *Foreign Policy*, 2023.6.6(https://foreignpolicy.com/2023/06/06/geopolitics-global-south-middle-powers-swing-states-india-brazil-turkey-indonesia-saudi-arabia-south-africa/).

[38] 한국을 동조차원을 넘어 미국의 속국으로 보는 견해도 있다. "중국은 미국의 속국처럼 행동한 한국, 대만 같은 이전의 아시아호랑이들과는 많이 다르다. 더구나 인구규모가 엄청나게 크기 때문에 중국의 등장이 미치는 영향력은 아시아호랑이들에 비해 규모면에서 상대가 되지 않는다." 마틴 자크, 안세민 옮김, 『중국이 세계를 지배하면: 패권국가 중국은 천하를 어떻게 바꿀 것인가?』, 부키, 2010, 25.

원유증산을 발표한 사실을 두고, 〈뉴욕 타임스〉는 '바이든을 무시한 것처럼 보인다'고, 또 '유라시아 그룹'의 에너지·기후·지속가능성 국장인 라드 알카디리는 '거의 (미국에 대한) 모욕'이라고 평가할 정도로 미국의 단일패권 약화는 가시화 되었다. 러·우 무력충돌인 우크라이나 전쟁으로 원유가격이 급등하고 코로나로 인한 통화급팽창으로 인하여 미국의 6월말 CPI(Consumer Price Index)가 9.1%로 치솟았다. 이에 바이든이 사우디까지 방문하여 석유증산을 요구했지만 성과를 전혀 거두지 못한 것이다. 중동에 대한 미국의 패권위력은 한풀 꺾인 셈이다. 오히려 중국의 중재에 의해 수니파와 시아파의 종주(宗主)인 사우디와 이란의 오랜 숙적관계는 해소되고 예맨 내전이 종식되었다. 중남미 또한 콜롬비아까지 좌파정권 등장으로 더 이상 미국의 뒷마당이 아니다. 또 아프리카는 일대일로와 매년 열리는 아프리카 53개국과의 중·아프리카 정상회의로 중국의 독무대에 가까울 정도다.

이같이 세계질서의 근본적 변환을 가시화시킨 러·우 무력충돌 또는 우크라이나전쟁은 미국의 특히 바이든의 기획된 작품이다.[39] 프란체

[39] 우크라이나전쟁은 철저히 미국에 의해 기획된 대리전쟁의 성격을 갖는다. 첫째, 미국 주도 유럽 나토의 방조로 탈냉전 당시 소련과의 약속을 어기고 나토의 동진확장을 꾀해 러시아의 안보라인이 위협받는 상황에서, 미국이 러시아를 타격하는데 5~7분밖에 걸리지 않는 우크라이나를 나토에 가입시켜 러시아의 핵심 안보라인을 위협했기 때문이다. 둘째, 1972년 미·소 간에 체결된 탄도탄요격미사일(ABM)조약을 2002년 미국이 일방적으로 파기하고, 1987년 체결된 중거리핵전력(INF) 조약이 2019년 미국의 탈퇴로 종료되어, 폴란드 등 동유럽에 MD 등이 배치됐다. 우크라이나가 나토에 가입하면 이곳에도 MD 등이 배치되고 러시아가 5~7분 내에 미국과 나토의 미사일 공격에 노출되게 된다. 이는 러시아에 엄청난 안보위협이다. 푸틴은 '특수작전' 직전 미국이 "우크라이나를 나토에 가입시킨 뒤 공격용 무기를 배치하고 극우민족주의자들로 하여금 돈바스나 크림반도를 공격하도록 유도해 러시아를 무력 분쟁에 휘말리게 할 수도 있다"면서 "이런 관점에서 우크라이나 자체는 미국의 목표를 달성하기 위한 도구일 뿐"이라 주장했다. 셋째, 2014년 미국의 네오콘 빅토리아 누란드 (Victoria Nuland, 바이든정부 국무부 서열 3위), 제이크 설리반(Jake Sullivan, 바이든대통령 국가안보보좌관, 당시 부통령 부보좌관), 메케인상원의원, 바이든 당시 부통령 등이 기획 및 관여한 유로마이단 쿠데타로 친 러시아 정권이 무너졌다. 각본대로 친미 신나

스코 교황도 이를 강력히 암시하고 있는 듯하다: "우리가 이 무시무시함만 보고 전쟁 뒤에서 펼쳐지는 전체 드라마를 보지 못할 위험이 있다." [전쟁이] "어쩌면 도발됐거나 저지되지 않고 방치됐을 수 있다."

이 같은 암시처럼 전쟁상태를 지속시켜, 미국은 첫째, 러시아 무력의 약화를 꾀해 미국패권에 걸림돌을 제거하고 둘째, 나토의 독자세력화를 차단하고 셋째, 러시아의 대(對) 유럽 석유와 가스 공급을 차단시켜 러시아와 유럽의 연결고리를 끊고 넷째, 러시아를 무력화시킨 후 여세를 몰아 중국과의 전략경쟁에 매진하겠다는 속셈이라고 볼 수 있다. 결국 미국이 현재 누리고 있는 약탈적 단극 패권주의를 장기화하기 위한 장기 포석이라고 볼 수 있다. 이 틈바구니에 끼인 우크라이나를 미국은 바둑판 사석인 버리는 돌로 악용한 것이다.[40]

치정권이 집권하면서, 동부 돈바스지역 러시아인 거주 중심지역에서 자치를 선언한 '도네츠크인민공화국'(DPR)과 '루간스크인민공화국'(LPR)에 대한 무력공세를 강행해 내전이 발생했다. 넷째, 내전이 발생하자 2015년 독일·프랑스·러시아·우크라이나·2개의 자치국이 '민스크 협정'을 체결해 휴전과 친(親)러 지역 자치권 보장 및 러시아어 공용화에 합의했다. 그러나 미국의 사주로 우크라이나 당국이 이를 어기고 살육전을 감행한 것이다. 이 내전의 결과 우크라이나 신나치 세력이 중심이 되어 미국과 유럽의 나토국가로부터 8년 동안 약 6억5천만 달러의 원조, 군사고문단 파견, 첨단무기 대량공급 등 군사지원을 받았다. 러시아 턱밑인 흑해에서 나토군 대규모 해상연합훈련 실시, 우크라이나 나토가입 종용 등 러시아 핵심안보라인에 대한 위협을 자행했던 것이다. 이의 연장선에서 우크라이나 나토가입이 급물살을 탔다. 다섯째, 우크라이나의 나토가입 움직임에 위기감이 폭발한 러시아는, 2121년 12월부터 우크라이나 주변에 대규모 병력을 배치하고, 15일 미국에게 나토 동진중단, 러시아 국경 인근 공격용 무기배치 중단, 러시아의 동의 없이 1997년 이후 나토에 가입한 폴란드·헝가리 등에 배치된 나토군 철수 등의 명시적 안전 보장 등을 요구했다. 그러나 미국은 이를 외면했고 결국 무력충돌로 귀결되었다.

40 트럼프2기를 맞아 미국은 자국의 군사경제력 한계로 인해 러·우 전쟁의 중심적 뒷배역할을 할 수 없음을 '시인'하고 발 빼기를 추진하고 있다. 이에 유럽연합은 역사적 근거가 없는 러시아에 대한 포비아를 조성하며 유럽이 우크라이나 전쟁을 계속 수행하여야한다면서 유럽주도 전쟁지속을 외치고 있다. 프랑스대통령 마크롱은 러시아가 우크라이나 수도 키이우를 공격할 경우 프랑스 참전 가능성을 언급했고, 영국, 독일, 프랑스는 상호 군사동맹을 추진하는 등 채비를 갖추기 시작했다. 역사적으로 나폴레옹원정, 히틀러의 러시아 침략, 크리미아전쟁에서 각각 선제 침략자는 유럽이었지 결코 러시아가 아니었다.

이러한 미국의 의도와는 달리, 전쟁 발발 직후인 2022년 3월 30일, 라브로프 러시아외교장관은 중국에서 왕이 외교부장을 만나 세계질서의 변화를 역설했다. "우리는 국제 관계의 역사에서 중요한 단계를 지나고 있다. 나는 이 결과에 따라 국제 정세가 더 분명해질 것이라 확신한다. 중국 그리고 우리와 뜻이 같은 국민들과 함께 더 정의롭고, 민주적인 '다극체제'로 이동할 것"이라고 말했다.

이미 2022년 2월 베이징 동계올림픽 개막식에 참가한 푸틴과 시진핑 사이 38번째의 정상회담에서 발표한 '신시대 국제관계와 전 세계 지속발전 가능성에 관한 연합성명'[41]은,

> 현재의 시대규정을, "세계는 큰 변화를 겪고 있으며, 인류 사회는 큰 발전과 대변혁의 새로운 시대에 접어들고 있다. 세계의 다극화, 경제의 세계화, 사회의 정보화, 문화의 다양화가 지속적으로 진전되고 있고, 글로벌 거버넌스체계와 국제질서의 변혁이 지속적으로 추진되고 있고,... 국제사회 역량의 분포가 재구성되고 있다."
>
> 이러한 시대의 흐름을 외면하고, "국제적으로 소수 세력은 계속해서 일방주의를 고집하며 강권 정치에 호소하고, 다른 나라의 내정에 간섭하며, 다른 나라의 정당한 권익을 훼손하고, 갈등, 분열 및 대립을 조장하며, 인류사회의 발전과 진보를 저해하고 있다. 국제사회는 이를 절대 받아들이지 않는다."
>
> 이에 양국은, "평화, 발전, 공평, 정의, 민주, 자유의 인류공동가치를 수호하고, 각국 인민의 자주적 발전 선택권과 각국의 주권 안

---

41 "중화인민공화국과 러시아 연방의 신시대 국제관계와 글로벌 지속 가능한 발전에 관한 공동 성명"(中华人民共和国和俄罗斯联邦关于新时代国际关系和全球可持续发展的联合声明), 『신화사』, 2022.2.4(https://www.gov.cn/xinwen/2022-02/04/content_5672025.htm).

전 발전 이익을 존중하며, 유엔을 중심으로 한 국제체계와 국제법에 기초한 국제질서를 수호하고, 유엔과 유엔안전보장이사회가 핵심적인 조정역할을 하는 진정한 다자주의를 실천하며, 국제 관계의 민주화를 추진하고, 세계 평화, 안정 및 지속 가능한 발전을 실현할 것을 촉구한다."

이를 두고 〈인민일보〉[42] 평론은 중·러 양국관계를 높은 질적 및 양적 발전을 지속 추동하여 새로운 유형의 국제관계와 인류운명공동체 구축을 위해 더욱 큰 공헌을 앞으로 끊임없이 창출해 낼 것이라고 전망했다.[43] 이와 같은 중·러의 공개적인 세계질서 전환 선언에다 러·우 무력충돌을 계기로 미국 패권의 약화는 그대로 드러났다.

미국과 서방은 러시아의 핵전쟁위협으로 직접적인 전쟁개입이 불가함에 따라 ISR과 (Intelligence, Surveillance, target acquisition, and Reconnaissance, 정보, 감시, 표적 확보, 그리고 정찰) 군사무기, 작전계획 제공 등 직·간접지원과 경제제제에 초점을 맞췄다. SWIFT에서(달러로 국제 금융거래 시 사용하는 글로벌 결제체계) 러시아 퇴출, 서방은행에 예치된 러시아 자금 약3천억$ 동결, 러시아산 에너지 수입제한, 첨단 기술·상품 수입제한, 서방 및 한국·일본 기

---

42 "为中俄关系发展注入更多生机活力(和音)", 『인민일보』, 2022.2.5, 강정구 번역, "중·러관계 발전의 미래가 주목된다"(http://www.tongilnews.com/news/articleView.html?idxno=204277).

43 이 정상회담을 두고 싱가포르 외교차관을 지낸 Kausikan은 "실제 러시아의 침공은 푸틴 러시아 대통령과 시진핑 중국 국가주석이 베이징에서 만나 그들의 파트너십이 "무제한" 또는 "금지된 영역"이라고 선언한 지 불과 몇 주 만에 이루어졌다. 확실히 그런 식(러·중간의 사전양해)으로 계획되지는 않았지만, 이번 전쟁은 우크라이나를 미국과 중국의 경쟁에서 무의식적인 대리전의 장소로 만들었고, 강대국 경쟁과 갈등의 현재 국면에서 첫 번째 대리전이 된 것"이라고 보았다. Bilahari Kausikan, "Navigating the New Age of Great-Power Competition, Statecraft in the Shadow of the U.S.-Chinese Rivalry", *Foreign Affairs*, 2023.4.11. 이러한 해석은 미국과 나토가 러시아에 가해왔던 안보위협의 긴 역사를 무시한 표피적인 해석이다.

업 등의 퇴출 등 주로 경제제재의 칼을 휘둘렀다.[44] 전쟁 초기에는 이러한 경제제재로 루블화가 폭락하고, 극심한 인플레에 시달려 러시아 경제가 파탄에 이를 것이라는 예측 일색이었다.

그러나 러시아는 2014년 크림반도 합병 후 서방의 제재에 단련되고 어느 정도 준비되어 있었다. 미국 주도의 SWIFT 대체용으로 SPFS(Bank of Russia's system for transfer of financial messages)를 개발했고 이를 중국의 CIPS(Cross-Border Inter-Bank Payments System)와 연계시켰고, 국제결제가 가능한 카드인 미르(Mir)도 만들어 놓았고, 외환보유고도 높았다. 이들이 적극 활용되었고 또한 석유·가스·식량가격 급등과 자원부국의 이점 등이 작용해 러시아의 경상수지는 1분기 기록적인 580억 달러에 달했다.

서방의 경제제재로 인해 "러시아 경제는 침략 전의 절반 규모가 될 것"이라는 백악관 안전보장회의(NSC) 부보좌관 달리프 싱의 경고와는 달리, 러시아는 비록 2022년 마이너스 1.2% 경제성장률을 기록했지만 구매력평가(PPP)기준 국내총생산(GDP)은 5조5,000억 달러로, 독일의 5조 3,100억 달러보다 높았다. 글로벌 순위로는 유럽 1위, 세계 5위였다. 또한 군수·제조업 호조로 2023년 3.6%, 2024년 4.1% 경제성장률을 기록해 서구를 압도했다.

이러한 러시아 자체의 내구력은 외적 요소 못지않게 푸틴치하 재구축된 내적 요소에 기인한다. 이를 〈서구의 패배〉를 제시한 에마뉘엘 토드가 다음과 같이 잘 말해준다. 이러한 결과로 푸틴은 2024년 선거에서도 무려 87%의 러시아 인민들 지지를 받아 5선에 성공하였다.

---

[44] 세계화의 최대 수혜국인 중국의 경우 매우 높은 수준의 미·중 상호의존적인 경제구조 때문에 SWIFT퇴출 등은 미국에게도 자충수가 된다. 그렇지만 미·러 간에는 경제적 동조화 수준이 매우 낮아 쉽사리 경제제재를 단행할 수 있었다.

2000년 블라디미르 푸틴 러시아 대통령의 집권 이후 17년 동안 10만 명당 25명이었던 알코올중독 사망자가 8명으로 줄었다. 자살은 39명에서 13명으로, 살인 피해자는 28명에서 6명으로 각각 줄었다. 영아사망률은 정상출산아 1000명당 19명에서 4.4명으로 줄었다. 유아사망률은 소련 쇠락의 지표였지만, 유엔아동기금 통계를 기준으로 미국보다 개선됐다. 보건의료 분야의 취약성을 개선하지 못한 미국에선 1000명당 5.5명의 유아가 사망한다.[45]

또 외적 요소인 인도, 브라질, 중국 등의 대거 러시아 석유수입과 교역은 서방 경제제재의 실효를 거두지 못하게 했다. 또 〈파이낸셜 타임스〉의 2022년 8월 2일 보도는 유럽은 지난달 러시아산 경유를 하루 70만 배럴씩 수입해 지난해보다 22% 늘었다고 밝혔다. 90% 줄이기로 한 제재가 제대로 작동하지 않음을 보여주고 있는 셈이다. 서방의 대(對)러시아 제재 효력 또한 제한적일 수밖에 없게 되었다. 브릭스 국가들을 중심으로 한 중국·인도·튀르키예·사우디·브라질·인도네시아·남아공 등 강대국 및 중견국가들이 불참했기 때문이다.

브릭스는 2009년 브라질, 러시아, 인도, 중국 등으로 출발해 2010년 남아공이 합류하고, 2023년 이집트, 에티오피아, 이란, 아랍에미리트연합(UAE)으로 확장하고, 2025년 1월 인도네시아가 가입해 현재 10개국에 이른다. IMF는 2023년 세계경제성장기여도에서 브릭스의 중국·인도를 50%로, 기타 아·태 국가를 20%로 예측하여 서방 G7의 기여도를 압도하고, 아태지역의 전체 성장은 2022년 3.8%에서 2023년 4.6%로 확장될 것이라고 예측했다.[46] 여기에다 튀르키예, 브

---

[45] 김진호, “허무의 제국, 미국은 러시아를 이길 수 없다”, 『시민언론 민들레』, 2024.4.9(https://www.mindlenews.com/news/articleView.html?idxno=7939).

[46] Jihye Lee, “IMF raises 2023 economic outlook for Asia, sees China and India making up half of global growth” *CNBC*, 2023.5.1(https://www.cnbc.

라질, 남아공, 인도네시아 등 중견국가들이 각 지역에서 지정학적·지경학적 세력을 형성함에 따라 서방 일방의 패권 구조는 약화하고 있다. 그러나 무엇보다 브릭스와 그 확장에서 체계적인 대안체제의 등장이 더욱 드러난다.

2024년 10월 러시아의 카잔에서 '다자주의 강화, 공정한 글로벌 발전과 안보 촉진'이란 주제로 열린 브릭스정상회의에서 벨라루스, 볼리비아, 인도네시아, 카자흐스탄, 태국, 쿠바, 우간다, 말레이시아, 우즈베키스탄 등 9개국에 새로운 '파트너 국가' 지위를 부여했다. 이외에도 아제르바이잔, 방글라데슈, 베네수엘라, 짐바브웨, 세네갈, 니카라과 등 20여개 나라가 브릭스와의 체계적인 대화에 관심을 표시했다. 카잔 정상회의에 36개 국가와 6개 국제기구가 참가했고, 튀르키예 등 22개국의 국가원수가 직접 참석할 정도로 영향력을 과시했다. 또한 자체에서 1,000억 달러 규모의 NDB(New Development Bank)은행과 비상준비금제도(CRA, Contingent Reserve Arrangement) 등을 개설하여 실질적인 협력 모델을 구축하고 있다.

이번 16차 브릭스정상회담에서 발표된 '카잔 선언'은 '다자주의 세계질서', '안보협력', '경제·금융협력', '인적교류' 강화 등을 피력하고 있다. 이 가운데 3항은 브릭스의 성격을 잘 나타내고 있다.[47]

> 우리는 상호 존중과 상호 이해, 주권 평등, 통합 민주주의, 개방과 포용, 심화 협력 및 합의의 브릭스 정신을 재확인하였다. 지난 16년 브릭스 정상회의를 바탕으로 정치안보, 경제무역금융, 인문학

---

com/2023/05/01/imf-asia-outlook-china-india.html).

[47] "16차 브릭스 정상회담 '카잔 선언' 전문: 다자주의 강화, 공정한 글로벌 발전과 안보 촉진", 『중국 신화통신』, 김정호 번역, 2024.10.26(http://www.ulham.net/foreignissue/24113).

교류의 '3륜 구동'에 대한 브릭스의 협력을 더욱 강화할 것이다. 평화를 촉진하고, 보다 대표성을 갖고 공정한 국제 질서를 구축하고, 다자 시스템을 활성화 및 개혁하며, 지속 가능한 발전과 포용적 성장을 촉진하고, 브릭스의 전략적 파트너십을 심화하여 모든 인민에게 혜택을 줄 것이다.

수많은 글로벌 사우스(Global South) 국가들이 브릭스에 가입하거나 관심을 표명한 것은 바로 이러한 브릭스의 성격 때문일 것이다. 이를 "브릭스가 불공정하고 불합리한 국제 권력체계를 바꾸려는 초심에 목적을 두어왔었기 때문이다. 또한 브릭스 국가가 경제 및 과학기술 발전의 활력과 역동성을 가진 때문이기도 하다. 더 나아가 더욱더 브릭스가 자신의 이해관계를 넘어서서(突破) '글로벌 남부'의 이익을 대표하는 포용성으로 시야를 넓혀왔기 때문"이라고 진단했다.[48]

브릭스의 성격이 Global South 국가들에 매력일 뿐 아니라 현재의 브릭스 집단의 규모나 역량 또한 서구의 G7을 능가하는 점에서도 매력적일 것이다. 인구수를 비교하면 공식인구시계의 추산에 의하면 2024년 기준 20위권에 해당하는 브릭스 국가는 인도(14.0억), 중국(14.0억), 인도네시아(2.8억), 브라질(2.2억), 러시아(1.4억), 이디오피아(1.1억) 이란(0.8억) 등 7개국이며 이들 인구총계는 약 37.4억이고, 나머지 3개국 인구를 제외하드라도 세계인구 80억의 46.75%를 차지한다. G7 서방국가는 미국(3.3억), 일본(1.2억), 독일(0.8억), 프랑스(0.6억) 등으로 총 5.9억에 불과해 세계인구의 7.3%를 차지한다.[49] 인구수가 국력을 좌우하는 결

[48] 왕유명(강정구 번역), "브릭스가 '글로벌 남부'의 희망임이 틀림없는 대세이다", 『통일뉴스』, 2024.10.29(https://www.tongilnews.com/news/articleView.html?idxno=211945). 출처: "金砖势必成为'全球南方'的希望", 『환구시보』, 2024.10.18(https://opinion.huanqiu.com/article/4JsoSgg6LgU).

[49] https://ko.wikipedia.org/wiki/%EC%9D%B8%EA%B5%AC%EC%88%9C_%EB

정적인 요소는 아닐지라도 중요요소임에 틀림없고, 앞으로 이러한 추세는 더욱 강화될 것으로 보여 브릭스는 Global South국가에 훨씬 매력적일 것이다.

구매력기준 ppp GDP에서도 유사한 현상이 나타난다. IMF의 2020년 기준 예상치 pppGDP 20위권에서 브릭스 국가는 중국(27.8조 달러), 인도(11.3조), 러시아(4.1조), 인니(3.7조), 브라질(3.3조), 이집트(1.4조), 이란(1.4조)로 총 53조로 세계 총 ppp GDP 138조의 38.4%에 이른다. 물론 여기에는 다른 회원국인 이디오피아, 남아공, 아랍에미리트는 포함되지 않고 있다. G7의 경우 미국(20.2조), 일본(5.4조), 독일(4.1조), 영국(2.9조), 프랑스(2.8조), 이탈리아(2.2조), 가나다(1.7조)로 총 39.3조로 세계 총 ppp GDP의 28.4%에 이른다.[50] 점유율에서 브릭스가 G7에 약 10%

%82%98%EB%9D%BC_%EB%AA%A9%EB%A1%9D, 『위키백과』, 2025.2.3.

순위	나라	인구	갱신 년도	출처
	세계	▲ 80,087,141,990	2024	공식 인구시계
1	인도	▲ 1,409,128,296	2024	공식 인구시계
2	중화인민공화국	▽ 1,407,929,929	2024	공식 인구시계
3	미국	▲ 336,673,595	2024	공식 인구시계
4	인도네시아	▲ 281,562,465	2024	공식 인구시계
5	파키스탄	▲ 252,363,571	2024	공식 인구시계
6	나이지리아	▲ 236,747,130	2024	공식 인구시계
7	브라질	▲ 220,051,512	2024	공식 인구시계
8	방글라데시	▲ 168,697,184	2024	공식 인구시계
9	러시아	▽ 140,820,810	2024	공식 인구시계
10	멕시코	▲ 130,739,927	2024	공식 인구시계
11	일본	▽ 123,790,000	2024	공식 추산
12	에티오피아	▲ 118,550,298	2024	공식 인구시계
13	필리핀	▲ 118,227,063	2024	공식 예측
14	콩고 민주 공화국	▲ 115,403,027	2023	공식 인구시계
15	이집트	▲ 111,247,248	2024	공식 인구시계
16	베트남	▲ 105,758,975	2024	공식 인구시계
17	이란	▲ 88,386,937	2024	공식 인구시계
18	독일	▲ 84,708,010	2023	공식 추산
19	튀르키예	▲ 84,119,531	2024	공식 인구시계
20	프랑스	▲ 68,551,000	2024	공식 추산

50 "Report for Selected Country Groups and Subjects (PPP valuation of country GDP)". IMF. 19 April 2020년 4월에 확인함 https://ko.wikipedia.org/wiki/%EA%B5%AC%EB%A7%A4%EB%A0%A5_%ED%8F%89%EA%B0%80_%EA%B8%B0

앞서고 있다. 그러나 2024년 기준 자료가 만들어지면 양자 간 격차는 더 확대될 것으로 보인다. 여기에다 16차 카잔정상회담에서 중국이 제안한 다섯 가지 목표인 '평화·혁신·녹색·공정·다문명 브릭스'와 이를 실현할 브릭스 심해자원국제연구센터, 브릭스 특별경제구 중국협력센터, 브릭스 산업역량중국센터, 브릭스 디지털산업생태계 협력네트워크, 브릭스 디지털교육역량 구축계획 등의 제안[51] 또한 Global South의 발전을 위한 디딤돌 가능성을 높였다. 이 또한 국제질서의 다극화와 글로벌 가브넌스의 민주화 추구라는 대의와 함께 유인 요소로 작동했다고 볼 수 있다.

%EC%A4%80_%EA%B5%AD%EB%82%B4_%EC%B4%9D%EC%83%9D%EC%82%B0%EC%88%9C_%EB%82%98%EB%9D%BC_%EB%AA%A9%EB%A1%9D 『위키백과』 2025.2.3(단위: 백만 달러).

순위	국가	GDP(백만$)
	세계	138,352,382
1	중국	27,804,953
2	미국	20,289,987
-	유럽 연합	18,377,114
3	인도	11,321,280
4	일본	5,451,452
5	러시아	4,176,350
6	독일	4,160,925
7	인도네시아	3,778,134
8	브라질	3,316,910
9	영국	2,978,557
10	프랑스	2,860,018
11	멕시코	2,458,339
12	대한민국	2,307,718
13	튀르키예	2,257,987
14	이탈리아	2,244,767
15	사우디아라비아	1,869,288
16	캐나다	1,797,170
17	스페인	1,780,996
18	이집트	1,427,432
19	이란	1,411,093
-	중화민국	1,293,972
20	태국	1,293,924

51 "五大目标为"大金砖合作"聚力赋能", 『환구시보』, 2024.10.24(http://www.china.com.cn/txt/2024-10/24/content_117504261.shtml)

카잔 브릭스회담에 보다 많은 관심이, 특히 미국의 관심이 집중된 곳은 달러중심 기축통화체제의 대안으로 브릭스 페이 또는 브릭스 자체의 국제결제체제의 진전이었다. 이는 미국의 SWIFT 결제체제에서 퇴출된 러시아의 강력한 요구이기도 하다. 또한 이로 인해 미국달러의 안전자산에 대한 신뢰가 무너졌기에 회원국 모두가 대체 기축통화체제의 조속한 등장을 요구하고 있다. 일부에서는 1년 안에 구체적인 대안 국제결제체제의 등장을 애기하기도 하지만, 카잔선언 67항은 “우리는 브릭스 재무장관 및 중앙은행 총재가 적시에 자체적인 통화협력, 지불 수단 및 플랫폼을 계속해서 연구하고, 다음 브릭스 의장국의 임기 내에 보고서를 제출할 수 있도록 권한을 부여하였다.”로 임박함이나 절박함이 별로 없는 느슨한 결정이었다.

브릭스의 새로운 국제결제체제의 구축은 미국패권의 버팀목이었던 SWIFT체제를 약화시켜 미국의 패권쇠락을 가속화할 촉진제임에 틀림없다. 이에 트럼프 대통령은 2025년 1월 31일 소셜미디어에 “우리는 적대적으로 보이는 이 국가들에 새로운 브릭스 통화를 만들지도, 강력한 미국 달러를 대체할 다른 통화를 지지하지도 않겠다는 약속을 요구할 것이며, 그렇지 않으면 100% 관세에 직면하고 아름다운 미국경제에 물건을 파는 것에 작별을 고해야 한다.”면서 달러 기축통화체제 고수의 경계령을 예고했다.

중국은 브릭스의 대안 기축통화체제의 촉진속도를 서두르지 않기로 한 것으로 보인다. 이 경우 중국의 자본시장 개방 정도를 확대해야 하고 이는 아직은 중국에 부담으로 작동할 것으로 보고, 또 중·미 전략경쟁에서 시간은 중국 편이라고 보기에 서둘러 풍파를 자극할 필요가 없다고 판단한 것으로 보인다. 위의 2절에서 언급한 바와 같이 2024년 회계연도 미국의 연방부채가 35조 달러를 넘어 이에 대한 이자가 무려 1조 1330억 달러에 달해 총예산 6.9조의 16%를 차지할 정도로 내적 모순들이 누적되고 있기 때문이다. 이러한 내외적 추세에 비추어볼 때 중국으로서는 대안적 기축통화체제의 급속한 구축으로 미국의 충돌 반응을 유발하기보다 점진적 대응의 길을 선택한 것으로 보인다.

어쨌든 미국의 쇠락은 우크라이나전쟁을 계기로 불가역적인 행로를 걷고 있음이 가시화되었다. 미국 제조업의 붕괴는 미사일, 드론, 포탄 등 군사무기의 조달에서 러시아와 중국에 비해 역 부족함이 드러났고, 극초음속미사일 등 신형무기 개발 등에서 열세에 놓여 있음을 노출시켰다. 이는 실제 전투현장에 투영되어 소모전을 펼치는 러시아에 미국과 나토 및 우크라이나는 지속적으로 고전을 겪을 수밖에 없었다.

이제 트럼프2기를 맞아 미국과 러시아 주도로, 러시아의 기본 요구인 우크라이나의 나토가입불가, 러시아 점령지 돈바스지역 포기, 탈(脫)나치 등을 수용하는 조건으로 마무리 될 수밖에 없을 것이다. 이를 계기로 미국이 더 이상 단일 패권국이 아니라는 사실이 확인될 것이다. 트럼프는 대통령후보였던 2024년10월 31일 "우리는 매우 쇠퇴하는 나라다. (…) 멍청한 사람들이 러시아, 중국, 이란, 북한을 한 무리로 함께하게 했다. (…) 절대 일어나지 않기를 기원해야 하는 것은 러시아와 중국의 연합이다." 곧, 세계는 미·중·러 3강 체계이므로 중·러를 균열시켜 미국이 주도권을 장악해야 한다는 전략을 말한 것이다.

더 이상 기존의 허울뿐인 "자유주의 국제질서 수호"나 단극패권주의에 연연하지 않고 현실주의 전략으로 방향전환 한 것이다. 이와 같은 맥락에서 트럼프정부는 미국패권주의 유지·강화 공작을 세계도처에서 자행해 왔던 국제개발처(USAID) 폐쇄에 들어갔다. 루비오 국무장관 역시 2025년1월 30일 폭스뉴스와의 회견에서 "세계에 단순히 일극 세력만 있는 것은 정상이 아니"며 "다극화 세계로, 세계의 다른 곳들에서 여러 열강이 있는 곳으로 돌아가고 있다"고 말했다.[52]

이들은 미국의 단일 패권상실과 쇠락에 대한 진단은 적절하다. 그렇지만 관세를 대거 올려 국제 경제체제를 뒤흔들어 버리는 날강도 같은 신(新)식민지적 약탈해위인 관세전쟁이란 처방은 미국의 실물경제 쇠락이라는 경제구조의 현주소 속에서 제조업의 미국 회귀(re shoring) 등을 위한 포퓰리즘 처방에 불과하다.[53]우방국과 동맹국 지원을 훼손시켜 미국 패권의 퇴조를 더욱 재촉할 것으로 보인다.[54] 인도는 미국의 인도태평양구상 중심 국가였으나 관세전쟁을 계기로 중국과 인도가 그동안 소원했던 관계를 청산하고 서로 밀착하게 되었고, 브라질

---

[52] 미국은 해마다 1조 달러 가까운 엄청난 국방예산을 투입함에도 불구하고 제조업의 붕괴, 군산복합체와 정치권의 만성적인 부패 고리, 이에 따른 극초음속미사일 개발의 한계나 조선업의 황폐화 등에서 보는 바와 같이 군사기술력의 저조상태나 무기조달의 지연 등으로 인해 우크라이나 전쟁 지원을 제대로 할 수 없는 것으로 평가되고 있다. 〈서구의 패배〉 지은이 에마뉘엘 토드는 실제로 미국과 러시아 간의 전쟁인 우크라이나전쟁에서 미국은 더 이상 '민주주의의 무기고(arsenal of democracy)'가 아니고, 이로 인해 결국 패배한다고 보고 있다.

[53] 트럼프는 철강 등 특정상품에 부과하는 품목관세, 모든 수입품에 일괄적으로 매기는 보편관세, 상대국이 자국에 부과한 관세와 똑같은 수준으로 부과하는 상호관세 등으로 전 세계를 향해 신(新)식민지적 강탈적 패권행위를 자행하고 있다. 이 관세전쟁의 목적을 박종훈은 다음과 같이 7가지로 보고 있다. 무역수지 적자해소; 제조업 부활과 고용 증가; 중국과의 패권전쟁 승리; 세수확보; "관세를 협상의 무기로 활용해 ...미국 국채를 헐값에 떠넘기기"; 달러약세 유도; "달러화 가치는 낮추면서 달러 패권을 강화하겠다는 모순된 목표". 이는 "국민을 현혹하는 포퓰리즘"에 불과하다. 박종훈, 『세계경제 지각변동』, 글로퍼스, 2025, 114~117쪽.

[54] 이러한 관세전쟁을 통한 제조업 미국으로의 회귀 시도는 WTO체제의 출범 당시의 미국 상황을 고려하면 실패할 것으로 예측된다. 클린턴은 미국제조업 자체의 저조로 경쟁력을 잃게 되자 미국의 우세분야인 지적재산권, 서비스업, ICT 등을 중심으로 새로운 무역체제인 WTO를 1995년 출범시키고, 이미 경쟁력을 상실한 미국의 제조업은 다른 나라에 이전시켜 미국이 실속을 차리겠다는 복심으로 국제무역체제를 전면 개편하였던 것이다.

또한 더욱 중국과 가까워졌다. 여기에다 삼성이나 대만의 TSMC가 보조금을 미끼로 미국에 울며 겨자 먹기로 설립한 반도체회사를 미국 소유 회사로 둔갑시키려 하고 있다. 이러한 트럼프의 광란에 가까운 종횡무진(縱橫無盡)한 횡포는 '단말마적'(斷末魔的) '말기적' 현상으로 결국 소련 해체 당시의 고르바초프와 같은 길을 미국에 열어주고 말 것이라는 예언이 등장하고 있다.

이제 다자주의 또는 다극화로 향한 새로운 세계질서의 등장과 강화는[55] 미국 단극패권주의의 쇠락을 더욱 촉진시키고 세계질서의 민주화를 더욱 고양시킬 것이다.[56] 이제 500여년 세계를 지배해 왔던 서구의 일방주의 역시 허물어지고 새로운 세계질서와 새로운 세상을 향한 발걸음은 빨라질 것이다.

---

[55] 브릭스와 중국의 주도에 의한 다극화 세계질서로의 이행과 그 세계사적 의의에 관한 글로는 참조: "6장 다극화와 신국제질서" 김정호, 〈후기국가독점자본주의론과 한국사회 성격〉(밥복, 2025: 345~389)

[56] 미국 '퓨 리서치센터'(Pew Research Center)가 2025년 4월까지 실시한 세계 주요 25개국(고소득 16개국, 중간소득 9개국) 약 3만 명 대상의 조사에서 세계 최대 경제대국으로 41%가 중국을 39%가 미국을 택했다. 특히 유럽 12개국(독일, 이탈리아, 스페인, 프랑스, 네덜란드, 스웨덴, 폴란드, 헝가리, 체코, 그리스, 벨기에, 포르투갈)에서 다수가 중국을 1위로 택했으나 9개국(한국, 일본, 이스라엘, 미국, 캐나다, 영국, 호주, 싱가포르, 대만)은 미국을 택했다. 이 조사는 저소득 국가를 제외하고 고·중 소득 국가를 과다 표본을 삼았음에도 불구하고 중국을 최대 경제대국으로 평가한 점에 주목할 필요가 있다. 신윤재 기자, "이젠 중국이 세계 1위"…'트럼프 관세'에 요동치는 세계 민심 [한중일 톺아보기], 『매일경제』, 2025.8.3(https://v.daum.net/v/20250803093300906).

4장

중국의 굴기(崛起)[1]

국제사회에서 자발적 동의와 협조 중심으로 세계를 이끌어가는 지도국이나 또는 일방적 무력의존 중심의 패권국으로 국제정치경제체제의 구조나 행위규범을 강압하는 주역국가가 되기 위해서는, 일반적으로 경성권력으로(hard power) 일컬어지는 경제력, 군사력, 대내적 통제력(internal governability), 대외적 적응 및 지도력, 전략자원의 부존(賦存)력과 연성권력으로(soft power) 일컬어지는 이념력(ideological power)을 갖춰야 한다.[2] 이념력은 이상적이고 지향하는 이념, 규범, 제도, 역사 전망과 대

---

1 덩샤오핑(鄧小平)은 1978년부터 개방개혁을 추진하면서 미국과의 관계를 도광양회(韜光養晦: 자신을 드러내지 않고 때를 기다리며 실력을 기른다)의 낮은 자세를 갖춰 국가발전을 도모하고 또한 이를 지침으로 삼아왔다. 그러나 2003년 10월 공산당 중앙당교 상무부교장이었던 정비젠(鄭必堅)이 보아포럼에서 '화평굴기'를 제안한 이후 한동안 널리 쓰여 왔다. 그렇지만 이는 국제 역학구도의 변화를 내포하는 것으로 인식될 여지가 있어 자제력이 필요하다는 중국지도부에 의해 화평발전으로 대체되었다. 정비젠(鄭必堅)은 화평굴기를 "대외적 평화, 대내적 조화라는 기조아래 중국의 발전을 중장기적으로 모색하겠다는 국가전략"이라면서 두 가지 유가적 교훈인 "자신이 하고 싶지 않은 것을 타인에게 강요해서는 안 되다"와 "타인에 베푸는 것이 스스로를 돕는 것"에 기초하고 있다면서 이는 대국굴기와는 다르다고 역설한다. 정비젠, "화평굴기-중국 위협론과 봉괴론을 넘어서" 문정인, 〈중국의 내일을 묻다: 중국 최고지성들과의 격정토론" (삼성경제연구소, 2010: 25~40). 그러나 다극화 세계질서를 지향하는 현재의 구도에서는 화평발전보다는 화평굴기란 개념이 더 현실정합성을 가진다. 대조적으로 옌쉐퉁(閻學通) 교수는 굴기와 발전을 구별하고, 굴기를 1) 상대적 개념으로 다른 나라와 격차를 줄이는 것, 2) 목적은 국제지위 향상에 있고, 3) 오랜 시간을 요하고, 4) 국가의 대내적 발전과 구별돼야하며, 5) 본질적으로 제로섬 성격을 가지고, 6) 소국에 적용되지 않고 국제지위의 부단한 상승이며 최강대국지위에 근접을 의미한다고 본다. 그는 중국이 대국굴기로 나아가야 한다고 역설하고 있다. 이를 위해서, 첫째 국제사회의 광범위한 승인과 존경 확보, 둘째 국내 정치체제 안정, 셋째 인민생활의 기본적 안정 등 경제조건 충족, 넷째 국력에 부응하는 국제사회에 대한 책임과 공헌, 다섯째 이를 위한 군사력을 갖춰야한다고 보고 있다. 문정인, 위의 책, 삼성경제연구소, 2010, 41~69쪽.

2 정재호, 「'강대국화'의 조건과 중국의 부상」, 정재호 엮음, 『중국의 강대국화: 비교 및 국제정치학적 접근』, 길, 2005, 11~52쪽. 베이징대 교수인 옌지룽(燕繼榮)은 국력을 "국가 거버넌스 체계와 국가 거버넌스 방식의 결과"로 보면서 "군사력, 생산력, 조직력, 동원력, 정보 소통력, 자원 배분력, 교통운수 능력, 혁신력, 제도 공급능력 등으로 나타난다."고 보고 있다. 옌지룽(燕繼榮), 「국가거버넌스 현대화 추진의 임무와 역량」, 옌지룽(燕繼榮)편저, 성균관대 성균중국연구소 옮김, 『중국의 국가 거버넌스』, 책과함께, 2021, 29쪽.

안, 사회상, 지구촌 미래상 등으로 설득력과 흡인력을 가지는 자원이라고 볼 수 있다. 또한 지구촌 공공의 일에 대한 기여와 헌신성도 따라야 한다.

(신)중국의 경우 총체적 역사 평가와 역사 지향의 미래상을 나름대로 제시하고 있다. 곧, 모택동의 나라세우기(站起来), 등소평의 나라부유하기(富起来)를 거쳐, 시진핑의 나라강하기(强起来)와 녹색전환을 통한 아름다운 중국건설(美起来)이라는 이정표다. 당 창건 100주년인 2021년을 맞아 전면적 소강사회 실현이라는 목표를 달성했고, 이를 기초로 2035년 사회주의현대화를 실현하고, 또 건국 100주년인 2049년까지 부강민주문명조화미리(美丽)의 사회주의현대화강국을 달성한다는 것이다. 이를 바탕으로 2050년부터는 전체인민공동부유시대, 중화민족위대부흥의 중국몽시대, 세계무대중앙접근시대, 인류공헌시대를 열겠다는 것이다.[3] 이에 강대국이 되기 위한 핵심인 경제력을 중심으로[4] 중국 굴기에 관한 논의를 펼쳐보겠다.

---

3 2017년 10월 열린 중국공산당 19차 전국대표대회보고에서 이와 같은 이정표가 제시되었다.

4 마틴 자크는 "권력의 헤게모니를 장악하거나 이러한 능력을 보유하려면…경제력이 전제되어야 한다. 결국 경제력은 냉혹한 척도가 된다"(18쪽). "군사력과 정치력은 경제력에 달려 있다. 영국 역사학자 폴 케네디가 『강대국의 흥망』에서 지적했듯이 국가가 세계적 헤게모니를 행사하고 유지하는 능력은 궁극적으로는 생산능력에 달려 있다."면서 미국은 "1913년에는 세계 GDP의 18.9%를, 1950년에는 27.3%를 차지했"고 1944년에는 (비록 전시이긴 하지만) 35%를 차지했다고 지적한다. 마틴 자크, 안세민 옮김, 『중국이 세계를 지배하면: 패권국가 중국은 천하를 어떻게 바꿀 것인가?』, 부키, 2010, 18, 17, 18쪽. 경제협력개발기구(OECD) 통계는 경제력의 핵심인 제조업의 경우 중국의 생산 규모는 2020년 기준 세계의 35%에 달해 압도적인 1위다. 세계 2~9위 국가를 합친 34%보다 비중이 더 높다.

1. 비약적 경제성장

중국은 1972년 모택동·닉슨 정상회담을 통한 연미반소(聯美反蘇)를 거쳐 1978년[5] 덩샤오핑(鄧小平)[6] 주도의 개혁개방과[7] 1992년 남순강화[8] 이래 중국특색사회주의시장경제라는 '혼합경제체제' 발전모델을 기반으로 비약적 경제성장을 이룩했다. 2001년 세계무역기구(WTO) 가입까지는 년 약 9%, 그 이후로는 년 약 13%의 초고속 경제성장률을 기록하다, 2008년 국제금융위기 이후 신상태시기(New Normal)에는[9] 7-8%

---

5 세계은행 부총재를 역임한 린이푸(林毅夫)는, 세계은행 분석에 의하면 1978년 중국의 1인당 GDP는 156$, 가장 가난한 곳으로 알려진 아프리카 사하라남부 지역의 490$의 1/3정도였다고 한다. 당시 중국 인구의 81%는 시골에 살았고, 84%는 국제빈곤선인 하루 1.25$에도 못 미치는 수준이었다. GDP대비 수출비중은 4.1%, 수입은 5.6%, 무역의 존도는 9.7%였다. 그러나 개혁개방 40년인 1978~2017년 사이 연 평균 9.5% 경제성장을 기록했고, 무역은 연 14.5% 성장했다. 린이푸(林毅夫), 「중국 경제 부흥이 세계경제에 미치는 영향(China's Rejuvenation and its Implication for Global Economy)」, 최종현 학술원펴냄, 『중국, 새로운 패러다임 II』, 글항아리, 2020, 98-99쪽.

6 덩샤오핑(鄧小平)은 생전에 개혁개방을 주도했을 뿐 아니라 유언으로 까지 경제 및 정치 체제개혁을 당부한 것으로 알려져 그는 죽었지만 마치 살아있는 듯이 후세에도 영향을 끼치고 있다. 시장지향적인 경제체제 개혁과 네 가지 기본원칙을 고수하는 정치체제가 개혁지침이다. 네 가지 기본원칙은 반드시 사회주의 노선 견지, 반드시 인민민주독재 견지, 반드시 공산당 영도견지, 반드시 마르크스-레닌주의와 마오쩌둥 사상 견지이다. 시진핑은 집권 후 바로 그의 동상을 방문함으로써 이 노선을 계승할 것을 천명한 셈이라고 한다. 황웨이핑(黃衛平), 「신창타이(新常態) 하에서의 중국 자본시장 발전」, 최종현 학술원펴냄, 『중국, 새로운 패러다임 II』, 글항아리, 2020, 156쪽.

7 개혁개방 20년에 대한 포괄적 평가는 정재호, 「중국의 개혁-개방 20년: 그 성공과 위기에 대한 평가」, 『중국 개혁-개방의 정치경제 1980-2000』, 까치, 2002; 덩샤오핑 주도의 개혁개방을 비롯한 당-국가라는 중국 특유의 공산당 주도의 변천사를 공산당 창당시기인 1921년부터 100년을 맞은 2021년까지 종합적으로 분석한 책으로는 이희옥·백승욱 엮음, 『중국공산당 100년의 변천: 혁명에서 신시대로』, 책과함께, 2021.

8 남순강화(南巡讲话)는 1978년 덩샤오핑(鄧小平) 주도로 개혁개방이 추진된 이후 1989년의 톈안먼사태, 1991년 소련붕괴를 맞아 중국 내부에서 개혁개방 전략에 대한 이론 및 실천 논쟁이 가열되는 가운데, 덩샤오핑이 1992년 초부터 한 달 가까이 우한(武漢), 선전(深圳), 주하이(珠海), 상하이(上海)등을 시찰하고 중요한 담화를 발표하고는 일시적으로 중단되었던 개혁개방 전략을 강력 재추진한 분수령이 된 일을 가리킨다.

9 2008년 국제금융위기에서 당시 국가예산의 12.5%에 해당하는 4조위안의 경기부양

의 중·고속 성장을, 2000년 코로나창궐 이후 5% 성장 정도로 경제성장이 하락했다.

이들 과정에서 2007년에는 세계 3위의 경제대국인 독일의 GDP를, 2010년에는 세계 2위의 일본 GDP를 앞질렀고, 또 독일을 제치고 세계 수출 1위국이 되었고, 2014년에는 실질구매력기준(ppp: purchase power parity) GDP에서 1위 미국을 추월해 동원가능 경제 자원력에서 미국을 앞질렀고, 2016년 미국을 제치고 세계 최대 무역국으로 부상하고[10], 2019년에는 1인당 GDP 1만 달러를 돌파하여 중진국 대열에 들어섰다. 또한 명목 GDP는 2023년 미국 26.9조 달러, 중국 17.7조 달러였고, 2024년에는 미국 29조 중국 18조이다.[11] 그러나 구매력

책으로 흑기사역할을 하였지만 이를 계기로 중국은 '신상태(新常态 '뉴 노멀)시대로 진입했다. 이 신상태시대의 경제적 지향은 첫째, 10%대의 고속성장에서 7-8%의 중·고속 성장단계로 전환하고 둘째, 경제구조의 고도화를 기해 투자와 수출 중심에서 내수 소비중심과 도농간격 축소를 추진하고 셋째, 성장 동력의 전환을 추진해 기존 노동력·자원·토지 등 낮은 요소가격에 의존한 외연적 및 양적 성장방식에서 과학기술 혁신으로 내포적 질적 성장체제를 지향하고 넷째, 공급 측 개혁을 위해 정부개입을 축소하고 시장역할을 확대하여 경쟁을 유발시키는 것이다. 또한 이 대규모 경기부양책은 성장을 촉진했지만, 부동산 거품, 지방정부 부채 증폭, 투자 효율성 저하라는 부작용을 남겼고, 이는 시진핑 집권의 오늘날 까지 중국경제에 부담으로 작동하고 있다.

10 중국 최대 물류 항구인 저장성 닝보저우산항은 전 세계 200여 나라 600개가 넘는 항구와 화물 입출을 취급하는데, 2023년 13억2천4백만 톤 화물을 처리해 15년 연속 세계 1위를 차지했다. 스마트항만으로 변신 중인 이 항구는 컨테이너 하적을 자동화해 크레인을 사무실에서 조종하는 등 안전 점검 부분을 제외하고는 대부분 자동화했다. 중국은 이미 칭다오항과 톈진항에 스마트 항만 기술 도입을 완료했고, 상하이 양산항과 닝보 저우산항의 자동화 시스템 구축이 완료되면 처리 물동량이 20배 가까이 증가한다고 한다. 이해인기자, "크레인도 트럭도 무인화‥치열해진 스마트 항만 경쟁", 〈MBC 뉴스〉, 2024.4.13.

11 이러한 두 나라 간의 명목 GDP격차는 물가상승과 환율의 차이 때문에 실제 경제상황을 제대로 반영하고 있지 못한다. 미국은 7-8조$에 이르는 코로나지원금 때문에 2021년 4월 이후 평균 7% 정도의 인플레이선을 기록했으나 코로나로 인한 양적완화를 시행하지 않았던 중국은 같은 기간 인플레이션이 1%정도에 그쳤다. 명목GDP는 물가상승을 그대로 반영하므로 미국의 명목 GDP는 중국에 비해 약 6% 정도의 물가상승분이 반영되어 높게 나타난 것이다. 또한 미국의 고금리 정책 때문에 미국 달러 환율이 고평가되어 위안화 환율을 1달러=6.2원에서 1달러=7.3원 안팎으로 15%

기준 (ppp)GDP IMF추계는 2025년 기준 중국 40.72조$, 미국 30.51조$로 제시하고[12] 있어 실물경제에서 미국을 1/3정도 앞서고 있다.[13]

가량 평가절하 되었다. 이 부분 또한 명목GDP 산출에 반영되었다. 따라서 미국의 높은 물가상승과 고평가 달러 환율을 감안하면 양국 간 명목GDP 격차는 줄기 마련이다. 보다 자세한 내용은 김정호, "중국과 미국의 GDP 격차가 커진 이유", 『울산함성』, 2024.1.31(http://www.ulham.net/internalissue/13798).

12 "GDP, current prices Purchasing power parity; billions of international dollars". www.imf.org Retrieved 9 February 2025.

13 명목 GDP가 실제적인 경제현황을 반영하지 못한 점은 잘 알려져 있지만 서방의 집착으로 인해 실질 반영률이 높은 표준방안이 국제적으로 발굴되거나 채택되지 않고 있다. 후싱민박사는 명목 GDP의 문제점을 중국과 미국의 2023년 명목GDP 분석으로 명쾌히 보여주고 있다.

2023年 中美GDP 对比							
	美国GDP		中国GDP		美中对比		
	USD	占比	RMB	占比	汇率	换算为美元（万亿）	中/美比值
第一产业	0.25	1%	8.97	7%	7.04	1.27	5.10
第二产业	4.82	18%	48.26	38%	7.04	6.86	1.42
第三产业	22.29	81%	68.82	55%	7.04	9.78	0.44
合计	27.36	100%	126.05	100%	7.04	17.90	0.65

위의 표에 의하면, 중국의 1차 산업과 2차 산업이 각각 미국의 5.1배와 1.42배지만, 중국의 3차 산업은 9조7,700억 달러로(GDP 55%) 미국의 22조 2,900억 달러(GDP 81%)의 44%에 불과하다. 곧 3차 산업에서 미국은 중국의 2.27배다. 저자는 중국의 인구가 미국의 4배이므로 "중국 인민들이 필요로 하는 서비스 총량도 미국보다 훨씬 많아야 하지만, 실제로 미국이 중국의 2배가 넘게" 높이 나온 것은 미국의 직업별 소득격차에서 비롯된다고 보고 있다. "3차 산업은 주로 변호사, 회계사, 의사, 이발사, 요식업, 미용 등 이러한 전문 분야에서의 서비스 수입을 말한다. 미국의 제3차 산업 수치가 높은 이유는 이러한 서비스 산업의 가격이 높기 때문이다. 특히 변호사, 회계사, 의사 이 3 가지 직업의 수입은 터무니없이 높다. 예를 들어, 캘리포니아의 변호사 평균 연봉은 약 20만 달러이고, 회계사는 약 9만 달러이다. 의사는 과목별로 전문의가 약 40만 달러이며, 정형외과 의사의 평균 연봉은 약 50만 달러에 달한다." 이밖에도 미국의 고물가, 환율 등의 문제점도 거론하면서 "미국인이 감기 치료에 1만 달러가 들고, 중국인은 200위안(28.5 달러)만 내면 되는데, 그 때문에 미국인이 행복하다고 말할 수는 없을 것이다."라고 진단했다. 후싱민(胡兴民, 김정호 번역), "중-미 GDP의 실제 차이 대조해 보니!", 『울산함성』, 2025.2.1(http://www.ulham.net/foreignissue/27880).

이러한 초고속 경제성장으로, 중국은 2023년까지 14년 연속 세계 최대제조업국가(2022년 세계제조업 비중이 GDP의 31%정도로 미국의 2배), 연속 6년 글로벌 최대교역국(140개국, 미국 40개국), 2022년 현재 수출시장 점유율 14.6%로 1위(미국 8.4%), 수입시장 점유율 13.5%(홍콩포함)로 1위(미국 12.9%)를 기록하고 있다. 또한 현재 유엔 산업분류의 모든 산업부문을 생산하는 세계 유일의 국가로 자체의 산업 생산 및 공급 연결망을 단단히 다지고 있다. 세계 GDP성장 기여도 역시 2016~2021년 기간 42.5%로 미국 19.5%를 훨씬 앞질렀고, 2024~2028년 기간은 22.6%에 달해 11.3%의 미국을 배 이상 기여하는[14] 것으로 IMF는 보고 있다.[15]

포춘 글로벌 500대 기업 순위 안에서 중국과 미국은 2020, 2021, 2022년 각각 143:122, 145:124, 135:136개를 차지해 서로 각축을 벌이고 있다.[16] 또한 영국의 더뱅커 선정 2023년 발표 세계 20대 은행에서 중국과 미국은 각각 10개와 5개가 선정됐고, 중국은 1-4, 9위, 미국은 5-8위를 차지했다.[17] 또한 트럼프 미국의 무역전쟁과 바이

---

14 "IMF "中, 향후 5년 세계경제 성장기여 22.6%로 1위…美는 11.3%" 한국무역협회, 2023.4.18(https://kita.net/board/totalTradeNews/totalTradeNewsDetail.do?no=%2074582&siteId=1)

15 중국의 개혁개방은 대략 다섯 가지를 수반하면서 진행되어 왔기에 중국사회 전반의 획기적인 변화를 초래했다: 분권화, 시장화, 사유제 확대를 포함한 소유제도 개혁, 자유화(또는 준 민주화), 국제화. 정재호, 「중국의 개혁-개방 20년: 그 성공과 위기에 대한 평가」, 『중국 개혁-개방의 정치경제 1980-2000』, 까치, 2002, 14~20쪽.

16 채수종 기자, "2023년 포춘 글로벌 500대 기업: 한국 기업 18개 진입…현대차 약진 눈길" FORTUNE Korea, 2023.8.2(https://www.fortunekorea.co.kr/news/articleView.html?idxno=29430).

17 『뉴스핌』, 2023.7.7(https://www.newspim.com/news/view/20230707000127). 중국의 증권시장은 상대적으로 구미에 비해 약하다. 이는 인민은행을 핵으로 하여 대부분 국유기업인 각종은행을 통해 자금 조달과 통제를 시행하여, 나라밖 시장의 영향력을 차단시켜 자주적인 금융체계를 공고히 하려는 중국 공산당과 정부의 의도된 전략 결과이다. 이로써 시장이 더 나아가 빅테크(Big Tech)가 사회와 생태계를 지배하는 전도된 고삐 풀린 금융자본주의의 횡포를 어느 정도 완화할 수 있다.

든의 탈(脫)동조화라는 '경제안보 정책'에도 불구하고, 중국의 대미 무역흑자는 2022년 약 4,000억$에 이르고 전체적으로는 사상 최대의 무역흑자인 8,776억$를 기록했다. 그러나 최근에 이르러 미국 시장 점유율은 미국의 강력한 제재로 인해 줄어지고 있다. 그렇지만, 중국은 베트남이나 맥시코를 경유한 우회수출과 비약적 성장을 하고 있는 알테쉬(알리바바, 테무, 쉬인) 등을 통한 전자상거래와 인접국인 아세안[18]과 일대일로를 통해 장기간 터를 닦은 아프리카나 중남미와의 교역확대로 대처하고 있어 2024년에는 거의 1조 달러에 달하는 무역흑자를 기록하고 있다.

이러한 비약적 경제성장 과정에서 당 창건 100주년인 2021년 전면적 소강사회 실현으로 빈곤층을 해소했으나 불평등 지니계수가 2010년 43.7로 정점에 이르기도 했다. 그렇지만 전체인민공동부유사회를 위한 점진적 조치 등으로 2021년 세계은행 발표에 의하면 35.7로 괄목할 감소를 이어가고 있다.[19]이처럼 장기적 경제 흐름은 긍정적인 측면이 우세하지만, 단기적으로는 2008년 금융위기 당시 과도한 경기부양으로 인해 발생한 부동산 거품, 지방정부 부채 증폭, 농민공문제, 빈부격차 등과 젊은 층의 높은 실업률 등에 직면해 있기도 한다.

---

[18] "중국은 15년 연속 아세안의 최대 무역 파트너, 아세안은 4년 연속 중국의 최대 무역 파트너 지위를 유지해 오고 있다." 출처: [차이나 트렌드] "中-아세안, 최대 무역파트너 넘어 과학기술·저탄소 분야로 협력 저변 넓혀" 출처: 『신화통신』 한국어 뉴스 서비스, 2024.9.27.

[19] 세계은행 발표 2021년 기준 지니계수는 중국 35.7 러시아 35.1 한국 32.9 영국 32.4 프랑스 31.5, 2022년 기준 미국 41.3, 2020년 기준 독일 32.4였다. https://data.worldbank.org/indicator/SI.POV.GINI 2021년 이후 전체인민공동부유사회를 강조하고 있기에 중국의 지니계수는 더 호전되었으리라 보인다.

역사학자 니얼 퍼거슨(Niall Ferguson)은 키신저와의 토론에서[20],

> 21세기는 중국의 것이 될 것으로 믿습니다. 왜냐하면 지난 대부분의 세기가 중국의 것이었기 때문입니다. 19세기와 20세기는 예외의 세기들이었습니다. 지난 스무 번의 세기가운데 18번의 세기에서 중국은 2위와 차이를 보이는 세계 제1의 경제대국이었습니다.

라고 지적한 그의 말처럼 이제 지구촌은 오랜 옛 모습을 되찾아 가고 있는 듯하다. 중국에서 유행하는 '백년만의 대전환'을 예시하는 증상들이 분출하는 곳은 러·우전쟁, 관세전쟁, 브릭스 강세 등 한두 군데가 아니다.

이러한 비약적 경제성장을 바탕으로 한 총체적인 굴기를 살펴본데 이어, 다음에는 일부 각론 부문에 대한 발전과 굴기의 현주소를 점검해보겠다. 먼저 긴박하고 절박한 전 인류의 당면 관심사인 기후위기 및 기후재앙에 대한 중국의 대처인 녹색전환을 위한 '신(新)녹색 3종 제품'을 고찰해 보겠다. 이는 개별 국가로서 중국의 관심사를 넘어 운명공동체로서 인류사회의 보편적인 공공재 및 공통과제이다. 다음은 지도국 또는 패권국이 되기 위한 동원가능 자원의 중추라고 볼 수 있는 제조업분야의 굴기를, 이어서 ICT 혁명의 대표적 결과물이라고 볼 수 있는 전자상거래 분야를, 또한 다음 장에서 중미 전략경쟁의 핵이라고 볼 수 있는 과학기술분야의 굴기를 차례로 점검해 보겠다. 이들 소 분야는 단순한 경제력 대국화나 강국화의 지표를 넘어서 운명공동체로서 인류사회의 공공재적 성격이 짙고, 토플러의 제3의 물결인 정보혁명의 최전선이고, 생산력 혁신의 고지이다.

---

20 헨리 키신저 외 3인, 백계문옮김, 『21세기 패자는 중국인가: 세계석학 4인의 대논쟁』, 한울, 2012, 27쪽.

2. '신(新)녹색 3종 제품'의 글로벌 석권

1) 전기차

중국은 전기차를(新에너지 차로 순수 전기차, 하이브리드차, 수소차 포함) 중심으로 가격 경쟁력, 배터리 기술, 자율주행 기술 등에서 기존 자동차 강국들을 제치고 세계 1위를 굳건히 구축하였다. 중국의 자동차 해외 수출은 전기차를 중심으로 2023년 세계1위를 차지했고, 2024년 전기차 생산과 판매는 각각 34.4%와 35.5% 증가하여 1,288만 8천 대와 1,286만 6천 대를 기록했다.[21] 2023년 중국 국내에서의 전기차 판매는 810만대로 글로벌 판매의 60%를 차지하고 나머지 세계 총 판매 560만대의 1.44배에 이를 정도로 생산과 판매에서 독보적 위치를 구축하고 있다. 2024년 7월 현재 중국 전체 승용차 판매량 중 신(新)에너지 차 비율이 51.1%로 처음 절반을 넘었다. 그러나 2013년 신(新)에너지 차 생산은 1만8천대였다. 이후 2018년에 1백만 대 초과, 2022년 500만 대, 다시 2년 만인 2024년 1천2백80만 대를 넘어선 것이다.

중국 국가발전개혁위원회가 "신에너지차 산업은 중국의 가장 경쟁력 있는 전략적 신흥 산업이자, 중국의 밝은 명함이 됐다"고 밝힐 정도로 비약적 성장을 거듭한 것이다.[22]여기에다 중국 토종 제조인 BYD, 지리차, 샤오펑, 리오토 등이 전기차를 선도하면서 중국 자동

---

[21] 장신신기자, "2024년 중국 자동차 판매량 3,144만 대…16년 연속 세계 1위", 『중국뉴스』, 2025.1.15(https://www.cmnews.kr/news/articleView.html? idxno=403110).

[22] 최현준기자, "중국, 신에너지차 생산 1천만대 돌파…2013년보다 600배 증가", 『한겨레』, 2024.11.15.

차시장의 토종화(로컬화)가 가속화하고 있다. 2025년 1~4월 기준 중국 승용차시장에서 토종 제조의 시장 점유율은 68.7%로 작년 동기 대비 8.1% 급등했다. 국가별 전기차 침투 비율에서도 중국 46%, 독일 24%, 노르웨이 75%, 미국 9.7%, 일본 2%로 중국이 노르웨이에 이어 가장 앞서고 있다.[23]

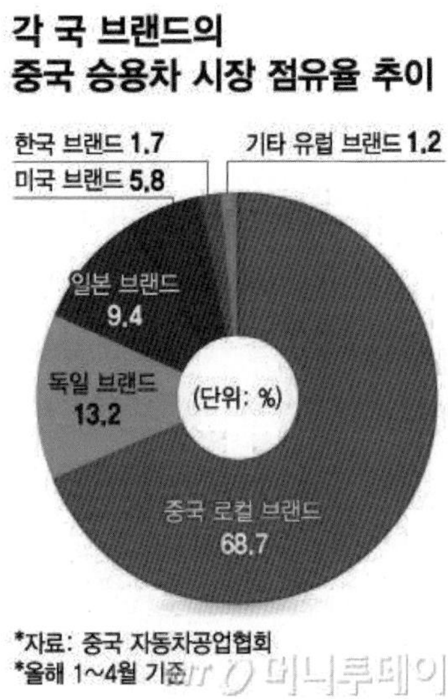

미국의 테슬라를 제치고 전기차 생산 세계 1위를 차지한 BYD는[24] 최저가 전기차를 9,700$로, 또 GM과 합작한 상하이자동차(SAIC)는

---

23 김재현전문위원, "“중국 전기차가 대세” 쾌속 질주…관세에도 집밖 공략하는 이유", 『머니투데이』, 2025.5.18(https://v.daum.net/v/20250518060200979).

24 비야디(BYD)는 배터리의 80~90%를 내부에서 조달해, 전기차 값의 40%를 차지하는 배터리를 내재화해 가격을 20~30% 떨어뜨렸다. “배터리와 전기차를 한 묶음으로 설계·생산하자 각종 비용이 줄어들 뿐 아니라 각각의 차에 맞게 배터리를 최적화하는 노하우도 손에 넣게” 되었다. “전기차 가격 확 저렴해지나…현대차 ‘승부수’ 던졌다” 『한

8,000$로 출시할 정도로 뛰어난 가격경쟁력을 갖게 되었다.[25] 중국은 5G 이동통신,[26] 모바일 사물인터넷(IoT),[27] AI, 스마트폰, 빅 데이터, 산

국경제』, 2024.9.24. 또한 글로벌 1위 배터리 기업인 CATL(寧德時代)은 현재의 리튬보다 가격이 50분의 1 수준인 '소금(나트륨) 배터리'를 개발해 2025년 12월 중에 양산한다고 할 정도로 기술혁신을 이루고 있다. 김진원, "'이게 가능하다니'…中 무서운 기술에 한국 '발칵' 뒤집혔다: CATL '소금으로 만드는 배터리 12월 양산한다'", 『한국경제』, 2025.4.24. 더 나아가 CATL은 5분 충전하면 520km를 주행할 수 있는 선싱'(Shenxing)의 2세대 배터리도 선보였다 한다. 김수현 기자, "中CATL 새 나트륨이온 배터리 공개…'5분충전 520km주행' 기술도", 『연합뉴스』, 2025.4.22(https://www.yna.co.kr/view/AKR20250422068300009).

[25] 중국은 2015년 발표한 '중국제조 2025'에서 지능형 제조공정을 '5대 공정 주요내용'으로 삼아 1) 차세대 IT기술과 제조장비 통합혁신 및 공정응용 실시 2) 산학연관 공동연구 지원 3) 중점분야 스마트공장/디지털화 작업장 건설 4) 프로세스 제조, 분산 제조, 지능형 장비와 제품, 신규업종모델, 지능화 관리, 지능화 서비스 등의 시범과 응용보급 분류실시 5) 지능형 제조 표준체계와 정보보안체계 구축, 지능형 제조 네트워크 시스템 플랫폼 구축 등 세부계획을 세우고, 그 건설공정을 첫째, 2020년까지 제조업 중점분야 지능화 수준 향상, 시범프로젝트 운영비 30% 절감, 제품 생산주기 30% 단축, 불량품율 30% 감소 둘째, 2025년까지 제조업 중점분야 지능화 실현, 시범프로젝트 운영비 50% 감소, 제품 생산주기 50% 단축, 불량품율 50% 감소 등을 추진해 왔기에 이러한 원가절감의 밑바탕을 형성했다고 볼 수 있다. Issue Report 2015년 제25호(2015.12), 한중과학기술협력센터, 표. 5대 공정 중점내용

[26] 중국 화웨이가 앞서고 있었던 5G 이동통신은 IT의 타 산업 융합을 주도하는 핵심으로 자율주행차, 장거리 무선조종 드론, VR/AR, 스마트공장, 재난안전 등의 기반이 되고 있다. 중국공업정보화부의 2024년 12월 23일 발표에 따르면 11월 말 5G 가입자는 10억200만 가구로 이동전화 가입자의 56%를 차지. 5G 기지국 수는 419만 1000개, 전국 인터넷 초고속인터넷 접속단자 수는 12억 개. "我国5G用户数突破10亿户", 『新华网』, 2024.12.23(http://finance.people.com.cn/n1/2024/1223/c1004-40387935.htmlhttp://finance.people.com.cn/n1/2024/1223/c1004-40387935.html) 또한 5G 표준 필수 특허 전 세계의 42%, 5G 기지국 및 휴대전화의 글로벌 시장 점유율 50%다. "中 5G 기지국 총 383만7천 개 달해...보급률은 60% 이상", 『신화망』 한국어판, 2024.7.7.

[27] 중국의 모바일 사물인터넷(IoT) 접속 건수는 2022년 세계의 70%를 차지할 정도로 정보통신기술(ICT)의 산업화·지능화·실용화·생활화가 첨예화하고 있다. 사물인터넷은 사물과 인간이 통신시스템을 통해 긴밀하게 상호작용할 수 있도록 네트워크로 연결된 상태를 말한다. 기존 사물과 사물간의 연결을 일컫는 '사물통신(Machine-to-Machine;M2M)'에서 '만물인터넷(Internet of Everything; IoE)'까지 확장되고 있다. 중국은 사물인터넷을 디지털 시대의 게임체인저(game changer)로 보고 제조업 등 생산 분야뿐만 아니라 에너지, 교통, 통신, 의료, 가전, 인프라, 신형 도시화 사업 등 거의 모든 분야에까지 활용하고 있다. 물론 세계 최대의 인터넷이용자, 이동통신가입자 등이 이러한 발전의 기초가 되고 있지만 미국의 집중적인 제재를 받은 화

업용 및 휴머노이드 로봇,[28] 드론[29] 등이 결합한 혁신적인 스마트공장 운영을 통한 원가절감을 기했다. 2024년 중국 전기차의 세계 시장 점유율은 다음 표에서와 같이 거의 44%에 이르고 그 다음 미국과 독일이 뒤따르고 있다.[30][31]

2024년 글로벌 전기차 판매량 및 시장 점유율(단위: 대·%, 출처: SNE리서치)

그룹명		2024년 인도량(대)	2024 점유율(%)
BYD	중국	367만3000	23.6
테슬라	미국	158만3000	10.2
Geely	중국	122만5000	7.9
SAIC	중국	90만2000	5.8
폭스바겐	독일	89만4000	5.7

웨이가 대처방안으로 개발한 신규 사업인 올 커넥티드 에코시스템(All Connected Ecosystem)인 '1+8+N' 전략 또한 기술적 밑바탕이 되었다.

[28] 국제로봇연맹에 따르면 2022년 새로 배치된 중국의 산업용 로봇은 29만대로 세계 시장의 50%를 웃돌면서 9년 연속 세계 1위를 기록했다. 이제 산업용 로봇에서부터 휴머노이드 로봇에 생성형 인공지능이 융합되어 비약적 발전을 이루고 있다. 곽노필, "중국의 21세기 인해전술 '휴머노이드 로봇'…내년 양산체제 구축: 인구 감소 맞아 새로운 '인공지능 노동자'로 주목", 『한겨레』, 2024.6.13; 다른 한편 맥시마이즈마켓리서치 자료에 따르면 2024년 기준 산업용 로봇은 중국 29만대, 일본 5만, 미국 4만, 한국 3.2만, 독일 2.6만대로 중국의 압도를 보여준다. 김은정특파원, "중국, 이 정도일 줄은…전세계 발칵 뒤집은 '신기술' 정체", 『한국경제』, 2025.5.18.

[29] 중국의 드론 제조회사인 DJI(중국명 다장촹신·大疆創新)는 세계 민간시장의 70% 점유율을 차지하고 있고, 최근 에베레스트에서 6000m 이상의 지점에서 화물운송 시험비행에 성공했다. 구자룡 기자, "세계 최대 드론업체 中 DJI "6000m 이상 에베레스트 화물운송 성공", 『뉴시스』, 2024.6.7(https://v.daum.net/v/20240607164447991).

[30] 강나훔 기자, "中 전기차, 점유율 60%…美·日·유럽 車패권 위협[中 기술력 실상은?]④", 『아시아경제』, 2025.3.21(https://www.asiae.co.kr/article/2025032107465661016).

[31] 중국 공업정보화부 장관으로서 중국의 산업·기술을 총괄하는 역할을 하면서 전기차 산업육성과 '중국제조 2025' 전략이행의 중요역할을 담당했던 먀오웨이는 중국의 신에너지차 발전 경험을 다섯 가지로 정리했다: 첫째 "당의 지도아래 중국 사회주의의 현저한 제도적 우위를 발휘함으로써 역량을 집중해 큰일을 해낸 것; 둘째 차선을 바꿔 추월하기라는 순수 전기엔진 발전의 기회를 잡아낸 것; 셋째 전략적 결단을 유지하면서 한 장의 청사진을 끝까지 고수한 것; 넷째 기업이 주가 되는 혁신 시스템을 구축한 것; 다섯째 정부가 정층설계와 기술혁신 표준시스템, 재정정책 등 각 방면에서 이끈 것" 먀오웨이, 강정규 외 옮김, 『중국 전기차가 온다: 자전거 왕국은 어떻게 전기차 강국이 되었나』, 글항아리, 2025, 372쪽.

그룹명		2024년 인도량(대)	2024 점유율(%)
Changan	중국	59만7000	3.8
현대차·기아	한국	51만	3.3
BMW	독일	47만4000	3.0
LiAuto	중국	44만2000	2.8
Stellantis	유럽	43만9000	2.8
기타	-	485만1000	31.1

여기에다 전기차 배터리 개발이나[32] 점유율에서도 다음 표가 보여주듯이[33] 2024년 CATL(寧德時代)이 38%와 BYD가 18.3%로 합계 56.3%를 차지해 세계시장에서 선두를 지키고 있다. 배터리 충전기술에서도 마찬가지다. BYD의 경우 충전 5분 만에 주행거리가 400km로 올라가지만 테슬라는 15분에 275km, 벤츠는 10분에 325km다. 더 나아가 CATL은 5분 충전하면 520km를 주행할 수 있는 선싱(Shenxing)의 2세대 배터리도 선보였다.[34] 또한 현재의 리튬보다 가격이 50분의 1 수준인 '소금(나트륨) 배터리'를 개발해 2025년 12월 중에 양산한다고 할 정도로 기술혁신을 이루고 있다.[35]

---

[32] 2024년 8월 28일 발표 호주의 ASPI(Australian Strategic Policy Institute) 2차 국가별 과학기술역량 분석보고서에 따르면(ASPI's two-decade Critical Technology Tracker), 전기배터리의(Electric batteries) 경우, 미국의 과학기술 연구 성과에 대한 인용수가 2003년의 30%에서 2023년의 5%로 급감한 반면, 중국은 10%에서 75%로 증가했으며, 64개 핵심 과학기술 분야 중 중국의 혁신과 약진이 가장 두드러진 분야라고 한다. 최근 5년간 텍사스 대학교 오스틴 캠퍼스(14위), 스탠포드 대학교(23위), 독일 헬름홀츠 연구 센터(27위) 등 3개 기관을 제외한 상위 30위 기술 혁신 기관은 모두 중국기관이다. KOSTEC(한중과학기술협력센터), "국가별 과학기술 역량 분석 보고서(ASPI)와 중국 미디어의 평가와 반응", 2024.9.3(https://kostec.re.kr/sub0101/view/page/1/id/38002#u).

[33] 강나훔 기자, "中 전기차, 점유율 60%…美·日·유럽 車패권 위협[中 기술력 실상은?]④", 『아시아경제』, 2025.3.21(https://www.asiae.co.kr/article/2025032107465661016).

[34] 김수현 기자, "中CATL 새 나트륨이온 배터리 공개…'5분충전 520km주행' 기술도", 『연합뉴스』, 2025.4.22(https://www.yna.co.kr/view/AKR20250422068300009).

[35] 김진원, "'이게 가능하다니'…中 무서운 기술에 한국 '발칵' 뒤집혔다: CATL '소금으로 만드는 배터리 12월 양산한다'", 『한국경제』, 2025.4.24.

글로벌 전기차 배터리 시장 점유율(2024, 출처: SNE리서치)

순위	기업명	시장 점유율
1	CATL	38%
2	BYD	18.3%
3	LG에너지솔류션	12.2%
4	SK온	4.6%
5	삼성SDI	4.1%
6	Panasonic	3%
7	기타기업	20.8%

또한 고속주행 중의 돌발 상황에 차선 바꾸기와 장애물 피해가기 등 자율주행에서도 획기적이다. 지커그룹 부사장 첸치는 “1초에 1조번의 계산을 할 수 있는 제어 장치가 차량에 장착됐고, 학습 훈련을 거친 인공지능이 불규칙한 장애물과의 충돌을 피할 수 있”다. 이는 “업계 평균의 5배가 넘는 규모의 안전 시나리오를 보유하고 있는데, 여기에는 거의 30년 동안 중국에서 벌어진 실제 사고 사례가 들어있다.”[36]

여기서도 중국 자율주행 기술의 첨병이라는 국유기업 둥펑웨샹은 자율주행 차의 눈으로 불리는 센스인 라이더(LiDAR, Light Detection and Ranging)를[37] 대당 8,000위안으로(약 150만원) 낮춰 대당 8만 달러(약 1억1000만원)의 미국 벨로다인의 1세대 라이다를 대체했다.[38] 더 나아가 “2016년 당시 미국 벨로다인의 차량용 라이다 가격은 1억 원(7만 5,000달러)에 달했고... 2020년만 해도 라이다 하나에 1,000만 원(7,500달러) 정도였

[36] 이필희기자, “시속 120km로 장애물 회피‥중국 기술력 과시”, 『MBC』, 2025.3.21(https://imnews.imbc.com/replay/2025/nw2500/article/6698125_36832.html).

[37] 라이다: LiDAR, Light Detection and Ranging: 레이저 빔을 360도로 발사해 주변 환경을 정확하고 빠르게 3차원으로 감지하는 센서. 빛의 속도는 일정하니까(2억 9,979만 2,458m/s), 레이저가 물체에 부딪힌 뒤 돌아오는 데 걸린 시간을 이용하여 거리를 측정

[38] 신정은기자, “1억짜리를 150만원에 ‘뚝딱’…“중국이 해냈다” 『한국경제』, 2024.5.5(https://v.daum.net/v/20240505182701436).

는데 지금은 허사이의 차량용 라이다 센서 가격은 고작 28만원(200달러)"으로 가격혁명을 이루었다. 이 레이저 빔을 활용하는 라이더의 가격혁명은 중국의 자율주행 경쟁력을 획기적으로 높일 뿐 아니라 카메라 센스를 이용하는 테슬라와 자율주행에서 격차를 이끌 것으로 보인다. 또한 이렇게 값싼 라이더는 자동차 자율주행을 넘어서 로봇이나 군사용으로 활용되고 있다. 다음 표와 같이 중국은 이 가격혁명을 바탕으로 2024년 현재 허사이가 33%, 로보센스 24%, 화웨이 19% 등으로 90% 가까운 세계시장 점유율을 보여주고 있다.[39]

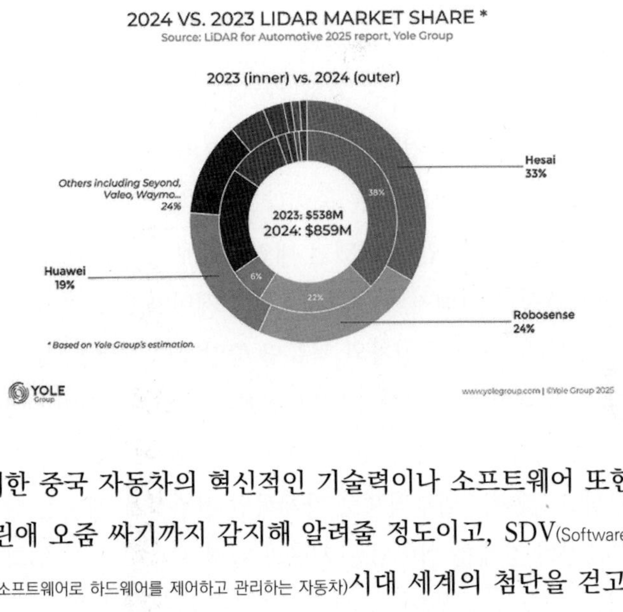

이러한 중국 자동차의 혁신적인 기술력이나 소프트웨어 또한 탑승한 어린애 오줌 싸기까지 감지해 알려줄 정도이고, SDV(Software Defined Vehicle: 소프트웨어로 하드웨어를 제어하고 관리하는 자동차)시대 세계의 첨단을 걷고 있다. 2025년 3월 전인대에서 리창(李强) 총리는 자동차를 새로운 세대의 IT 단말기(新一代終端)로 정의했다. 곧 자동차를 스마트폰과 같은 성격의 기

---

39 한애란, "'바보나 쓴다'던 라이다의 반전…싼데 왜 안 써?", [딥다이브] 『동아일보』, 2025.4.26(https://v.daum.net/v/20250426100031973).

기로 분류했고, 이는 곧 4월말 열린 '상하이 모터쇼'에서 증명되었다. "자동차 전장에서도 AI가 필요하고, 음성인식은 필수잖아요. 당연히 AI 회사가 나와야지요. 자동차 운전의 모든 것을 음성으로 하는 시대가 올 겁니다."의 단초가 이 모터쇼에서 선보인 것이다.[40] 이로써 2035년부터 내연기관 자동차의 신규판매를 금지하는 EU를 필두로 세계시장을 석권할 것으로 보인다. 중국이 수소차를 비롯한 전기차 등 신에너지자동차 생산에서 이룩한 혁신·기술·산업사슬 등에 대해 다른 나라의 내연기관차 제조업체가 제대로 대응하지 못했기 때문이라고도 한다.[41]

그러나 다른 나라의 대응에 문제가 있는 것이 아니라 오히려 중국이 내연기관차에서 전기차로 선견지명적인 '레인 바꾸기'를 단행하고 혁신에 전력 질주한 결과일 것이다. 먀오웨이는 자동차에서 세 가지 큰 변화가 현재 가시화하는 중이라고 본다. 하나는 구동시스템의 변화로 지난 100년 동안 사용됐던 내연기관에서 전동식으로 바뀌고; 둘째 "전기전자 아키텍처의 변화로, 분산 제어에서 중앙집중 제어방식으로 변화"해 "결국 완성차의 컴퓨팅 중앙집중 제어를 실현하고 이에 발 맞춰 소프트웨어 역시 분산된 임베디드 소프트웨어 대신 풀 스택 소프트웨어가 자리"잡아 하드웨어가 아닌 소프트웨어가 자동차의 중심이 되고; 셋째, "내부적으로 자체적인 완결성을 지니던 산업시스템에서 산업의 경계를 뛰어넘는 개방과 협력 시스템으로" 변화한다는

---

40 한우덕 차이나랩 선임기자, "화웨이 최첨단 기술 장착, 중국 전기차 초격차 향해 질주", [한우덕의 차이나 워치] 상하이 모터쇼 르포, 『중앙SUNDAY』, 2025.5.10(https://v.daum.net/v/20250510000147514).

41 "1000만원대 中전기차 무서운 질주…폭스바겐 獨공장 첫 폐쇄 검토", 『중앙일보』, 2024.9.4.

것이다.

곧, ”완성차와 부품사이의 수직계열화 공급사슬이 무너지고 전문화, 분업화된 시스템으로 재편돼 서로 그물망처럼 이어진 산업사슬과 공급사슬로 탈바꿈이 가속화”한다는 것이다. 또한 자동차 대변혁의 네 가지 흐름을 커넥티드화, 스마트화, 전동화, 공유화라고 예견했다. 이 결과 “앞으로의 자동차는 나홀로 동떨어져 있던 정보 사일로 상태를 벗어나 인터넷과 연결된 기기가 되”고, 스마트화한 자동차는 자율주행을 통해 탑승자를 운전위험으로부터 해방시키고, 동력원을 녹색에너지로 바꾸고, 대기오염과 온난화 우려를 떨쳐내어, 자동차산업은 모빌리티 서비스의 본질로 회귀하고, 공유화가 더 큰 가치를 창출할 것이라고 내다보았다.[42]

이러한 중국에 대해, 미국은 2024년 7월 23일 국가안보를 이유로 중국산 소프트웨어와 하드웨어 장착 커넥티드카의 미국 내 판매금지를 발표했다. 커넥티드카의 무선 네트워크 등으로 운전자에 GPS 등 정보를 제공하는 ‘스마트카’로, 자율주행이나 운전자보조시스템 등까지 포함한다. 와이파이·블루투스·셀룰러·위성 등 자율주행시스템에 들어가는 중국·러시아의 하드웨어와 소프트웨어를 겨냥하고 있다. 이는 국가안보를 내세우기도 하지만 또한 중국자동차에 대한 사전 무역장벽치기이다. 레이얼 브레이너드 백악관 국가경제위원회(NEC) 위원장이 “우리의 자동차 공급망이 중국에 의존하는 상황을 내버려 둘 수 없다”고 속내를 드러낸 것이다.[43]

---

[42] 먀오웨이, 강정규 외 옮김, 『중국 전기차가 온다: 자전거 왕국은 어떻게 전기차 강국이 되었나』, 글항아리, 2025, 25~27쪽.

[43] 김유진 특파원, “미, 중국산 SW ‘빗장’…2027년식 커넥티드 차량부터 판매 금지”, 『뉴스플리』, 2024.9.23.

2) 재생에너지

2023년 신에너지자동차, 리튬배터리, 태양광 발전설비의 '신 녹색 3종 제품'의 수출이 1조 위안을(1,380억$) 돌파하여, 중국은 녹색전환의 주력 및 첨단 제품의 '대표주자'로 부상하고 있다. 여기서 태양광발전의 경우 태양광 패널의 원가절감을 거의 90%가까이 이뤘고, 리튬배터리 또한 원가절감을 획기적으로 이뤄, 훨씬 뛰어난 가격경쟁력으로 전 세계시장을 주름잡고 있을 정도다.[44]

이 '신 녹색 3종 제품'의 경우 영리 차원을 넘어 지구촌 기후위기에 대처할 공공재로서 획기적 기여를 하고 있다. 특히 태양광의 경우 가동 중 소음이나 연기 발생도 없고 모래(실리콘의 원료)와 무한한 햇빛, 설치할 땅만 필요하기 때문에 2030년 탄소정점과 2060년 탄소중립 달성 목표인 쌍탄에 대한 기여도는 그야말로 획기적이다.[45] 또 다른 재생에너지인 풍력발전의 경우도 2023년 중국은 74기가와트의 신규 발전설비로 전 세계의 63%를 차지했고 나머지 세계는 43기가와트였으며, 미국은 6기가와트에 그쳤다.[46]

---

44 중국자동차배터리혁신연합(CABIA)이 발표한 자료에 따르면 2024년 10월 배터리 생산 세계1위인 CATL은 42.78%, 2위 BYD는 26.73%를 차지해 세계시장 점유율 69.51%을 기록해 지난달(68.42%)보다 더 늘었다. 류은주 기자, "中 배터리 쌍두마차 CATL·BYD, 내수시장 장악력 더 커져", 『지디넷코리아』, 2024.11.17.

45 2023년 중국의 태양광과 풍력발전 용량이, 우드매킨지에 따르면, 전 세계의 60%와 65%를 차지할 정도이지만 이에 상응하는 전력망이 구비되지 못해 지역에 따라 전기수급이 원활하지 못한 잠정적 부작용도 있다. 중국 서북부에서 생산된 재생에너지를 전력 수요 핵심지인 동부로 연결하는 50만km의 송전선 등 건설 등 송·배전선 확장으로 대처하고 있다. 김리안 기자, "美가 35억달러 투자한 곳에… 中 '묻고 5배로' 더 가", 『한국경제』, 2024.7.10(https://www.hankyung.com/article/202407103340i).

46 David Wallace-Wells "What Happens if China Stops Trying to Save the World?", *The New York Times*, 2024.9.16.

또한 '신녹색3종 제품'이라는 이름이 말하듯이 중국의 녹색산업은 산업의 디지털화, 스마트화, 지능(AI)화 및 녹색화의 심층 융합을 촉진하면서 실물 경제를 지원하는 현대산업시스템 구축의 일환으로 추진되고 있는 특징을 가진다. 이런 점에서 복고주의적 기후위기 접근방식과는 완연히 거리가 멀면서 현대적이고 효율적인 접근방식이라고 볼 수 있다. 이는 제조업 왕국으로서 중국이 탄소배출도 많았기에 '기후악당'으로 까지 불려왔고 베이징 등이 미세먼지로 인해 악명 높았던 6~7년 전과 비교해 그야말로 상전벽해(桑田碧海)의 격변이라고 볼 수 있다. 중국의 재생에너지 발전 용량은 다음과 같이 어마어마하다.

> 2024년 중국의 태양광발전 용량은 총 610GW로 추정된다...북서부에 있는 칭하이는 태양광발전, 풍력발전, 수력발전이 전체 설치 용량의 90% 이상을 차지할 정도로...중국 북서부 전체를 보면 발전용량이 거의 500GW에 달하며, 인근 내몽골의 고비사막 지역까지 포함하면 그 규모는 600GW에 이른다. 이는 2022년 기준으로 우리나라 전체 발전용량이 134.5GW에 불과한 것과 비교하면 어마어마한 규모다.[47]
>
> 2023년 중국의 풍력발전 시장은 71.7GW로 세계 최대 규모였다. 미국이 7.2GW로 두 번 째로..1/10에 불과하다. 전 세계시장의 67%를 차지하여 말 그대로 압도적[이다].[48]

기후 싱크탱크인 글로벌 에너지 모니터(Global Energy Monitor, GEM)가 2024년 7월 11일 발간한 보고서는 중국이 현재 건설 중인 풍력 및 태양광

---

47 이철, 『차이나테크의 역습: 중국은 어떻게 기술 강대국이 되었나』, 경이로움, 2025, 88쪽.

48 풍력발전이 과잉이라는 지적에도 불구하고 동쪽의 발해만 해역 등에 이를 설치하는 것은 태양광이나 풍력발전 설비가 전력수요가 낮은 서부에 집중되어 있기 때문이다. 이철, 『차이나테크의 역습: 중국은 어떻게 기술 강대국이 되었나』, 경이로움, 2025, 86-87쪽.

발전소는 339기가와트(GW)로, 전(全)세계 풍력 및 태양광 발전규모의 64%에 달하고, 2위인 미국(40GW)의 프로젝트 파이프라인의 8배가 넘는다고 보도했다.[49] 블룸버그 뉴에너지파이낸스가(NEF) 2024년 8월 27일 발표한 '2023년 전력부문 전환 트렌드에 관한 보고서'는 세계 총 소비전력 중 풍력·태양광 발전 비율이 13.9%, 수력 14.7%, 원자력 9.4%이며, 중국이 전 세계 재생에너지 발전의 약 3분의 1을 차지해 10년간 이어온 1위 자리를 공고히 했다고 한다. 특히 세계적으로 2023년 신규 전력발전원의 91%가 풍력·태양광 등 재생에너지 설비로, 전년 대비 83% 증가했다며 희망적인 녹색전환을 소개했다.[50]이 결과 중국의 녹색전환 계획은 2030년 탄소정점, 2050년 RE100, 2060년 탄소중립을 선언했지만 이들 예정기일을 앞당길 것으로 예견된다.

이러한 중국의 녹색전환 성과에도 불구하고 미국과 서구는 이 '신녹색 3종 제품'에 대해 '과잉생산론'을 들먹이며 관세분쟁을 일으키고 심지어 중국 전기차를 수입하지 않는 미국이 무려 100% 관세까지 부과해 '녹색무역장벽'을 치기까지 하고 있다. 지금 우리가 살고 있는 한반도를 비롯해 지구촌의 화급한 기후위기 또는 기후재앙은 개별국가의 영리나 기호를 넘어 화급한 세계적 공동대응을 요구하고 있다.

중국은 서방의 과잉생산론에 대해 "'중국 과잉생산론'의 10문 10답(3)"을 발표해 이를 반박하면서 중국의 경쟁력 우위요인을 블룸버그

---

49 김연지 기자, "중국, 전세계 신규 재생에너지 발전용량 2/3 차지…석탄비중 역대 최저", 『ESG경제』, 2024.7.12(https://www.esgeconomy.com/news/articleView.html?idxno=7100).

50 김현경 기자, "전세계 소비전력 40%가 무탄소 전원...풍력·태양광 14% 차지", 『ESG경제』, 2024.8.28(https://www.esgeconomy.com/news/articleView.html?idxno=7722).

통신을 인용해 제시하고 있다.[51]

> 현재 전 세계적으로 볼 때 녹색 생산능력은 과잉이 아니라 심각하게 부족하다. 국제에너지기구는(IEA) 최근 발표한 보고서에서 향후 5년간 세계 재생에너지는 급속한 성장기를 맞이할 것으로 예측했다. 보고서에 따르면 2023년 전 세계 재생에너지 신규 설비 용량은 전년 대비 50%증가한 510GW(기가와트)에 달했다. 보고서는 기존 정책과 시장 여건 하에서 전 세계 재생에너지 설비용량은 2023년부터 2028년 까지 5년간 7,300 GW에 달할 것으로 예상했다. IEA는 2030년 전 세계 신에너지 자동차 수요량은 2022년의 4배가 넘는 4,500만대에 달할 것으로 추산했다(자료출처: 국제에너지기구).
>
> "메이드 인 차이나의 경쟁력 우위는 어디에서 나오는가?
>
> 중국산 제품이 세계에서 잘 팔리는 것은 시장경쟁 법칙이 효력을 발휘한 결과물이다. 중국기업은 지속적인 기술혁신과 완전한 생산망·공급망 시스템, 충분한 시장 경쟁에 의존해 빠르게 발전하고 있다. 중국은 전 세계에서 환경기술 혁신에 가장 적극적으로 나선 국가다. 2011년부터 2020년까지 중국 환경기술 발명특허 출원량은 전 세계의 60%에 육박했다. 블룸버그 통신의 분석에 따르면, 전기차 분야에서 중국 절대다수 선두권 자동차 수출업체의 생산능력 이용률은 모두 국제적으로 인정받는 정상 수준이며 중국의 전기차 산업은 효율이 더 높은 것이지 '과잉생산' 하는 것이 아니다." 자료출처: 블룸버그 , 국무원 신문판공실이 발간한 '신시대의 중국 녹색발전 백서'

이러한 중국의 반론을 뒷받침하는 사례는 세계 여기저기서 확인되고 있다.[52]

---

51 "'중국 과잉생산론'의 10문10답 (3)", 『인민망』 한국어판, 2024.4.29(http://kr.people.com.cn/n3/2024/0429/c203772-20163175-3.html).

52 한애란기자, "태양이 승리한다…3년에 2배로 커지는 햇빛의 마법[딥다이브]", 『동아일보』, 2024.9.21(https://v.daum.net/v/20240921100016662).

상반기 파키스탄이 중국에서 수입한 태양광 패널의 발전 용량은 무려 13기가와트(GW). 이 나라 공식 발전 용량(46GW)의 거의 30%에 달하는 용량을 고작 6개월 만에 추가해 버린 겁니다...파키스탄에서 태양광 패널 가격은 이제 와트(W)당 30루피(약 143원). 1년 전(80루피)보다 60% 넘게 하락했죠.

독일 가정에선 지붕과 발코니에 태양광 패널을 설치하는 붐이 일었고요. 지난해에만 14GW의 태양광 시스템이 새로 설치됐습니다. 1년 전과 비교해 85% 성장률을 기록한 거죠.

나미비아, 에스와티니, 남아프리카공화국의 건물 옥상에 설치된 태양광 시스템이 전체 공식 발전용량의 10% 안팎을 차지할 정도로 커졌다고 하죠. "가격이 싸고, 아프리카 시장은 중국산 패널로 넘쳐납니다. 대부분 기업엔 (태양광이) 당연한 선택이죠."(Sustainable Energy Africa-SEA 애널리스트 조엘 나나)

가격 경쟁력 또한 상상하기 힘들 정도로 파격적이고 설치 소요시간 역시 파격적이다.

도대체 얼마나 싸냐고요? 미국 OPIS 조사에 따르면 중국 시장에서 태양광 모듈 가격은 현재 와트(W)당 9.5~10센트(0.095~0.1달러) 수준입니다. 작년 초 24센트, 작년 말 15센트였으니, 추락 속도가 너무 빠릅니다. 불과 10년 전만 해도 'W당 1달러 이하'로 떨어졌다며 호들갑이었는데, 10년 만에 10분의 1이 됐죠.

2004년엔 전 세계가 1GW 태양광 발전 용량을 새로 추가하는데 1년이 걸렸는데요. 2010년엔 한 달, 2016년엔 일주일, 그리고 2023년엔 하루도 채 걸리지 않습니다. 아마 올해는 한나절 남짓이면 될지도 모릅니다. 올해 연간 신규 용량이 592GW로 추정되니까요(블룸버그NEF).

미국을 비롯한 서구 일반은 중국의 경쟁력 우위에 설득력 없는 과잉생산론 등으로 제동을 걸려고 하지만 결국 역부족으로 효과적인 제

동을 장기간 걸지는 못할 것으로 예견된다. 이는 특정 국가의 이해관계를 넘어서 지구촌 전체의 시각에서 특히 기후 위기와 재앙의 시각에서 평가될 문제이다. 2015년 파리기후협정은 산업화 이전 대비 지구의 평균기온 상승을 1.5도 이내로 제한하자며 마지노선으로 제시하였다. 이를 주도한 미국과 서방이 지금에 와서 녹색상품에 대한 과잉생산론을 펼치는 것은 모순된 행보이다.

더구나 대통령으로 선택된 트럼프는 세일가스 생산 확충과 여러 기후위기 관련 국제조직으로부터 탈퇴를 언급하고 있어 사태는 더욱 악화할 것으로 보인다.[53] 이와 같은 개별 국가의 이해관계와 지구촌 공동체 전체의 총체적 이해관계 사이의 모순된 행보의 위험을 극복하기 위해 '천하체계'라는 제도적 장치가 필요하다는 제안 또한 시사점이 있다.[54] 현재의 유엔이 미국과 서방의 안마당에서 벗어나 '천하체계'로 탈바꿈하는 것이 인류사회의 직면한 과제이기도 하다. 새로운 세계질서와 새로운 사회의 도래가 객관적으로 요구되고 있는 것이다.

---

[53] 미국에너지정보청(EIA) 2022~2023년 기준, 미국은 석유 생산(비중 22%)과 소비(20%) 세계 1위. 수출량은 사우디, 러시아, 이라크, 캐나다 차례였다. 2022년 기준 천연가스도 생산과(2위 러시아의 2배) 소비 모두 세계 1위다. 수출량은 러시아, 카타르, 노르웨이, 캐나다 차례였다.

[54] "천하는 여러 국가가 공동으로 구성하는 관계의 결합체다. 따라서 천하는 제국이나 배타적인 패권이 아니라 하나의 네트워크이며, 즉 모든 국가가 함께 하나의 관계 시스템을 구성한다. 천하는 가장 큰 관계의 네트워커이고 천하의 주권은 어느 한 국가에 속하지 않으며 천하체계 그 자체에 있다고 할 수 있다." 자오티양(趙汀陽), 「천하체계, 21세기 중국의 세계 인식과 미래 전망(天下概念與未來問題)」, 최종현 학술원펴냄, 『중국, 새로운 패러다임 II』, 글항아리, 2020, 319쪽. 또는 참조로, 자오티양(趙汀陽), 「천하체계론-화이질서를 넘어 유토피아로」, 문정인, 『중국의 내일을 묻다: 중국 최고지성들과의 격정토론』, 삼성경제연구소, 2010, 73~92쪽.

3. 제조업 초강국 지향의 중국

2022년 기준 중국 국가통계국 자료에 잡힌 제조공장 약 670만을 가진 중국은 세계 1위의 제조업 대국이고 유엔 산업분류의 모든 산업 부문을 생산하는 유일한 국가다. 따라서 거의 완전한 산업 및 공급 연결망(chain)을 형성해 원부자재 지원 시스템을 자체적으로 갖추고 있고, 대부분의 자재와 부품은 중국 현지에서 조달가능하다.[55] 이는 혁신적인 시제품 양산을 강력 지원한다. 또한 규모의 경제가 작동하는 초대형의 시장과 공급 연결고리에서(chain) 숙련된 인력을 통해 물류·노동력·원자재·운송 등의 비용을 절감할 수 있다. 여기에다 중국공산당이 이끄는 신형거국체제(新型举国体制)를[56] 바탕으로 국가[57]및 국유기업[58]의

---

[55] 이 때문에 한국에서 원부자재를 수입해 중국에서 가공해 수출하는 옛 무역구조는 더 이상 구조적으로 작동하지 않는다. 이뿐 아니라 윤석열정부에서 미국·일본 맹종 외교정책으로 인해, 여기에다 중국의 반도체 자립도가 미국의 기술전쟁 강화로 인해 더욱 속도를 내고 있어, 한국의 대 중국 수출은 더욱더 시련을 겪고 있다.

[56] 국가적 중요 목표를 달성하기 위해 국내 다양한 물적·인적 자원을 동원하는 중국식 국가 운영방식을 지칭한다. 시진핑시대 새로이 등장한 이 신형거국체제는 첨단과학기술 자립과 주요 산업분야를 특히 강조한다.

[57] 미국 PR컨설팅기업 에델만 2021년11월 국가신뢰지수 조사에서 중국공산당이 이끄는 중국정부가 91점으로 1위를 차지했다. https://www.edelman.kr/newsroom/2020-trust-barometer-spring-update-press-release. 또한 에델만이 2024년 1월 14일 발표한 조사에서는, 전체 신뢰도 지수에서 중국이 79점으로 1위를 차지했고, 그 뒤를 인도(76), 아랍에미리트(74), 인도네시아(73), 사우디아라비아(72)등이었다. "한국, 28개국 중 기업신뢰 최저…언론·정부신뢰도 하위권", 『연합뉴스』, 2024.1.15(https://www.yna.co.kr/view/AKR20240115112200009).

[58] 중국 헌법6조는 생산수단의 사회주의 공유제를, 곧 전인민소유제와 노동군중의 집체소유제를 명시하고 있고(中华人民共和国的社会主义经济制度的基础是生产资料的社会主义公有制, 即全民所有制和劳动群众集体所有制), 헌법7조는 국유경제 주도성을 명시하고 있다(国有经济, 即社会主义全民所有制经济, 是国民经济中的主导力量). 이를 통해 비록 민영기업이 치열한 시장쟁탈 경쟁을 벌이는 자본주의식 시장경제와 더불어 혼합경제체제를 유지하면서도 국유기업의 주도성을 통해 사회주의 성격을 견지하고 있다.

관련 기본설비에 대한 선도적 투자·구축과[59] 생산현장의 치열한 경쟁, 첨단을 걷고 있는 ICT의 응용력과 디지털화, 스마트화, 지능화 등을 통한 스마트공장 등 뛰어난 산업혁신으로, 동시에 이러한 혁신은 전 산업분야 연결고리에서 이뤄져, 전 세계 경쟁력을 획기적으로 높이고 있다. 곧, 내적 동력을 갖추고 있는 것이다.

> [이제] "중국관련 상품은, 기술함량이든 품질수준이든, 또한 출하량에서건 또 전 세계 시장점유율에서건, 이미 비교적 큰 우위를 모두 차지하고 있다. 이로 인해 이들 영역에 진입해 계속발전을 희망하는 외국기업들은, 많든지 또는 적든지 간에, 중국의 산업사슬과 협력을 할 수 밖에 없도록 하고 있다." "디지털화·인공지능·우주항공·신소재 등 영역에서, 중국은 이미 서서히 자주적 우세를 갖춘 기술플랫폼을 구축했다. 아울러 이들 플랫폼 하에서 제조업이 더욱 고부가가치로 발전하는 방향으로 하는 재정비가(整体) 촉진되고 있다."[60]

이러한 혁혁한 성과는, 미국의 빅 테크 기업(big-tech) 주도와는 대조적으로, '중국제조 2025'와 '인터넷+' '스마트+' 'AI+' 등 국가주도

---

59 이를 두고 "국가 정책과 시장이 서로 결합하여 양성(良性)발전"을 이룩했다고 평가한다. 곧, 국가는 "미래 산업발전의 중점 방향을 확정하고, 정책지원·자금지원 등을 통해 관련 산업의 기술연구개발과 기초설비 투입의 '가장 어려운 첫걸음'을 촉진시켰다. 이어 핵심기술과 기본 산업능력이 국가의 지도에 의해 초기적 모형을 갖춘 후에(初具雏形后), 시장화 주체는 진일보한 혁신·투자·운영을 재(再)완성 하였다"고 분석하고 있다. "中国制造业新优势是如何形成的" https://opinion.huanqiu.com/article/4HWsBf1b1qe 『환구시보』, 2024.4.25, 강정구 번역, 『통일뉴스』, 2024.4.30(https://www.tongilnews.com/news/articleView.html?idxno=210574).

60 "中国制造业新优势是如何形成的(중국 제조업 우세는 어떻게 이뤄졌나?)" https://opinion.huanqiu.com/article/4HWsBf1b1qe 『환구시보』, 2024.4.25, 강정구 번역, 『통일뉴스』, 2024.4.30(https://www.tongilnews.com/news/articleView.html?idxno=210574).

의 산업화와 정보화라는 '보이는 손'의 역할에 힘입었다. 2013년 시진핑 지도체제가 등장한 후 일정 준비기간을 거친 2015년, 전국인민대표대회에서 리커창 총리는 제조업 기반육성, 기술혁신, 녹색성장 등을 통해 중국경제를 기존의 노동집약적인 '양적 성장'에서 기술집약적이고 고부가가치 중심의 '질적 성장'으로 근본적 체질을 바꿀 '중국제조 2025'를 선언했다.

글로벌 주요제조업 국가를 미국 1등급, 독일·일본 2등급, 중국·영국·프랑스·한국을 3등급으로 분류하고, 향후(2015년 기준) 30년 동안 3단계 목표와 9대 과제에 따라 중국 산업구조를 완전히 바꾸어 강대국 선두에 올리겠다는 것이다. 1단계로 2025년까지 세계 제조업 강국의 대열에 진입하고, 2단계로 2035년까지 강국의 중간 수준에 안착하고, 3단계로 2049년까지 주요 산업에서 경쟁력을 갖춰 선두가 된다는 장기 규획이다.

이를 통해서 IT·로봇·항공우주·고속철·반도체·AI·친환경전력·신에너지자동차·바이오·해양공학 등 10대 전략상품을 육성하겠다는 것이다. 이에 따라 핵심 부품과 자재의 국산화율을 2020년까지 40%, 2025년까지 70% 달성하고, 10대 핵심 산업을 세계 최고수준으로 발전시키겠다는 전략이다. 보다 구체적으로는 다음 표인 〈10대 전략 중점분야〉와 〈5대공정 중요내용〉이 보여주는 바와 같다.

10대 전략적 중점분야[61]

1. 차세대 IT산업
    1. 집적회로 및 전용장비

[61] Issue Report 2015년 제25호(2015.12), 한중과학기술협력센터, 표. 10대 전략적 중점분야.(약간의 형식 변화) https://kostec.re.kr/sub0101/view/page/5/id/27886#u

2. 정보통신장비
3. 운행시스템 및 공업 소프트웨어
2. 고급 수치제어선반(CNC), 로봇
1. 수치제어선반·기초제조장비·통합제조시스템
2. 적층제조(3D프린팅)
3. 공업로봇, 특수로봇, 서비스로봇
3. 항공우주장비
1. 대형항공기, 와이드-바디(widebody) 여객기
2. 중형 헬기, 터보프롭·터보팬엔진
3. 차세대 로켓, 중형 탑재체
4. 유인우주선공정, 달탐사공정
4. 해양공정장비 및 첨단기술선박
1. 심해 정거장, 호화 크루즈
2. 액화천연가스선
5. 궤도교통첨단장비
1. 차세대 지능형 궤도교통장비
2. 세계 선두 현대적 궤도교통산업체계
6. 에너지절약, 대체에너지자동차
1. 전기자동차, 연료전지자동차
2. 전지, 모터, 고효율 내연기관
7. 전력장비
1. 수력발전기, 원자로, 중형 가스터빈
2. 스마트 그리드, 신재생에너지장비
8. 농업용 기계장비
1. 첨단 농업용 기계장비
2. 트랙터, 복식 작업공구, 대형 콤바인
9. 신소재
1. 특수금속 기능소재, 고성능 구조소재
2. 기능성 고분자소재, 특수 무기비금속소재
3. 선진 복합소재, 초전도·나노소재, 그래핀

10. 바이오의약, 고성능 의료기기
  1. 혁신 중의약 및 맞춤형 치료약물
  2. 의료용 로봇, 영상장비
  3. 웨어러블, 원격진료 등 모바일 의료제품
  4. 바이오 3D프린팅, 유도다능성 줄기세포

5대 공정 주요내용[62]

1. 제조업 혁신센터(공업기술연구기지)
  1) 차세대 IT기술, 지능형 제조, 적층제조, 신소재, 바이오의약 등의 중대한 수요에 대응해 제조업혁신센터(공업기술연구기지) 설립
  2) 산업 기초·공통성 핵심기술 연구개발, 성과 산업화, 인재양성 중점추진
  3) 제조업 혁신센터 선정, 평가, 관리 표준과 절차를 제정 및 보완

건설공정
  1) 2020년까지 15개의 제조업혁신센터(공업기술연구기지) 설립
  2) 2025년까지 40개의 제조업혁신센터(공업기술연구기지) 설립

2. 지능형 제조공정
  1) 차세대 IT기술과 제조장비 통합혁신 및 공정응용 실시
  2) 산학연관 공동연구 지원
  3) 중점분야 스마트공장/디지털화 작업장 건설
  4) 프로세스 제조, 분산 제조, 지능형 장비와 제품, 신규업종모델, 지능화 관리, 지능화 서비스 등의 시범과 응용보급 분류 실시
  5) 지능형 제조 표준체계와 정보보안체계 구축, 지능형 제조 네트워크 시스템 플랫폼 구축

[62] Issue Report, 2015년 제25호(2015.12), 한중과학기술협력센터, 표. 5대 공정 중점 내용

건설공정

1) 2020년까지 제조업 중점분야 지능화 수준 향상, 시범프로젝트 운영비 30% 절감, 제품 생산주기 30% 단축, 불량품율 30% 감소
2) 2025년까지 제조업 중점분야 지능화 실현, 시범프로젝트 운영비 50% 감소, 제품 생산주기 50% 단축, 불량품율 50% 감소

3. 공업기반 강화공정

1) 장려와 위험보상 메커니즘 구축
2) 기반부품, 선진기반공법, 핵심기반소재 응용 지원
3) 핵심기반소재, 핵심기반부품의 공정화와 산업화 핵심문제 해결
4) 4개 기반(소재·부품·공정·산업기술) 연구센터 설립

건설공정

1) 2020년까지 40%의 핵심기반부품, 핵심기반소재 자주적 보장 실현, 우주장비, 통신장비, 발전장비, 궤도교통장비 등의 수요에 대응해 핵심 기반부품과 핵심기반소재 첨단제조공법 보급응용
2) 2020년까지 70%의 핵심기반부품, 핵심기반소재 자주적 보장 실현, 완비된 산업기술 기반서비스체계 구축

4. 녹색제조공정

1) 청정생산, 순환이용 등 전문프로젝트 기술 개선
2) 중점지역, 유역, 업종 청정생산 수준향상 계획 실시
3) 대기, 물, 토양 오염원 방지 전문프로젝트 실시
4) 녹색제품, 녹색공장, 녹색단지, 녹색기업 표준체계 제정, 녹색평가 실시

건설공정

1) 2020년까지 1,000개의 녹색시범공장과 100개의 녹색시범단지 구축, 중점업종 주요오염물 배출비중 20% 감소
2) 2025년까지 제조업의 그린성장과 주요제품의 소비는 선진국 수준으로 향상, 녹색제조체계 구축

5. 첨단장비 혁신공정

1) 대형항공기, 항공엔진 및 가스터빈, 민간우주, 지능형 그린열차, 대체에너지자동차, 해양공정장비 및 첨단기술선박, 스마트 그리드 관련 장비, 고급 수치제어선반, 원자력장비, 첨단진료설비 등 혁신과 산업화 전문프로젝트와 중대공정 실시
2) 일부 대표성 중점제품과 중대장비 개방

건설공정

1) 2020년까지 위에서 기술한 분야 독자 연구개발 및 응용 실현
2) 2025년까지 지적재산권 보유 첨단장비 시장점유율 대폭 향상, 핵심기술의 대외 의존도 급감, 주요분야 장비는 세계 선두수준으로 향상

이같이 과학기술 발전을 통해 중국 제조업의 고품질, 하이테크, 고부가가치 생산으로의 변화를 추구한 '중국제조 2025'는, 미국의 무역전쟁에 의해 방해를 받았음에도 불구하고 홍콩 사우스차이나모닝포스트(SCMP) 분석 결과, 2024년 초반 목표 중 86% 이상이 달성됐다고 한다. 또 일부 목표는 올해 말이나 내년에 완료될 가능성이 크다고 신문은 전망했다. 특히 전기자동차(EV), 재생가능 에너지 생산 등 일부 목표는 훨씬 초과 달성됐다고 보았다.[63] 2025년 5월 『조선일보』의

[63] "中 '제조2025' 목표, 86% 이상 대부분 달성…美제재 효과없어", 『연합뉴스』, 2024.

'중국제조 2025'의 10개 핵심분야와 2018년 추가된 인공지능 성과들에 대한 분석에 의하면, 전기차(BYD—1위 기업명), 전기차용 배터리(CATL), 태양광(론지솔라), 5G통신(화웨이), 드론(DJI), 고속철도(CRRC), 전력설비(국가전력망공사), 신소재(바오우스틸) 분야에서 한개 이상 세계 1위 기업을 배출했고, 2024년 말 쯤 대부분의 목표를 달성한 것으로 보고 있다.[64]

이들 장기규획의 결과, 세계은행 자료에 의하면 2022년 기준 국내총생산(GDP)에서 제조업이 차지하는 비중은 중국의 경우 28%로 높아졌고(한국 26%), 2021년 기준으로는 한국(28.0%), 일본(20.5%) 독일(18.9%), 미국(10.7%), 프랑스(8.9%), 영국(8.7%) 순으로 나타났다. GDP 대비 서비스업 비중은 미국(77.6%), 영국(71.6%), 프랑스(70.3%), 일본(69.6%), 독일(62.9%), 한국(62.4%) 순으로 나타났다.[65] 경제협력개발기구(OECD) 통계는 2020년 기준 중국의 제조업 생산 규모는 세계의 35%에 달해 압도적인 1위다. 세계 2~9위 국가를 합친 34%보다 비중이 더 높다. 다음 유엔산업개발기구(UNIDO: United Nations Industrial Development Organization)의 2024년 총회논문(MIPF 2024 conference paper)은 2030년 각국의 글로벌 제조업 비중을 중국 45%, 미국 11%, 일본 5%, 한국·독일·인도 각각 3%, 영국·인도네시아·멕시코 각각 1%로 추정하고 있어 중국의 비중은 훨씬 더 높아질 것으로 보인다.[66]

4.30.

64 베이징=이벌찬 특파원 조성호·김태준 기자, "中 '2025년 제조업 석권'… 10년 전 그 위협, 현실 됐다", 『조선일보』, 2025.5.27(https://www.chosun.com/international/international_general/2025/05/27/NBP6LEUPPZBNZOXORYZJMBCZYE/)

65 「2024년 우리나라 산업구조 동향 분석」, 『경제·산업 통계』 KIAT 산업기술정책단 정책기획실, 2024.5.30(https://www.iitp.kr/kr/1/knowledge/statisticsView.it?masterCode=publication&searClassCode=K_STAT_01&identifier=02-008-240710-000001).

66 "The Future of Industrialization: Building Future-Ready Industries to

FIGURE 4. A CHANGING STRUCTURE OF GLOBAL INDUSTRIAL PRODUCTION

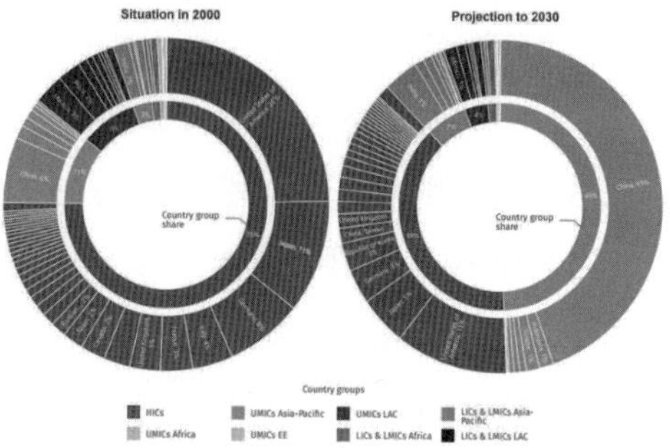

Source: UNIDO elaboration based on UNIDO National Accounts Database.
Note: Projections to 2030 are made based on historical average annual growth rates (between 2010 and 2019) and applied to the latest available observations (2024) up to 2030. LICs = Low-income countries; LMICs = Lower middle-income countries; UMICs = Upper middle-income countries; HICs = High-income countries; EE = Eastern Europe; LAC = Latin America and the Caribbean.

대량의 고품질(高素质) 인재 또한 제조업 혁신의 밑바탕을 이루고 있는바 중국의 공학 학위를 취득하는 수는 미국의 7배이고, 학부 계단을 밟아 배출한 정상급 인공지능 연구원은 미국의 2.5배이고, 2025년에 배출할 과학기술 박사 졸업생은 미국의 거의 2배에 달한다. '네이처 인덱스 2025' 자체의 분석에 의하면[67] "중국은 2000년대 초반부터 과학, 기술, 공학, 수학(STEM: Science, Technology, Engineering, Mathematics) 분야 박사학위 취득자 수에서 미국을 앞지르고 있다… CSET 보고서는 2025년까지 중국 대학들이 연간 약 77,000명의 STEM 분야 박사학위를 배출할 것으로 예측해, 미국 대학의 연간 40,000명과 대비"

Turn Challenges into Sustainable Solutions" United Nations Industrial Development Organization (UNIDO), MIPF 2024 conference paper, Figure 4 https://www.unido.org/sites/default/files/unido-publications/2024-11/The%20Future%20of%20Industrialization%20-%20Building%20Future-ready%20Industries%20to%20Turn%20Challenges%20into%20Sustainable%20Solutions.pdf

67 Benjamin Plackett, "News 11 June 2025 Nature Index 2025 Research Leaders" https://www.nature.com/nature-index/news/nature-index-research-leaders-united-states-losing-ground-china-lead-expands-rapidly

된다고 보고 있다. 여기에다 2000년 이래, 중국의 R&D 방면 지출은 30여배 증액되었고, 2023년 전국의 R&D 투자액은 3.3조 위안을 넘어섰다고 한다.[68] 중국은 2021년 기준 858.1만 명의 R&D 인력을 보유해 세계 1위지만 고급연구 인력비중이 240만 6천으로(미국은 158만 7천) 42.1%를 차지해 질적 개선이 필요하다고 진단하고 있다.[69]

이러한 '중국제조 2025'에 대해 트럼프 미국이 대 중국 관세전쟁을 벌일 때 관세 증액대상을 이 첨단제조업 육성책의 수혜품목으로 표적 삼기를 할 정도였다. 2023년 항조오우 아시아올림픽에 참가한 한국대표단이 지갑·신분증·열쇄 등을 휴대할 필요가 없이 대신 얼굴·지문 등으로 일상적인 생활을 할 수 있을 정도로 ICT의 실용화와 응용력이 뛰어남을 발견했을 정도다. 항공우주에서는 세계 최초로 달 이면에 탐사선을 착륙시켜 흙을 채취해 올 정도이다. 또 2016년 선저우 11호에서 처음으로 식물을 재배한 후 볍씨, 오이, 토마토 등 우주 육종으로 연간 약 26억kg의 곡물증산에 도움을 준다고 한다.[70]

---

68 "中国成为全球产业创新高地绝非偶然(중국의 세계적 산업혁신 고지 달성은 절대로 우연이 아니다)", 『환구시보』, 2024.7.23(https://opinion.huanqiu.com/article/4IiYXwciFC6), 강정구 번역, 『통일뉴스』, 2024.7.28.

69 〈글로벌 주요국 R&D 인력 비교〉 (단위: 만 명, FTE=Full-Time Equivalent기준)

국가	년도	A: R&D인력	B: R&D연구원	B/A
중국	2021	571.6	240.6	42.1%
미국	2019	-	158.7	
한국	2020	54.5	44.7	81.9%
러시아	2020	74.9	39.7	53.1%
일본	2020	91.2	69.0	75.7%
영국	2019	47.5	31.6	66.6%

* R&D연구원: 지식·제품 등을 창출하는 전문인력으로, 주로 중급 이상 직함이나 박사학위를 보유한 인력
* 출처: "중국과기인재발전보고", 『정책보고』 2022년 09호, 한중과학기술협력센터(KOSTEC), 2022, 27쪽(https://kostec.re.kr/policy_trends/view/id/38085#u).

70 "광활한 우주탐사.. 中, 우주강국 건설 '성큼'", 『인민망』 한국어판, 2024.9.23(http://

로봇의 경우 2022년 새로 배치된 중국의 산업용 로봇은 29만대로 세계 시장의 50%를 웃돌면서 9년 연속 세계 1위를 기록했고 자동차 공장 등 스마트공장의 핵심구성요소가 되었다. 사람을 닮은 휴머노이드 로봇은 AI와 결합해 그 활용도를 높이고 있고, 이 시장의 1/3은 중국이 차지하고 있다. 한국에서도 식당 서빙 로봇이나 로봇 청소기는 이미 중국산이 압도하고 있는 상태다.[71] 이 휴머노이드 로봇과 각종센스를 통해 인간이 함께 결합한 협동로봇은 중국의 제조업을 점차 고도 자동화에서 전면적인 지능화로 전환시키고 있다. 2024년 7월 기준 중국 보유 로봇관련 특허는 19만 건이 넘어 전 세계 로봇 특허의 약 3분의 2를 차지할 정도다.[72]

중국 로봇 개발사 유니트리가 최근 개발한 '유니트리 G1'은 "LED 램프가 장착된 로봇 머리에는 라이다 센서 'Mid-360'와 대상까지의 거리나 그 성질을 분석하는 리모트센싱 기술도 탑재돼 있다. 또, 피사체의 깊이와 거리감을 측정할 수 있는 인텔리얼센스 뎁스(Depth) 카메라도 내장되어 있어 복잡한 환경에서도 자율적인 탐색이 가능하다." 이러한 기술적 진전과 더불어 가성비 또한 뛰어나다. 미국의 보스턴 다이내믹스의 사족 보행로봇 스팟은 7만 4천$인 반면 이와 유사한 유니트리 고2의 가격은 1천 600$로 90%이상 차이가 난다. G1의 경우 16,000$로 가장 저렴할 것으로 추정하고 있다.[73]

---

kr.people.com.cn/n3/2024/0923/c207467-20222037.html).

[71] 로봇청소기 판매량 기준 한국시장 점유율은 로보락(중국) 20.1% 샤오미(중국)·LG전자 17.7%, 삼성전자 15.5%, 에코백스(중국) 10.8%, 드리미(중국) 4.3% 방영덕, "대륙의 실수 아니라 대륙의 공포", 『매일경제』, 2024.9.16.

[72] "中 로봇산업, 고품질 발전 향해 '성큼'", 『인민망』 한국어판, 2024.9.23(http://kr.people.com.cn/n3/2024/0923/c207467-20222057.html).

[73] "2천만 원대 中 휴머노이드 로봇, 양산 모델 공개됐다", 『지디넷코리아』, 이정현 미디어연구소, 2024.08.20(https://v.daum.net/v/20240820140620461).

최근 베이징 인민해방군 종합병원이 “티베트 라싸와 윈난성 다리, 하이난성 싼야에서 원격으로 총 5건의 수술을 진행했다”고 한다. “라싸까지는 약 2,600km, 다리까지는 2,000km, 싼야까지는 2,600km 떨어져” 있고, “라싸와 다리의 고도는 각각 3,700m, 2,000m”로 “수술에는 지구 상공 3만 6천km 높이에 있는 앱스타-6D 광대역 통신 위성과 중국이 자체 개발 수술 로봇이 사용”됐고, 베이징에 있는 환자들을 위성과 수술 로봇을 활용해 거의 실시간으로 라싸와 다리, 싼야에 있는 의사들이 간, 쓸개, 췌장 수술을 한 것이다.[74]

또한 2025년 3월 스페인 바르셀로나에서 열린 엠더블유시(MWC) 2025 전시장에서 “가장 인상적인 것은 중국 기업들이 미국의 기술 제재를 약점이 아닌 강점으로 바꾸었다는 점이다. 화웨이는 세계 최초의 ‘5세대 어드밴스트’(5G-A) 기반 휴머노이드 로봇 ‘콰푸’(쿠아보)를 공개했고, 1만 5천km 떨어진 중국의 자동차를 원격으로 운전해서 관람객들을 놀라게 했다.[75]” 이처럼 첨단 ICT와 제조업의 융합을 강조하는 ‘인터넷+’ 정책은 오늘날 산업혁신이나 디지털경제화, 생활혁신, 획기적인 가격경쟁력 등을 이끌면서 실질적인 국가 발전전략의 핵심으로 자리 잡았다.

2024년 가을, 만리장성의 바다링(八达岭)에 고속철이 지나가는 징장고속철(京张高铁)이 개통되었다.[76] 이를 계기로 중국철도 전반과 고속철

---

[74] 최현준기자, “베이징서 2,600km 떨어진 환자 원격 수술 성공”, 『한겨레』, 2025.1.5.

[75] 손재권(더밀크 대표), “한국을 추격하는 중국은 끝났다 [뉴노멀-실리콘밸리]”, 『한겨레』, 2025.3.16.

[76] 고속철 개통과 더불어 베이징시는 2024년 8월부터 바다링창청(八達嶺長城)에 드론 물류배송을 개설해 관광객들이 5분 내에 보급물품과 비상물자 등을 받을 수 있게 됐다. 또 이 드론은 ‘짐꾼’에서 ‘환경미화원’으로 변신해 쓰레기를 옮긴다고 한다. “만리장성에도 음식 배달된다…드론 배송 ‘5분 컷’”, 『인민망』 한국어판, 2024.12.2(http://kr.people.com.cn/n3/2024/1202/c203280-20248944.html).

은 중국식 현대화의 축소판이라는 비유와 자찬이 이어지고 있다. 자체 설계에 의한 철도건설이 전무한 상태에서 2008년 베이징 올림픽을 앞두고 베이징-톈진 개통으로 시작해 오늘날 세계 최고 수준의 고속철과 철도로 자리 잡았고, 그 속도도 시속 35km에서 350km로 비약적 발전을 이뤘고 내년에 운행을 시작할 CR450은 최고시속 450km에 통상시속 400km로 현재 4시간 30분 소요되는 베이징-상하이 구간(1,318km)을 3시간 반 만에 주파할 수 있다. 현재 고속철 최대 운행 속도는 중국 350km로 1위를, 일본 신칸센, 프랑스 테제베(TGV), 모로코(프랑스 알스톰사의 테제베 사용)가 나란히 시속 320km로 2위, 우리나라가 시속 305km로 뒤를 따르고 있다.

또한 중국은 푸싱호(复兴号) 스마트 전동차 모델을 독자적으로 개발해 이에 소요되는 254개의 중요한 표준 중에서 중국 표준이 무려 84%를 차지할 정도로 중국기술력이 집대성되는 성과를 거뒀다. 현재 중국 고속철도는 그 길이가 4만 8천km로 일반철도와 함께 16만 2천km로 중국전체를 바둑판처럼 가로세로로 연결해 동부 베이징에서 서부 시안까지 일일생활권이 가능하도록 하였고, 그 보급률은 세계의 70%를 차지할 정도다. 2030년까지 철도 길이를 총 18만km로, 고속철도를 6만km로 늘릴 계획이다. 고속철 포함 중국 철도망은 현재 인구 200,000명 이상 도시의 99%까지 구축돼 있고, 낮은 기차요금과 역마다 정차하여 서민을 위한 공익성에 부합하고 있다. 또한 '8종 8횡'으로 중국을 종횡으로 가로지르는 16개의 고속철로 인구 50만 이상의 도시 97%를 충당하고 있다.[77]

---

[77] 김재현 전문위원, "한국 고속철 최고 시속 305km…중국은 '400km 시대' 연다[차이나는 중국]" 『머니투데이』, 2025.7.20.

이를 두고 시진핑 총서기는 “우리나라 자주혁신의 모범적인 성공사례 중 하나가 고속철이다. 무에서부터 시작해 유를 창조하였고, 관련기술의 도입에서부터 이를 소화하고 흡수 및 재(再)혁신을 하여 자주적 혁신에 이르기까지, 고속철은 이제 이미 세계를 선도하고 있다.”고 칭송했다.[78] 이 또한 ‘중국제조 2025’가 그 효력을 발휘한 결과라고 볼 수 있다. 더 나아가 중국은 지금의 시속 350km고속철에서 3배가 넘는 시속 1,000km의 자기부상고속철에서 초고화질 동영상이나 온라인 게임을 즐길 수 있는 ‘슈퍼 고속철’을 개발하고 있는 유일한 국가이다. “현재 중국의 많은 도시에서 최초의 상업용 진공관 자기부상 라인 건설 승인을 추진하고 있”고 첫 번째 노선은 2035년에 가동될 것으로 예상된다고 한다.[79]

이러한 결과들을 두고 중국의 『환구시보』 사설은(2024년 12월 12일) 다음과 같이 자평하고 있다.

> 중국은 자체 완전한 제조업 시스템의 지원 하에 세계의 다양한 수요를 효율적이고 저렴한 비용으로 충족시켜 줄 수 있을 뿐만 아니라, 지능형 생산 및 디지털 전환을 통해 생산 효율성과 제품 품질의 이중적 개선을 촉진하고 있다.... 특히 중국 제조업은 과학기술 혁신과 유연한 조정을 통해서 복잡한 국제 상황에 지속적으로 적응하면서, ‘비용 우위’를 ‘시스템 우위’로 승화시켜 중국을 글로벌 산

[78] 李拯, “中国铁路, 映照民族复兴路”, 『인민일보』, 2024.9.20(http://opinion.people.com.cn/n1/2024/0920/c1003-40323928.html). 『통일뉴스』, 2024.9.23(https://www.tongilnews.com/news/articleView.html?idxno=211632).

[79] “美언론 ‘중국은 시속 1000km 자기부상열차 개발 중인 세계 유일한 국가’”, 보얀 스토이코프스키 외(김정호 번역), 『울산함성』, 2024.12.7(http://www.ulham.net/foreignissue/25599) 출처: “美媒：中国研究人员正推进时速1000公里真空管磁悬浮列车研发，是目前唯一积极推进该技术国家”, 『환구시보』, 2024.12.4(https://oversea.huanqiu.com/article/4KVrbyi0Pqp)

업 사슬 및 공급망을 안정시키는 핵심 역량으로 만들고 있다.[80]

또한 'AI 시대 희토류'로 불리는 제조 데이터에서 중국은 세계의 공장이라는 수많은 제조업공장에서 "센서와 사물인터넷(IoT)이 설치돼 온도와 진동, 습도, 압력 등의 데이터를 실시간 수집한다. 이후 이 데이터를 클라우드로 전송하고, AI가 분석해 설비 고장이나 품질 이상을 조기 감지하는 예지보전(豫知保全)[81] 활동이 가장 활발하다... 생산량, 납기 일정, 제고 계산 등의 프로세스도 AI가 최적화해 결정한다. 축적된 데이터들은 중국 빅테크와 AI 스타트업의 학습 자산으로 사용된다." 그래서 문재인 정부에서 4차산업혁명위원장을 지낸 윤성로 서울대 전기정보공학부 교수는 "미국 빅테크가 자본을 앞세워 AI 패권 경쟁에서 우위를 점했지만 앞으로는 엄청난 제조 데이터를 보유한 중국 기업들에게 추격을 당할 가능성이 크다"고 내다봤다.[82]

그렇지만 아직도 중국제조는 "제조 대국"에서 "제조 강국"으로의 매진을 요구한다고 자신들은 보고 있다.[83]

---

80 "중국은 여전히 글로벌 무역 성장의 주요한 동력", 김정호 번역, 『울산함성』, 2024.12.16 (http://www.ulham.net/foreignissue/26180); 출처: "中国依然是全球贸易增长主引擎", 『환구시보』, 2024.12.12(https://opinion.huanqiu.com/article/4KcOUPGiFsn).

81 각각의 설비 상태를 정량적으로 파악하여 설비의 이상 상태나 앞으로 일어날 수 있는 사태를 미리 예상하고 적절하게 유지하고 보수하는 일.

82 강경주 기자, "'제조 데이터 강국이 AI 시대 지배'…中 저장성 '데이터 굴기'", 『한국경제』, 2025.6.24.

83 먀오웨이는 자동차 강국의 3가지 상징으로 '생산·판매 규모가 세계수위에 있는 자동차대기업'이 있어야 하고, '자기만의 독점적 기술이 자동차 제품에 널리 이용돼 글로벌자동차 산업을 이끌어야'하고, '국내 시장만을 노릴 것이 아니라 대량수출도 가능해서 국제자동차 시장에서 한 자리를 차지해야'한다고 보았다. 먀오웨이, 강정규 외 옮김, 『중국 전기차가 온다: 자전거 왕국은 어떻게 전기차 강국이 되었나』, 글항아리, 2025.6.

통계에 따르면 2024년 중국의 전체 공업 부가가치는 40.5조 위안(약 5.6조 달러)을 달성했고, 제조업 전체 규모는 15년 연속 세계 1위를 유지했다. 동시에 우리는 이 "세계 공장"이 여전히 "크지만 강하지 않은" 문제가 있기에, 더욱 발전하고 업그레이드하며 "병목 현상"의 단점을 해결해야 한다.... "중국 제조"는 고급화, 지능화, 녹색화 방향으로의 전환을 완성하고 "중국 창조"와 "중국 스마트 제조"로 상승하고 있다. 중국은 "제조 대국"에서 "제조 강국"으로 나아가는 걸음이 빨라지고 있으며, 산업화는 전체적으로 중기에서 중후기, 후기로 전환되는 과정에 있다.[84]

대조적으로, 지나친 금융자본주의화로 제조업 전반이 과거에 비해 절대적 열세에 놓여있는 미국이나 서구에서는 우크라이나 전쟁을 맞아 전쟁무기나 이를 생산할 수 있는 부품이나 소재 등에서 조차 중국이나 러시아에 비해 그 열세가 드러나고 있을 정도다.

4. 전자상거래 '알테쉬'의 도약

중국 경제의 디지털화와 지능화 등의 융합화가 속도를 내면서 중국의 전자상거래(Electronic Commerce)와 핀테크(Fin-Tech) 산업이 가속적으로 번창하고 있다. 특히 2015년 리커창총리가 발표한 모바일 인터넷, 빅데이터(Big Data), 사물인터넷 등을 제조업과 융합시켜 전자상거래, 인터넷 금융 등을 발전시킨다는 '인터넷 플러스' 정책에 힘입어 비약적인

[84] 贾康, "这是稳中有进的'潮头之声'" 来源 环球圆桌对话: 在"千亿县""万亿市"中感知中国经济韧性, 『환구시보』, 2025.5.15. 作者: 李长安 许炎武 贾康(https://opinion.huanqiu.com/article/4MgIsEVNdrp).

성장을 이뤘다. 전자상거래의 경우 중국의 '빅3'인 '알테쉬'(알리바바, 테무, 쉬인)가 세계소매시장을 주도하는 것으로 나타났다. 이들의 상품은 주로 패션의류, 전자제품, 액세서리, 장난감 등 일상생활 밀착형이며 소(小)용량 고속택배에 의존하고 있지만, 중국의 총 수출에서 전자상거래에 의한 수출 비중이 2023년 7.7%를 차지할 정도이다.[85]

2024년 6월 17일 한국경제인협회가 공개한 '최근 5년간 글로벌 이커머스 시장 현황 분석' 보고서에 따르면, 이들 중국 세 기업은 지난 5년간 연평균 매출성장률 41.0%를 기록해 글로벌 성장률 14.6%의 2.8배에 이르고, 전(全)세계 5대기업 중 3개를 차지했다. 2023년 시장점유율은 미국의 아마존 24%, 알리 익스프레스 16%, 쉬인 9%, 테무 7%였다. 한국에서도 중국의 해외직구 비중은 2021년 27.3%에서 34.8%, 46.8%로 증가해 2023년에 미국을 앞질러 해외직구 대상 1위 국가로 올라섰고 점차 격차를 더 벌이고 있다.[86]

또한 센서(Sensor Tower)가 발표한 2023년 실적은 중국의 '테무(Temu)', '쉬인(SHEIN)'이 전 세계·미국·유럽·중남미·중동에서 앱 다운로드 1-2위를 기록했고, 세계 5대기업에서 알리(Ali)·사오홍수(Xiaohongshu) 등 중국 기업이 4개를 차지하였고, 하나는 인도의 Meesho로 3위였다.[87]또 글로벌 데이터 분석기업인 "데이터에이아이(data.ai)의 2024년 모바일 시장보고서에 따르면, 아마죤의 2023년 쇼핑 앱 다운 수가 전년대비 22%하락한 반면, 쉬인과 테무는 각각 56%와 861% 증가했다." 앱 다운 순위는 테무, 쉬인, 알리익스프레스, 틱톡삽으로 상위 4등까지 모

---

85 박승찬, 『알테쉬톡의 공습』, 도서출판 더숲, 2024, 29쪽.

86 강병한 기자, "중국 이커머스 기업, 전 세계 TOP5 중 3개 차지…쿠팡 5위", 『경향신문』, 2024.6. 17.

87 https://www.newswire.co.kr/newsRead.php?no=982020

두 중국의 해외 직구플랫폼이 차지했다.[88]

미국, 한국 등에서 선풍을 일으킨 테무의 태생은 중국이라는 거대한 제조업 왕국을 배경으로 하고 있다. 2022년 기준 중국 국가통계국 자료에 잡힌 제조공장은 약 670만 개지만 통계 미포함 공장을 합치면 약 1,000만개가 넘는다고 한다. 2019년 트럼프1기의 무역전쟁과 2020~22년 코로나 창궐을 계기로 공장재고 물량이 넘치게 되자 핀둬둬의 창업자 콜린 황이 이를 사업의 기회로 포착하여 '국내 물류창고와 AI기술을 접목해' 2022년 9월 테무를 설립했다고 한다.

"중국내 판매자가 제품을 미리 국내 창고까지만 보내면 물품선정-가격책정-1차 제품심사-국내창고-해외물류-외국어서비스-광고홍보 마켓팅-판매-환불 및 반품절차 등 모든 절차를 테무에서 운영하는 형식인" 완전위탁관리 방식을 도입해 중국의 소기업들에 해외 판매 활로를 열어 줄 수 있었다. 알리의 경우 강력한 물류인프라 구축으로 "AI 빅데이터 인터넷 기술이 융합된 최첨단 기술 집약 물류사업체로 국내창고와 해외 물류창고를 확충하고 전국적으로 200개가 넘는 택배배송센터를 설립해 중국 내에서는 당일, 세계시장에서는 3일 배송" 등으로 배송시간을 단축시켰다. 물론 여기에는 "사물인터넷 기술과 인공지능, 빅데이터 등 첨단 디지털 기술을 활용하고" "입·출고 정보를 통해 주문된 물품들을 스스로 파악해 해당물건을 지시받은 장소로 옮겨"주는 로봇을 통한 물류혁명이 뒷받침하고 있다.[89]

'알테쉬'란 말이 한국에서도 일상화해 한국의 전자상거래 시장에 위력을 떨치고 있다. 이는 신흥경제도약 국가가 몰려 있는 동남아와

---

[88] 박승찬, 『알테쉬톡의 공습』, 도서출판 더숲, 2024, 20, 148쪽.

[89] 박승찬, 『알테쉬톡의 공습』, 도서출판 더숲, 2024, 90~91, 106~108쪽.

남미시장에서도 마찬가지다. 또한 54개 아프리카 국가[90] 중 대만 수교국가 한 나라를 뺀 53개국이 참여하는 중·아프리카 협력포럼과 정상회담을 열고 있고, 일대일로를 통해 이미 영향력을 단단히 확보한 아프리카의[91] 경우도, 중국의 전자상거래 진출은 타국의 추종을 불허하고 있다. 여기에다 2024년 11월 브라질에서 열린 제19차 G20 정상회의에서, 시진핑 주석은 '공동 발전을 위한 공정한 세계 구축'을 주제로 4대 원칙 및 8대 행동을 제안했고, 이 8대 행동의 하나로 '최빈국을 위한 개방 확대'를 제시하여 모든 중국 수교국의 최빈국 제품에 대해 100% 관세 면제 조치를 발표했다. 이 또한 중국 전자상거래 확충의 밑거름이 될 것이다.[92]

---

[90] 이코노미스트 분석에 의하면 "2007년부터 2020년까지 미국이 사하라 이남 아프리카 인프라 프로젝트를 위해 아프리카에 빌려준 자금은 중국의 두 주요 개발은행이 빌려준 자금 19억 달러와 230억 달러의 10분의 1에도 못 미친다." 정혜연 기자, [이코노미스트] "미국 추종 대신 실용주의 추구, 127개 국가에 달한다" 『민중의 소리』, 2023.4.16(https://vop.co.kr/A00001631351.html).

[91] 2018년 9월 4일 열린 중·아프리카 베이징 정상회담에서 중국은 "五不" "四不能" 원칙을 제시했다. 그 가운데 하지 않겠다는 5가지는: 그 나라 사정에 부합하는 발전 노선을 탐색하는 데 개입하지 않을 것(不干预非洲国家探索符合国情的发展道路); 내정에 개입하지 않을 것(不干涉非洲内政); 중국 자신의 의지를 강요하지 않을 것(不把自己的意志强加于人); 원조 중에 어떤 정치조건을 부가하지 않을 것(不在对非援助中附加任何政治条件); 투·융자 중 어떤 정치적 사익을 도모하지 않을 것(不在对非投资融资中谋取政治私利)이다. 이는 IMF나 세계은행을 통한 미국의 원조가 온갖 조건을 붙여 목을 조르는 것과는 대조적이다. 이러한 원칙이 아프리카와 중국의 밀착을 이끈 원동력이라고 볼 수 있다.

[92] 대조적으로 미국의 트럼프 2기는 세계를 표적으로 삼아 신(新)식민지적 약탈식의 관세전쟁을 벌이면서 미운 털이 박힌 브라질의 룰라를 겨냥해 50% 관세를 부과하는 제국의 횡포와 광란적인 대응을 일삼고 있다. 이러한 제국의 횡포를 통해 미국 제조업의 부활을 시도하려지만 미국이 '강탈'한 대 미국투자는(한국의 경우 3,500억 달러, 일본은 5,500억 달러 등등) 미국 제조업기반의 붕괴로 결코 성공할 수 없을 것이다. 왜냐면 이 제조업 부흥(Re-Shoring) 전략을 정작 미국의 빅테크 등은 대부분 외면하고 있기 때문이다. 미국의 제조업 관련 인프라, 기술인력, 기술수준, 노동기율 등등으로는 경쟁력을 갖출 수 없다는 판단으로, 이들은 오히려 중국, 인도, 베트남 등에 이미 진출해 있고 이들의 회귀(Re-Shoring)를 외면하고 오히려 해외 출구를 증강하고 있다.

이러한 중국 전자상거래 약진은 여러 가지 요인이 복합적으로 작동한 결과이다. 무엇보다 먼저 중국은 신용카드 이용률이 매우 높은 미국이나 한국과는 달리 스마트폰 이용률이 90%쯤 되어 스마트폰 기반의 모바일페이가 일상화 및 생활화하여, 벽촌의 보따리 장사에까지 현금이 아니라 QR코드 결제가 일상화하였다. 위챗페이 사용자수는 9억으로 애플페이의 4,400만 명을 압도하고, 미국인들이 쓰는 돈의 150배에 달하는 금액을 모바일 플랫폼에서 지출하고 있어, 여기서 획득한 소비자 분포나 소비성향 등의 새로운 생산요소로 격상된 빅 데이터를 양산하고 있다. 2024년 중국의 택배 건수는 1,700억을 넘겨 11년 연속 세계 1위였다. 이처럼 국내에서의 전자상거래가 일상화하고 있다. 여기에다 거대한 인구와 사생활 보호에 대한 느슨한 규제 또한 엄청난 양의 데이터를 생성한다. '중국결제산업 연보 2022'에 의하면 2021년 기준 온라인결제 이용자는 9억400만 명으로 네티즌의 87.6%를 차지할 정도라고 한다.[93]

이러한 결제를 위한 데이터 처리 기술과 규모의 경제를 통한 가격 경쟁력을 갖추게 되었다. 특히 거대한 고객집단의 휴대폰으로 수집한 빅 데이터는 맞춤형 서비스와 실시간 배송 등을 획기적으로 개선하는 밑바탕이 되고 있다. 여기에다 2022년 기준 소매 중 전자상거래 비율이 27.2%나 돼서, 전(全)세계에서 전자상거래 비율이 가장 높다. 게다가 세계적으로 스마트폰을 이용한 전자상거래 비중이 90% 쯤 차지해 기술적으로도 스마트폰 활용도가 매우 높은 중국은 유리한 조건을 갖췄다.

---

[93] "中, 온라인 결제 이용자 규모 9억 400만 명…네티즌 전체의 87.6%", 『인민망』, 2022.6.17 (kr@people.cn)

중국인터넷정보센터(CNNIC)가 2024년 11월 발간한 '인터넷의 디지털 소비 발전 지원 청서'에 의하면 현재 온라인쇼핑 이용자는 9억 명을 초과했고, 인터넷의 보편화와 일상화에 따라 연령·성별·지역 차이가 없어졌다고 한다. 2000년대 출생 젊은이의 온라인 쇼핑 이용률은 88.5%, 60세 이상 네티즌은 69.8%, 농촌 네티즌은 76.7%에 달한다고 한다. 또한 농촌네티즌은 숏폼과 플랫폼에서 도시네티즌보다 1.2%p 높은 정도인 것으로 나타났다.[94] 여기에다 중국의 Z세대들(1990년대 중후반~2000년대 초반 출생)의 수입산 제품에 대한 무조건적 선호도가 줄어들고 '가성비 소비'로 바뀌고 있어, 곧 Z세대의 68.4%는 '가성비'를 가장 중요하게 보고 있어, 국내에서의 전자상거래가 더욱 확장할 것으로 보인다.[95]

이들을 바탕으로 14억 인구와 중산층 4억 이상을 가진 거대 국내시장에서 획득한 전자상거래 자료가 빅 데이터로서 경쟁력의 뒷받침 역할을 한 것이다. 이렇게 성장한 국내 시장을 기반으로 국제 전자상거래로 발돋움할 수 있었던 것은 위안화의 국제화였다. 기존 미국달러 일변도의 스위프트(SWIFT) 국제결제체제에다 2015년 중국이 위안화 국제결제체제인 CIPS를('Cross-border Interbank Payment System 국제·은행 간 결제시스템)' 만들어 수수료를 낮춰 전자상거래 소액거래 소비자들의 부담을 낮춘 것이다. 물론 전자상거래 비율이 2015년 7.4%에서 2023년 19.4%로 급증했듯이 세계적으로 소비습관이 전자상거래 쪽으로 옮아가기 시작한 것이 또한 밑바탕이 되었다.

---

94 "中 인터넷 쇼핑 이용자 규모 9억 명 돌파…디지털 소비, 새로운 소비 트렌드 주도", 『인민망』 한국어판, 2024.11.28.

95 김진선기자, "중국산이 결국 최고예요"…Z세대 트렌드, 가성비 챙기고 '국뽕'은 덤, 『아시아경제』, 2024.10.26.

이렇게 활성화한 전자상거래를 뒷받침할 인적자원을 중국의 대학과 전문대학이 양성해 충족시키고 있다. 2022년 기준 4년제 대학 전자상거래 관련 학과는 662개, 세부 전공별로 전자상거래 563개, 전자상거래와 법률 21개, 해외 전자상거래 78개로 집계되었고, 2년제 전문대학의 개설학교 수는 2,352개로 전년에 비해 227개나 증가했다.[96]

〈중국 전문대학교 전자상거래 관련 전공 학교 수('22)〉

전공	학교수(개)	전년 대비
전자상거래	1,546	70 ↑
크로스보더 전자상거래	372	51 ↑
모바일 상거래	72	2 ↓
온라인 판매와 라이브커머스	221	95 ↑
농촌 전자상거래	37	7 ↑
비즈니스 데이터 분석과 응용	104	6 ↑
합계	2,352	227 ↑

이들 전자상거래를 두고 『환구시보』 사설은(2024년 12월 12일) "국제전자상거래의 수출 추동력이 강하다. 지난 3분기 수출입은 전년 동기 대비 11.5% 증가했는데 '소량주문 신속공급' 패턴으로 의류, 모자 등 전통적인 노동 집약적 제품이 수출 활력을 되찾았다. (직구 등) 디지털 무역 수단은 기업의 무역 비용을 크게 절감시켰으며, 기업의 무역 효율성을 향상시켰다...'작지만 아름다운' 제품이 해외에서 빠르게 '유명세'를 타 대외무역 발전의 새로운 하이라이트가 되었다."고 평가했다.[97]

---

[96] "중국 전자상거래 산업 발전 현황", 『정책보고』, 한중과학기술협력센터(KOSTEC), 2024.12.6(https://kostec.re.kr/policy_trends/view/search_field/eNortjI2tlJy1CsuTcpKTS7RdtTLS8xNBVIlielAMjk_ryQ1r6RYyRpcMAypDUU~/search_keyword/eNoBM1wwzP9zOjQzOlwi7KSR6rWtIOyghOyekOyDgeqxsOuemCDsgrDsl4Ug67Cc7KCEIO2YhO2ZqVwiO_VaHeY~/page/1/id/38086#u 원자료출처: 中国电子商务报告(2022) https://images.mofcom.gov.cn/dzsws/202306/20230609104929992.pdf).

[97] "중국은 여전히 글로벌 무역 성장의 주요한 동력", 김정호 번역, 『울산함성』, 2024.

5. 중국 굴기의 내생동력과 자신감의 발로

위의 논의를 종합해보면, 앞에서도 말했듯이, 중국은 규모의 경제가 작동하는 초대형 시장과, 거의 '완벽한' 공급 연결고리에서(chain), 숙련된 인력을 통해, 스마트공장 등의 혁신을 통해, 물류·노동력·원자재·운송 등의 비용을 절감할 수 있다. 여기에다 중국공산당이 이끄는 국가 및 국유기업의 관련 기본설비에 대한 선도적 투자·구축과 생산현장의 치열한 경쟁, 첨단을 걷고 있는 ICT의 응용력과 디지털화, 스마트화, AI화 등을 통한 스마트공장 등 뛰어난 산업혁신으로, 동시에 이러한 혁신은 전 산업분야 연결고리에서 이뤄져, 전 세계 경쟁력을 획기적으로 높이고 있다. 곧, 굴기에 대한 중국자체의 내적 동력을 갖추고 있는 것이다. 물론 아직도 약 2억 7천만에 이르는 농민공의 문제,[98] 빈부격차,[99] 지역격차, 인구감소 등의 문제점을 안고 있다. 그러나 이는 공동부유사회론, '동수서산'(东数西算: 동부는 데이터 중심, 서부는 컴퓨팅 즉 계산

12.16(http://www.ulham.net/foreignissue/26180), 출처: "中国依然是全球贸易增长主引擎", 『환구시보』, 2024.12.12(https://opinion.huanqiu.com/article/4KcOUPGiFsn).

98 국가통계국 자료에 따른 도시화 비율은 2024년 말 도시 상주인구 9억 4,350만으로 실제 도시화율 67%지만, 호적 인구상 도시화율은 48%로 19%의 차이가 난다. 이 차이에 해당하는 약 2억 7천만은 실제 도시에 살면서도 양로, 주택, 의료, 자녀 교육 등 면에서 아직 동등한 기본 공공서비스를 누리지 못하고 있는 농민공이다. 자캉(贾康)(중국재정과학연구원 연구원), "이것은 안정 속에 나아가는(稳中有进) '시대의 선구적 목소리'이다" 출처: 环球圆桌对话 : "在'千亿县' '万亿市'中感知中国经济韧性" 来源:环球时报 作者 : 李长安 许炎武 贾康 -2025-05/15 https://opinion.huanqiu.com/article/4MgIsEVNdrp. 김정호 번역, "'천억 현' '만억 시'에서 느끼는 중국 경제의 회복력", 『울산함성』, 2025.6.2(http://www.ulham.net/foreignissue/34755).

99 세계은행 발표 2021년 기준 지니계수는 중국 35.7 러시아 35.1 한국 32.9 영국 32.4 프랑스 31.5, 2022년 기준 미국 41.3, 2020년 기준 독일 32.4였다. https://data.worldbank.org/indicator/SI.POV.GINI . 그러나 현격한 차이는 앞으로 미국이나 서방의 빈부격차는 개선될 전망이 낮지만 중국의 경우 중국몽인 공동부유사회 실현 등으로 보다 낙관적 전망을 가질 수 있다는 데 있다.

중심)과 같은 총괄 규획과 프로젝트, 휴머노이드(인간형) 로봇의 노동력대체 활용 등에 의해 점차적으로 개선되고 있는 진행형이다.

궈자쿤 중국 외교부 대변인은 2025년 1월 16일 정례 브리핑에서 "중국의 발전에는 분명한 역사적 논리와 강한 내생 동력이 있다"며 "우리 목표는 인민이 더 좋은 나날을 보내게 하고 세계에 더 큰 공헌을 하는 것"이라고 말했다. 이어 궈 대변인은 "중국은.... 상호존중·평화공존·협력호혜 원칙으로 중·미 관계를 바라보고 처리하고 있으며, 동시에 주권·안보·발전이익을 단호히 수호하고 있다"면서 "미국은 올바른 대중국 인식을 수립하고 이유 없이 중국을 공격·먹칠하는 것을 중단해야 한다."고 자신만만하게 말했다. 이 자신만만은 바로 위에서 살펴본 중국의 굴기에서 비롯된 것일 테다.

5장

전략경쟁의 핵인 과학기술경쟁 현황과 추이

1. 미국의 위기감 고조

2020년 4월 13일 〈월스트리트저널〉은 미국과 중국의 첨단핵심기술경쟁 비교 기사를 실었다. 첫째, 5G 이동통신에서 화웨이의 우수 기술력으로 5G 기반 자율주행차량 등 중국 우위; 둘째, 인공지능(AI)에서 전자상거래계산법·안면인식 등에는 중국이 훨씬 앞서지만, 포괄적으로는 미국 우세; 셋째, 양자 컴퓨터에서 미국 우세, 양자통신에서는 중국 우세; 넷째, 반도체에서 중국의 칩 기술은 5-7년 뒤지고 미국이 여전히 우위; 다섯째, 자율주행자동차 연구개발에서 중국은 3년 정도 뒤지나 중국은 최대 자동차시장, 5G 첨단장비 우세로 지도·교통데이터·원격제어에서 무선기술 활용 쾌속 진전으로 머지않아 미국에 역전할 것 등등으로 예견했다.[1]

또한 『Destined for War: Can America and China Escape Thucydides's Trap?)』이란 책으로 중·미 패권관계를 조명한 바 있는 앨리슨 교수가 2020년 12월 7일 작성한 '거대한 기술 경쟁: 21세기의 중국과 미국'이라는 보고서를 하버드대 케네디스쿨 벨퍼센터가 발표했다. 이 보고서는 바이든과 트럼프 양 진영에 전달되었고, 중국이 21세기 핵심기술 분야인 인공지능(AI), 5G(5세대 이동통신), 양자정보과학(QIS), 반도체, 바이오, 녹색에너지 분야에서 이미 1등이거나 10년 안에 미국을 따라잡을 것으로 예상했다.[2] 이어 한국에서 2019년 12월

---

1 "미국 대 중국, 누가 첨단핵심기술에서 승리할까?" 『환구시보』, 강정구 번역, 『통일뉴스』 2020.04.18(美国vs中国 谁在关键技术上获胜? https://oversea.huanqiu.com/article/3xpItrSWy10, 2020.04.14).

2 한국군사문제연구원(KIMA)의 "미국 벨퍼 연구소 『미중 기술격차 보고서』 주요내용 [제1144호]"(2021.12.15.)는 다음과 같이 요약하고 있다: "첫째, 인공지능(artificial intelligence)이다. 인공지능은 기본적으로 자료 축적으로 중국은 이미 14억 인구의

23일 발표한 "미국과 중국은 투키디데스의 함정을 피할 수 있는가?"라는 논문에서, 그는 다음과 같이 서술했다:

> 2011년 중국은 제조업 세계 1위였으며, 2015년 가장 많은 중산층을 가진 국가가 되었다...2016년에는 가장 많은 억만장자를 가진 국가가 되었다. 2010년에는 가장 빠른 슈퍼컴퓨터로 상을 받았다. 2008년 금융위기 이후 중국은 매년 세계 경제성장의 핵심동력이었

저력을 통한 인공지능 알고리즘 개발에 있어 세계 수위급이며, STEM 박사 과정을 수료하는 고 학위 직위는 미국의 2배이다. 둘째, 미국은 4G 시대이며, [중국은] 5G 시대이다. 중국은 1억 5천만 명의 5G 사용자가 있으며, 차세대 6G 관련 세계특허 중 미국은 18%지만, 중국은 35% 수준으로 순위가 바뀌었다. 현재 중국은 5G 시대의 가장 큰 수혜자이다. 셋째, 양자 컴퓨팅(QIS)이다. 이번 보고서는 양자 컴퓨팅만은 중국이 이미 미국을 추월했다고 단언하였다. 예를 들면 2018년 양자 컴퓨팅 관련 특허 건수에 있어 미국이 363건이 지만, 중국은 1,157건으로 비교가 되지 않는다고 평가한다. 특히 중국 시진핑 주석이 제기한 2030년을 목표로 한『메가 프로젝트(mega project)』에 따라 중국은 미국 구글이 사용하는 슈퍼컴퓨터 보다 약 100억 배의 속도를 갖춘 양자 컴퓨팅 개발에 성공하였다고 평가하였다. 더욱이 양자 컴퓨팅 국제학회 등재 과학잡지에 발표된 논문이 지난 10년 동안 미국이 4,295건, 중국은 3,706건으로 비교적 대등한 수준에 이르고 있다고 평가하면서 양자 컴퓨팅 암호화 관련한 특허는 미국이 117건이나, 중국은 517건에 이르고 있다고 강조하였다. 넷째, 반도체이다. 현재 중국 반도체는 미국, 한국, 대만과 비교 시 약 20년 뒤처져 있으나, 이들 3개 국가의 반도체 점유율이 2019년 37%에서 12%로 감소하였으며, 2030년도 세계 반도체 시장 점유율이 미국 10%로 하향될 전망이지만, 중국은 24%, 대만은 21%, 한국은 19%, 일본은 13%가 될 전망이다. 특히 중국 시진핑 주석은 2030년에 중국 반도체 생산 비율과 미국, 대만과 한국과의 기술 차이를 1-2년으로 줄이기 위해 대대적 투자를 하고 있다. 다섯째, 바이오테크놀로지이다. 이는 게놈과 분자 생물학 등 자연과학 분야를 응용과학으로 전환하는 능력으로 DNA 서열(CRISPR) 관련 특허는 세계 전체특허와 비교 시 미국 3%, 중국 16%이며, 바이오 약품과 치료에 있어 시장 점유율은 2015년 기준으로 중국이 7%에서 22%로 확대되었다. 특히 DNA 서열(CRISPR) 관련 논문 발표 건수는 2018년 기준으로 미국이 2,967건, 중국이 2,059건으로 과거와 달리 격차가 좁아지고 있다. 여섯째, 그린 에너지이다. 현재 중국은 세계태양광 패널 시장의 70%를 점유하고 있으며, 특히 그린 에너지 원천인 리튬 50%, 폴리실리콘 60%, 희토류 70%, 천연그래파이트 70%, 코발트 80%를 중국이 점유하고 있다. 이는 향후 중국이 그린 에너지 제품 생산에 있어 핵심 부품공급을 거의 점유하고 있다는 것으로 중국이 이를 '무기화'하면 세계 그린 에너지 시장은 붕괴된다고 우려하였다." * 출처: "Avoiding Great Power War Project, The Great Tech Rivalry: China vs the United States," Belfer Center for Science and International Affairs, Harvard University Kennedy School, December 6, 2021.

다… 그리고 대부분 미국인들은 2014년 중국이 세계에서 가장 큰 경제대국이 되었다는 소식에 놀랐다."[3]

이러한 상황에서 2008년 세계금융위기 이후 패권체제의 약화를 우려한 미국은 오바마의 아·태 재균형전략, 트럼프의 무역·기술전쟁의 인도태평양구상, 바이든의 가치동맹에 기초한 '신냉전전략' 등으로 중·미 전략경쟁에 집중했지만, 기대했던 성과를 거두지 못하자 탈(脫)동조화(de-Coupling)에서 탈(脫)위험화(de-Risking)로 그 수위를 조정해왔다. 그러면서도 전혀 고삐 줄을 늦추지 않고 오히려 더 조이는 것이 바로 과학기술경쟁 분야다.

여기에다 2017년 국가안보전략보고서는 중·미 과학기술협력에 개입을 확대해야 하고, 2018년 보고서는 중국을 전략경쟁자로 규정했고, 2019년 신(新)미국안보센터(CNAS) 보고서는 2049년 중국군사력이 미국을 추월할 것으로 예측했다: "인공지능(AI)과 사이버, 극초음속, 생명공학, 전자전 등 첨단 분야에서 강점을 갖췄다." "모의 전투에서 미국이 중국에게 종종 패할 정도"이다. 또 기존 육·해·공을 넘어 사이버와 우주로 확장되면서 중국의 기술력이 시너지 효과를 발휘한다고 보았다.

이에 따라 2019년 새 국가안보전략(NSS)은 러시아와 중국을 '수정주의 세력'이자 '전략적 경쟁자'로 낙인찍었다. 그리고는 중거리 핵전력 조약을(INF) 파기하고 러시아와도 전략경쟁을 격발시켰다.[4] 이처럼 과

---

[3] 그레이엄 엘리슨(Graham Allison), 「미국과 중국은 투키디데스의 함정을 피할 수 있는가?」(Can America and China Can Escape Thucydides's Trap?), 최종현 학술원펴냄, 『중국, 새로운 패러다임 II』, 글항아리, 2020, 24~27쪽.

[4] 흥미로운 점은 미국 측의 앨리슨은 2019년 12월 23일 최종현학술원 주최 토론회에서 투키디데스의 함정을 논의의 틀로 가져와 양국 간의 무력충돌 가능성을 논의의 주제

학기술경쟁은 산업경제 영역에 그치는 게 아니라 군사안보 영역과도 직결되기 때문에 단일 패권을 당연시 해오던 미국의 위기감이 더욱 높아졌다.[5]

2. 과학기술경쟁의 본격화와 중국의 응전 1: 화웨이를 중심으로

미국의 기술경쟁 공세와는 별개로 중국은 2013년 시진핑 집권 이후 신상태 하에서 경제성장의 목표를 양에서 질로 전환하였고, 이미 2015년 '중국제조 2025'와 '인터넷+' 등을 통해 혁신주도형 발전전략으로 과학기술 발전과 혁신에 박차를 가하고 있었다.[6] 특히 차세대

로 삼고 그 가능성을 배제하지 않았다. 그렇지만, 같은 날 토론회에서 중국의 자칭궈 베이징대 국제관계학원 교수는 "양국은 현 국제질서 속에서 중대한 이익을 갖고 있는 이해관계자이자 핵무기 보유국으로, 두 나라는 전쟁할 수 없다. 따라서 장기적인 관점에서 미중 관계는 반드시 실질적으로 다뤄져야 한다. 머지않아 그렇게 될 것이다."라면서 무력충돌 가능성을 배제하는 듯한 견해를 보여 서로 대조적이다. 자칭궈, 「중미관계 변화와 불변(中美關係 變化&不變)」 최종현학술원펴냄, 『중국, 새로운 패러다임 II』, 글항아리, 2020, 43쪽.

5 중국의 다양한 분야 과학기술 발전 과정을 중·미 '패권경쟁'의 시각에서 초점을 맞춰 서술한 책으로는 Jonathan E Hillman, 박선령옮김, 『디지털 실크로드』, 로크미디어, 2022. 지은이는 중국에 대해 미국의 동맹국인 호주, 캐나다, 프랑스, 독일, 일본, 한국, 영국 7개 국가와 연합하여 '개방적이고 탄력적인 경제연합, 즉 CORE(Coalition of Open and Resilient Economies)'를 만들어, 기술과 경제문제를 최우선적으로 고려하고 정보와 군사문제를 다루는 글로벌 네트워커를 구성해야 한다고 주장한다(328~329쪽).

6 이 기조에는 중국이 아편전쟁이후 서방에 의한 굴욕의 100년을 강요당한 근본요인이 과학기술 발전을 등한시해 왔던 과오 때문이라는 중국인의 자성이 깊게 깔려 있다고 볼 수 있다. 또한 "미국과의 기술경쟁에 대비하기 위해 시진핑 정부는 기술관료 출신자를 대거 등용하였"고 공산당 20차 전국대표대회에서 '기술관료 전성시대'가 그대로 나타났다. 조영남, 「시진핑, `일인지배'의 첫발을 내딛다」, 이희옥·조영남, 『중국식 현대화와 시진핑 리더십: 중국공산당 제20차 전국대표대회 분석』, 책과함께, 2023, 61쪽.

이동통신 5G를 활용해 스마트공장, 스마트 홈, 자율주행, 사물인터넷(IoT), 원격교육, 원격의료, 가상현실(VR), 증강현실(AR), 물류, 행정 등등에서 활용할 융합서비스를 개발하기 시작했다.

> 5G를 사용하는 지역은 단순히 영화를 빨리 다운로드하는 것 이상의 이점을 누린다. 학교에서는 수업시간에 증강 가상현실을 사용할 수 있으므로, 학생들은 자기가 공부하는 장소를 가상으로 방문하고 사물들과 상호작용할 수 있다. 자동차는 도로나 다른 차량, 주변 환경과 정보를 주고받을 수 있기 때문에 출퇴근 시간이 단축되고 교통사고가 줄어든다. 병원에서는 환자 상태를 잘 모니터링하고, 직원관리나 공급 추적 시스템을 이용해 우수한 의료서비스를 제공할 수 있다. 작업현장에서는 생산성이 높아질 것이다. 더 스마트해진 학교, 안전한 도로, 능률적인 병원, 탄탄해진 기업 같은 변화가 모두 합쳐지면 서로 다른 두 세계가 존재하는 것처럼 느껴진다.[7]

이 과정에서 중국의 최대 통신장비업체인 민영기업 화웨이는,

> '시골부터 시작해 도시를 포위하는' 마오쩌둥의 전략에 따라, 화웨이가 서구 통신사가 간과한 시장에 집중하도록 했다...중국 농촌에서 먼저 인기를 끈 뒤 해외개발도상국으로 영업을 확대했고, 잊힌 시장에 인터넷 연결을 제공하면서 많은 실적을 쌓은 뒤 미국 농촌에 등장했다.... 중국기업들은 세계 곳곳에서 서구 기업들이 만들어 놓은 디지털 양극화 현상을 이용해 번창했다.[8]

이 결과 화웨이는 세계 통신장비산업의 약 30%, 기술특허 약 50%,

---

7 Jonathan E Hillman, 박선령옮김, 『디지털 실크로드』, 로크미디어, 2022, 142쪽.

8 Jonathan E Hillman, 박선령옮김, 『디지털 실크로드』, 로크미디어, 2022, 100~101쪽.

표준필수특허 15%를 보유할 정도였다. 창업자 런정페이는 2011년 직원들에게 다음과 같이 약속했다[9]:

> 우리는 산소가 희박한 고지대, 불타는 사막, 얼어붙은 북극해, 지뢰가 잔뜩 깔린 위험지역, 숲과 강, 바다 등 어디서나 그 사회를 위한 네트워크를 제공하기 위해 최선을 다하고 있다....지구상에 사람이 있는 곳이라면 어디든 통신망을 연결할 것이다.

2017년 이후 세계지적재산권기구(WIPO) 특허 출원 1위로 등재된 이후 4년 연속으로 1위를 지켰고, 미국 IT정보업체 IHS마킷에 따르면 화웨이는 2017년 기준 글로벌 통신장비 시장의 22% 점유로 1위, 핀란드의 노키아 13%, 스웨덴의 에릭슨 11%, 중국의 ZTE 10% 순이었다. 2019년 8월 9일 구걸의 안드로이드 대체를 노리는 독자적인 모바일운영체계인(Mobile Operation System) '홍멍'을 발표할 정도로 비약적인 성과를 내었고, 2020년 2분기 중국 시장을 넘어 세계 시장에서도 스마트폰 출하량 1위를 기록했고, 중국의 전체 민영기업 가운데 매출 1위를 차지한 대표적 기업이 되었다.

디지털 경제가 가속화하면서 전략경쟁에서 정보통신기술(ICT: Information & Communications Technology)의 발전은, 특히 5G 네트워크 기술, 빅데이터,[10] 인공지능 등은, 군사적으로나 경제적으로 '안보'에 직결돼 있어 핵심경쟁 영역이다. "중국이 네트워커를 지배하게 되면 훨씬 적은 군사력을 가지고도 역사적으로 강대국들이 해 왔던 것처럼 국경에

---

9 Jonathan E Hillman, 박선령옮김, 『디지털 실크로드』, 로크미디어, 2022, 127쪽.

10 중국은 데이터를 새로운 생산요소로 격상시켰다. 곧, 노동력, 자본, 토지, 과학기술, 데이터 등을 5대 생산요소로 규정한 것이다. 위완잉, 「중미 경쟁과 디지털 산업」, 성균관대학교 성균중국연구소 기획, 『미중 전략경쟁과 한반도: 한·중 학계의 시각』, 선인, 2021, 48쪽.

서 멀리 떨어진 곳에서 권력을 행사할 수 있다. 디지털 실크로드는 새로운 제국을 향해 나아가기 위한 진로를 정할 수 있다"고 본 것이다.[11]

중국을 겨냥한 이러한 우려는 바로 빅 브라더로서(정보 권력을 쥔 거대한 감시자) 미국 자신의 자화상에서 비롯된 것이다. 미국의 국가안보국(NSA)은 주로 첨단통신장비 등을 활용해 지구촌 전체를 감시와 도청으로 거대한 정보를 수집 및 분석하고 있다. 2013년 에드워드 스노든이 미국의 글로벌 감시체계인 '프리즘 프로젝트'를 폭로하면서 미국의 글로벌 첩보활동 실태가 드러났다. 세계적으로 검색을 장악한 구글이나 SNS의 페이스북 등 미국의 정보통신업체가 관련되었던 것이다. 영국 일간 〈가디언〉은 2013년 6월 8일 '국경없는 정보원'을 폭로하면서, 미국은 3월에만 970억 건의 정보수집으로 하루 평균 31억 건을 수집했다고 한다.[12]

스파이 왕국이고 빅 브라더인 미국 자신의 모습에서 중국의 통신장비업체를 투영한 듯, 이들 중국 정보통신업체 기업이 수집한 정보가 중국 정부에 넘어가 '안보위협'을 가져온다고 보았던 것이다.[13] 동시에 중국의 ICT 산업 발전을 견제하기 위해, 미국은 2018년 중국의 2대 통신장비업체인 ZTE에 7년간 거래 금지를 단행하고 화웨이에 대한 제재를, 창업자의 딸을 가나다에서 구금시키는 등, 본격화하였다. 2019년 5월 15일 미국 정보·통신망에 대한 위협을 이유로 '국가 비상사태'를 선언하고 안보위협이 될 업체의 생산 통신장비를 미국 기

11 Jonathan E Hillman, 박선령옮김, 『디지털 실크로드』, 로크미디어, 2022, 36쪽.

12 "미 한달 정보수집만 970억건..'세계의 빅브러더'", 『한겨레』, 2013.6.9.

13 이른바 뒷문조항(backdoor provision)은 실제 2015년에 제정된 테러리즘 반대법(反恐怖主義法)에 규정되어 있다. "인터넷 회사들은 정부가 요구하면 네티즌의 상세한 정보를 제공해야할 의무가 있다." 조영남, 『중국의 통치체제 2』, 21세기북스, 2022, 523쪽.

업이 사용할 수 없도록 하는 내용의 행정명령을[14] 내렸다.[15]

이어 클린 네트워크 프로그램을 통해 미국 국내와 동맹국에 사용금지를 강제했다. 곧, 클린 통신사, 클린 앱 스토어, 클린 앱, 클린 클라우드, 클린 케이블 등을 통해 중국의 통신장비와 통신사의 완전한 접근금지를 강요해 고사작전을 시행해왔다.[16] 이어 미국은 '넥스트G 연합'(Next G Alliance)을 2020년 10월 출범시켜, 미국 정보통신기술(ICT) 주요 기업과 삼성, 에릭슨, 노키아 등 범 서방을 규합해 6세대 이동통신(6G)을 비롯해 앞으로 수십 년 동안 첨단 통신기술에서 미국의 주도권 기반 확보를 목표로 삼았지만 지금까지 별다른 성과를 못 내고 있는 것으로 알려져 있다.

이에 화웨이 창업자 린정페이는 ZTE처럼 굴복하지 않겠다면서 대결을 선포하고, 5만 6,000개에 달하는 자사 특허에 대한 사용료 징수 등 '무기화'를 선언하고, 범세계적으로 인재들을 영입하기 시작했다.

---

14 여기에 더해 틱톡이나 알테쉬 등 전자상거래 업체 또한 개인정부유출이나 국가안보 위협의 우려를 자아내고 제한을 가하려는 움직임을 보이고 있다. 미국이 자국 안보위협으로 지목한 것은 중국 국가정보법 7조다: "중국의 모든 조직과 국민은 중국의 정보활동을 지지·지원·협력해야한다". 이들은, "빅데이터·AI·사물인터넷·로봇 등을 움직이는 엄청나게 특화된 첨단 테크 기업"으로 "오랜 사간동안 쌓인 빅데이터로 다른 나라의 시장과 소비자에 대해 촘촘히 파악하게 되고, 그로 인해 한 나라의 경제가 타국에 편입될 수 있기" 때문이다. 박승찬, 『알테쉬톡의 공습』, 도서출판 더숲, 2024, 148, 152쪽.

15 중국 또한 미국 엔비디아의 중국수출 전용 칩인 H20에 심각한 보안문제가 노출됐다며 국가인터넷정보판공실이 2025년 7월 31일 "'백도어 안전 리스크'(정상적 경로를 우회해 정보통신망에 접근할 수 있는 허점)에 대해 설명하고 증명자료를 요구했다고" 밝혔다. 또한 "CCTV는 미국 의원들이 대중국 우회 수출을 막기 위해 미국이 수출하는 첨단 칩에 반드시 위치추적 기능을 탑재해야 한다고 주장했다는 사실을 전했[고], 미국 AI 분야 전문가는 엔비디아 칩의 위치 추적 및 원격 차단 기술이 이미 성숙 단계라고 밝힌 바 있다는 내용도 전했다." 베이징-박은하 특파원, "중국 'H20칩 보안문제 발견'…엔비디아에 설명 요구", 『경향신문』, 2025.7.31(https://www.khan.co.kr/article/202507311610001).

16 이왕휘, 「미중 기술경쟁의 위기와 기회」, 성균관대학교 성균중국연구소 기획, 『미중 전략경쟁과 한반도: 한·중 학계의 시각』, 선인, 2021, 43~44쪽.

그는 “과거에는 약간의 돈을 벌고자 했지만, 지금은 미국을 이기기 위해 천하의 인재들을 받아들이고 함께 싸워야 한다”고 말할 정도였다. 중국은 국가적 차원에서 화웨이를 돕기 위한 국내외 정책을 시행하였고, 러시아를 방문하였던 시진핑주석은 2019년 6월 6일 러시아 전역에 화웨이의 5G 네트워크를 구축하는 초대형 계약 체결을 주도하는 등 과학기술 개발과 이에 대한 방어에 총력을 펼쳤다. 2019년 8월 8일에는 보복으로 ‘희토류 무기화’ 선언까지 했지만 확전을 원치 않는 중국은 실제 이를 제대로 시행하지 않고 트럼프2기의 관세전쟁까지 그 사용을 연기해 왔다.

화웨이는 미국 제재 장기화에 따라 신규 사업인 올 커넥티드 에코시스템(All Connected Ecosystem)인 ‘1+8+N’ 전략 개발 등으로 대처했다. 곧 자체로 개발한 운영체제(홍멍)를 스마트폰뿐 아니라 TV, Tablet, PC 등과 특히 다양한 사물인터넷(IoT) 단말에 융합한 것이다. 이 결과 중국의 모바일 사물인터넷 접속 건수는 2022년 세계의 70%를 차지할 정도로 활성화 했고, 이는 중국의 디지털화와 스마트공장 등의 기술혁신을 추동했다. 이러한 기술개발을 위해 R&D 투자 비중을 2021년 22.4%로 올려, 화웨이는 이 부분 세계 2위를 차지하기도 했다. 본격적인 제재 3년 후인 2023년 8월 화웨이는 미국의 제재를 뚫고 자체 개발한 5G 스마트폰 메이트60을 깜짝 출시해 업계를 놀라게 했다. 메이트60은 화웨이 자회사가 설계하고 중국 파운드리 반도체 기업인 SMIC가 생산한 7㎚(나노미터) 공정 반도체가 사용된 것으로 알려졌다. 이는 폭발적인 인기를 끌어 4년 만에 중국 스마트폰 시장에서 판매량 1위 자리를 깜짝 회복하기도 했다.

특히 화웨이가 개발한 독자 모바일운영체계인 ‘홍멍OS’는 구글의 ‘안드로이드’ OS 의존을 벗어나려는 시도로 화웨이의 또 다른 이정표라고 일컬어지기도 했다. 여기에다 2024년 10월 메이트70 휴대폰을 새로 출시했다. 여기에는 지난번 메이트60의 7나노 반도체에서 이제 6나노 반도체를 사용했고, '홍멍OS 넥스트' 운영체계를 탑재해 이전 버전과 달리 안드로이드 앱이 전혀 구동되지 않고 단지 화웨이의 '홍멍OS 넥스트' 전용 앱만 구동된다. 안드로이드 오픈 소스 프로젝트(AOSP) 코드와의 호환성을 제거하고 화웨이가 자체 개발한 시스템만을 지원하는 완전히 독립적인 운영체계로 설계된 것이다. 홍멍OS 기존 운영체계는 이미 10억 개 이상의 대상에 장착되어 있어 중국시장에서 애플의 iOS를[17] 넘어섰다고 한다. 새 운영체계인 '홍멍 OS 넥스트'의 확산도 시간문제일 것이다. 여기에는 화웨이가 자체 개발한 올 커넥티드 에코시스템(All Connected Ecosystem)인 '1+8+N' 전략 개발에 의한 사물인터넷과 하모니 OS와의 융합이 주효한 것으로 보인다.

이들 메이트70과 '홍멍OS 넥스트' 모바일운영체계의 개발을 두고, 〈파이낸셜타임스〉는 "미·중 경쟁으로 어떻게 기술 생태계가 갈라지는지 보여주는 가장 최신의 신호"라며 "화웨이를 약화시키려던 미국 제재가 오히려 이 기업의 위상을 공고하게 했다"고 평했다. 차오중쑹 중국개발연구소 부소장은 "중국 과학기술 혁신의 선도기업으로 중국 제조업에 공공 운영체계를 제공하고, 현재 강대국 경쟁에서 발생하는 기술적 병목 현상을 해결할 책임이 있다."라고 할 정도로 민영기업인 화웨이는 과학기술 혁신의 대표로서 위상을 더욱 공고히 하고 있다. 이를 두고 『인민일보』 온라인 논평은 중국의 순수 토종 운영체계라면서 과학기술의 자주적 통제를 극찬하고 있다.[18]

---

[17] iOS(iPhone Operation System)는 애플 자사의 스마트폰 전용으로 개발한 모바일 운영체제

[18] 수당신(강정구 번역), "엄청난 주목을 받고 있는 화웨이의 중국 토종 홍멍* OS(운영체

> 신(新)품질 생산력의 핵심은 과학기술 혁신이다. 디지털기술의 혁신은 과학기술 혁신의 중요한 영역이다. 자주적 통제가능의 토종 홍멍 운영체계는 우리나라가 이룩한 높은 수준의 과학기술 자립자강의 대표적 성과이다. 또한 우리나라 정보산업 발전에서 필수불가결(不可或缺)한 주춧돌이기도 하다.

이런 화웨이의 위상은 지속될 것으로 보인다. 2024년 현재 전 세계 화웨이 직원 20만7000여명 중 55%가 R&D 인력이고, 총수익의 23% 정도를 R&D에 투입하여 독자적인 기술개발과 혁신에 총력을 기울이고 있기 때문이다. 이들 연구개발 인원가운데 거의 50%이상이 세계 각처에서 모여든 외국인일 정도로 연구개발에 개방적이고 적극적이다.

3. 과학기술경쟁의 본격화와 중국의 응전 2: 반도체를 중심으로

중·미 과학기술경쟁에서 미국 최후의 보루라고 할 정도로 전력을 기울여 대 중국 봉쇄를 집중하고 있는 반도체분야를 살펴보겠다. 앞에서 살펴 본대로 2018년 4월 통신장비업체 ZTE에 대한 제재를 시작으로, 7월엔 중국산 반도체에 25% 품목관세를 부과하고, 2019년 5월엔 화웨이에 대한 제재가 시작됐고, 2020년 5월부터는 미국 기술을 이용해 생산한 반도체의 화웨이 공급을 금지시켰고, 2020년 8월

계)", 『통일뉴스』, 2025.1.9. 출처: "备受瞩目的原生鸿蒙, 背后意味着什么？" http://xj.people.com.cn/n2/2024/1231/c186332-41094567.html

엔 중국 최대 파운드리업체인 SMIC를 직접 제재하기 시작했다.

바이든은 2021년 집권하자말자 바로 2월 24일 대 중국 탈동조화(de-Coupling) 행정명령을 내렸다. 곧, 반도체, 고용량배터리, 의약품, 희토류 등 4개 품목은 향후 100일 이내, 방위산업 및 IT, 공중위생, 생물학적 대비, 에너지, 운송, 식량 등 6개는 1년 내, 공급 망 탈(脫)중국 전략을 수립하라는 명령이었다. 그러나 미국의 관련 분야 점유율은 역부족이었다. 비록 반도체 설계와 소프트웨어 부문에서는 애플(Apple), 엔비디아, 퀄컴 등 팹리스 기업들을 중심으로 선두를 유지했지만, 대만의 TSMC, 한국의 삼성전자, SK하이닉스가 글로벌 반도체 생산능력의 대부분을 장악했다. 2020년 반도체 생산 기준 점유율은 대만 22%, 한국 21%, 일본 15%, 중국 15%, 미국 12%였고, 고용량 배터리의 경우 중국 34%, 한국 27%, 일본 19%, 기타 20%로 미국은 거의 전무한 상태였다.[19] 반도체 인프라의 80%를 차지하는 한국·대만·일본을 억압해 기술패권을 장악하려는 비(非)법인 반(反)시장 구상으로 반도체동맹 '칩4'와 인·태 경제프레임(IPEF)을 추진해, 대중국 기술수출규제의 틀을 만들어 대중 탈동조화에 박차를 가하였다.

반도체, 전기차, 배터리 관련 외국기업인 삼성, 현대, SK 하이닉스, LG, TSMC 등을 강압적으로 미국에 '소환'해 '정보탈취'와 미국 현지투자를 강요하는 반(反)시장주의와 반칙주의 제국의 횡포를 자행했다.[20] 국가정보국(DNI) 산하 국가방첩안보센터(NCSC)까지 전면에 나서,

---

[19] 박상기 ifsPOST 대기자, "바이든, 핵심 산업 탈(脫)중국 강화, 동맹국들과 '연대' 모색" 국가미래연구원(ifs), 2021.2.28(https://www.ifs.or.kr/bbs/board.php?bo_table=News&wr_id=3391).

[20] 이러한 미국의 반(反)시장적이고 패륜적인 약탈행위로 1980년대 절대왕자였던 일본 반도체가 무너졌다. 1985년 강압적인 플라자 '합의'로 엔화 가치가 두 배로 절상되면서 일본 반도체는 가격경쟁력이 약화됐다. 여기에다 1986년 미·일 반도체 협정이 체

반도체·AI·양자컴퓨터·생명과학·자율시스템(AS) 등 핵심 첨단기술 5가지 유출에 대한 경계령까지 발령했다. 이에 중국은 14차 5개년계획(2021~2025년)과 2035년 장기발전전략으로 2035년까지 7대 첨단 과학기술(반도체·AI·양자컴퓨팅·뇌과학·바이오·우주심해탐사·임상의학) '자립자강'과 디지털차이나 완성 계획을 세워 응전에 나섰다.

중국의 반도체 자강 노력은 일반적 예상보다 더 빨리 그 성과를 나타내는 것으로 알려졌다. 우선 반도체 기술 발전의 전조(前兆)인 학술논문에서 중국은 이미 미국을 앞질렀다. '반도체 설계 올림픽'이라는 국제고체회로학회(ISSCC)가 2025년 2월 샌프란시스코에서 개최될 예정인데, 여기에 발표될 논문으로 채택된 숫자가 중국이 92편으로 1위, 한국 44편으로 3위를 차지해 중국이 3년 연속 1위를 기록했다고 한다. 질적으로도, "중국에서 제출된 논문들의 질적 수준도 가장 앞선다고 볼 수 있다"며 "과거 미국에서 중국으로 영입된 연구자들의 논문이 다수 채택됐다면, 이제는 중국 내부에서 성장한 연구자들의 논문 수준도 우수한 상황"[21]이라고 했다.[22]

실제로 화웨이가 새로 출시한 휴대폰 메이트70에서 6나노 반도체를 사용한 데 이어, 샤오미는 3나노 스마트폰용 칩(AP) '쉬앤지에(玄戒) O1'을 자체 설계해 2025년부터 대만 TSMC에서 양산에 들어간다고 한다.[23] 이는 "애플·퀄컴·미디어텍에 이어 세계에서 네 번째로 3nm

---

결돼 일본 내 해외수입 반도체 점유율을 20% 이상으로 확대하고 일본반도체의 저가판매를 불용했다. 이틈에 한국반도체 삼성은 적자누적에서 벗어나 1988년부터 초호황을 누리게 되었다.

[21] 전병수 기자, "세계 최고 권위 반도체 학회서도 中 굴기… 3년 연속 최다 논문 채택", 『조선비즈』, 2024.11.28.

[22] 2024년 12월 미국이 이들 중국학자들의 학회참여 비자를 발급하지 않아 이들이 화상으로 발표한다는 지저분한 소식이 전해졌다.

[23] "中 샤오미도 곧 3나노 칩 양산…모바일 AP 시장판도 '격변'", 『뉴시스』, 2024.10.23.

칩을 독자적으로 설계·출시한" 사례이다.[24]

중국에서 가장 중요한 반도체 기업이라고 일컬어지는 4곳은 파운드리의 SMIC, 설계와 EUV 노광장비 등 장비개발의 화웨이, 낸드플래시의 YMTC, D램의 CXMT로 알려져 있다. 이들의 실적을 바탕으로 아래의 도표가 보여주듯이 중국의 분야별 반도체 기술이 한국과의 격차를 대부분 2년 내로 단축시킨 것으로 나타난다.[25]이렇게 기술격차가 줄어들면 세계 최대의 시장을 형성하고 있는 중국의 반도체는 양적 차원에서 다른 나라와의 경쟁에서 우위를 차지할 시점도 멀지 않은 것으로 보인다. 물론 양적 우위를 바탕으로 질적으로 혁신해가는 과정이 현재 중국 과학기술 발전의 보편적 추세인 점을 감안하면 질적 전환도 시간문제일 것이다. 한 예로 'D램 3강 체제'인 삼성전자·SK하이닉스·마이크론의 생산비중이 현재는 각각 37%, 25%, 17%다. 그러나 중국 D램 업체인 CXMT의 글로벌 생산능력 비중이 2022년 4%에서 2024년 12%, 2025년 15%에 이르러, 마이크론을 위협하는 수준이 되었다.[26]

---

[24] "샤오미(小米), 3나노 칩 설계 성공, 美 제재 속에 반도체 자립 가능성 입증", 『정책동향』, 한중과학기술협력센터, 2025.5.23(https://kostec.re.kr/policy_trends/view/id/38200#u).

[25] 박승주·이상덕 기자, "韓中 반도체격차 1년뿐 … 이제 TSMC 경쟁자는 삼성 아닌 SMIC", 『매일경제』, 2024.11.20.

[26] 김상범기자, "얕잡아 봤던 중국 메모리, 턱밑까지 따라왔다…D램 3강 체제 '위협'" 『경향신문』, 2024.10.20; 글로벌 IT전문매체인 WCCF테크에 따르면 CXMT는 전날인 23일(2025년 11월) 베이징에서 개막한 '중국 국제 반도체 박람회'에서 DDR5(더블데이터레이트5)와 LPDDR5X(저전력더블데이터레이트5X) 메모리 등을 포함한 차세대 DRAM 제품을 처음 공개했다. DDR5 메모리는 초당 최고 8000메가비트(Mb) 속도로, 단품 용량은16기가비트(Gb)와 24Gb다. 이 제품은 데이터 센터, 데스크톱 PC, 노트북 등 모든 유형의 IT기기에 탑재할 수 있는 메모리다." 이로써 메모리부문 반도체에서 삼성전자·SK하이닉스 제품과 성능이 비슷한 수준에 도달한 것으로 평가되고 있다. 정수영기자, "중국, 결국 일냈다…창신메모리, 프리미엄 D램 깜짝 공개", 『이데일리』, 2025.11. 24.

반도체 한·중 기술 격차

칩 종류	한국	중국	한·중 기술 격차
고대역폭메모리(HBM)	SK하이닉스, HBM3E 12단 2024년 양산	CXTM, HBM2 2024년 생산 착수	中, 전망보다 2년 빨리 개발
D램	삼성전자, 24Gb GDDR7 D램 2024년 개발	CXTM, DDR4 한국산 대비 절반 가격	기술 격차 1.5년으로 축소
낸드	삼성·SK하이닉스 300단 이상 낸드 개발 중	YMTC 中 장비만으로 160단 낸드 개발	기술 격차 1.5년으로 축소
파운드리	삼성전자 3nm GAA 공정 양산	SMIC 7nm 공정 개발 성공	中 칩 기업 2030년 TSMC와 경쟁 전망

그러나 중국의 반도체는 이러한 예상보다 더 빨리, 곧 2025년 초반부터 전반적으로 한국을 앞서는 것으로 나타나고 있다. 우선 반도체 노광장비에서 중국의 화웨이가 초미세 공정에 필요한 극자외선(EUV: Extra Ultra Violet) 노광장비를 개발해 2026년 양산을 앞두고 있다. 이로써 네덜란드 ASML의 독점을 허물고 이보다 가성비 높은 반도체 생산을 할 수 있는 '이변'을 일으켰다고 2025년 3월 12일 대만 〈경제일보〉와 WCCF테크 등 외신을 종합하여 보도했다.[27] 또한 기존의 핀펫(FinFET) 기술보다 전력 효율과 성능이 뛰어난 초미세 공정의 트랜지스터 GAA(Gate All Around) 기술을 베이징대 연구팀이 개발했다. EUV 노광장비를, 삼성은 10나노급 3세대(1z) D램부터, SK하이닉스는 10나노급 4세대(1a) D램부터, 파운드리 경우 삼성전자와 TSMC는 현재 7나노 이하 공정에서부터 사용하고 있다.[28] 이로써 앞으로 한국의 메모리 분야와 파운드리 분야 모두 타격이 예상된다.

더 나아가 세계 반도체 시장에서 중국이 최강자로 부상하는 것은 시간문제다. 2011년 중국의 칩제조 기업은 986개였으나 2020년에

---

27 김용원 기자, "화웨이 중국의 자체개발 EUV 내년 상용화 추진, 미국의 반도체 규제 대응", 『BusinessPost』, 2025.03.12(https://www.businesspost.co.kr/BP?command=article_view&num=386661).

28 조민정 기자, "中, EUV도 자체개발…美 제제가 반도체 자립 키웠다; 화웨이, EUV 3Q 시범 생산…2026년 양산 목표; LDP 기술 채택…ASML보다 저렴, 에너지 효율성↑; 파운드리 SMIC 도입 시 7나노 이하 칩 양산 가능", 『이데일리』, 2025.3.13(https://www.edaily.co.kr/News/Read?newsId=04247606642102992&mediaCodeNo=257).

는 2만여, 2021년에는 월간 등록 수가 2020년의 2배로 폭증했다고 한다. 이러한 급성장은 방대한 중국 시장이 밑바탕(底气)이었다.

> 오늘날 우리는 전 세계에서 가장 많은 전자소비품, 통신장비, 무인기(드론), 스마트자동차(智能汽车), 스마트 홈(智能家居) 등을 생산하고 있다. 이러한 중국의 내수 시장은 중국 반도체에 판로를 열어주었고 또 발전 동력을 갖게 했다.

곧 핵심은 반도체 제품을 만들 수 있는지 여부가 아니라 만든 후 규모의 생산으로 원가를 낮추어 판매를 제대로 할 수 있느냐의 문제였다고 한다. 여기에다 미국의 과학기술 압박은 중국의 반도체 분야 투자를 격발시켰던 것이다.[29]

국내 반도체전문가 39명을 대상으로 설문조사한 결과를 바탕으로 평가한 한국과학기술기획평가원(KISTEP) 기술예측센터의 반도체 기술수준의 심층 분석 〈표4〉에 따르면, 2024년 현재 기초·원천과 설계기술 분야에서 한국은 반도체 선진 6개 국가 중 최하위를 기록하고 있다. 단지 공정기술과 양산기술에서는 중국에 앞서는 것으로 평가되었다. 중국의 반도체 기술수준이 이 표가 보여주는 바와 같이 미국에 비해 아직은 낮지만 이미 한국을 거의 모든 분야에서 추월한 것으로 평가하고 있다.

---

[29] 샹리강(강정구 번역), "전시회에 울려 퍼진 중국의 반도체 포위 돌파 신호탄", 『통일뉴스』, 2025.4.2(https://www.tongilnews.com/news/articleView.html?idxno=213138) 출처: 项立刚(중관촌정보소비연맹 이사장), "SEMICON上响起中国半导体突围的号角", 『환구시보』, 2025.3.31(https://opinion.huanqiu.com/article/4M4t4SOkdOt, 2025-03/31).

〈표 4〉 반도체 기술 생애주기 구분에 따른 평가(평균값)[30]

항목	내용	한국 (%)	중국 (%)	일본 (%)	EU (%)	미국 (%)	대만 (%)
기초/원천 연구	반도체 소자, 소재, 공정, 회로구조, 시스템 아키텍처 등의 기초 연구 성과	78.8	81.1	82.9	85.8	98.8	83.3
설계 기술	고성능/저전력 반도체 설계 및 설계자동화 기술 역량	79.4	80.2	80.0	87.9	99.1	83.2
공정 기술	반도체 소자 및 배선 형성, 이종 집적 등 공정 기술 역량	86.9	81.0	84.4	84.0	93.5	92.4
양산 기술	웨이퍼 제조, 수율 향상, 패키징, 테스트, 신뢰성 등 반도체 양산을 위한 제반 기술	87.0	81.2	84.4	81.2	92.9	92.4

中 반도체 기초역량 기술, 한국 추월

※2024년 국내 전문가 39명 설문조사 결과 ■■■ 순위

기술명 (기초역량 기준) / 종류	한국	중국	일본
고집적·저항기반 메모리 기술 / 메모리	90.9% (3)	94.1% (2)	79.5% (6)
반도체 첨단 패키징 기술 / 메모리·시스템	74.2 (4)	74.2 (4)	78.8 (3)
고성능·저전력 인공지능 반도체 기술 / 시스템	84.1 (3)	88.3 (2)	77.8 (6)
전력반도체 기술 / 시스템	67.5 (6)	79.8 (4)	88.5 (3)
차세대 고성능 센싱기술 / 장비	81.3 (5)	83.9 (4)	87.5 (3)

자료: 한국과학기술기획평가원 The JoongAng

또한 메모리, 시스템, AI반도체, 전력반도체 등의 기술에서도 바로 위의 표가[31] 보여주듯이 중국이 한국을 앞서고 있다. 미국의 끈질

30 정의진·신동평, "3대 게임체인저 분야 기술수준 심층분석 ①: 반도체 강국으로 재도약을 위한 미래 이슈", 한국과학기술기획평가원(KISTEP) 기술예측센터, 2025.2.19 〈표 4〉.

31 이우림기자, "메모리마저 中에 역전당했다…韓반도체, 2년만에 벌어진 일", 『중앙일

긴 기술봉쇄에도 불구하고 이러한 중국의 급속한 발전은 반도체 분야에서도 미국과 각축을 벌이고 있는 것으로 보인다. 화웨이와 SMIC가 이미 공동 개발한 5나노 반도체의 성능이 기대 이상이고, 게이트올어라운드(GAA) 방식의 3나노 칩을 내년에 출시할 예정으로 있어 시스템 반도체에서도 속도를 내는 것으로 알려졌다.[32]

중국의 대표적 파운드리 업체인 SMIC 경우 극자외선(EUV) 노광장비가 개발되기 이전 심자외선(DUV) 노광장비를 활용해 7나노 칩을 양산하였고, 중국의 설계 대부분을 소화하였다. 이 결과 2024년 기준 세계 1위 파운드리 업체인 대만 TSMC, 2위 삼성전자에 이어 3위였던 대만 UMC를 제치고 처음으로 세계 3위에 올랐다. 2025년 벽두 세계의 주목을 받은 중국 딥시크(DeepSeek)가 활용한 화웨이의 AI 학습·추론용 그래픽처리장치(GPU)인 '어센드910B'와 '어센드910C'도 SMIC의 7나노공정에서 만들어졌고 어센드910C의 성능은 엔비디아의 간판 AI 가속기 H100의 60% 수준[33]이라고 한다.[34] 이제 화웨이가 개발한 극자외선(EUV) 노광장비를 활용할 경우 가격경쟁력이 더욱 상승할 것으로 예견된다.

보』, 2025.2. 23(https://www.joongang.co.kr/article/25315903)

32 황민규 기자, "中 화웨이, 내년 3나노 양산 전망… '수율·생산성은 떨어져'" 『조선일보』, 2025.6. 02.

33 이들 중국산 AI 학습·추론용 그래픽처리장치(GPU)를 두고, 화웨이 창업자 런정페이는 "최첨단공정 기술에만 의존하지 않아도 칩을 다수 병렬로 연결하는 방식[병렬 직접구조(클러스트)]를 통해 고성능 칩에 근접한 연산성능을 구현할 수 있다."고 또 NVIDIA CEO 젠슨 황은 "병렬구조와 에너지 여건을 활용하면 칩 성능 격차를 보완할 수 있다."라면서 하드웨어의 열세를 소프트웨어의 개발로 극복할 수 있음을 언급했다. "'첨단 공정 없이도 이긴다'–화웨이의 쿼드칩렛 혁신, NVIDIA를 정조준", 『정책동향』, KOSTEC, 2025.6.30(https://kostec.re.kr/policy_trends/view/id/38234#u).

34 황정수기자, "기어코 올 게 왔다"…中 반도체 공습에 삼성도 '초비상', 『한국경제』, 2025.2.13.

여기에다 난징시 허하이대학 난퉁차오 교수 연구팀은 “미국 엔비디아의 첨단 GPU를 쓰지 않고, 소프트웨어 최적화 기술을 통해 성능이 낮은 중국산 그래픽처리장치(GPU)를 장착한 슈퍼컴퓨터의 효율을 미국산보다 10배 능가하게 만들었다. 중국산 중앙처리장치(CPU)와 그래픽처리장치(GPU)의 성능 한계를 보완하기 위해 여러 GPU를 하나의 노드(거점)로 결합하는 새로운 아키텍처를 선보였고, 노드 간 데이터 교환을 개선해 기능을 수행하는 데 필요한 컴퓨터 자원을 줄였다.”[35]고 한다. 값비싼 하드웨어에 지나치게 의존하는 경향이 강한 미국의 빅테크와 달리 하드웨어 수입제한을 받고 있는 중국은 소프트웨어 개발과 활용으로 비용을 줄이는 자원절약형 기술개발을 주도하는 양상을 보이고 있다.

이러한 반도체 분야의 중국과 미국 간의 각축은 단지 시간차이에 불과하며 이미 중국 측으로 기울어졌음을 미국 조지타운대학교 ‘신흥기술관찰프로젝트(ETO)’ 보고서를 분석한 한중과학기술협력센터 정책보고서가 다음과 같이 평가하고 있다.[36]

첫째, 1918~1923년 기간 전(全)세계 반도체 설계·제조 논문 47.5만 건 중 중국이 해당논문을 가장 많이 발표했고, 특히 최상의 피인용(Top-cited) 논문에서 두드러진 성과를 보였다.

둘째, 같은 기간 반도체 연구 전체의 논문 수는 8% 증가했지만, 이 가운데 AI 및 대형언어모델(LLM) 연구가 급속도로 성장하여 AI 관련연구에 전(全)세계가 집중하고 있음을 다음 도표가 확인해 준다.

---

35 최현준기자, “중국, 슈퍼컴도 미국 넘나? ‘자국산 GPU로 미국 10배 성능’”, 『한겨레』, 2025. 2.13.

36 “반도체 연구 패권은 이미 중국? 논문의 양적·질적 지표 모두 글로벌 1위”, 『정책동향』, 한중과학기술협력센터(KOSTEC), 2025.3.14(https://kostec.re.kr/policy_trends/view/id/38153#u).

반도체 설계 및 제조, AI, 사이버 보안 관련 연구 성장 속도 비교

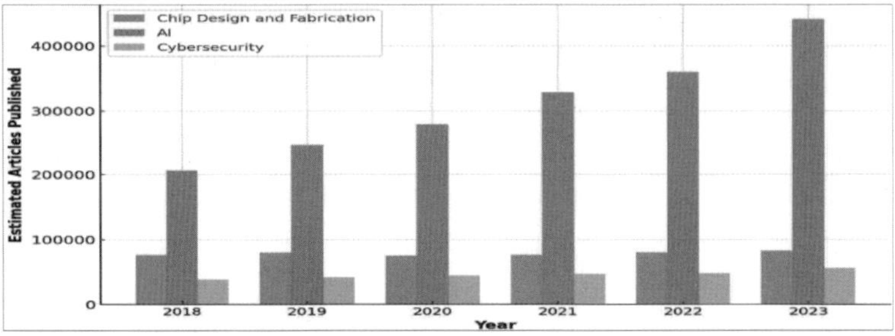

셋째, 국가별 논문 비율은 중국34%, 미국15%, 유럽18%, 인도, 일본, 한국 순이었고,

넷째 피인용 상위 10% 논문 중 중국 50%, 미국 22%, 유럽17%, 한국, 독일, 인도 순이었다.

'18~'23년 반도체 설계 및 제조 연구 논문 주요 생산국

순위	국가	전체 연구 논문 수	국가	피인용 연구 논문 수
1	중국	160,852	중국	23,520
2	미국	71,688	미국	10,300
3	인도	39,709	한국	3,920
4	일본	30,401	독일	2,716
5	한국	28,345	인도	2,706

다섯째, 기관별 관련 논문 발표 숫자와 피인용 숫자의 상위 10개 가운데 중국이 무려 9개를 차지할 정도로 압도적이다. 이는 중국이 매우 체계적으로 반도체 설계·제조 분야에 연구를 집중하고 있다는 점을 시사한다.

'18~'23년 반도체 설계 및 제조 연구 선도 기관

순위	전체 연구 논문 수 기준	국가	고피인용 연구 논문 수 기준	국가
1	중국과학원	중국	중국과학원	중국
2	중국과학원대학	중국	중국과학원대학	중국
3	프랑스국립과학연구센터	프랑스	칭화대학교	중국
4	중국전자과학기술대학교	중국	난징대학교	중국
5	칭화대학교	중국	화중과기대학교	중국
6	난징대학교	중국	저장대학교	중국
7	시안교통대학교	중국	중국과기대학	중국
8	화중과기대학교	중국	베이징대학교	중국
9	저장대학교	중국	싱가포르국립대학교	중국
10	베이징대학교	중국	프랑스국립과학연구센터	프랑스

4. 인공지능(AI) 분야 기술경쟁의 본격화

AI 분야에서는, 한국 소프트웨어연구소의 봉강호 AI정책연구실 선임연구원이 분석한 기술개발 단계별(기초/응용/사업화) 평가를 살펴보면, 여전히 미국이 앞서고 있는 것으로 나타난다. 그는 인공지능(AI)관련 기술개발 수준을 정보통신기획평가원(IITP)에서 작성하는 국가별 정보통신기술(ICT) 수준 관련 통계인 'ICT 기술수준조사'의 최근 5년(2018년-2022년) 결과를 원 자료로 사용해 이런 결과를 도출했다. 2022년 기준 각 세부 분야의 기술 수준을 다음과 같이 평가하고 있다.[37]

[37] 봉강호(AI정책연구실 선임연구원), "우리나라 및 주요국 인공지능(AI) 기술수준의 최근 변화 추이(2023년 조사 기준)" SPRi소프트웨어 정책연구소, 2024.2.28(https://spri.kr/posts/view/23683?code=industry_trend).

1〉 AI 전반적 기술수준은 미국(100%), 중국(92.5%), 유럽(92.4%), 한국(88.9%), 일본(86.2%)

2〉 기초단계 기술수준은 미국(100%), 유럽(95.7%), 중국(92.0%), 한국(88.0%), 일본(85.7%)

3〉 응용단계 기술수준은 미국(100%), 중국(92.7%), 유럽(92.6%), 한국(90.1%), 일본(86.5%)

4〉 사업화단계 기술수준은 미국(100%), 중국(92.9%), 유럽(88.8%), 한국(88.6%), 일본(86.6%)

5〉 학습지능 분야 미국 대비 기술격차는 중국(0.9년), 유럽(1.0년), 한국(1.3년), 일본(1.7년)

6〉 단일지능 분야 미국 대비 기술격차는 중국(0.3년), 한국(1.5년), 유럽(1.6년), 일본(2.0년)

그러나 2023년-2024년 기준 관련 평가는 중국이 미국을 훨씬 앞서는 저력을 가졌음을 보여준다. 2025년 4월 25일자 한중과학기술협력센터(KOSTEC) 정책동향은,[38] "2023년 WIPO 보고서에 따르면, 중국은 생성형 AI 관련 특허 38,210건을 출원해 미국(6,276건) 대비 6배 이상 높은 수준"이고 2024년에는 다음 표가 보여주듯이 AI일반에서 약 4.43배에 이른다. 이 결과 전 세계 AI특허의 61%를 중국이 보유하고 있고, 생성형AI[39] 분야에서는 절반 이상이 중국 소속이라고 한다.[40]

---

[38] "中, 전 세계 AI 특허 61% 보유, 생성형 AI 특허도 미국의 6배", 『정책동향』, 한중과학기술협력센터(KOSTEC), 2025.4.25(https://kostec.re.kr/policy_trends/view/id/38187#u).

[39] AI 발전 단계를 4가지로 곧, 텍스트와 이미지 같은 데이터를 이해하고 처리하는 '인식AI', 데이터에서 패턴을 파악해 콘텐츠를 생성할 수 있는 '생성형AI', 사람의 개입 없이 특정 작업을 자율 수행하는 '에이전트AI', 물리 법칙까지 이해하는 '피지컬AI'로 분류한다.

[40] 기업별 AI관련 특허 현황은 다음과 같다. "中, 전 세계 AI 특허 61% 보유, 생성형 AI 특허도 미국의 6배", 『정책동향』, 한중과학기술협력센터(KOSTEC), 2025.4.25(https://kostec.re.kr/policy_trends/view/id/38187#u).

〈참고 4: 2024년 주요 기업별 AI 특허 출원량 현황〉

2024년 글로벌 주요국 인공지능 특허 출원 비교

국가	중국	미국	일본	인도	한국
특허 출원	300,510건	67,773건	26,429건	25,991건	23,666건

출처: (25.2.11, mescomputing) These Countries, Companies Are In An AI Patent Frenzy: Report

또한 미국 시카고대학 폴슨연구소의 싱크탱크 마르코폴로(MacroPolo) 자료에 따르면 전(全)세계 상위20% 수준의 AI 연구자 가운데 중국 출신은 2019년 29%에서 2022년 47%로 증가하였다(다음 도표5). 그러나 이들 중국연구자들이 연구하는 곳은 미국 42%, 중국 28%로 많은 중국연구자들이 미국에서 연구를 수행하고 있다(도표6). 또한 전체적으로 상위 AI연구자들이 연구하는 곳은 미국 57%, 중국 12%다(도표1). 이들을 바탕으로 이 연구소는 "미국은 여전히 최고 수준의 AI 인재가 근무할 수 있는 최고의 목적지로 남아 있다. 미국 기관 내에서 미국과 중국 출신 연구자(학부 학위 기준)는 2019년 58%에서 75%로 증가했다. 게다가 미국은 여전히 세계 최고 수준의 AI 인재(상위 약 2%)의 주요 목적지로 남아 있으며, 최고 AI 기관의 60%가 거주하고 있다."고 평가했다.[41]

그러나 트럼프정권이 재차 등장한 지금의 상황은 교육부를 없애고 과학기술 R&D 예산을 대폭 삭감하여, 미국이 더 이상 이들 외국출신 연구자들을 이전처럼 수용할 재정적 여유가 없어, 미국의 인재 풀

기업명	AI 특허 출원량	소속 국가/지역
삼성(Samaung)	6,080건	한국
텐센트(Tencent)	4,794건	중국
구글(Google)	4,456건	미국
퀄컴(Quslcomm)	3,463건	미국
바이두(Baidu)	3,463건	중국
화웨이(Huawei)	3,223건	중국

41 "The Global AI Talent Tracker 2.0" Paulson Institute, MacroPolo. https://archivemacropolo.org/interactive/digital-projects/the-global-ai-talent-tracker/

이 급격히 축소될 것으로 보인다.[42] 네이처 글로벌 채용 플랫폼(Nature Careers) 보도를 인용해 〈한중과학기술협력센터〉는 "2025년 1~3월 동안 미국 과학자들의 해외 구직 지원은 전년 동기 대비 32% 증가, 해외 구직 열람 수는 35% 증가(25.4.22)"했고 "특히 3월 한 달간 해외 구직 열람은 전년 대비 68% 급등"했다고 밝혔다. 또 "2025년 1~3월 동안 미국 과학자들의 중국 구인 공고 열람 수는 전년 대비 30%, 지원 건수는 20% 증가"했고, "미국 과학자들의 아시아 국가 전반(중국 포함) 구직 열람 및 지원도 각각 34%, 39% 증가"했다고 분석했다.[43] 이들이 해외 고급인재 유치를 위한 '천인계획', 국내 인재 육성을 위한 '만인계획', 산업혁신형 '치밍계획(啓明計劃)' 등 인재 유치 계획과 정책을 실시해 왔던 중국으로 대거 쏠릴 것으로 보인다.[44]

---

[42] Alexander Hurst, "A French university is offering 'scientific asylum' for US talent. The brain drain has started", *Guardian*, 2025.3.24(https://www.theguardian.com/commentisfree/2025/mar/24/french-university-scientific-asylum-american-talent-brain-drain).

[43] "미국 과학자 중국행 증가…中, 글로벌 인재 유치 창 확대", 『정책동향』, 한중과학기술협력센터, 2025.4.30(https://kostec.re.kr/policy_trends/view/id/38193#u).

[44] "칭화대는 최고 2억 원 연봉, 7억 원의 정착금, 40억 원 규모의 연구비를" 제공하고 "북경대와 서호대학은 AI·컴퓨터 등 첨단 분야 특수인재와 양원 원사급 학자에게 2~4억 원 수준의 고연봉을 책정하고" "린이대학은 총 25억 원에 달하는 지방 특화 지원을 통해 해외 인재"를 유치하고 있다. 이처럼 중국은 해외 인재 유치를 위해 "파격적 연봉과 연구자금 지원, 유연한 근무조건, 주택·의료·자녀 교육 등 다양한 생활복지 혜택을 제공하고" 있다. 이전의 천인계획(약 7천 명 귀국), 국내 인재 육성인 만인계획에 이어 "2023년부터는 산업혁신형(치밍계획, 최대 450만 위안), 기초연구형(해외우수청년, 최대 800만 위안), 성과연동형(횃불계획, 시장규모 10억 위안 이상)의 3대 신규 정책 체계로 전환하였다." "중국 해외 고급 인재 유치 정책과 10년의 성과", 『이슈 리포트』, KOSTEC, 2025.6.17(https://kostec.re.kr/sub0101/view/search_field/eNortjI2tlJy1CsuTcpKTS7RdtTLS8xNBVIlielAMjk_ryQ1r6RYyRpcMAypDUU~/page/1/id/38224#u).

1. Leading countries where the most elite AI researchers work (top ~2%)

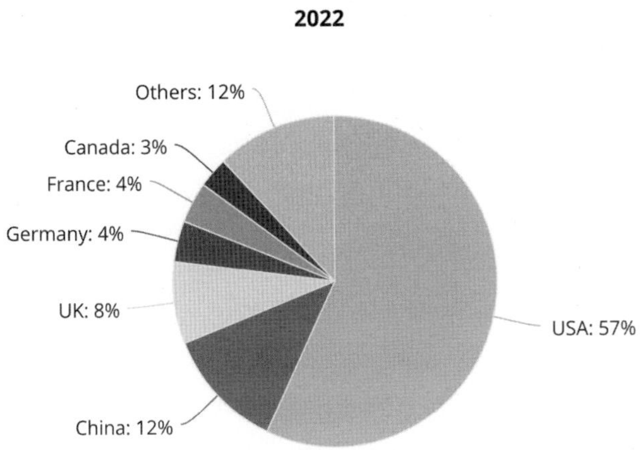

5. Countries of origin of top-tier AI researcers (top ~20%, based on undergraduate degrees)

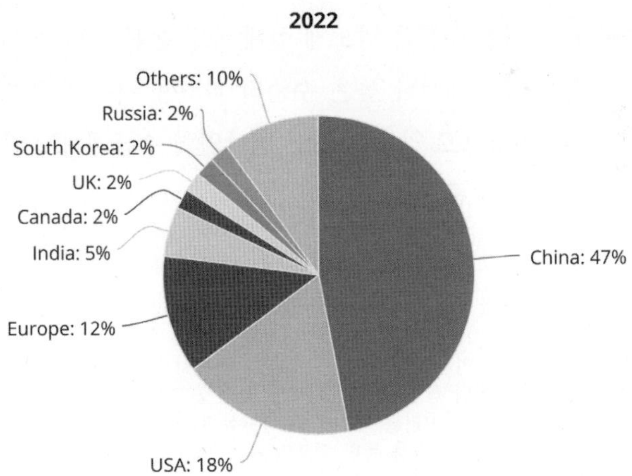

6. Leading countries where top-tier AI researchers (top ~20%) work

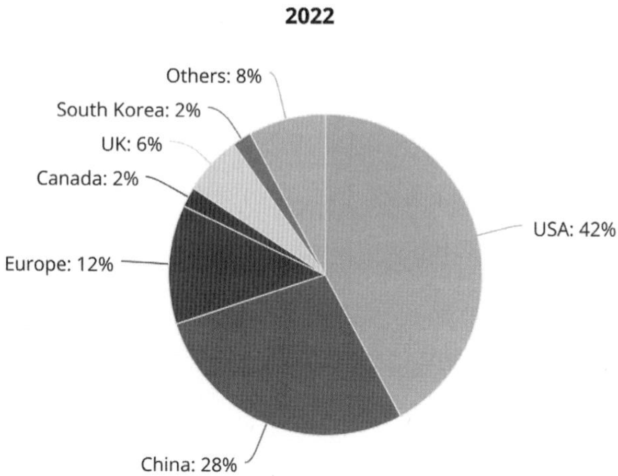

위의 여러 평가처럼 미국과 중국은 반도체 특히 AI관련 반도체에서 미국이 약간의 우세를 보이는 가운데 두 나라가 서로 각축을 벌이고 있는 것으로 보인다. 그렇지만 중장기 추세에서 중국이 앞설 것으로 예견된다. 이러한 추론은 반도체 설계·제조 논문 전반과 AI관련 반도체 논문 등의 수량에서나 높은 수준의 피인용 논문 수량에서 중국은 미국의 2배 이상으로 앞서고 있고 첨단인력 수급에서도 앞서기 때문이다. 단지 시간이 좀 걸릴 뿐이다.[45]

---

[45] 중국 국무원은 2025년 8월 'AI+' 정책을 발표하여 6대 중점 분야를 중심으로 3단계 발전 목표를 제시하고, AI를 국가 전반의 디지털 전환과 지능사회 실현의 핵심 전략으로 격상시키고 있다. 이는 2015년의 '인터넷+'와 2019년의 '스마트+'의 연속으로 "AI를 핵심 엔진으로 삼아 산업 전반의 디지털 전환을 가속화하기 위한" 것이다. "'인터넷+'가 클라우드와 빅데이터를 기반으로 전자상거래·금융·물류에 기술 융합을 촉진했고, '스마트+'가 ICT 기술을 통한 제조업 구조 혁신에 초점을 맞췄다면, 'AI+'는 이를 한 단계 진전시켜 국제 경쟁력을 갖춘 디지털 산업 클러스터 조성을 목표로" 하고 있다. 2027년까지 6대 분야 AI 융합과 단말 보급률 70% 달성하고, 2030년까지 지능경제를 국가 성장 축으로 육성하고, 2035년까지 지능사회 완성과 현대화를 지원한다는 계획이다. "중국 'AI+ 행동' 개시, 지능사회 3단계 로드맵 공개", 『정책동향』,

5. 기초과학논문과 과학기술연구소 기반 과학기술경쟁 현황

5G 이동통신 외에도 대중국 반도체동맹 등 계속되는 미국의 가혹한 과학기술봉쇄에도 불구하고, 호주의 전략정책연구원이(Australian Stratagic Policy Institute, ASPI) 2024년 8월 28일 발표한 2차보고서인 ASPI's two-decade Critical Technology Tracker는 1차보고서의 5년 기간(2018-2022)을 21년 기간으로 널려(2003-2023) 이 기간 인용빈도 상위 10%인 영향력논문과 과학기술연구소 등을 분석한 결과는 놀라울 정도다.[46]

미국은 2003~2007년 5년 동안 64개 분야 중 60개 분야에서 과학기술 혁신을 주도했으나 2019~2023년에는 7개만 주도했고, 대조적으로 중국은 2003~2007년 기간에는 64개 중 3개 분야만 선두였지만, 2018~2022년에는 52개, 2019~2023년 64개 중 57개 분야에서 선두를 유지했다고 발표했다. 특히 중국은 2020년 이후 고성능컴퓨팅·적대적인공지능·첨단집적회로설계·제조(반도체 칩)·자율시스템 운영기술·양자센서에서 미국을 앞선 것으로 나타났다.

또한 인도의 경우, 2023년 평가에서 37개 분야에서 상위 5개 국가에 진입했으나, 2024년 평가에서는 64개 중 45개 과학기술에서 상위 5개 국가에 진입해 과학기술 강국으로 부상하고 있다고 평가했다.

한중과학기술협력센터, 2025.8.29(https://kostec.re.kr/policy_trends/view/id/38287#u).

[46] Dr Jennifer Wong Leung , Stephan Robin & Danielle Cave, "ASPI's two-decade Critical Technology Tracker: The rewards of long-term research investment" Australian Strategic Policy Institute https://www.aspi.org.au/report/aspis-two-decade-critical-technology-tracker

2차 과학기술(S&T) 연구 강국(중국과 미국에 뒤처진 국가)의 상위 5위권 내 성과는 1차보고서 때와 크게 변하지 않았다. 곧, 독일 27개, 한국 24개, 이탈리아 15개, 이란 8개, 일본 8개, 호주 7개가 과학기술 분야에서 상위 5위권 내에 진입했다.

특히 한국과 일본을 대조적으로 비교한 것 또한 흥미롭다: "한국은 인공지능과 에너지 및 환경 분야에서 24개 기술로 상위 5위 안에 들었다. 그렇지만, 일본은 광대역 및 초광대역 반도체와 원자력 분야에서 강점을 보이며 8개로 줄었다. 2003년부터 2007년까지를 살펴보면, 첨단 기술 산업 강국의 역사가 비슷한 양국의 순위가 20년 동안 거의 역전되었다. 당시 일본은 32개 기술에서 상위 5개 국가에 속했던 반면 한국은 7개 기술에 그쳤다."[47]

물론 위의 분석은 분야별 기초과학기술 영향력논문의 인용빈도와 선도적인 과학기술연구소의 보유수를 기초로 측정한 것이기 때문에, 보고서 자체가 지적하듯이, 이것만으로는 "한 국가의 현재 기술 또는 혁신 경쟁력을 전체적으로 파악할 수는 없다. 중요 기술 추적의 목적은 현재 상태를 평가하는 것이 아니라 각국의 전략적 의도와 잠재적인 미래 과학기술(S&T) 역량에 대한 글로벌 이해를 높이는 것"이라는 한계를 갖고 있다. 또한 이는 정량적 평가이므로 정성적 역량평가도 종합적으로 고려하는 것이 필요하고, 각 나라마다 보안상 숨겨진 기술도 있을 테고, 또 이 기초과학기술이 응용화·실용화·사업화하는 데는 시차도 있을 수 있다.

---

[47] 이를 시각적으로 보여주는 스냅샷(snapshot)은 다음에서 확인가능하다: "Top 5 countries visual snapshot(2019-2023)" https://ad-aspi.s3.ap-southeast-2.amazonaws.com/2024-08/Top%205%20countries%20visual%20snapshot%202019-2023.pdf?VersionId=gyx1RsqRl1.bULoxOQyHwIyGqkcruG6C

그렇지만 중국의 과학기술 발전이 예측을 뛰어넘는 초고속 수준으로 발전하고 있음을 누구도 부정하기는 힘들 것이다. 또한 기초과학기술이 응용화·실용화·사업화하는 데는 시차가 있을 수 있지만, 이는 시차문제일 따름이고 일정기간이 지나면 응용과 실용화 및 산업화에서도 중국이 미국을 선도할 수 있다. 이를 의식한 듯 위의 2023년 ASPI 1차보고서 해설인 "The global race for future power" Policy Brief Report No. 69/2023은 이에 대한 현황과 문제점을 다음과 같이 요약해 제시하고 있다.[48]

1. 세계 10대 선진 연구기관은 모두 중국에 기반을 두고 있고, 2위인 미국보다 총 9배 많은 영향력 있는 논문을 배출하고 있다. 특히 중국과학원이 두드러진다.
2. 영향력 논문의 5분의 1은 파이브 아이즈(Five Eyes: 앵글로색슨 종족이 중심이 된 나라로 미국·영국·가나다·호주·뉴질랜드-역자) 국가들에서 박사 후 과정의 수련을 받은 연구자들에 의해 집필되었다.
3. 중국은 국방·우주관련 기술에서 두드러지게 앞서고 있다. 보도에 의하면, 핵 탑재 극초음속 미사일 개발에서 이룬 중국의 엄청난 실적은 2021년 8월 미국 정보계를 놀라게 하였다 한다.
4. 중국은 초음속 포함 첨단 항공기엔진 관련 영향력 논문의 48.49%를 배출했다. 또한 이 분야 세계 10대 연구기관 중 7곳을 중국이 차지하고 있다.
5. 미국은 호주전략정책연구소가 조사한 44개 기술 중 대부분 2위에 그치고 있다. 현재 고성능컴퓨팅·양자컴퓨팅·백신 등에서 선두를 지키고 있다.
6. 이러한 추세를 방치하면, 기술의 개발·통제뿐 아니라 전 세계

[48] https://ad-aspi.s3.ap-southeast-2.amazonaws.com/2023-03/ASPIs%20Critical%20Technology%20Tracker_0.pdf?VersionId=ndm5v4DRMfpLvu.x69Bi_VUdMVLp07jw

의 권력과 영향력까지도 권위주의 국가로 이전할 수 있을 것이다. 또한 중국이 어떤 특정 핵심 기술의 글로벌 공급을 장악할 수도 있을 것이다.

특히 위의 6항을 의식한 듯, 2차 보고서는 중국을 수많은 기술 분야에서 '독점 고위험' 국가로 분류하고 있다. 영향력논문 점유율과 선도적인 과학기술 연구기관의 보유수를 기준으로, 과학기술연구 분야별 독점위험도(Technology Monopoly Risk)를 높음(high risk) 중간(medium risk) 낮음(low risk)으로 등급화 하였다.[49] 독점위험도가 '높음'으로 분류된 기술 분야를, 곧 '고위험' 분야를 중국이 1차에서는 54개 중 14개 분야를 차지했으나 2차보고서에서는 64개 중 24개로 '급증'했다고 지적하고 있다. "우려스러운 점은 고위험으로 새로 분류된 기술에는 국방 분야에 적용되는 레이더(radar), 첨단 항공기 엔진(advanced aircraft engines), 드론(drones), 군집 및 협동 로봇(swarming and collaborative robots), 위성 위치추적과 항해(satellite positioning and navigation)와 같은 기술을 포함하고 있다."

더 나아가 중국과학원(Chinese Academy of Sciences-CAS)을 현재 세계 최대 규모의 연구기관으로 약 113개의 연구소를 가진 독보적 위치를 가진 연구기관으로 꼽고 있다. 지난 5년간의 연구실적은 64개 기술 분야 중 31개 분야에서 전 세계 선두를 차지한다면서 2003~2007년 기간에는 단지 6개 분야만 선두였다고 한다. 중국과학원은(CAS) 현재 에너

---

49 "아래는 2019년부터 2023년까지 5년간 64개 기술에서 영향력 있는 연구 결과물의 비율(%)로 순위를 매긴 상위 5개 국가를 보여주는 시각적 스냅샷이다. 왼쪽에는 기술 독점 위험이라는 제목의 열이 있어 한 국가에 과학 및 기술 연구 전문 지식이 집중되어 있는 것을 강조한다. 기술 독점 위험이 높다는 것은 향후 기술 역량이 획기적으로 발전할 수 있다는 잠재적 지표다. 이 지표는 두 가지 요소의 조합이다: 1. 세계 상위 10개 기관에 대한 선도 국가의 점유율 2. 가장 가까운 경쟁국에 대한 선도 국가의 우위(상위 10% 논문 비율)." 시각적 스냅샷은 다음에서 확인할 수 있다. https://ad-aspi.s3.ap-southeast-2.amazonaws.com/2024-08/final_summary_rank_2024%201.pdf?VersionId=DxrZ4KO8tsOqZodyDz8Gz.tvFCfHOjj6

지 및 환경 기술, 첨단 소재(중요 광물 추출 및 가공 포함), 첨단 데이터 분석, 머신러닝, 양자 센서, 첨단 로봇공학, 소형 위성 분야에서 두각을 나타낸다고(excels in) 보고 있다.

이를 통해서 2차보고서는 과학기술 연구 분야는 '설탕처럼' 곧바로 그 효과가 나타나는 단기적 성과를 거둘 수는 없고, 과학적 지식, 인재 및 연구기관에 대한 지속적인 투자와 축적이 필요하다고 역설하고 있다. 오늘날 중국이 이 분야에서 이룬 혁혁한 성과는 막대한 투자와 수십 년 간의 전략적 계획이 낳은 결과라는 것이다. 장기적인 경쟁우위 기술 분야라 할지라도 정권교체 등으로 이들 분야에 대한 연구개발(R&D) 및 제조역량에 대한 투자를 중단하거나 늦출 경우 이런 이점을 잃을 위험이 높다고 강조한다.

이러한 경고는 바로 한국의 철부지 윤석열 정부에 해당된다. 그는 집권하자말자 제대로 된 논거도 없이 이익 카르텔을 혁파하겠다며 2024년도 연구개발(R&D) 예산을 4.6조 원이나 삭감해 지속성이 생명인 과학기술개발에 목조르기를 자행했다. 이는 1991년 이후 33년 만의 첫 삭감이었다. 이 충격적인 파고는 장기적 풍파를 가져와 갑작스런 연구개발비 재투입에도 곧바로 회복되는 '설탕'효과는 구조적으로 불가능하게 되어 버렸다. 아마도 지금 트럼프집권 2기 역시 한국의 윤석열과 같은 우를 범할 것으로 예견된다. 위와 같은 호주전략정책연구소(ASPI)의 종합적이고 체계적인 분석에는 못 미치지만 과학기술경쟁의 구성요소인 기초과학논문, 세계과학도시, 국제특허 등을 분석한 다른 연구기관의 분석을 아울러 살펴봄으로써 중·미 과학기술경쟁의 현황을 다방면으로 살펴보겠다.

먼저 기초과학논문 현황을 보면 일본 문부과학성 과학기술·학술정책연구소의 2019년(2018~2020년 평균) 분석에서, 논문인용 상위1%인 '톱

(Top)논문' 점유율에서 중국은 27.2%로, 미국 24.9%를 앞질렀고, 인용 상위 10%인 '주목(注目)논문'에서는 중국 5만 4,405편으로 1위, 미국 3만 6,208편으로 2위, 뒤이어 영국(8878편), 독일(7234편), 이탈리아(6723편), 인도(6031편) 순위였다. 한국 4,100편으로 10위, 일본 3,767편으로 13위였다.[50]

세계 최대 학술서적출판업체인 영국 스프링거 네이처의(Springer Nature)의 '자연과학 공헌율지수'에서, 중국은 2022년 19373.35로 세계 1위, 미국은 17610.47로 2위, 뒤이어 독일, 영국, 일본, 프랑스 차례였다. 또한 중국은 화학공헌율 지수에서 2021년 세계 1위에 올랐으며, 물리과학 분야에서도 처음으로 미국을 제쳤고, 2023년 4월에는 지구환경과학 분야에서 처음으로 미국을 제쳤다고 한다. 자연과학 공헌율지수는 스프링거 네이처가 전 세계 상위 82곳의 자연과학저널 발표 논문을 분석해 산정 발표하는 것으로 자연과학 분야에서 각국의 연구개발 수준과 국제 학계에 대한 공헌도를 반영한다.[51] 중국과학기술정보연구소 또한 2023년 중국과학기술논문통계 분석에서 중국 각 학과에서 가장 영향력 있는 저널의 논문 수는 처음으로 세계 1위를 차지했다고 발표했다.[52]

자연과학과 생명과학 분야의 전 세계 145종의 고품질 학술지에 게재된 논문을 대학 및 연구기관별로 종합평가한 '네이처 인덱스 2025'

---

[50] 박준호 기자, "주목도 높은 과학논문 중국 1위…한국 10위, 일본 13위", 『뉴시스』, 2023.8.9(https://www.newsis.com/view/NISX20230809_0002408116).

[51] 조용성 특파원, "자연과학 분야 논문, 中이 美 제치고 1위 올라", 『베이징=뉴스핌』, 2023.5.22(https://www.newspim.com/news/view/20230522000380).

[52] "높은 수준의 국제 저널 논문 수와 인용 횟수는 세계 1위", 『인민망』 한국어, 2024.9.24(http://kr.people.com.cn/n3/2024/0924/c207467-20222441.htmll).

는 다음 표가[53] 보여 주듯이 중국이 압도적 우위를 차지한다. 상위 10개 연구기관은 중국 8, 미국 1, 독일 1개이고, 상위 30개 연구기관의 국가별 수는 중국 18, 미국 5, 영국 2, 독일 2, 스위스 1, 일본 1, 프랑스 1개였다.[54]

2024년 국가별 Nature Index 연구성과 순위 및 점유율(Share) 변화

순위	국가/지역	2023 점유율	2024 점유율	논문 수(Count))	점유율 변화
1	중국	23,580.30	32,121.81	37,273	▲17.4%
2	미국	21,160.53	22,082.59	31,930	▼10.1%
3	독일	4,397.78	5,000.90	10,559	▼2.0%
4	영국	3,810.87	3,942.01	9,528	▼10.9%
5	일본	3,015.07	3,185.39	5,555	▼9.0%
6	프랑스	2,301.44	2,421.39	5,955	▼9.3%
7	한국	1,670.92	2,017.95	3,431	▲4.1%
8	캐나다	1,780.90	1,854.49	4,566	▼10.3%
9	인도	1,506.64	1,783.34	2,733	▲2.0%
10	스위스	1,417.24	1,522.50	3,967	▼7.4%

2024년 Nature Index 상위 10대 연구기관 순위 및 점유율(Share) 변화

순위	기관명	2023 점유율	2024 점유율	논문 수(Count))	점유율 증감
1	중국과학원(CAS)	2,253.62	2,776.90	9,445	▲6.2%
2	하버드대학교(미국)	1,206.87	1,155.19	3,915	▼17.5%
3	중국과기대	651.48	850.60	2,609	▲12.5%
4	저장(浙江)대학교	598.53	819.57	2,118	▲18.0%
5	베이징대학교	622.03	812.32	3,080	▲12.5%
6	중국과학원대학교	647.09	793.59	3,925	▲5.7%
7	칭화대학교	610.86	469.57	2,526	▲8.5%
8	난징(南京)대학교	618.74	755.20	1,864	▲5.2%

53 "Nature Index 2025, 과학기술 전분야에서 중국이 싹 쓸이!", 『정책동향』, 한중과학기술협력센터(KOSTEC), 2025.6.20(https://kostec.re.kr/policy_trends/view/id/38230#u). 이는 다음 원자료를 KOSTEC이 재구성 한 것이다. "2025 Research Leaders: Leading institutions" https://www.nature.com/nature-index/research-leaders/2025/institution/all/all/global)

54 출처: https://www.nature.com/nature-index/research-leaders/2025/institution/all/all/global

순위	기관명	2023 점유율	2024 점유율	논문 수(Count))	점유율 증감
9	막스플랑크협회(독일)	650.78	752.22	2,847	▼0.4%
10	상하이(上海)교통대학교	512.47	713.24	1,936	▲19.9%

'네이처 인덱스 2025' 자체의 분석에 의하면[55] 중국은 2024년에 단 1년 만에 미국에 대한 우위를 4배 이상 확대했다 한다. 그렇지만 중국이 미국을 능가하기 시작한 해는 바로 1년 전인 2023년이었고 이 1년 사이에 이러한 격차를 벌였다고 한다. 또한 연구논문에 대한 저자 기여도를 추적하는 주요 Nature Index 지표인 'Share'에서 위의 첫 번째 표가 보여 주듯이 중국은 32,122로 2위인 미국의 22,083와 큰 격차를 벌이고 있어 양국 간 격차는 더욱 심화할 것으로 보고 있다.

또한 인적자원에서도 미국은 수세에 몰리고 있고, 또 트럼프의 R&D 연구비 삭감으로 앞으로의 전망 역시 밝지 않다고 보고 있다. "중국은 2000년대 초반부터 과학, 기술, 공학, 수학(STEM: Science, Technology, Engineering, Mathematics) 분야 박사학위 취득자 수에서 미국을 앞지르고 있다... CSET 보고서는 2025년까지 중국 대학들이 연간 약 77,000명의 STEM 분야 박사학위를 배출할 것으로 예측해, 미국 대학의 연간 40,000명과 대비"된다고 보고 있다.

중국의 이공계 인재 양성은 '천재학생'들에 대한 선별적 특혜지원이나 이공계 혁신인력에 대한 엄청난 특혜 보상 등으로[56] 다른 나라의

---

55 Benjamin Plackett, "News 11 June 2025 Nature Index 2025 Research Leaders" https://www.nature.com/nature-index/news/nature-index-research-leaders-united-states-losing-ground-china-lead-expands-rapidly

56 중국의 주요 대학 이공계 신임 교원 초봉은 3억6000만~5억5400만원, 이공계 기술인증을 받은 대졸 초임 연봉이 12~14만 위안(약 2200~2670만원), 입사 2~3년 차에는 연봉 30만 위안(약 5700만원), 중국 대졸 평균 연봉은 1300~1400만원 정도이다.

추종을 불허할 정도다. 다음 〈중국 박사학위 전공별 인력분포(2023년)〉가 보여주는 바와 같이 공학과(약 27만) 이학으로(약 10만 5천) 쏠림 현상은 중국 과학기술 발전의 토대가 되고 있다.[57] 이럼에도 불구하고 중국의 AI 인력구성은[58] 응용분야로 쏠려 기초분야 인재가 상대적으로 불충분한 수급불균형의 문제가 있는 것으로 분석되고 있다.[59]

중국 박사 학위 전공별 인력 분포(2023년)

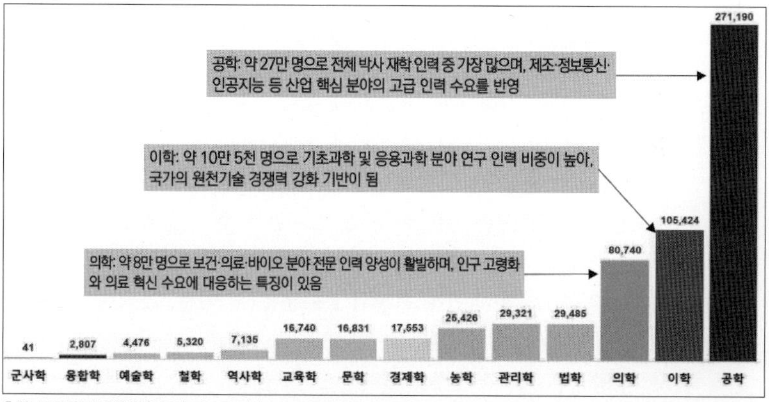

출처: 중국과기통계연감(2024) 자료를 기반으로 KOSTEC에서 작업함

---

57 "공대에 미친 중국: 이공계가 전체 박사(60만 명)의 60% 이상", 『정책동향』, 한중과학기술협력센터, 2025.8.18(https://kostec.re.kr/policy_trends/view/id/38275#u).

58 "중국은 AI 세계 리드가 되겠다는 국가전략을 발표한지 1년만인 2018년부터 500개 이상의 대학에 AI전공을 개설했다. 2024년 2월에는 전국 184개 학교를 선정해 AI교육 시범프로그램을 운영하고 있으며, 이제는 초등학교에서도 AI교육을 시작했다....이처럼 14억 인구가 초등교육 단계부터 첨단 과학기술 교육을 받기 시작해 매년 약 600만 명의 이공계 졸업생을 배출한다. 이 추세는 30년 이상 지속되어 중국의 이과 인력은 약 4배로 증가했다." 이철, 『차이나테크의 역습: 중국은 어떻게 기술 강대국이 되었나』, 경이로움, 2025, 300~301쪽.

59 "저장대·바이두(2025) 분석에 따르면, 미국은 기초(22.8%)·기술(37.3%)·응용(39.9%) 인력 비중이 균형적인 반면, 중국은 응용 비중이 61.8%로 매우 높고 기초 인력은 3.3%에 불과한 문제가 존재; 중커커쩨(中科科界) 2024 통계에서도 중국 AI 인력은 기초 17.1%, 기술 28.6%, 응용 54.3%로 응용 비중이 절반을 상회하고 기초 인력은 부족한 것으로 나타남", 『정책동향』, 한중과학기술협력센터, 2025.8.18, "AI산업 속도를 따라가지 못하는 중국의 인재 수급: 3대 수급 불균형"(https://kostec.re.kr/policy_trends/view/id/38276#u).

한국과학기술정보연구원(KISTI)의 '글로벌 미·중 과학기술경쟁 지형도' 보고서 또한 중국 과학논문이 질적으로 미국을 추월했다고 발표했다.[60] 2017~2019년 기간 분야별 논문 수, 피인용 최상위 1%와 10% 논문 수를 비교 분석해 과학논문의 질적인 측면까지도 평가했다. 그 요약의 일부는 다음과 같다.

1. 분석대상 10개 분야 중, 화학·전기전자공학·기계공학·화학공학·재료공학·나노기술 영역에서 중국의 피인용 최상위 1% 논문 수는 미국의 2배 이상.
2. OECD 분류 기준, 분석대상 10개 분야(컴퓨터 및 정보과학, 물리학 및 천문학, 화학, 생명과학, 전기전자공학, 기계공학, 화학공학, 재료공학, 나노기술, 임상의학) 중에서 중국은 생명과학, 임상의학 2개 분야를 제외하고 나머지 8개 분야에서 2017~2019년 논문 수, 상위 10% 논문 수, 최상위 1% 논문 수 모두 미국을 앞질렀다.
3. 2017~2019년 피인용 최상위 1% 논문 수 기준, 분석대상 10대 분야 중 6개 분야(화학, 전기전자공학, 기계공학, 화학공학, 재료공학, 나노기술)에서 중국은 미국의 2배를 넘어섰으며, 분야별 점유율은 최소 44.31%에서 최대 71.37%에 이르렀다.
4. OECD 39개 대분류 중에서 과학기술 영역에 해당되는 20개 세부분야로 확장하여 분석한 결과, 중국은 생명공학, 의공학, 기초의과학, 임상의학, 보건과학을 제외한 나머지 전 분야에서 단순히 전체 논문 수 이외에도 피인용 상위 10% 논문 수, 피인용 최상위 1% 논문 수에 있어서 지난 십여 년 사이에 미국을 추월한 것으로 나타났다.
5. 특히 해당 분야의 전반적인 연구수준을 보여주는 상위 10% 논문 비율 기준으로도 수학, 화학, 지구환경과학, 토목공학, 기계공학, 화학공학, 환경공학, 나노기술, 보건과학, 농림어업

---

[60] 손영주, "중국 과학논문, 질적 측면 미국 추월", 한국과학기술정보연구원(KISTI), 2022.4.4 (https://www.kisti.re.kr/promote/post/news/5590#).

10개 분야는 미국보다 앞서는 것으로 나타났다.

AI 관련논문 역시 중국이 미국을 앞지른 것으로 나타났다. 야마자키 도시히코 도쿄대학 교수가 네덜란드 정보분석기업 엘스비어(elsevier)와 2012~2021년 국가 및 기업별 AI 논문을 분석한 결과, 중국은 이 기간 동안 논문 수에서 계속 1위를 유지했다. 2021년에는 미국의 2배인 4만 3,000편의 논문을 발표해, 전체 논문수의 31.85%를 차지했다. 상위 10% 피인용인 '주목 논문' 수에서도 중국은 2019년 1위, 2021년에는 미국보다 70%가량 많은 7,401편을 기록했고 이 주목 논문 중 54.8%를 차지했다. 그러나 2012년에는 중국이 425편으로 미국 629편에 이어 2위였다.[61]

한국 과학기술정보통신부 한국과학기술기획평가원(KISTEP) 발행 "2022 기술수준평가"(기관 2023-054, 연구기간 2023.1.1.~2023.12.31.) 또한 비록 위의 글로벌 연구 분석과는 결이 다르긴 하지만, 5개 국가의 과학기술 현황과 경향성을 잘 보여주고 있다.[62] 이는 주요 5개국(한국, 중국, 일본, EU, 미국)의 기술수준(%) 및 기술격차(년)를 평가한 것으로(최고기술 보유국에 대비하여 국가별로 평가), 정성평가(산·학·연 전문가 1,360명 대상으로 2라운드 델파이조사)와 정량분석(논문·특허분석)을 함께 실시했다. 이 결과 전체 대상기술 136개 분야에서, 최고기술보유국인 미국에(100%) 비해 EU는 94.7%, 일본 86.4%, 중국 82.6%, 한국 81.5% 순으로 평가되었다. 또한 최근 2년간(2020~2022년)

---

61 조용성 기자, "글로벌 AI 상위 논문 55%가 중국", 『뉴스핌』, 2202.1.18(https://www.newspim.com/news/view/20230118000805).

62 과학기술정보통신부 한국과학기술기획평가원(KISTEP), 『2022 기술수준평가』 기관 2023 054, 연구책임자: 이희권, 참여연구원: 박창현, 정의진, 이성훈 (이상 모두 한국과학기술기획평가원 연구원) 출처: https://scienceon.kisti.re.kr/commons/util/originalView.do?cn=TRKO202400001454&dbt=TRKO&rn= [국가R&D연구보고서] 2022년 기술수준평가, 2022 Technology Level Evaluation

한국(80.1-->81.5%)과 중국(80.0-->82.6%)의 기술수준은 상승했고, 일본(87.3-->86.4%)과 EU(95.6-->94.7%)의 기술수준은 하락했다.

주요 5개국 50개 국가전략기술의 기술수준·격차 현황

미국		한국		중국		일본		EU	
수준(%)	격차(년)	수준(%)	격차(년)	수준(%)	격차(년)	수준(%)	격차(년)	수준(%)	격차(년)
100.0	0.0년	81.7	3.0년	86.5	2.2년	85.3	2.0년	92.3	1.3년

- 한국과 중국의 기술수준은 2012년부터 지속적인 상승을, 일본은 2016년도 이후부터 하락세로 나타남
- (분야별) 한국은 2020년 대비 총 11개 분야 중 9개 분야에서 기술 수준이 향상, 2개 분야에서 하락

* (9개 향상) 건설·교통, 재난안전, 국방, 기계·제조, 소재·나노, 농림수산·식품, 생명·보건의료, 에너지·자원, 환경·기상

** (2개 하락) 우주·항공·해양, ICT-SW

전체대상기술(136개 기준) 정량분석

(분석대상) 최근 2년간 주요국 논문·특허 중 전체대상 기술과 연관된 데이터를 통해 논문·특허 점유율, 중요논문·특허비율, 논문·특허 영향력 등 다양한 양·질적 지표 15개를 활용하여 분석

〈정량분석 대상 데이터〉

소재: 논문과 특허

대상: 한, 중, 일, EU(영국 포함 28개국), 미국

데이터: SCOPUS 등재 논문, 공개 특허, 등록·출원 특허

기간: 공개일 기준 최근 12년(2010.1~2022.1.) 출원일 기준 최근 10년(2010년11~2022년12)

유효건수: 556,493 건 1,517,535 건

(분석결과: 한국은 주요 5개국 중 논문·특허의 증가율이 중국에 이어 2위 수준으로, 논문·특허 질적 지표는 전반적으로 4위권에 해당)

논문기준 활동력(양적) 지표		논문영향력기준 기술력(질적) 지표			
논문점유율(%)	논문증가율 (%)	논문영향력	중요논문비율(%)	연구주체다양도	H-Index
미국 3위 20.3	4위 185.5	1위 25.7	3위 24.1	2위 0.86	3위 56.2
한국 5위 5.4	2위 295.7	3위 15.0	4위 4.8	5위 0.71	4위 25.0
중국 2위 33.8	1위 445.2	4위 14.9	2위 28.8	3위 0.81	2위 61.2
일본 4위 6.0	5위 147.4	5위 12.5	5위 4.4	4위 0.74	5위 22.6
EU 1위 34.6	3위 218.4	2위 19.9	1위 37.9	1위 0.92	1위 66.1

** 연구주체다양도: 논문 발행건수가 많은 발표기관들을 제외한 참여도를 기반으로 연구인력 경쟁력과 다양성 측정

** H-Index: 개별 연구자의 연구 업적과 성취, 학계에 미치는 영향력(논문 인용 횟수 등)을 자연수로 표현

특허기준 활동력(양적) 지표			특허기준 기술력(질적) 지표			
특허점유율(%)	특허증가율(%)	해외출원도(%)	특허영향력	중요특허비율(%)	IP점유율(%)	청구항수
미국 2위 13.6	3위 407.1	2위 453.0	1위 12.1	1위 28.8	1위 34.2	1위 18.6
한국 3위 13.4	2위 1505.2	4위 200.6	3위 5.1	4위 15.6	4위 15.1	4위 8.7
중국 1위 55.8	1위 2037.8	5위 133.0	5위 4.1	2위 26.7	5위 9.4	5위 7.3
일본 4위 9.9	4위 371.8	3위 254.7	3위 5.1	5위 12.5	3위 16.9	3위 9.9
EU 5위 7.4	5위 218.4	1위 614.5	2위 7.2	3위 16.4	2위 24.5	2위 16.0

** IP점유율: 주요 4개국(한국·중국·일본·EU·미국 중 4곳)에 동시 출원한 특허 비율을 기반으로 시장력 측정

** 청구항수: 발명의 수(청구항)를 기반으로 국가별·연구주체별 질적 경쟁력 측정

6. 과학기술혁신도시 기반 과학기술경쟁 현황

'Nature Index-Science Cities 2024'는[63] 2024년 11월 21일 Nature Index 저널의 200 과학도시 세계 순위를 발표했다. 그 순위는 베이징, 상하이, 뉴욕, 보스턴, 난징, 샌프란시스코, 볼티모어, 광조우, 우한, 도쿄, 파리, 서울, 항조우, 런던, 허페이 순이었다. 이 15개 과학도시 중 중국은 7개를, 미국은 4개를, 일본, 프랑스, 한국, 영국이 각각 1개를 차지했다. 이를 두고 세계 과학도시에서 중국의 대형 도시가 더욱 더 강세를 띄고 있을 뿐 아니라, 이제는 중국의 중형 지역 도시들도 상위권 세계 순위에 들어가고 있다는 점을 주목한다고 언급했다.

Leading 200 science cities[64]

*The leading 200 science cities and metropolitan areas ranked by article Share (Share) in 2023. Also listed are each

---

[63] https://www.nature.com/collections/cccbbeedhi

[64] https://www.nature.com/nature-index/supplements/nature-index-2024-

city's article count (Count) in 2023, and its contribution to the location's total Share of the year.

Rank	City	Location	A. Share 2023	A. Count 2023	Contribution to location's Share (%)
1	Beijing	China	4,259.39	9,180	18.4%
2	Shanghai	China	2,214.00	4,871	9.6%
3	New York	USA	2,107.48	6,007	10.4%
4	Boston	USA	2,059.25	5,400	10.2%
5	Nanjing	China	1,570.80	3,222	6.8%
6	San Francisco	USA	1,564.13	4,481	7.7%
7	Baltimore	USA	1,353.41	4,166	6.7%
8	Guangzhou	China	1,321.19	2,974	5.7%
9	Wuhan	China	1,178.69	2,356	5.1%
10	Tokyo	Japan	1,106.77	2,806	37.5%
11	Paris	France	993.30	3,194	44.5%
12	Seoul	S. Korea	939.36	2,043	57.7%
13	Hangzhou	China	934.56	2,218	4.0%
14	London	UK	904.95	3,234	24.5%
15	Hefei	China	899.50	2,227	3.9%

또한 2024년 8월 28일 세계지식재산기구(WIPO)는 특허 출원 및 과학 논문 데이터를 기반으로 2024년 글로벌 100대 과학기술혁신클러스터'(발명가·과학자 밀집지역) 순위를 발표했다. 이 보고서는 최근 5년간 특허협력조약(PCT)에 따른 국제 특허 출원 및 SCIE (SCI Expanded)급 과학 논문 두 가지 데이터를 바탕으로 클러스터 내 혁신 활동을 측정하고 순위를 산출했다. 그 상위 10개 클러스터는 도쿄-요코하마 (일본), 선전-홍콩-광저우 (중국/홍콩), 베이징 (중국), 서울 (한국), 상하이-쑤저우 (중국), 산호세-샌프란시스코 (미국), 오사카-고베-교토 (일본), 보스턴-캠브리지 (미국), 난징 (중국), 뉴욕 (미국) 순이었다.

---

science-cities/tables/overall

이를 한중과학기술협력센터의 〈ISSUE REPORT 2024.9. VOL.5〉가 요약 및 정리한 바에 의하면,[65] 중국은 2023년 24개에서 2개 늘어 26개의 과학기술혁신클러스터 구축으로 2년 연속 세계 1위를, 미국은 20개로 2위, 독일 8개로 3위 였고, 인도와 한국은 각각 4개의 클러스터를 보유했다. 또 중국의 허페이(合肥)클러스터와(22.7%) 정저우(鄭州)클러스터(18.9%)는 가장 높은 성장률을 기록했고, 이집트 카이로(11%), 인도 첸나이(8%)와 터키 이스탄불(8%)도 높은 성장세를 나타내었다. 그러나 63개 고소득 경제체 클러스터 중 37개(약 59%)는 2023년 과학기술 생산량이 감소하는 추세였다. '2023년 9월 기준 100대 과학기술 클러스터'에서는 중국 24, 미국 21로 상위 다섯 중 중국이 세 곳을(선전·홍콩·광저우, 베이징, 상하이·쑤저우) 차지했다.

7. 국제특허 출원(PCT) 기반 과학기술경쟁 현황

2024년 3월 7일 세계지적재산기구(WIPO)는 2023년 한 해 WIPO에 출원한 국가별 지적재산출원 동향 분석 자료를 발표했다. 2023년 국제특허출원(PCT, Patent Cooperation Treaty, 특허협력조약)은 다음 '다출원 국가순위'가 보여 주듯이 중국, 미국, 일본, 한국, 독일 순위로 중국이 미국에 비해 25% 정도로 많은 국제특허를 출원하였다.

기업별 순위도 중국 화웨이가 1위를 한국 삼성이 2위를 차지하고 있고, 10대 다출원 기업 가운데 중국 4개, 한국과 일본 각각 2개, 미

[65] "WIPO 2024 글로벌 100대 과학기술 혁신 클러스터" 『ISSUE REPORT』, 2024.9. v.5, 한중과학기술협력센터, (https://www.kostec.re.kr/sub0101/view/id/38010#u).

국과 스웨덴 각각 1개로 중국이 미국을 앞서고 있다. 2022년 기준에서도 중국은 세계 국제특허출원에서 70,015건으로 4년 연속 1위를 유지했고, 다음으로 미국 59,056건, 일본 50,345건, 한국 22,012건, 독일 17,530건으로, 중국은 2023년까지 5년 연속 1위를 유지하고 있다. 기업별 순위에서도 중국 화웨이 7,689건 1위, 한국 삼성 4,387건, 미국 퀄컴 3,855건, 일본 미쯔비시 2,325건, 스웨덴 에릭슨 2,158건이었다.

주 제네바 한국대표부가 2023년 자료를 분석한 보고서는[66] 한국이 국제특허 4위, 국제상표 9위, 국제산업디자인 7위를 기록해, "혁신 활동 지표인 특허, 상표, 디자인 등의 지식재산권 출원에서 견고한 위상을 유지"한다고 평가했다. 또한 한국, 중국, 일본을 포함한 "아시아 지역은 2023년 전체 국제특허출원 량의 55.7%를 차지했는데, 이를 통해 이 지역에서 혁신 활동이 가장 활발하게 이루어지고 있다는 것을 확인'했다고 말했다. 또 다출원(기업) 순위에서 "삼성전자(3,924건)와 LG전자(1,887건)가 각각 2위와 6위를 차지했고, 그 밖에 상위 10개 기업에는 중국 기업이 4개, 우리나라와 일본 기업이 각각 2개씩, 그리고 미국과 스웨덴 기업이 각각 1개씩 이름을 올렸다"고 요약했다.

2023년 국제 지식재산 출원 동향 요약[67]

• 다출원 국가 순위 (단위: 건수)

순위	국가	2023년 (전년 대비 증가율)	2022년
1	중국	69,610 (-0.6%)	70,017

[66] https://overseas.mofa.go.kr/ch-geneva-ko/brd/m_20592/view.do?seq=274

[67] "WIPO, 2023년 국제 지식재산 출원 동향 발표" 주 제네바 대표부(2024-03-08) 첨부 자료: "2023년 국제 지식재산 출원 동향 요약" https://overseas.mofa.go.kr/ch-geneva-ko/brd/m_20592/view.do?seq=274

순위	국가	2023년 (전년 대비 증가율)	2022년
2	미국	55,678 (-5.3%)	58,823
3	일본	48,879 (-2.9%)	50,351
4	한국	22,288 (1.2%)	22,023
5	독일	16,916 (-3.2%)	17,469
6	프랑스	7,916 (2.0%)	7,761
7	영국	5,586 (-2.3%)	5,716
8	스위스	5,382 (-1.2%)	5,446
9	스웨덴	4,323 (-3.5%)	4,481
10	네덜란드	4,258 (6.5%)	4,025

• 다출원인(기업) 순위

순위	출원인	건수	국가
1	HUAWEI TECHNOLOGIES CO., LTD.	6,494	중국
2	SAMSUNG ELECTRONICS CO., LTD.	3,924	한국
3	QUALCOMM INCORPORATED	3,410	미국
4	MITSUBISHI ELECTRIC CORPORATION	2,152	일본
5	BOE TECHNOLOGY GROUP CO., LTD.	1,988	중국
6	LG ELECTRONICS INC.	1,887	한국
7	TELEFONAKTIEBOLAGET LM ERICSSON (PUBL)	1,863	스웨덴
8	CONTEMPORARY AMPEREX TECHNOLOGY CO., LTD. (CATL)	1,799	중국
9	GUANG DONG OPPO MOBILE TELECOMMUNICATIONS CORP., LTD.	1,766	중국
10	NIPPON TELEGRAPH AND TELEPHONE CORPORATION	1,760	일본

일본 닛케이신문과 지적재산권 데이터베이스 운영업체인 '아스타뮤제'가[68] 공동으로 분석한 10개 첨단기술 분야의 2000~2019년 국 특허 출원 건수를 분석한 결과는 위와 같은 추세인 중국의 우위를 이

[68] 2005년 설립돼 세계 80여 나라의 특허 및 투자 데이터, 신생 기업 등에 대한 독자적

미 확인했다. 이들 조사 대상 10개 분야는 향후 10년간 다양한 산업 영역에서 응용이 기대되는 핵심기술을 대상으로 하였으며, AI·양자컴퓨터·재생의료·자율주행·블록체인·가상현실(VR)·도전성고분자·리튬배터리·드론·사이버보안 등 10개 분야에 걸친다. 그 결과 2017년의 경우 중국은 9개 분야에서 선두를 차지하고, 총 출원 건수의 49%를 점유했다. 미국은 양자컴퓨터에서만 우위를, 또 7개 분야에서 2위를 차지했고, 한국은 8개 분야에서 3위, 일본은 7개 분야에서 4위를 차지했다. 그러나 2008~2018년 논문 인용 순위에서는 미국이 1위(2,737명), 중국이 2위(636명), 영국이 3위(516명)를 차지하였다.[69]

세계지식재산권기구(WIPO)가 공개한 2024년 글로벌 지식재산권 신고 통계 역시 중국이 7만 160건으로 여전히 1위를 차지해 6년 연속 1위였다. 이어 미국 5만 4,087건으로 2위, 일본, 한국, 독일 순서였다. 화웨이는 6,600건 국제특허 출원으로 여전히 1위, 삼성전자 4,640건 2위, 퀄컴 3,848건, LG전자 2,083건, 중국 CATL이 그 뒤를 이었다. 교육 분야에서는 미국 캘리포니아 대학교가 519건 출원으로 계속 1위, 텍사스대학교, 칭화대학교, 저장(浙江)대학교, 서울대학교 순서였다.[70] 다음의 한중과학기술협력센터의 분석 역시 이를 확인해 주고 있다.[71]

데이터베이스를 가지고 있으며 동 데이터베이스를 기반으로 한 기업의 컨설팅 사업과 인재 소개를 다루고 있음.

69 "일본 닛케이社, 첨단기술 분야의 국가별 특허출원 순위 등 발표", 연구보고서 통권 2020-07호, 한국지식재산연구원, 2020.2.18(https://www.kiip.re.kr/ipmap/board/trend/view.do?bd_gb=db&bd_cd=1&bd_item=0&po_item_gb=&po_cate_l=tc_D&po_cate_m=tc_D3&currentPage=62&po_no=19420).

70 "세계지식재산권기구, 中 국제특허 최대 출원국", 『인민망』 한국어판, 2025.3.21(http://kr.people.com.cn/n3/2025/0321/c207467-20292242.html).

71 "특허 전쟁, 중국의 독주 계속! 2024년 PCT 출원 1위 유지", 『정책동향』, 한중과학기술협

2024년 PCT 출원 상위 10대 출원국

순위	국가	PCT 출원 건수('23년)	PCT 출원 건수('24년)
1	중국	69,527건	70,160건
2	미국	55,618건	54,087건
3	일본	48,992건	48,397건
4	한국	22,277건	23,851건
5	독일	16,944건	16,721건
6	프랑스	7,911건	8,125건
7	영국	5,567건	5,861건
8	스위스	5,398건	5,324건
9	인도	3,725건	4,552건
10	네덜란드	4,256건	4,310건

2024년 PCT 출원 상위 10대 기업

순위	기업명	국가	PCT 출원 건수
1	화웨이(華爲)	중국	6,600
2	삼성전자	한국	4,640
3	퀄컴(Qualcomm)	미국	3,848
4	LG전자	한국	2,083
5	CATL(닝더스다이, 寧德時代)	중국	1,993
6	BOE Technology Group(京東方)	중국	1,959
7	미쓰비시 전기	일본	1,956
8	샤오미(小米)	중국	1,889
9	에릭슨(Ericsson)	스웨덴	1,886
10	니폰(Nippon Telegraph and Telephone)	일본	1,877

미래의 무한 청정에너지로 일컫는 핵융합 특허의 경우에도, 지적재산 데이터베이스를 운영하는 '아스타 뮤제'가 30개국·지역에서 출원

력센터(KOSTEC), 2025.3.20(https://kostec.re.kr/policy_trends/view/id/38159#u).

한 관련특허를 집계해 2011~2022년 9월까지 공개된 1,133건에 대해 특허 경쟁력을 점수화해 순위를 평가했다. 그 결과를 닛케이가 보도한 바에 의하면, 중국 4만 3,156점, 미국 3만 8,145점, 영국 3만 792점, 일본 1만 6,566점, 러시아 9,821점으로 5위 순위였다.[72]

네이처는 지난 2024년 10월 23일 "미국은 세계 과학계의 초강대국-그러나 얼마 동안일까?"라는 제목으로 미국과 중국 등 R&D 투자 규모, 과학논문 발행량 등 주요 데이터 및 핵심 이슈를 분석해 발표했다. 이를 한·중과학기술협력센터(KOSTEC)가 다음과 같이 요약 및 정리하였다:[73]

> 1. 연구개발 투자 규모
>
> "미국은 세계 최대의 R&D 투자 규모를 유지하고 있으나, 중국은 빠른 투자 증가로 2030년까지 미국과 동등한 수준에 도달할 전망"[74]
>
> 1. 상위 1% 高피인용 연구
>
> "미국은 국제 인재 유치에 강점을 보이고 있으나, 논문 발행량과

---

[72] "중국, 차세대 에너지 기술 핵융합 특허 1위…美 2위, 日 4위" 닛케이 "中, 핵융합 연구 유력 특허 2015년 이후 대폭 늘려 미국 역전", 한국무역협회, 2023.2.23(https://www.kita.net/board/totalTradeNews/totalTradeNewsDetail.do;JSESSIONID_KITA=706055E933310CE37B6215D72FA1CB4B.Hyper?no=73373&siteId=2&logGb=).

[73] "과학 강국의 재편: 미국과 중국, 누가 앞설 것인가?", 『정책동향』, KOSTEC, 2024.11.22(https://kostec.re.kr/policy_trends/view/page/2/id/38071#u) 출처: "The US is the world's science superpower — but for how long?" By Jeff Tollefson & Richard Van Noorden 〈NATURE〉 23 October 2024 https://www.nature.com/articles/d41586-024-03403-4?utm_medium=organic_social&utm_source=wechat&utm_campaign=CONR_NAJRN_ATT1_AP_CNCM_002E6_nfh

[74] "한국은 꾸준한 R&D 투자 증가로 일본 및 독일과 유사한 수준을 유지"한다고 서술하고 있다.

高피인용 논문 점유율에서 중국이 미국을 추월하며 과학적 영향력을 확대하고 있음... 중국은 2016년 과학·공학 논문 발행량, 2020년 상위 1% 고(高)피인용 논문 점유율, 2021년 국제 특허 출원에서 모두 미국을 추월하며 급성장."

1. 시사점

"미국은 여전히 연구개발 투자와 혁신에서 선두를 유지하고 있으나, 중국은 R&D 투자 확대와 논문·특허 증가, 응용과학 분야의 강세를 바탕으로 격차를 빠르게 줄이고 있음"

비록 미국이 R&D 투자에서 다음 표와 같이[75] 총액, R&D집약도, 정부투자비율에서 중국에 우위를 차지하고 있으나 연평균증가율에서는 중국에 뒤지고 있다. 이는 2024년 기준 통계이므로 R&D예산을 대거 줄이는 트럼프2기가 반영되는 2026년에는 미국의 우위 정도가 낮아질 것으로 보인다. 또한 중국의 경우 현재 민영기업 투자액이 정부투자를 능가하고 있지만, 중국 공업정보화부 장관으로서 중국의 산업·기술을 총괄하는 역할을 해왔던 먀오웨이가 밝힌 것처럼, 중국은 당과 국가의 조정에 의해 역량을 집중하고 있기 때문에 중복 및 분산 투자 등을 막을 수 있어 보다 효율적인 투자가 이뤄질 가능성이 높다.

2024년 글로벌 R&D 투자 상위 7개국 비교

구분	국가	R&D 총액 (억 달러)	연평균 증가율	R&D 집약도 (GDP 대비 %)	정부 투자 비율	민간 투자 비율
1	미국	9,470	5.90%	3.11	27.80%	68.40%
2	중국	4,963	8.30%	2.68	20.10%	76.90%
3	일본	2,135	4.10%	3.41	15.60%	79.30%

75 『정책동향』, KOSTEC(한중과학기술협력센터), 2015.7.18(https://kostec.re.kr/policy_trends/view/id/38253#u).

구분	국가	R&D 총액 (억 달러)	연평균 증가율	R&D 집약도 (GDP 대비 %)	정부 투자 비율	민간 투자 비율
4	독일	1,592	7.20%	3.15	28.40%	67.10%
5	한국	1,075	6.40%	4.82	24.70%	72.50%
6	프랑스	837	5.80%	2.56	34.20%	58.60%
7	영국	721	3.90%	1.83	31.50%	63.20%

* R&D 집약도는 정부 및 민간 투자 비율을 합산한 수치이며, 본 자료는 OECD, 각국 과기부 연례보고서, WIPO '2024 글로벌 혁신지수'를 바탕으로 작성함

8. 과학기술경쟁 전망

이제까지 과학기술 발전이 의존하고 있는 기초과학논문, 과학기술연구소, 과학기술혁신도시, 국제특허 분야 등에서 중국과 미국 사이의 과학기술경쟁 현황을 살펴보았다. 이들 분석은 주로 공개된 양적인 자료를 바탕으로 수행한 정량분석을 중심으로 이뤄졌고 정성분석은 보완수준으로 이뤄졌다. 이로써 객관성은 높지만 엄밀히 이뤄지는 과학기술개발의 특정영역까지 다 포괄할 수 없는 한계를 가진다. 그렇지만 수많은 분야의 전반적인 보편적 추세를 가늠할 수 있는 분석은 이뤄졌다고 평가할 수 있다.

과학기술경쟁에 관한 이제까지의 분석결과 중국은 미국에 비해 양적으로 기초과학 논문 수와 인용도, 과학기술혁신도시 분포, 과학기술연구소 크기와 수, 특허 수 등등에서 양적인 절대적 우위를 보이고 있다. 그럼에도 불구하고 여전히 미국이 특정분야에서 질적으로 우위를 점하고 있는 것으로 평가되고 있다.

Bruegel 연구소의 AI·반도체·양자컴퓨팅을 둘러싼 기술패권 경쟁은 미국의 기술 우위와 중국의 급속한 추격으로 보면서 이 미국

의 우위를 "세계 기술질서를 바꿀 가능성이 큰 '파괴적 기술(Disruptive Technology)'" 특허 우위로 설명하고 있다. 그러나 이 또한 중국이 특정 분야에 대한 단기적 연구 결과에 연연하지 않고 지속적인 연구개발 투자를 지속하는 등의 현재 정책으로 극복 가능한 것으로 보인다. Bruegel 연구소의 관련 종합평가는 다음과 같다.[76]

미국, 중국과 EU에 관한 종합 평가

항목	미국	중국	EU
인공지능(AI)	파괴적 특허 다수 글로벌 선도	특허 수는 많으나 혁신성 낮음	전반적으로 뒤처짐
반도체	고부가 설계·아키텍처 중심, 특허 혁신도가 낮음	메모리·저장장치 중심으로 혁 신성 급증	점차 존재감 약화
양자컴퓨팅	대기업·대학·스타트업 삼각 구조 강력	초기 생태계 형성 중, 지역 중심 클러스터	중국과 유사한 수준

다시 언급하지만 기초과학 논문 수 등 네 가지 분야에서 게임 체인저로 인식되는 등 일부 특정 소(小)분야를 제외하고는 전반적으로 중국은 이미 미국을 큰 격차로 앞서고 있는 것으로 나타났다. 또한 현재의 추세가 지속되면, 곧 미국의 재정적자 및 무역적자와 연방부채의 증가로 국가자체의 동원역량 저하로 인해 그 격차는 더욱 벌어질 것으로 예견된다. 특히 트럼프2기에 접어들어 미국항공우주국(NASA: National Aeronautics and Space Administration)나 미국 국립위생연구소(National Institutes of Health, NIH) 등의 예산을 대폭 삭감하는 등 R&D 예산 삭감으로 이러한 격차는 심화 할 것으로 보인다. 물론 일부 양자컴퓨팅, 반도체, AI 분야에서는 아직도 질적으로 미국이 앞선다고 할 수 있다. 그렇지만 그 격차는 오래가지 못할 것이라고 추정할 수 있다.

---

76 "특허 수는 중국이 많다는데… 왜 여전히 미국이 기술패권을 쥐고 있나?", 『정책동향』, KOSTEC, 2025.7.11(https://kostec.re.kr/policy_trends/view/id/38246#u).

주목할 점은 최근 각광을 받고 있는 로봇 분야에서 혁신을 이끌고 있는 중국의 유니트리와 에이지봇의 왕싱싱(35세), 펑즈후이(32세)는 딥시크의 창업자 량원펑(40세)보다도 젊을 뿐 아니라 미국 유학파가 아닌 중국의 이공계 대학 출신이란 점이다. 칭화대, 상하이교통대, 저장대, 하일빈공업대학 등 중국의 명문 이공대학을 졸업한 30~40대 토종 창업자가 기술 혁신을 주도하고 있어 더욱 미래의 전망을 밝게 하고 있다. 딥시크의 창업자 량원펑의 다음 말은 중국의 앞날에 굉장히 고무적인 진단이다.[77]

> 중국에서는 투자자부터 대기업까지 모두가 '우리는 너무 뒤처졌으니 일단 응용부터 하자'고 말해왔죠. 전략적 자신감이 없었던 것이에요. 하지만 진짜 혁신은 자신감에서 시작됩니다. 그리고 그 자신감은 대개 젊은 세대에게서 나옵니다.

중국에서는 양적인 성장이 질적인 변화를 수반할 수 있는 기반이 14억의 거대시장과 황금방패공작[78] 등등으로 일찍부터 구축된 튼튼한 ICT의 인프라기반이 이런 변증법적 전환의 기초를 형성한다고 볼 수 있다. 물론 당이나 국가를 중심으로 펼치고 있는 심모원려(深謀遠慮)의 지도력 또한 승자독식에 가까운 무질서한 빅테크의 폭주가 허용되는 미국과는 판이한 무대를 만든다고 볼 수 있다. 여기에다 국가 전체의 자원동원 역량 또한 상승추세다.

굴기하고 있는 중국에 대한 경제봉쇄나 전면적 탈(脫)동조화는 구조

---

[77] 이철, 『차이나테크의 역습: 중국은 어떻게 기술 강대국이 되었나』, 경이로움, 2025, 289쪽.

[78] 이에 관해서는 조영남, 「인터넷과 소셜미디어 통제」, 『중국의 통치체제 2』, 21세기북스, 2022, 504-610쪽; Jonathan E Hillman, 박선령 옮김, 『디지털 실크로드』, 로크미디어, 2022, 75~80쪽.

적으로 불가능하다. 세계 최고소비시장(4억 중산층), 최대 인적자원, 막강한 실물경제, 제조업 초강국, 세계화로 구축된 세계적 공급망 핵심, 최고의 국유기업 비중, 국가주도 은행 중심 금융체계 등이 강력한 뒷받침을 하고 있다. 동시에 중국공산당과 국가의[79] 강력하고 유능한 장기 기획력·집행력 등과 더불어 아편전쟁 이전의 제국 중국에 대한 자부심, 아편전쟁 이래 수모와 굴종의 150년에 대한 와신상담(臥薪嘗膽)형 민족의식, 제로코로나를 계기로 충만해진 자신감, 중국공산당의 장기적 역사투시력을 갖춘 지도력, 통합총체적 방법론적 접근 방식 등등이 작동한다고 볼 수 있다.

시진핑 주석은 중국의 '4가지 우세'로 곧, "사회주의시장경제의 체제우세, 초대규모 시장의 수요우세, 산업체계 배합이 완결된 공급망 우세, 높은 소질의 대량 노동자와 기업가의 인적우세"를 지적했다. 이 '4가지 우세'가, "국제시장의 격렬한 경쟁과 강대국 전략게임에서, 중국의 발전이 시종 불패를 이루는 견실한 받침목임을 근본적으로 밝혀내고 있다"고 〈인민일보〉는 평가하고 있다.[80]이에 대한 검증은 머지않은 장래에 이뤄질 것으로 보인다.

---

79 중국공산당과 국가와의 관계는 19차 전국대표대회 보고서에서 당이 일체의 모든 것을 영도한다고 명시하고 있다. 3항 "新时代中国特色社会主义思想和基本方略 1목에서 "坚持党对一切工作的领导。党政军民学, 东西南北中, 党是领导一切的. 必须增强政治意识, 大局意识, 核心意识, 看齐意识, 自觉维护党中央权威和集中统一领导, 自觉在思想上政治上行动上同党中央保持高度一致, 完善坚持党的领导的体制机制, 坚持稳中求进工作总基调, 统筹推进"五位一体"总体布局, 协调推进"四个全面"战略布局, 提高党把方向, 谋大局, 定政策, 促改革的能力和定力, 确保党始终总揽全局, 协调各方."; 당과 국가와의 관계에 대해서는 청시(程熙), 「당정 건설 국가 거버넌스의 영도역량 구축」, 옌지룽(燕繼榮), 「국가거버넌스 현대화 추진의 임무와 역량」, 옌지룽(燕繼榮)편저, 성균관대 성균중국연구소 옮김, 『중국의 국가 거버넌스』, 책과함께, 2021, 309~346쪽.

80 "중국경제라는 큰 배는 역경 속에서도 전진을", 『인민일보』, 2023.10.27. 강정구 번역, 『통일뉴스』, 2023.11.3(https://www.tongilnews.com/news/articleView.html?idxno=209336) 출처: "中国经济大船将乘风破浪持续前行"(http://opinion.people.com.cn/n1/2023/1027/c1003-40104375.html).

이는 곧 시간은 중국 편이라는 것이다. 굳이 무력으로 싸우지 않고도 이길 수 있다는 것이다. 처절한 군사대결 없이도 전략경쟁에서 승리할 수 있다면 이것보다 더 좋은 방법은 없다. 손자병법이 이야기한 가장 초보적이고 기본적인 전략이다. 이는 상호확정파괴(MAS-Mutual Assured Destruction)라는 핵전쟁 시대에 인류사회 전반이나 미국과 중국 모두에게 함께 다 이기는 방법이 아닐까 여겨진다. 세계화 시대 세계경제체계는 이제 핵뿐만 아니라 경제적인 상호의존성의 급상승으로 인해 상호확증파괴 역시 불가능하게 만들 것 같다는[81] 예언이 머지않아 입증될 것으로 보인다.

9. 누구를 위한 과학기술 개발인가?

2025년 벽두에 미국과 세계를 온통 충격에 빠뜨린 것은 중국 스타트업기업의 고성능 추론 AI모델인 딥시크(DeepSeek)-R1의 출시이다. 이 R1 추론모델은 출시와 동시에, 'AI 붐'의 최대 수혜자였던 엔비디아 주식이 16.86% 급락하여 시가총액 순위 1위에서 3위로 내려가도록 파장을 일으켰다. 이는 미국 주식 역사상 최대 일일 시가총액 손실 기록이라고 한다. 또한 OpenAI 회사가 개발한 ChatGPT를 대체하여 미국 애플 앱스토어 앱 다운로드 순위에서 1위를 차지했다. 이와 관

---

[81] Bilahari Kausikan, "Navigating the New Age of Great-Power Competition, Statecraft in the Shadow of the U.S.-Chinese Rivalry", *Foreign Affairs*, 2023.4.11(https://www.foreignaffairs.com/united-states/china-great-power-competition-russia-guide?check_logged_in=1&utm_medium=promo_email&utm_source=lo_flows&utm_campaign=article_link&utm_term=article_email&utm_content=20250118).

련 다음 사항을 중시하면서 과학기술 개발에서 우리가 어느 방향으로 가야할지에 관한 고뇌가 필요하다.

첫째, 딥시크R1은 성능 면에서 현재 최상인 미국 OpenAI 회사의 AI추론모델인 'o1'과 동등하거나 높다. 미국 수학경시대회인 AIME2024 벤치마크 테스트에서 정확도가 R1은 79.8%, 'o1'은 79.2%였다.

둘째, 딥시크는 창업한지 2년도 되지 않은 스타트업 기업으로 개발인원도 소규모이면서, 대부분 20~30대 안팎이고, 팀 수장 대부분이 35세 미만의 젊은이로서 중국에서 교육받았다. 중국 경제매체 차이롄서는 "딥시크의 연구·개발(R&D) 인력이 139명에 불과하지만, 챗GPT 개발회사인 OpenAI에는 연구원만 1,200명이 있는 것과 비교된다"고 전한다.

셋째, 중국의 R1과 V3 모두, 미국 빅테크의 독점 모델인 OpenAI 모델과 달리, 오픈소스로 배포하여 프로그램 자료가 일반에게 공개돼 누구든지 이를 수정·재배포·개선발전이 가능한 새로운 길을 열었다. 창업자이자 최고경영자인 량원펑은 "오픈소스와 논문 발표로 잃을 것이란 아무것도 없다. 기술자들로부터 팔로우 당하는 것에는 큰 성취감이 따른다"며 "사실 오픈소스는 상업적 행위보다는 문화적 행위와 비슷한 것으로 추가적인 명예다. 회사가 이렇게 하면 문화적 매력도 있을 것"이라고 말했다. 그래서 세계적으로 다른 사람 개인이나 집단의 개발비나 사용비도 놀랄 정도로 낮춰 진입문턱을 획기적으로 낮췄다.

넷째, 미국정부의 대중국 첨단 반도체 수출통제로 엔비디아가 최신 고(高)성능 칩인 H100의(하나에 무려 5-6만 달러로 고가 중의 고가이고 미국의 추론모델 개발에는 16,000개 정도가 소모되어 폭발적인 개발비가 소요됨) 사양을 낮춰 중국용으로 출시한 저(低)사양 반도체칩 H800과 또 값이 싸고 아직 개발 중인 중국 화웨이

'어센드 910C'가 사용된 것으로 알려졌다.

다섯째, 모델 훈련 투입비용이 557만 6,000달러에 불과해, 빅테크인 메타가 최신 AI모델 '라마3'에 쓴 비용의 약 10분의 1 수준이다. 반면 AI모델 하나 개발에 1억에서 10억 달러가 소요된다고 OpenAI 경쟁사 앤트로픽의 다리오 아모데이 최고경영자(CEO)는 밝혔다.

여섯째, 중국 딥시크의 급부상은 AI 데이터센터를 짓는데 거액을 쏟고 에너지와 냉각수를 과소비하여 기후위기를 가중시키는 미국 빅테크의 전략에 의문을 제기하고 있다.

일곱째, "미국의 규제는 중국의 AI 발전을 늦추기 위한 것이었지만, 의도치 않게 혁신을 촉진했을 수도 있다"고 부자명단과 기업순위 등을 발표하는 미국의 포브스(Forbes)는 보았다. 또 뉴욕타임스는 "딥시크 AI 모델의 성능은 미국 정부의 무역 제재가 가져온 의도치 않은 결과"라며 "미국의 반도체 칩 무역 제재가 오히려 중국 기술자들이 인터넷에 공개된 오픈소스 도구를 기반으로 창의적인 해결책을 모색하도록 자극"한 것으로 보기도 했다.

여덟째, "인공지능의 기술혁신은 첨단하드웨어(高端硬件) 유무에만 전적으로 의존하지 않고, 알고리즘 최적화나 계산효율성 향상 및 오픈소스(开源) 기술 이용과 같은 다양한 경로를 통해 실현될 수 있다는 사실을, 세계에 알려 준 것이다. 이처럼 기술혁신은 첨단 반도체칩과 같은 하드웨어 지원이 필요하기도 하지만 동시에 더 광범위한 응용능력도 필요하다."[82]

---

[82] 딩강(강정구 번역), "딥시크(DeepSeek)의 '과학기술 기습'은 무엇을 설명하는가?", 『통일뉴스』, 2025.1.30(https://www.tongilnews.com/news/articleView.html?idxno=212678) 원제: DeepSeek的"科技奇袭"说明了什么?(『환구시보』 게재) 丁刚, "DeepSeek的"科技奇袭"说明了什么?", 『환구시보』, 2025.1.27(https://opinion.huanqiu.com/article/4LEdKTEbkWl).

아홉째, “중국은 세계 최대의 데이터 생산국이자 최대의 인터넷 시장이며, 데이터는 인공지능 훈련의 ‘연료’이다. 중국 기업은 풍부한 응용 장면을 활용하여 자연어 처리, 컴퓨터 비전 및 산업 응용 등 분야에서 축적된 핵심 데이터를 얻을 수 있다. 시장과 기술의 이러한 내재적 순환은 중국의 인공지능 혁신에 무궁무진한 동력을 제공하”[83]면서 다양한 분야에서도 이런 혁신이 일어날 것이라고 보고 있다.

열째, “DeepSeek의 출현은 기술의 엄청난 혜택이 소수의 독점거두(垄断巨头)에게만 귀속돼서는 안 된다는 것을 충분히 증명하고 있다. 다극화 추세가 가속적으로 발전함에 따라, Global South사이의 남남(南南)기술 협력은 더욱 포용적인 AI 생태계를 육성하고(孕育) 있어, 인류사회에 지속가능하고 보편적 혜택을 가져오는 발전의 기회를 제공하고 있다. 이러한 중국의 ‘탈(脫)중심화’ 자료공개 전략은, 기왕의 서방국가들의 폐쇄적인 AI기술 생태계, 높게 쌓은 자원장벽(资源门槛), 소수애호가의 독점농단 등등과는 뚜렷한 대조를 이룬다. 또한 이 자료공개 전략은 전(全)세계 기술민주화 과정에 부합한다.“[84]

---

83 딩강(강정구 번역), “딥시크(DeepSeek)의 ‘과학기술 기습’은 무엇을 설명하는가?” 『통일뉴스』, 2025.1.30(https://www.tongilnews.com/news/articleView.html?idxno=212678) 원제: DeepSeek的“科技奇袭”说明了什么?(『환구시보』 게재) 丁刚, “DeepSeek的“科技奇袭”说明了什么？”, 『환구시보』, 2025.1.27(https://opinion.huanqiu.com/article/4LEdKTEbkWl).

84 스안빈·정은(강정구 번역), “DeepSeek는 전(全)세계 남반구의 ‘디지털 주권’ 강화 지원”, 『통일뉴스』, 2025.2.28(https://www.tongilnews.com/news/articleView.html?idxno=212884) 원제: DeepSeek助力“全球南方”强化“数智主权”(https://opinion.huanqiu.com/article/4LbqgA3V0Nl, 2025-02/24).

10. 작은 결론

2025년 7월 중·미 양국은 AI정책문서를 잇따라 발표했다. 미국 백악관은 7월 〈AI 경쟁 승리: 미국 AI 행동계획〉을, 중국은 2025년 7월 26일 상하이에서 열린 '2025 세계인공지능대회(WAIC)'에[85], 〈AI 글로벌 거버넌스 행동계획〉을 각각 발표했다. AI 관련 두 나라의 핵심적인 차이는 미국은 비(非)개방소스를, 중국은 개방소스를 채택하고 있다는 점이다. 이는 기술 책략의 문제일 뿐만 아니라, 중·미간의 AI발전 이념의 차이를 반영하고 있다.[86]

> 미국은 비(非)개방소스 독점을 선호하며, 사영기업이 주도하고 있고, 그 주류 대형모델은 주로 폐쇄적인 비(非)개방소스 노선을 채택하고 있다…이러한 미국의 책략은 기술 우위를 유지하고 모델 위험을 통제하는 데 유리하다. 그렇지만, 동시에 연구의 투명성과 연구 공동체 전체에서 이뤄지는 혁신을 제한한다.

이러한 기술패권주의 지향의 미국과는 대조적으로 중국의 관련 선도기업들은 다원화된 개방소스 노선을 선택하고,

> 개방적이고 서로 함께 공유하는(共享) 과학기술 협력을 심화하여, 기술 발전의 국제 공간을 확장하고 있다… 이는 중국 자신이 개발도상국으로서 발전권에 대한 제창과 지속적 견지를 나타낸 것이다.

---

[85] 이에 관해서는 "중국, '2025 세계인공지능대회(WAIC)' 개최, AI 국제질서 재편 시도", 『정책동향』, 한중과학기술협력센터, 2025.8.1(https://kostec.re.kr/policy_trends/view/id/38265#u).

[86] 샤오첸(肖茜, 강정구 번역), "중·미 양국의 AI 발전이념 차이 뚜렷해", 『통일뉴스』, 2025.8.11(https://www.tongilnews.com/news/articleView.html?idxno=214180); 출처: "两份文件凸显中美AI发展理念差异", 『환구시보』, 2025.8.8(https://opinion.huanqiu.com/article/4NopZyK1Zh1).

또한 AI 글로벌 거버넌스를 미국과 영국 주도의 '기술 중심론'에서 '발전 중심론'으로 전환하도록 촉진하는 것이다.

과학기술개발이 특수이익 집합체인 사영기업인 빅테크와 지나치게 결합되어 단지 교환가치를 창출하는 도구로 전락해[87] 천민자본주의로 치닫고 있는 미국의 현주소. 이와는 달리 시장경제의 자유경쟁체제를 유지하면서도 인류보편적인 발전이익에 일정정도 이바지하려는 도덕성 지향을 밑바닥에 깔고 있는 중국의 현주소. 2025년 연초에 출시된 딥시크와 7월에 발표된 양국의 AI정책문서는 이 대조적인 자화상을 극명하게 부각하고 있다.[88] 생명공동체이면서 운명공동체인 우리 인류가 어느 쪽으로 나아가야할지는 지구촌 구성원 모두의 최대 관심사 중 하나이다.

---

[87] 미국의 경우, "혁신 및 기술 분야에서 독점적 위치를 공고히 하는데 매우 도움이 되며, 앞으로 달릴수록 그 속도가 더욱 빨라지게 한다. 하지만 동시에 AI 개발의 산업 및 지역 불균형이 불가피하여, 승자 독식 문제가 더욱 심각해진다." 추이촨강(崔传刚, 김정호 번역), "산업 구도로 본 중-미 AI 발전 경로 차이", 『울산함성』, 2024.11.11(http://www.ulham.net/foreignissue/24603),출처: "从产业布局看中美AI发展路径差异", 『환구시보』, 2024.11.8(https://opinion.huanqiu.com/article/4KAFHFscImj).

[88] 중국산 로봇 청소기를 사용해왔던 한국 소비자의 품평은 정곡을 찌르고 있다. "여기서 중요한 점은 수리가 가능했다는 것이다. 별 공구도 없는 일반인이 말이다... 바퀴 부분이 완전 모듈화되어 있었던 것이다. 복잡한 배선이나 납땜도 없었다. '어, 고장 났어? 뜯어보셔.' 이런 느낌이었다... 초등학생이 십자드라이버 하나로 할 수 있는 일이었다. 한국이나 일본 제품은 보통 이렇게 만들지 않는다. 겉부터 강력하게 접착해 놓는다. 그 의미는 '뜯지 마'이다...중국인들의 이런 설계는 비용이나 성능의 최적화와는 거리가 멀다. 그러나 조립을 극히 단순화한다는 아이디어로 그들은 노동자의 숙련 부족이라는 약점을 해결한 것 아닐까. 나아가 불량 부품의 사후 교체라는 상황까지. 결과적으로 소비자까지 그 덕을 보게 된 것이다.... 드라이버 하나로 분해가 가능하며, 거의 모든 부품을 갈아 끼울 수 있는 설계. 거기서 중국의 '기술'을 찾을 수는 없다. 거기 있는 건 기술 이상의 것, 하나의 사상이다. 지금 자신들에게 부족한 것이 있음을 인정하고, 나중에 채워지리라 믿고 열어 놓은 문 같은 것이다. 우리는 어떨까. 국가든 개인이든 조직이든, 나중에 찾아올 무엇과 대면할 마음이 있을까. 이를 위해 스스로를 개방하는 용기를 가지고 있을까. 기술의 우위를 지키는 건 쉽지 않다. 그러나 우리는 이미 생각의 스케일에서조차 중국에 뒤지고 있는지 모른다." 김영준(전 열린책들 편집이사), 로봇 청소기 [크리틱], 『한겨레』, 2025.9.3.

6장

중국의 응전: 전략적 진지전과 전술적 기동전

전략경쟁의 도전과 응전은 역사를 소환(召喚)한다. 특히 응전의 경우가 더 그렇다.[1] 중국의 최근 역사를 소환해 보자.[2]

중국은 1840년 영국의 아편전쟁을 시작으로 일본제국주의를 포함한 서구 제국주의 침탈에 의해 국가주권이 유린된 채 반식민지 상태로 전락하여 '백년국치'라는 치욕을 겪었다. 이후 소련과 미국이라는 외세가 깊게 개입한 상태에서 대장정과[3] 국공합작 및 국공내전을[4] 거쳐 공산혁명에 성공하고는 1949년 10월 신(新)중국을 건국하여 새로운 출발을 기했다. 건국직후 셀 수도 없이 미뤄져 왔던 일들을 다시 일으켜 본격적으로 국가발전을 도모하려는 시점인(百废待兴) 1950년 6월 25일 한국전쟁이 발발하였다. 조선과는 이사를 갈 수 없는 이웃인(搬不走的邻居) 중국은, 곧바로 미국에 의해 6월 27일 대만이 봉쇄되고, 중국의 동북3성이 폭격당하기 시작했다. 중국은 이를 심각한 자국 안보위협과 대만에 대한 중국주권 침탈로 인식하면서 미군이 38선을 넘을 경우 중국이 개입하겠다고 계속 경고해 왔다. 이럼에도 미군과 한국군이 평양에 가까이 진격하자 1950년 10월 25일 한국(조선)전쟁에

---

1 2011년 가나다에서 열린 대논쟁에서 중국대표 David Daukui Li는 중국은 "끊임없는 변화를 향한 에너지"가 있다면서 이는 "지난 170년간에 걸친 중국과 서방 두 문명의 일대 충돌 때문에 생긴 것"이라고 분석했다. "이 충돌은 중국인들의 완패를 가져왔습니다. 그것은 우리들에게 큰 굴욕이었고, 그 기억은 세대에서 세대로 전해져 내려 왔습니다. 우리 아이들은 오늘날에도 그 교훈들을 배우고 있습니다."헨리 키신저 외 3인, 백계문옮김, 『21세기 패자는 중국인가: 세계석학 4인의 대논쟁』, 한울, 2012, 38~39쪽.

2 중국은 지속적으로 역사를 소환한다. 혁명유적지 예방(禮訪), 혁명열사 되돌아보기, 혁명관련 기념일 예식, 혁명관련 영상물 제작, 언론매체의 지속적인 다루기와 역사의식 고취(鼓吹) 등등으로 과거의 역사는 현재에서도 끊임없이 되살아나고 있다. 그야말로 중국말로 虽死犹生이다(가치 있게 죽어 아직도 살아 있는 것 같다).

3 2만5천리에 걸친 대장정과 마오쩌둥을 비롯한 초기 중국공산당 지도부의 면모를 서술한 서양 최초의 책으로 에드가 스노우, 홍수원·안양노·신홍범 옮김, 『중국의 붉은 별 상, 하』, 두레, 1995.

4 국공내전에 관해서는 이철의, 『국공내전: 신중국과 대만의 탄생』 엘피, 2023.

본격적으로 개입해 그 당시 무소불위(無所不爲)였던 미국과 항미원조보가위국(抗美援朝保家爲國)전쟁으로 무력대결을 치렀다.[5]

이후 중국은 1950년대 미·소 냉전양극체제라는 대결구도에서 사회주의 종주국인 소련과 밀착하는 행보를 보였다. 그렇지만 스탈린 사후 1960년대 흐루시초프 등장 때부터 소련과의 이념 논쟁이 격화되고 국경충돌까지 일어나면서, 미국 제국주의와의 대결과 소련 강권주의와 대립하는 양 전선을 펼치면서 국가주권을 돈독히 했다. 내적으로는 토지개혁을 성공적으로 이루면서, 농공업을 동시에 겨냥한 대약진운동과 이를 위한 인민공사 등으로 비약적 발전을 도모했다. 그렇지만 성공적이지 못하였다. 이런 힘든 과정에서도 1964년 원자폭탄을 개발한 후 수소폭탄과 이의 투발수단인 탄도미사일을 개발함으로써 양탄일성(两弹一星)을 이뤄 국가안보에 획기적 전환을 이룬다. 이후 1972년 모택동-닉슨 정상회담을 통한 연미반소(聯美反蘇)를 거쳐 1978년부터 개방개혁으로 미국과의 관계를 도광양회(韜光養晦)로 낮은 자세를 취하면서 국가발전에 전념했다.

이후 유례가 드물 정도로 높은 경제성장을 이룬 중국은 2008년 글로벌 금융위기를 맞아 국가예산의 12.5%인 4조위안의 경기부양책으로 지구촌 흑기사 역할을 해낼 정도로 국가발전을 이룩했다. 이를 계기로 중국은 "'국가주권, 안보, 발전이익'으로 대표되는 중국의 핵심이익을 구체적으로 적시하고 이를 국제사회가 존중해줄 것을 명시적으로 요구하"기 시작했다.[6] 곧, 신형대국관계론이 등장하고 2012년

---

[5] 중국의 입장에서 조선(한국)전쟁을 서술한 대표적 저술로는 王樹增, 나진희·황선영 옮김, 『The Korean War, 한국전쟁: 한국전쟁에 대해 중국이 말하지 않았던 것들』, 글항아리, 2013. 이 책은 조선전쟁 참전 중국병사들이 마치 중국 자신들의 국공내전이나 혁명전쟁 당시처럼 전의를 불태우며 전력투구하는 모습을 생생하게 보여주고 있다.

[6] 강수정, 「대외인식과 외교정책 노선」, 이희옥·백승욱 엮음, 『중국공산당 100년의 변

중국공산당 18차 전국대표대회에서 시진핑이 집권하면서 이 기조가 강화되고, 반(反)패권주의 기조를 유지하고, 개발도상국으로 자기를 더 욱더 자리매김하고, 브릭스, 상하이협력기구, G20 등에서 주역으로 활약하면서 다변화세계질서의 강화를 모색해 오고 있는 중이다.

앞의 2장에서 지적한 바와 같이 중국을 표적으로 삼고 있는 중·미 전략경쟁은 2010년에 구체화되었고, 2011년에 공식화한 오바마의 아·태재균형전략에서 본격적으로 출발해 트럼프1기의 인도태평양구상을 거쳐, 바이든의 가치동맹이란 구실을 대면서 '신냉전 대결'로 몰아갔고, 다시 트럼프2기에도 이를 가장 우선시하는 전략으로 설정돼 있다. 이와 같은 전략경쟁의 출범은 중국의 명목 GDP가 일본을 제치고 세계 2위로 등장한 시점과 일치한다. 이 미국의 도발적 전략경쟁의 공식화는 중국의 입장에서는 주권·안보·발전이라는 핵심이익의 근간을 간섭하는 행위이기도 하거니와 또한 서양제국주의에 의한 백년국치, 항미원조보가위국(抗美援朝保家爲國)전쟁 등의 쓰라린 과거를 변형된 형태로 되돌리려는 일종의 변종 역사회귀로 여겨질 것이다.

역사적 과거가 현재와 미래를 구해 주는 가이드라인으로 작동하듯이, 중국은 이미 이 중·미전략경쟁 이전부터 범람해 왔던 '황화론' 또는 '중국위협론' 등 변형된 미국의 역사회귀에 대응하고 있었다고 보아야 할 것이다. 그것은 특히 항미원조보가위국 전쟁이라는 과거의 역사 유산에 뿌리를 두드러지게 내리고 있을 뿐 아니라 이후 미국패권주의의 전쟁광과 과포화군사력 역시 이러한 인식을 증폭시켰다고 볼 수 있다.

항미원조전쟁을, 중국인민지원군 총사령관 펑더화이는 다음과 같

천: 1921-2021』, 책과함께, 2021, 185쪽.

이 회고했다.

> 세계 최대의 자본주의 산업강국이 자랑하던 일류군대는 그들이 원래 침략한 곳에서 발이 묶였다....수백 년에 걸쳐 서방의 침략자가 동방의 어느 해안에 대포 몇 문을 놓기만 하면 한나라를 무력으로 점령할 수 있던 시대는 이제 더 이상 되풀이 되지 않는다는 현실을 웅변으로 증명한 것이다.[7]

2020년 10월 19일 시진핑 총서기는 항미원조 70주년 기념 전람회 참관 중, "항미원조전쟁을 통해 단련되고 형성된 위대한 항미원조 정신은, 매우(弥足) 진귀(珍貴)한 정신적 재부이고, 반드시 중국인민과 중화민족을 격려해 일체의 간난(艱難)과 험조(險阻)를 극복하고, 일체의 강대한 적에 승전하도록 할 것"이라고 설파했다. 리둔츄교수는 항미원조보가위국전쟁을 기념하고 연구하는 것은 "발전의 사유와 멀리 보는 시각으로 역사를 세밀히 살피고, 현실을 관찰하고, 미래를 사고할 필요가 있기 때문이다. 그래서 역사적 경험을 더욱 잘 섭취하고, 이러는 중에 현실과 먼 미래의 교훈을 획득하기 위해서"라고 피력하고 있다.[8] 이와 같이 중국은 지난날의 쓰라린 역사경험의 맥락에서 국가의

---

7 王樹增, 나진희·황선영 옮김, 『The Korean War, 한국전쟁: 한국전쟁에 대해 중국이 말하지 않았던 것들』, 글항아리, 2013, 979쪽.

8 리둔츄(강정구 번역), "조선전쟁과 항미원조전쟁, 무엇이 다른가?", 『통일뉴스』, 2020.11.16("70年洗礼——抗美援朝战略遗产熠熠生辉", 『환구시보』, 2020.11.12, https://opinion.huanqiu.com/article/40fcZAlYiOl, 2020-11-12).
저자는 조선전쟁과 항미원조전쟁은 4가지 측면에서 다르다면서 이를 통해 그 성격을 구별 지었다: 첫째, "전쟁 폭발시점이 다르다. 조선전쟁은 1950년 6월 25일 반도의 북과 남 쌍방지간에 폭발했다. 그렇지만, 항미원조전쟁은 중국이 공개적으로 경고를 발한 후 같은 해 10월 25일 개전된 것이다; 둘째, 전쟁이 터진 지점이 다르다. 조선전쟁은 '38선'으로부터 시작되었다. 그렇지만, 항미원조전쟁은 중국과 조선의 변경지역인 압록강 부근에서 시작되었다. 이점에서 서로의 차이는 깊고도 멀다(相差甚远); 셋째 전쟁의 성격이 다르다. 조선반도는 역사적으로 본래 하나의 국가이고, 단일민족

주권·안보·발전에 심모원려(深謀遠慮)로 접근하고, 처방하고, 헤쳐 나가고 있다.

이러한 심모원려의 대응을 펼치는 주체는 중국을 이끌어나가는 중국공산당이다. 중국공산당은, 특히 덩샤오핑 등 원로정치가 끝난 후의 중국공산당은, 거대한 집단지성이라고 볼 수 있다. 중국공산당은 약 1억 가까운 엘리트들로 충원된 집단의 당원을 가진 대중정당이고, 당원에 대한 철저한 교육과 엄격한 규율이 적용된다. 당은 지도부에서부터 일반 평당원에 이르기까지 세계정세와 세계경제 등 광범위한 분야에서의 학습을 생활화하고 있어 세계에 유래가 없을 정도로 평균 지적수준이 높다.[9]

이다. 그래서 조선전쟁은 본질적으로 바로 북남 쌍방지간에 폭발한 내전이다. 그렇지만 전쟁발발 이틀 후인 6월 27일, 미국은 직접 출병해 이 내전에 개입했다. 더 나아가(还) 동시에 출병하여 중국영토인 대만을 침략했다. 이로써 미국은 전쟁의 성격을 변화시켰다. 곧, 내전을 변질시켜 국지적 국제전쟁으로 바꿔버렸다(由一场内战演变成一场局部的国际战争); 넷째 전쟁의 전략목적과 결과가(结局) 다르다. 조선반도 내전의 목적은 북남통일을 실현하는 것이었다. 그렇지만 결국은 다시 '38선'에서 정전이 되고, 무승부가 되고(打成平局), 목적은 실현되지 않았다. 그렇지만 항미원조전쟁의 목적은 바로 '집을 지키고 나라를 보위하는(保家卫国)' 것이었다. 결국 세계 제일의 강대국을 압록강 호반에서 500킬로미터 멀리 격퇴시켰고, 수백 킬로미터의 안전 완충지역과 전략종심을 획득하였다. 이 결과 중국 동북 내지 화북 지역의 전략안전을 수호하였고, 평화국면을 안정화했고, 출병의 전략목적을 실현하였다."

9 당 지도부와 당원에 대한 학습에 관해서는 조영남, 「제3부, 정치학습: '학습형 정당의 건설'」, 『중국의 통치체제2: 공산당 통제 기제』, 21세기북스, 2022, 404~462쪽 참조. 당 최고지도부인 중앙정치국의(25명) 집단학습 통계를 보면, 16기(2002~2007년) 총 44회로 연평균 8.8회, 17기(2007-2012년) 총33회 연평균 6.6회, 18기(2012~2017년) 43회 연평균 8.6회씩이다(표3-2, 공산당중앙정치국의 집단학습통계). 후진타오집권시기인 2007~2012년 5월까지의 정치국집단학습 33회의 학습주제를 보면: 의법치국, 세계종교와 종교정책, 소강사회, 서비스체계, 경제발전방식전환, 기후변화, 올림픽, 중국특색사회주의 이론, 과학발전, 개혁개방심화, 중국농업현대화, 세계경제, 사회보장제, 당내민주건설, 군민융합, 사회주의현대화, 당 건설의 과학화, 세계주요국가의 재정정책, 온실가스, 위생체제개혁, 기층조직건설강화, 중국 문화체계개혁, 인민 내부모순문제, 과학발전과 사회조화, 경제사회발전, 교육과 인력자원, 의법치국, 인구문제, 전략산업육성, 당 선진성 건설, 중국 토지관리 제도, 취업정책, 공업 강국 전환문제 등 다양한 방면에 걸쳐 있다(표 3-3. 후진타오 집권2기 공산당 중

의사결정은 민주집중제로 철저한 집단토론에 의한 숙의와 전(全)과정 참여라는 중국특색 민주주의를 거쳐 이뤄진다. 이 민주적 결정 과정을 거친 집단지성의 발현인 의사결정은 이후 일사분란(一事不亂)한 집중에 의해 실행된다.[10] 이를 통해 심모원려의 장기적 역사투시력을 갖춘 전략과 전술이 생성된다. 물론 이들 진지전은 주권·안보·발전 영역에서 전략경쟁과는 무관하게 추진되기도 하고 또는 관련되어 추진되기도 한다.

전략경쟁이라는 미국의 도전에 중국식 응전을 이와 같이 장기적 전략과 단기적 전술로 구별 짓고, 장기 전략적 대응은 진지전으로 단기 전술적 대응은 기동전으로 대별하여 분석하는 것이 유용하다. 먼저 진지전의 하나는 오늘날 중국의 뛰어난 정보통신기술(ICT) 기반조성인 '황금방패공작'을 다루겠다. 다음은 오늘날 지구촌을 망라한 하부토대 구축을 이끌고 중국이 지향하는 미래의 지구촌인 인류운명공동체의 밑거름이 되고 있는 일대일로다. 셋째는 서방의 무력에 의해 100년여의 굴종을 강요당했고, 신중국 건설과 거의 동시에 세계 최강인 미국과의 항미원조보가위국 전쟁을 치렀고, 또 다시 중미전략경쟁에 직면한 굴기의 중국이 큰 소리 나지 않게 대비한 대미 전쟁억지력 증강이다. 이 밖에도 '중국제조 2025'가 이곳에 해당되지만 이미 4장 중국의 굴기에서 다뤘다. 또한 중국은 식량생산과 희토류를 비롯한

앙정치국의 집단학습 주제에서 발췌). 또한 성급 당위원회(당조)의 중심조 학습, 당정기관의 각 부서가 진행하는 당 위원회 중심조 학습, 일반당원의 매년 4일 이상, 당 기층조직의 서기와 간부는 7일 이상 집중교육을 받아야 한다.

10 그러나 이러한 집단지성의 발현은 시진핑의 권력 연임으로 위기에 처할 수 있다고 보기도 한다. 조영남, 「시진핑, '일인지배'의 첫발을 내딛다」, 이희옥·조영남, 『중국식 현대화와 시진핑 리더십: 중국공산당 제20차 전국대표대회 분석』, 책과함께, 2023, 69~71쪽.

지하자원 비축[11] 등에서도 진지전적 대비를 실행하고 있지만 이곳에서는 다루지 않겠다.[12] 전술적 기동전은 구체적으로 미국의 도전에 대응한 단기간의 대응책으로 간략히 언급하겠다.

1. 황금방패공작(金盾工程)

1980년대 중후반이 되면 인터넷 등을 통한 '제3의 물결'이라는 정보혁명 시대가 크게 열리고 1990년대 중후반부터 본격화하기 시작한다. 지식기반 생산과 변화를 중시한 '제3의 물결'인 정보혁명은 인적자원과 높은 교육열을 갖춘 한국이나 중국에게는 산업혁명에 뒤쳐진 역사의 물줄기를 바꿀 수 있는 게임체인저로 비쳐질 수 있었을 것이다. 이를 포착한 것으로 보이는 당시 한국의 김대중 대통령유망주는 비록 우리가 산업혁명에는 뒤쳐졌지만 정보혁명은 앞서 나갈 수 있다

---

[11] 지하자원 비축에 관해서는 이 책 5장 과학기술전쟁 각주 2에서 다음과 같이 언급했다: 여섯째, 그린 에너지이다. 현재 중국은 세계태양광 패널 시장의 70%를 점유하고 있으며, 특히 그린 에너지 원천인 리튬 50%, 폴리실리콘 60%, 희토류 70%, 천연그래파이트 70%, 코발트 80%를 중국이 점유하고 있다. 이는 향후 중국이 그린 에너지 제품 생산에 있어 핵심 부품공급을 거의 점유하고 있다는 것으로 중국이 이를 '무기화'하면 세계 그린 에너지 시장은 붕괴된다고 우려하였다." 출처: "Avoiding Great Power War Project, The Great Tech Rivalry: China vs the United States," Belfer Center for Science and International Affairs, Harvard University Kennedy School, December 6, 2021. 이러한 우려는 트럼프가 2025년 5월부터 확대한 대중국 관세전쟁에서 중국의 희토류 수출통제로 드러나고 이에 미국은 저자세로 나올 수밖에 없는 모습을 보여주고 있다.

[12] 엄밀히 따지면 보다 더 장기적인 심모원려의 진지전 전략은 신중국 건국 100주년인 2049년에 달성하고자 하는 전면적사회주의현대화강국, 전체인민공동부유시대, 중화민족위대부흥시대, 인류공헌시대(인류운명공동체) 달성 등이라고 볼 수 있다. 그러나 이 전략들은 여기서는 논외로 한다.

고 지속적으로 설파해왔다.[13] 그 결과 그가 대통령에 당선되자 1998년부터 광케이블 구축과 벤처기업 육성 등으로 한국을 인터넷 최강국으로 만들고 오늘날 정보통신기술(ICT)에서 세계의 (준)선두주자 중 하나로 등극시키는 밑바탕을 깔았다.[14]

이와 유사한 행적을 대대적으로 그린 곳이 바로 중국공산당이고, 그 프로젝트가 황금방패공작(金盾工程, Golden Shield Project)이고, 그 결과 오늘날 DeepSeek 등 ICT 분야에서 미국과 버금가는 혁신의 선두주자로 부상할 수 있는 터전을 당과 국가가 앞장서서 닦아 왔다. 곧, 당·정이 미래 산업발전의 중점방향을 확정시키고 그 터전을 닦은 것이다. 그 정식명칭은 '전국공안정보화건설프로젝트'이고 황금방패공정으로(金盾工程) 불러지기도 한다. 이에는 1860년대 이후 영국과 프랑스 등 서방의 군함 몇 척의 함포사격이란 무력시위로 허무하게 청나라 주권이 농락당한 뼈아픈 과거 100년 굴종의 역사가 과학기술의 중요성과 긴박성을 중국지도부에게 소환한 결과일 것이다.

이는 장쩌민시대인 1998년 시작되어 후진타오 시대인 2003년 국가사업확정과 본격추진을 거쳐 2008년 전국포괄체제로 완성되고 그 비용은 수백억$ 프로젝트였다. 참여 외국 IT기업은 10여 개의 세계적 IT 선도 기업으로 미국의 루시엔트(Lucient), 시스코(CISCO), 모토로라 Motorola, 독일 지멘스(Siemens) 캐나다 노르텔(Nortel), 비엔알(BNR), 선마

---

13 필자 또한 한 번은 그와 함께 토론회에 동참하여 또 다른 경우 방청석에서 이 같은 이야기를 직접 들은 적이 있다.

14 이명박 정부는 정보통신부와 과학기술부를 폐지하고 과학기술 종합조정을 담당했던 과학기술혁신본부를 폐지하여 역사의 물줄기를 거꾸로 돌렸다. 이를 답습하여 윤석열 정부는 R&D예산을 대폭 삭감하여 한국 IT 업계의 발전에 장기적인 장애물을 설치했다. 이 후과는 지속성이 담보되어야 하는 R&D특성 때문에 '설탕효과'와는 달리 단 기간 내 회복될 수 없는 특성을 가진다. 트럼프 2기 또한 R&D 예산을 대폭 삭감하고 있어 장차 미국의 과학기술발전 또한 이런 전철을 밟을 것으로 보인다.

이크로시스템(Sun Microsystem) 등 이었다. 이 공정가운데 하나는 1990년 초반에서 2003년까지 1조 위안을 투입해 중국정부의 사무자동화와 전자정부 구축사업을 진행시킨 것 등이다.

이렇게 진행된 이 공정의 목적은 IT시대 초기 자국 ICT산업 육성기반 인프라 구축; 외국공룡 IT기업을 선별적으로 차단해 국내 IT산업 보호(구글의 검색엔진을 차단해 바이두, 소후 등 육성, 페이스북과 트위트 등 차단으로 웨이보, 웨이신-WeChat 등 육성); 외세의 국가안보 위협 대비 방벽치기; 선전과 선동 수단으로 활용; 내부 사회통제 강화(인터넷사이트·웹페이지·이메일·문자메시지·동영상·게임 등을 감시하고 검열할 수 있는 종합적이고 체계적인 통제체제 구축); 정보사회에 걸 맞는 생산 및 생활 체제의 혁신과 재구조화 등이다.

이러한 목적을 위해 단지 중국 국가소유 정보통신 회사만이 인터넷 서비스공급자(ISP, Internet Service Provider)가 될 수 있도록 하였다. 곧 차이나텔레콤(China Telecom), 차이나유니콤(China Unicon), 차이나모바일(China Mobil) 3개의 국유기업을 통해서만 접속이 가능하도록 했다.[15] 일부에서는 편협하게 군사안보에만 초점을 맞춰 6가지 목표를 두고 있다고 보기도 한다.[16] 곧, 〈공안부연결 네트워크〉, 〈경찰을 위한 중앙집중식 데이터베이스〉, 〈기관 간 정보공유〉, 〈네트워크 보안 강화〉, 〈네트워크 성능 향상〉, 〈장거리 광통신망 구축으로 실시간 트래픽 모니터링과 일부 콘텐트 차단 메커니즘 (만리방화벽 Great Firewall) 쌓기〉 등이다.

어쨌든 오늘날 중국의 체계적인 ICT 활용, 과학기술 발전, 스마트 공장 등 산업체계의 혁신, 미국의 ICT 공룡에 대한 방벽구축과 국내 대항 ICT 굴기(崛起), 효율적 사회통제 등의 밑자리를 깔아 놓은 심모원

---

[15] 조영남, 「인터넷과 소셜미디어 통제」, 『중국의 통치체제2: 공산당 통제 기제』, 21세기북스, 2022, 504~573쪽.

[16] Jonathan E Hillman, 박선령옮김, 『디지털 실크로드』, 로크미디어, 2022, 75쪽.

려의 작품이 황금방패공작이라고 볼 수 있다.

> 1990년대에 중국 정부는 다양한 '골든 프로젝트(Golden Project)'를 지원했다. 골든 커스텀(Golden Customs)은 세관과 무역 데이터를 수집했다. 골든 카드(Golden Card)는 은행, 기업, 소비자를 공공 신용카드 시스템과 연결시켰다. 가장 야심적인 프로젝트였던 골든 브릿지(Golden Bridge)는 중국의 정부기관, 국영기업, 대중을 연결시켜 본질적으로 인터라 넷의 역할을 했다. 세무자료, 농업, 의료 분야 등을 모니터링하기 위한 다른 프로젝트도 시작되었다....이 모든 네트워커의 관리자이자 중심 노드가 된 중국공산당은 증가된 정보흐름의 이점을 활용해 국가와 경제의 전체적인 흐름을 잘 모니터링하고 관리할 수 있는 위치를 차지했다.[17]

이 황금방패공작의 서막인 1998년은 사회주의 종주국이었던 소련이 몰락하여 사회주의체제가 무너지고, 옐친치하에서 러시아가 방향을 잃고 표류하던 혼돈과 좌절의 시기였다. 그러기에 사회주의 중국으로서 장기적 생존이 더욱 위협받을 수 있는 조건에서 밖으로부터의 안보위협에 대처하고 안으로는 발전의 전기를 이뤄 자생력을 강화할 필요가 절실한 역사적 시점이기도 하다.[18]

이후 미국이 2011년 아·태재균형전략을 공식적으로 출범시켜 중·

---

[17] Jonathan E Hillman, 박선령옮김, 『디지털 실크로드』, 로크미디어, 2022, 76쪽.

[18] 『서구의 패배』를 집필한 에마뉘엘 토드는 이러한 혼돈의 러시아를 구출한 지도자로 푸틴을 꼽고 있다. "2000년 블라디미르 푸틴 러시아 대통령의 집권 이후 17년 동안 10만 명당 25명이었던 알코올중독 사망자가 8명으로 줄었다. 자살은 39명에서 13명으로, 살인 피해자는 28명에서 6명으로 각각 줄었다. 영아사망률은 정상출산아 1,000명당 19명에서 4.4명으로 줄었다. 유아사망률은 소련 쇠락의 지표였지만, 유엔아동기금 통계를 기준으로 미국보다 개선됐다. 보건의료 분야의 취약성을 개선하지 못한 미국에선 1,000명당 5.5명의 유아가 사망한다." 김진호, "허무의 제국, 미국은 러시아를 이길 수 없다", 『시민언론 민들레』, 2024.4.9(https://www.mindlenews.com/news/articleView.html?idxno=7939).

미전략경쟁을 본격화하자 2012년 말 집권한 시진핑은 국무원총리가 조장을 맡고 혼란스러웠던 기존의 '국가정보화 영도소조'를 대신해 2013~2014년 '중앙사이버안전과 정보위원회' 영도소조(領導小組)[19]를 출범시켰다. 조장 시진핑 당·군·정의 최고책임자, 부조장 총리와 정치국상무위원이자 서기처 상무서기, 구성원으로는 "국무원부총리, 공산당중앙정책연구실주임, 중앙군사위원회 부주석, 공산당중앙선전부부장, 중앙판공청주임, 중앙정법위원회서기, 인민해방군총참모장, 국가인터넷정보판공실주임" 등으로 당·군·정의 주요 부서를 망라하는 포괄적 기구인 이 영도소조는 당 중앙뿐 아니라 지방 당 내에도 설치되었다.[20] 이로써 당과 국가가 사회전체의 경제, 사회, 안보, 정보 등 전(全)분야의 흐름을 파악·관리·통제·조정·규획할 수 있는 '사령부'체계가 구축되었다. 곧, 황금방패공작의 내실화와 공고화를 기했다고 볼 수 있다.

이를 두고 미국의 프리덤 하우스(Freedom House)와 서구 언론들은 디지털권위주의, 네트워크 권위주의 등이라면서 빅 브라더(Big Brother)로서의 감시통제사회를 연계시키기도 한다. 그렇지만 실제 미국의 경우 스노든[21]의 폭로로 알려진 바와 같이 하루 평균 약 31억 건을 비밀리에 정보 수집을 하는 등 안팎에 대한 감시통제사회의 원조이면서 실제로 활성화한 대표적 국가임에도 불구하고 서양사회는 이에 대해 '면죄

---

[19] 특정 업무영역에서 활동하는 다양한 당정기관과 부서를 통일적으로 조정하고 영도하기 위해 공산당이 설립한 특별 영도조직을 말한다. 때로는 위원회, 조정소조(協調小組), 공작소조(工作小組) 등으로 불러지기도 한다.

[20] 조영남, "인터넷과 소셜미디어 통제", 『중국의 통치체제2: 공산당 통제 기제』, 21세기북스, 2022, 513~514쪽.

[21] 스노든은 미국 CIA와 NSA(국가안보국)에 근무하면서 접근한 수많은 도청, 감청, 감시기록, 특히 PRISM 감시 프로그램 등 NSA의 다양한 기밀문서를 2013년 가디언지를 통해 폭로해 미국의 비밀공작을 대대적으로 세계에 알렸다.

부'를 주고 있는 게 현실이다.

이러한 IT기반 구축과 효율적인 운영의 결과 2024년 6월 기준 중국의 네티즌규모는 거의 11억에 육박해 인구대비 78%에 이르고[22], 방중 외국인 500만 명 이상이 모바일 결제를 이용하고, 알뤼세 등 전자상거래가 나라 안팎으로 승승장구하고 있고, 스마트 공장에 가장 앞서고 있고, 사물인터넷(IoE) 이용이 세계의 절반을 훨씬 넘고 있고, 태양광·배터리·자율주행센스·DeepSeek AI추론모델 등의 혁신제품 등등에서 원가절감이 50~90%에 이를 정도이고, 제조업의 혁신화·고급화·지능화·녹색화 발전 추진, IT의 혁신화·응용화·스마트화·생활화 등에 타의 추종을 불허할 정도다. 이는 1990년대 정보화시대의 본격화에 대비한 진지전의 일환으로 11년간 추진된 심모원려의 황금방패 공작이 그 밑거름이 되었다고 볼 수 있다.

2. 일대일로(一帶一路, One Belt One Road, Belt and Road Initiative: BRI)

제2차 세계대전 이후 미·소 냉전체제하에서 미국은, 소련과 중국 및 사회주의권을 모두 '철의 장막'(iron curtain) 또는 중국 표적의 '죽의 장막'(bamboo curtain)으로 봉쇄하여, 서방 및 나머지 세계와의 교류와 접촉을 체계적으로 차단하여 고립화시키는 전략을 구사했다. 이를 돌파한

---

[22] 중국인터넷정보센터(CNNIC)의 제54차 '중국 인터넷발전상황 통계보고서'에 따르면 "올해 6월 기준 중국 네티즌 규모는 11억 명에 육박한 10억 9967만 명으로 작년 12월보다 742만 명 늘었으며, 인터넷 보급률은 78%에 달했다... 6월 기준 60세 이상 네티즌의 온라인 결제 이용률이 75.4%를 기록했다.", 『인민망』 한국어판, 2024.8.30.

역사의 주역은 키신저와 주은라이였고, 이후 중국은 1978년 개혁개방과 2001년 12월 WTO가입 등으로 이 미국의 봉쇄장막에서 벗어났다.

그러나 2011년 본격화하고 노골화한 미국의 대 중국 전략경쟁은 제2제3의 변형 봉쇄전략[23]을 구사할 가능성을 시사하고 있었다. 이에 대한 응전으로서의 성격을 갖는 중국의 전략은 2012년 말 집권한 시진핑주도의 일대일로 창의(一帶一路, Belt and Road Initiative: BRI)로 나타났다. 이 일대일로는 중·미 전략경쟁에서 중국의 우호 세력화 구축 등 비록 미국의 도전에 대한 응전의 성격을 강하게 띠고 있었지만, 이를 넘어서서 중국의 새로운 세계 구상인 인류운명공동체의 토대구축과 연계된 심모원려의 기획이고 또한 미래 중국의 세계 경영관을 담고 있기도 하다. 곧, 중국 중심의 경제벨트를 형성해 세계화를 주도하면서 주변국가와 협력하여 중국이 중심과 중추를 이끄는 다변화 세계질서를 구축하려는 중국몽(中國夢)의 일환이라고도 볼 수 있다. 또한 고대 중국의 한무제(漢武帝)가 서쪽에 할거하던 흉노족을 정벌하고 닦아 놓은 비단길(丝绸之路, Silk Road)을 지구촌 전체로 확대 개편한 역사적 의미도 담고 있다.[24]

---

[23] 중국은 2010년이면 당시 세계2위의 명목 GDP 나라인 일본을 능가할 정도로 제조업 중심으로 세계적 산업 가치사슬에 중심적 위치를 누리고 있었다. 이 때문에 1950년대식의 전면적 봉쇄는 구조적으로 불가하였다. 과학기술 등의 한정된 분야에서 제한적인 일종의 변형된 봉쇄를 시도할 수밖에 없는 구조적 한계를 가졌다.

[24] 중국은 시진핑이 일대일로를 공식화하기 이전인 1955년의 반둥회의 때부터 자신의 정체성을 개발도상국으로 설정하고, 다자주의를 내세우며 평화를 강조해 왔다. "선진국이 힘의 우위를 바탕으로 개발도상국을 지배하려고 해서는 안 되며, 국제사회에서 모든 나라가 동등한 지위를 누려야 한다고 주장했다... 미국식 소프트파워가 국민국가 '내'의 민주주의를 강조하는 것이었다면, 중국은 국민국가 '끼리'의 민주주의를 강조" 해 왔다. 마틴 자크, 안세민 옮김, 『중국이 세계를 지배하면: 패권국가 중국은 천하를 어떻게 바꿀 것인가?』, 부키, 2010, 467쪽.

일대일로는 중국과 동남아·중앙아·중동·유럽·아프리카·중남미 등을 잇는 육·해상·공중(네트워크)의 경제·문화·문명 교류벨트를 형성하는 인프라 구축사업이다. 주로 개발도상국을 대상으로 하여 기반·운송 시설인 항구·도로·철도·가스관·댐·인터넷망 등을 건설하여 경제·문화·정보 등을 연계하는 기초를 구축하는 사업이다. 단순한 경제적 확장이나 이익을 넘어, 그 사업기조를 3공(三共)3무(三無)로 하는 두드러진 특성을 가진다. 곧, 3공(三共)은 공상(共商, 함께 협의), 공건(共建, 함께 건설), 공향(共享, 함께 나눔 또는 향유)의 기조를, 3무(三無)는 상대국에 대한 내정 불(不)간섭, 특혜구역 불(不)모색, 주도권 불(不)쟁취를 그 기조로 삼고 있다.

중국은 또한 이를 뒷받침할 아시아인프라투자은행(Asian Infrastructure Investment Bank: AIIB) 설립을 2013년 제안하여 2015년 출범시켰다. AIIB는 포용성, 개방성, 투명성, 공정성을 바탕으로, 환경·노동·세이프가드·수혜국 부채·융자·지급보증·지분투자 등을 통해 낙후된 지역에 대규모 인프라 투자를 추진하는 목적을 가졌고, 현재 110개 회원국에 이른다. 창립당시 지분율은 중국(30.34%), 인도(8.52%), 러시아(6.66%), 독일(4.57%) 한국(3.81%) 등이었다.

일대일로의 핵심대상인 개발도상국이 집결한 아프리카에 대해, 중국은 트럼프의 대중 무역전쟁이 선언된 시점인 2018년 9월 3-4일 열린 베이징 '중·아프리카 협력 정상회의' 강화 등으로 대처했다. 이 회의에 아프리카 총 54개국 가운데 대만수교국을 뺀 53개국 정상이 참여하였다. 여기서 중국은 '五不' 원칙과 '四不能' 원칙을 발표했다.

'五不' 원칙은 〈그 나라 사정에 부합하는 발전 노선을 탐색하는 데 개입하지 않을 것〉, 〈내정에 개입하지 않을 것〉, 〈중국 자신의 의지를 강요하지 않을 것〉, 〈원조 중에 어떤 정치조건을 부가하지 않을 것〉, 〈투·융자 중 어떤 정치적 사익을 도모하지 않을 것〉 등이다. 이어서 해서는 안 될 네 가지(四不能) 원칙은 〈어떠한 사람도 중·아 인민의 대단결을 파괴해서는 안 된다〉, 〈어떠한 사람도 중·아 인민이 진흥시키는 발걸음을 방해해서는 안 된다〉, 〈어떤 사람도 상상과 억측으로 중·아 협력의 두드러진 성과를 부정해서는 안 된다〉, 〈어떤 사람도 아프리카 발전을 위한 적극적인 행위에 대한 국제사회의 지지를 저지하거나 방해해서는 안 된다〉 등이었다.

앞의 '五不' 원칙은 아프리카에 대한 중국자신의 약속이라면 뒤의 '四不能' 원칙은 미국을 중심으로 한 서방세계에 대한 사전경고라고 볼 수 있다. 이러한 방식으로 아프리카에 대한 최대의 경제지원으로 국제통화기금(IMF)이나 세계은행(World Bank) 의존율을 급감시켜 중·미 전략경쟁에서 중국의 우호 세력권을 구축하겠다는 책략으로 농촌을 기지로 삼아 도시를 공략한 중국혁명 전통을 원용한 전략이라고 볼 수 있다.

이러한 대 아프리카 접근으로 5년 이내 수출을 늘려 미국 대체 수출처로 서서히 키울 계획이었다. 중국은 이미 600억$ 인프라 투자, 이번 정상회의 600억$ 추가 투자를 제공하기로 했다. 또한 원유·철광석·구리 등 풍부한 천연자원을 수입하고 건설·물류·통신 분야 등에서 인프라 구축을 제공하기로 했다.[25] 이결과 '한국무역협회베이징지

---

[25] 이에 대해 미국은 트럼프 재임 기간인 2019년 미 중앙정보국(CIA)의 대중국 반(反)정부 여론을 범세계적으로 조성하기 위한 인터넷 비밀 정보공작을 승인했다고 로이터 통신이 2024년 3월 14일 폭로했다. "중앙정보국이 소수의 인원으로 팀을 꾸려 가짜 인터넷 계정을 만든 뒤 시진핑 정부에 대한 부정적인 이야기들을 퍼뜨렸고... 중국 정부가 야심차게 추진하고 있는 전세계 기반시설 구축 사업 '일대일로'가 돈 낭비라는 내용 등을 주로 퍼뜨린 것으로 알려졌다." 이를 주도한 인물은 트럼프기간 국가안보 부보좌관까지 지낸 매튜 포팅거였다. 오늘날 난무하는 혐중론, 또는 윤석열 내란수괴의 심판과정에서 등장한 '중국 부정선거 개입론' 등도 이런 미국의 사전공작과 무관치 않은 것으로 보인다. 신기섭기자, "미 언론 '트럼프 재임 때 중국 비방 SNS 여론조작' 승인" 『한겨레』, 2024.3.14(https://www.hani.co.kr/arti/international/

부'의 "중국-아프리카 무역투자 동향" 보고서는 "OECD-DAC(개발원조위원회)의 국가 및 전통적인 대출기관들은 대(對)아프리카 재정 지원의 절반(55%) 이상이 보건교육 비즈니스 은행 등 사회부문에 집중된 반면 중국은 65%이상이 광업 건설 에너지 통신 운송 등 인프라 부문에 집중됨...대규모 차관을 제공하여 국가 기반 인프라를 건설해주고 그 대가로 자원개발권을 얻거나 석유 광물 등 원자재를 직접 받는 방식은 중국의 대표적 인프라 투자 건설 방식 중 하나"라고 분석하고 있다.[26]

마틴 자크는 일대일로의 대 아프리카 영향력 특성을 첫째, "아프리카 국가들의 수출품 수요증가와 가격상승을 낳았다." 둘째, "아프리카 국가들은 더 이상 서구국가나 IMF, 세계은행에만 의존할 필요가 없어졌다." 셋째, "중국의 지원은 도로나 철도, 공공건물의 건설 뿐 아니라 기술 전문가의 파견까지 포함된 패키지 형태의 지원이었다." 넷째, "IMF와 세계은행은 무역자유화, 민영화, 정부의 역할축소 등 그들의 이데올로기를 수용해야 한다는 조건을 달았지만, 중국의 지원에는 이러한 제한이 별로 없었다. 또 서구는 민주주의와 인권이라는 정치적인 조건을 부과하려고 했지만 중국은 이와 달리 아프리카 국가의 주권을 존중하려고 했다. 이것은 국제법의 가장 중요한 원칙이며, 중국이 이러한 원칙을 준수하는 것은 '굴욕의 세기'를 경험한 사실과 무관하지 않다."[27]

이러한 대 아프리카 접근의 결과 대 중국 우호적인 기류가 국가와

---

international_general/1132348.html).

[26] 한국무역협회베이징지부, "중국-아프리카 무역투자 동향", 2022.4.20, 11(https://m.korcham-china.net/files/board/0009/5DD7FAE2-5F5D-41B6-BE98-B2A2E7996B82.pdf)

[27] 마틴 자크, 안세민 옮김, 『중국이 세계를 지배하면: 패권국가 중국은 천하를 어떻게 바꿀 것인가?』, 부키, 2010, 432~433쪽.

인민일반에서 형성되었다. 대외경제정책연구원(KIEF)은 대만문제에 대해 “아프리카 대다수 국가들, ‘하나의 중국’ 정책 지지하며 중국 편”[28] 이라고 분석했다. 아프리카 15개국의 18~24살 청년 4,507명을 대상으로 한 여론조사에서도 이는 확인되어 중국의 우호세력 확보는 성공한 것으로 판명된다. 남아공의 ‘이츠코위츠 가족 재단’이 실시한 ‘2022년 아프리카 청년 세대 조사’ 보고서는 영향력 부문에서 중국 77% 미국 67%, 2년 전 조사에서는 중국 79%, 미국 74%였다.[29]

중국은 개발도상국가가 미래로 나아갈 기반을 중시하여 미국식으로 물고기를 주기보다 물고기를 잡을 수 있는 기반제공에 우선했다고 볼 수 있다.[30] 또한 미국의 해외원조가 미국 패권을 강화하면서 수혜국가의 미래와 전망을 고려하지 않은 채 미국 중심의 세계질서체제 유지와 강화에 복무하는 경향과 대비 된다.[31]

한때 프랑스제국주의의 식민지였던 《부르키나 파소》의 〈이부라힘

28 대외경제정책연구원(KIEF) [월간정세변화] “아프리카 대륙 내 점점 커지는 중국의 영향력”, 2022.8.31(https://www.kiep.go.kr/aif/issueDetail.es?brdctsNo=335336&mid=a30200000000&search_option=&search_keyword=&search_year=&search_month=&search_tagkeyword=&systemcode=05&search_region=&search_area=&currentPage=7&pageCnt=10).

29 최현준 기자, “일대일로 9년…중국 영향력·호감도, 아프리카서 미국 제쳤다”, 『한겨레』, 2022.6. 14.

30 미국과 서방에서는 중국의 대 아프리카 일대일로 공작의 결과 아프리카 국가들이 대중국 부채에 시달리고 있는 것으로 홍보하며 일대일로를 폄하하고 있다. 그렇지만 중·아프리카 정상회의나 포럼은 여전히 문전성시로 열리고 있고, 여론조사의 대 중국 우호도 상승은 정작 아프리카 자체에서는 부채문제가 쟁점화 되지 않고 있음을 말한다. 아프리카가 토착개발 자본이 빈곤한 상태에서 대 중국차관 등을 통해 이를 충당하는 구조에서 부채 자체를 마치 악성부채인 것처럼 문제 삼을 수는 없다고 본다. 아프리카 개발도상국에게는 오히려 부채 자체가 개발이나 발전의 출발이나 본격화라고 보아야 할 것이다.

31 두 번째 임기를 시작한 트럼프는 미국의 단극패권주의 종말을 선언하면서 제3세계 등에서 원조라는 미명하에 색깔혁명, 대북한 풍선 날리기 등 온갖 음모와 비밀공작을 해왔던 USAID를 전격해체하기 시작했다.

트레오레〉 대통령이, 2025년 5월 18일 행한 유엔에서의 연설은 미국과 서방의 원조에 대한 본질을 폭로하고 있다[32]:

> 저는 2,200만 부르키나파소 국민을 넘어,
>
> 이야기가 왜곡되고, 고통은 외면당하며, 존엄은 외세의 이익 앞에 수없이 경매에 부쳐졌던 그 대륙, 아프리카의 목소리를 대신해 말합니다. 아프리카는 당신들의 "더 큰 실험실"이 아닙니다.
>
> 아프리카는 전쟁터가 아닙니다. 아프리카는 당신들의 실험 대상도, 꼭두각시도, 원자재 창고도 아닙니다. 아프리카는 무릎 꿇지 않을 것입니다.
>
> 위선적인 원조에 대하여,
>
> 수십 년간, 당신들은 한 손으로 원조를 주며 다른 한 손으로 우리의 생명을 빨아갔습니다. 마을에 우물을 파주면서도, 당신들의 기업은 우리의 강을 말립니다. 백신을 기증하면서도 치료제는 특허로 막습니다. 기후 행동을 외치면서도, 우리의 숲을 불태우고 호수를 말리는 자들에게 자금을 주며 돕습니다. 이게 무슨 자선입니까? 입은 먹여주지만 목소리는 잠재우는 자선. 겨우 살아있게 해주면서 종속시키는 자선.
>
> 분명히 말합니다. 진정한 인도주의적 도움에 대해 우리는 감사하지만, 착취를 "파트너십"으로 포장하는 세계 질서를 우리는 거부합니다. 한 손에 돈을 쥐어주고 다른 손으로 우리의 주권을 빼앗는 금융기관들을 우리는 거부합니다. 아프리카는 더 이상의 자선을 원하지 않습니다. 우리는 정의를, 우리가 우리운명을 개척하길 원합니다.

출범 10년이 지난 2023년 10월 10일 국무원에서 발간한 〈일대일로 공동 건설: 인류운명공동체 건설을 위한 주요 실천〉 백서에 의하면

---

32 https://youtu.be/0oMvrR63pP0?si=Z7xM9YtbNvNtcgSh

중국은 2023년 6월 말 현재 150개 이상의 국가와 30개 이상의 국제기구와 200개 이상의 '일대일로' 협력 문서에 서명하였고, '일대일로' 공동건설에 2조 달러의 신규계약과 1조 3,000억 달러의 누적 총매출액을 기록했다 한다. 또한 "중국-아세안(10+1) 협력, 중국-아프리카 협력포럼, 중국-아랍 협력포럼, 중국-라틴 포럼, 중국-태평양 섬국가 경제 개발 협력포럼, 중국-중동 유럽 국가 협력, 세계경제포럼, 보아오 포럼, 중국공산당 및 세계 정당 지도자들과의 정상회담 같은 주요 다자간 협력 메커니즘 플랫폼을 통해 실용적 협력을 지속적으로 심화하고 있다."

이 백서는 원칙을 공동협의·공동건설·공동향유로; 이념을 개방·녹색·청렴으로; 목표를 높은표준·지속가능·민생도움으로 비전을 행복의 길로 제시하여 보다 인류운명공동체[33] 건설에 강조를 두는 기조를 보이고 있다. 2024년 9월에 열린 중·아프리카 정상회담에서도 이 기조를 강조하면서 디지털·녹색 기술 등 새로운 영역의 상호협력을 강조했다.

보고서는 결론에서 다음과 같이 전망하고 있다:

> 중국은 모든 국가와 함께 고품질의 '일대일로' 공동 건설을 확고

[33] 인류운명공동체 건설은 "지속적 평화, 보편적 안보, 공동 번영, 개방과 포용, 청결하고 아름다운 세계의 건설 등을 노력의 목표로 삼고, 함께 협의·건설·나눔(共商共建共享) 기조의 글로벌 거브넌스를 추동하여 그 실행경로로 삼고, 전(全)인류공동가치의 실천을 보편적인 규범으로(普遍遵循) 삼고, 또한 신형국제관계의 추동을 기본지주로 삼고, 글로벌 발전창의(倡议)·글로벌 안보창의·글로벌 문명창의 등의 실현을 전략적 지향으로(战略引领) 삼고, 높은 품질의 '일대일로' 공동건설을 플랫폼 과학이론체계의 실천으로 삼아서.... 점차적으로 형성해야" 한다고 보고 있다. 『인민일보』 게재(강정구 번역), "시대전진을 이끌 찬란한 기치를 높이 들자", 『통일뉴스』, 2024.1.12(https://www.tongilnews.com/news/articleView.html?idxno=209825). 출처: "高举引领时代前进的光辉旗帜(和音)" 『인민일보』, 2024.1.8(http://world.people.com.cn/n1/2024/0108/c1002-40154272.html).

히 추진하며 글로벌 발전창의(倡议)와 글로벌 안보창의 및 글로벌 문명창의를 구현할 것이다. 항구적 평화, 보편적 안보, 공동 번영, 개방과 포용, 청정하고 아름다운 세계를[34] 건설함으로써 평화의 불씨가 대대로 계승될 수 있도록 하자. 발전의 원동력이 끊임없이 지속되도록 하며, 문명의 빛을 빛나게 하고, 인류운명공동체의 아름다운 그림을 함께 그려나가자!

일대일로의 중남미 진출은 아프리카에 비해 늦었다. 그렇지만 2024년 말 현재 22개 중남미 및 카리브해 국가와 일대일로 공동건설 양해각서를 체결하고 항구, 운송, 과학기술 및 자원개발 등 다양한 분야에 협력을 전개하고 있다. 이는 2024년 11월 중국 주도의 페루 첸카이항(港) 개발을 기점으로 가속화할 것으로 전망된다. 이 태평양 연안 항구는 연간 100만개의 컨테이너를 처리하고 4년 후에는 200만개 처리역량을 갖추도록 하여, 스마트항구로서[35] 중국-중남미 연결기지로 활용될 것으로 보인다.

중국은 브라질에서 찬카이항까지 철도를 연결해 브라질의 농산물과 철광석 등 원자재를 수입할 공정을 구상하고 있다. 또한 칠레, 에콰도르 및 기타 중남미 국가는 보다 편리하게 중계 무역을 수행할 수 있어 양측의 교두보 역할을 할 것으로 기대된다. 개항식에 온라인으

---

[34] 중국은 아름다운 중국건설(美麗中國)을 넘어 지구촌에 대한 그린 거버넌스를 지향하여 아름다운 지구촌을 지향하고 있다. 그 하나로 중동의 석유부국 아랍에미리트(UAE)의 탈석유 경제로의 대전환에 주도적으로 참여하여 UAE의 경제부 장관으로부터 일대일로를 '세계를 향한 중국의 선물'이라는 격찬을 받았다한다. 이병한의 미래견문, "그린 거버넌스: 홀어스, 홀이코노미", 2022.6.10(https://thetomorrow.cargo.site/PROTOPIA-9-1).

[35] 중국은 찬카이 항구에 상하이자동차(上海汽車·SAIC)가 만든 자율주행 컨테이너 트럭을 컨테이너 운송에 투입하는 스마트 항구로 만들 예정이다. "페루 찬카이항 中 자율주행 트럭 투입... 스마트 항으로 변신"『신화망』한국어판, 2024.11.19(https://kr.news.cn/20241119/ee4e12acdd604316ab7338aa8507cef4/c.html).

로 참석한 시진핑 주석은 개항을 "21세기 해상 실크로드"의 성공적 출발이라며, "중국은 기꺼이 중국과 라틴 아메리카를 잇고 위대한 잉카의 길을 연결하는 새로운 육·해상 통로를 구축하는 출발점으로 삼아 페루와 함께 협력하겠다"고 했다.[36]

중국은 2024년 11월 브라질에서 개최된 제19차 G20 정상회의에서 지속가능한 발전, 남북 격차해소, 다자주의 원칙을 강조하면서, '공동발전을 위한 공정한 세계 구축'을 주제로 4대 원칙 및 8대 행동을 제안했다. 8대 행동은 '일대일로(一帶一路)' 건설로 녹색실크로드를 바탕으로 디지털실크로드 구축에 주력할 것이고; 글로벌 발전이니셔티브(GDI) 이행을 위해 글로벌 남방 연구센터 구축을 지원하고 빈곤감소, 식량안보, 디지털 경제 등 다각적 협력을 통해 개발도상국 지원을 강화하고; 아프리카 발전 지원을 향후 3년 동안 중국-아프리카 협력을 위한 10대 동반자 실행 및 자금을 지원하고; 빈곤 감소 및 식량안보 국제 협력으로 중국은 '기아와 빈곤퇴치 글로벌연맹'에 가입하고; 과학기술협력 강화를 위해 중국, 브라질, 남아프리카공화국, 아프리카연합이 공동으로 '과학 국제협력이니셔티브'를 발족해 과학기술 혁신 성과를 글로벌 남방국가에 이전하고; G20 협력으로 남방국가를 지원하고; 반부패 협력을 강화하고; 최빈국을 위한 개방 확대로 모든 중국 수교국의 최빈국 제품에 대해 100% 관세면제 조치 등을 발표했다.[37]

---

36 박병수 기자, "중, 남미 진출 '교두보' 페루 찬카이항 개항… 미 '군사 목적도' 경계", 『한겨레』, 2024.11.15.

37 "시진핑, G20 정상회의에서 4대 원칙과 8대 행동 제안", 『정책동향』, 한중과학기술협력센터(KOSTEC), 2024.11.29(https://kostec.re.kr/policy_trends/view/page/3/id/38079#u) 또는 "中 시 주석, G20 정상회의 연설 '공동 발전하는 공정한 세계를 건설하자'" 『신화망』 한국어판, 2024.11.19. 참고자료: (新华网) 学习新语 | 数览习主席在G20里约峰会上的讲话要点 http://www.news.cn/politics/leaders/20241119/aa08bd058c6a4d908b89fb4d69c6aafe/c.html

이 8대 행동제안은 일대일로의 연장이고 Global South 등과 함께 다자주의를 추구하는 새롭고 공정한 세계를 위한 구상이라고 볼 수 있다. 특히 최빈국 제품에 중국이 100% 관세면제를 발표한 것 등은 2025년 초반부터 강화된 트럼프 미국의 광란적인 관세전쟁에 즈음하여 그 상징성이 클 것으로 보인다.

이러한 기조를 바탕으로 중국-라오스-태국 철도, 자카르타-반둥 고속철도, 헝가리-세르비아 철도 등등의 교통 기반 시설은 인력, 화물, 정보 등 요소의 흐름을 가속화했다. '우주 실크로드' 등의 기술 협력을 통해 중국은 기술 이전을 추진하여 단순히 "열쇠를 넘기는 것"뿐만 아니라 협력 파트너를 위한 현지 인재를 양성하기도 한다. 서방 일부 국가의 '약탈적 지원'에 비해, 중국의 글로벌 공공재는 장기적이고 상생적인 관점을 가지고 있으며, 시설 연결, 무역 원활화, 자금 조달에서 정책 소통, 민심 소통에 이르기까지 Global South의 환영을 받는 것은 당연하다.

2024년 8월 1일 이코노미스트에 따르면 중국의 그린필드 직접투자는[38] 지난해 2023년 1,600억 달러로 전년보다 3배며 대부분 신흥국·개발도상국에 투입됐다. 이와 함께 일대일로의 확장 결과 중국기업의 Global South 매출은 8,000억 달러로 2016년 이후 4배 급증했다. 중국 전자업체인 트랜션(Transsion)은 아프리카 스마트폰 시장 점유율 절반을 차지하고, 남아시아·남미·동남아시아로 사업 영역을 넓혀 스마트폰 판매 세계 4위로 올라섰다. 이코노미스트는 "중국 기업들은 기술 발전과 함께 자동차에서 의류에 이르기까지 놀라운 속도로

---

[38] 그린필드 투자는 현지 기업·공장 등을 인수·합병(M&A)하는 방식이 아닌, 신규 부지를 확보하고 법인이나 생산시설을 새롭게 설립하는 방식을 뜻한다.

해외로 확장하고 있다. 서구 기업들은 결코 하지 못했던 방식으로 저소득 소비자를 위한 상품을 생산하는 요령을 터득했다. 이는 중국 정부 정책과 서방 국가들의 대중 견제 정책이 맞물려 만들어낸 결과"라고 평가했다.[39]

'한중과학기술협력센터(KOSTEC)'의 2025년 1월 23일자 정책보고는 '일대일로 과기혁신 베이징행동계획'을 소개하고 이를 바탕으로 일대일로의 발전현황을 다음과 같이 요약하고 있다.[40]

중국 '일대일로' 구상성과 및 발전 현황

- (인프라 구축) 육상에서는 중유럽 화물열차가 유럽 25개국과 아시아 11개국의 주요 도시를 연결하며 월1,600편 이상 운행, 해상에서는 '해상 실크로드'로 항만, 해운, 무역의 통합 발전이 이루어졌음. 항공에서는 '공중 실크로드' 양해각서를 체결하고 신규 항로를 개설
- (경제 및 무역 협력) 2013년부터 2023년 10월까지 중국과 참여국 간 누적 무역액은 21조 달러를 초과했으며, 직접 투자 누적액은 2,700억 달러를 넘어섰음
- (프로젝트 실행) 중-라오스 철도, 자카르타-반둥 고속철도 등 대표적인 프로젝트가 건설되어 운영 중이며, 아프리카에서는 1만 km 이상의 신규 및 개보수 철도 10만 km의 도로, 수백 개의 교량과 항만 건설에 참여
- (친환경 협력) 중국 기업 주도로 코트디부아르, 우간다, 남아프리카공화국 등에서 신에너지 프로젝트를 구축
- (디지털 협력) '24년 상반기 중국의 디지털 서비스 수출입 규모는 1조 4200억 위안에 달하며, 크로스보더 전자상거래 수출입 규모는 1조 2,200억 위안으로 사상 최고치를 기록

또한 이 베이징행동계획은 2027년까지 일대일로 과학기술 혁신에서 중국의 핵심역할을 더욱 부각시키기 위해 3대 분야 12개 과제를 제시했다. 3개 분야는 〈일대일로 과학기술혁신체계 구축〉, 〈다(多)영역 산업체인 협력발전 촉진〉, 〈다(多)유형 과학기술협력 플랫폼구축〉[41]

---

[39] 방성훈 기자, "'최종 조립만 할게'…중국 기업들, 빠르게 남반구 장악중", 『이데일리』, 2024.8.2.

[40] "'일대일로' 과기혁신 베이징 행동 계획 발표" 『정책보고』, 한중과학기술협력센터(KOSTEC), 2025.1.23(https://kostec.re.kr/policy_trends/view/id/38118#u).

[41] "解读：《'一带一路'科技创新北京行动计划 (2025-2027 年)》发布时间：2025-01-

등이다. 이처럼 중국은 일대일로를 지속적으로 업데이트(update) 하면서 인류운명공동체의 일환으로 자리매김하고 있다.

이 결과 "2013년 '일대일로' 창의의 공동 구축이 제기된 이후부터, 점점 더 많은 중국기업은 시장 세계화의 다음 단계는 필연적으로 산업사슬 세계화라는 점을 점차적으로 인식하게 되었다. 오늘날처럼 호주광산기지·남아시아부두항만·아세안조립공장에서부터 유럽연구센터·북미자본시장에 이르기까지, 중국기업은 이미 세계화의 도정에서 몇 십 년 전에는 상상하기 어려운 수준에 도달했다".[42] 중국기업을 넘어서서 국가로서 중국은 지구촌을 인류윤명공동체로 이끄는 동력을 이 일대일로로부터 더욱 지원받고 있는 것으로 보인다. 그야말로 일대일로는 심모원려의 전략적 진지전의 성격을 더욱 발휘할 것으로 보인다.

3. 전쟁억지력[43] 증강

서로 전략경쟁을 벌이고 있는 중국과 미국사이, 투키디데스의 함정이나 핵무기로 인한 상호확정파괴(MAD, Mutually Assured Destruction) 전략 등으로, 전쟁 발발 가능성에 대한 여러 가지 유추가 행해지곤 한다. 트

---

14 信息来源：北京市科委, 中关村管委会网站 https://www.ncsti.gov.cn/zcfg/zcjd/202501/t20250114_192834.html

42 취치앙(曲强, 강정구 번역), "중국 제조업 우세는 어떻게 이뤄졌나?", 『통일뉴스』, 2024.4.30. 출처: "中国制造业新优势是如何形成的", 『환구시보』, 2024.4.25(https://opinion.huanqiu.com/article/4HWsBf1b1qe)

43 억지전략(Deterrent Strategy)은 상대가 받아들일 수 없을 정도의 유효한 반격으로 보복한다는 공포심을 상대에게 불러일으켜 상대의 적대행위를 방지하는 전략을 의미한다.

럼프를 비롯해 '미국을 다시 위대하게'(MAGA)를 외치는 집단들은 러·우 전쟁의 조기종식을 추진하면서 실제로 미국이 주도하는 러·우 전쟁에서 승리한다는 것은 미국 군사력의 한계 때문에 가능하지 않다는 입장에 가깝다. 그러나 글로벌리스트인 바이든은 러·우전쟁을 지속하면서 극단적인 핵전쟁 전략까지 입안했다. "바이든 행정부는 지난 3월 핵 사용지침을 변경하여 미국이 러시아, 중국 그리고 북한을 상대로 한 3개의 전선, 3개의 전쟁, 3개의 '동시 혹은 순차적' 핵전쟁에서 승리하는 새로운 전략을 세우기까지 했다.[44]" 대조적으로 중국은 핵선제 불사용 원칙을 고수하고 있는 유일한 핵무기 보유국가다.

또한 미국은 이 책 3장에서 살펴본 것처럼 과포화군사력을 유지하기 위해 천문학적인 군사비를 투입하고 있다. 2022년 의회 국방수권법상 실질적인 국방예산은 8,130억$로 2위 중국 2,520억$의 3.2배, 예산 5.8조의 14%, 명목 GDP 25조의 3.25%이다. 2023년, 2024년, 2025년 의회의 국방수권법 군사비는 각각 8,580억$, 8,860억$, 약 9,335억$이다. 핵 예산 등을 포함할 경우 미국의 군사비는 거의 1조 달러다. 트럼프 미국은 2026 회계연도 행정부 국방예산을 오히려 1조 넘게 책정했다. 여기에다 지상과 해상을 넘어 우주에까지 센서와 요격무기를 배치하는 차세대 미사일 방어시스템인 '골든 돔'을 위해 천문학적인 예산투입을(트럼프 추산 1,750억 달러, 의회예산국 추산 8,310억 달러) 추진 중이다.[45]

---

[44] 이해영, "한반도-대만에서 동시 전쟁나면 한국 GDP 60% 떨어진다" [2024 평화통일시민강좌] ⑥ 이해영 한신대국제관계학부교수·황남순 평화통일시민행동사무국장, 2024.10.30(https://www.pressian.com/pages/articles/2024102815591909197).

[45] 이에 대비해 중국은 이미 신소재를 개발했다고 한다. "골든 돔의 원리가 미사일의 열 신호를 적외선 기술 등을 활용해 탐지하는 것인데... 신소재는 단파, 중파, 장파 적외선 등의 탐지를 피해 간다는 것"으로 골든 돔을 무력화할 수 있다는 것이다. 이랑기

중국인민해방군 창군 100주년인 2027년 중국의 '대만 침공설' 등을 조장하고, 나토의 아·태로의 확대를 꾀하고, 한미일 3각군사동맹을 강화하는 등 전쟁획책 징후를 일상화하는 등 전쟁광으로서 미국의 역사적 타성(惰性)을 고스란히 보여주고 있다. 더구나 연방정부의 부채가 무려 37조 달러이고 이 부채에 대한 이자상환에만도 연 1조 달러가 넘어, 빚 이자 갚는데 연방예산의 13%가까이를 지불한다. 테슬라의 머스크가 우려하듯이 빚 때문에 미국이 파산할 것 같은데도 이들 글로벌주의자들은 전쟁중독증에서 벗어나지 못하고 있다. 그렇지만 게브리엘 콜코가 예견했듯이 군사기술맹신주의, 군산복합체와 군 관련 관료 등의 오랜 유착과 부패 고리, 국내 제조업 붕괴 등으로 인해, 미국의 대리전인 러·우전쟁에서나 이스라엘-이란 전쟁에서 이란의 극초음속 미사일의 위력을 보듯이 미국의 군사력은 한계를 드러내고 있다.[46]

이러한 미국에 중국이 총체적으로 대비하고 있다는 것은 합리적인

자, 『[월드 이슈] 미국 '골든 돔' 발표하자마자…중국, '신소재로 뚫어주겠어'", 『KBS』, 2025.5.28(https://www.youtube.com/watch?v=CWpkZFJInJ0). 이처럼 중국 또한 미국의 새로운 무기개발 등에 대비하는 등으로 전쟁억지력을 위해 전력하고 있는 것으로 보인다; 실제 2025년 9월 30일 "홍콩 사우스차이나모닝포스트(SCMP)에 따르면 난징전자기술연구소의 리쉬둥 수석 엔지니어가 이끄는 연구팀은 '분산형 조기경보 빅데이터 플랫폼'을 개발해 인민해방군(PLA)에 배치했다. 이 시스템은 위성·레이더·광학·전자 정찰 장비 등 다양한 센서를 동시에 활용해 전 세계 어디에서든 중국을 향해 발사되는 최대 1000기의 미사일을 실시간으로 탐지·추적할 수 있다." "이번 사례는 미국이 구상은 내놓지만 실제 구현은 중국이 먼저 하는 전형적 모습"이라며 "미국은 산업 기반 약화로 신무기 개발이 늦어지고 있지만 중국은 속도를 높이고 있다"고 평가했다." 김규식기자, "중국, 세계 첫 전 지구 미사일 방어망 가동…美 골든돔 견제", 『매일경제』, 2025.9.30(https://v.daum.net/v/20250930112406317).

46 그렇지만 게브리엘 콜코가 예견했듯이 군사기술맹신주의, 군산복합체와 군 관련 관료 등의 오랜 유착과 부패 고리, 국내 제조업 붕괴 등으로 인해, 미국의 대리전인 러·우전쟁에서나 이스라엘-이란 전쟁에서 이란의 극초음속 미사일의 위력을 보듯이 미국의 군사력은 한계를 드러내고 있다. "러·우 전쟁의 끔찍한 결말! 곧 전세계 판도가 뒤바뀐다 (진재일 교수 3부)" https://www.youtube.com/watch?v=AjzQnQL0qjI

추론일 것이다. 그렇지만 군사문제에 관한한 비밀주의가 지배하기에 일반인이 접근하기란 쉽지 않다. 그래서 기계화·정보화·지능화의 융합발전을 전반적으로 추구하는 군사 분야의 세부사항을 제시하거나 분석하기 보다는 현대전의 특성인 총력전에 대비할 수 있는 중국의 전쟁억지력에 대한 평가를 중심으로 논의를 펼치겠다. 굳이 중국의 군사력 육성을 전쟁억지력으로 본 이유는 미국과의 전략경쟁에서 시간은 어차피 중국편이라고 보기에 공세적으로 미국을 자극하여 양쪽 다 파국으로 치달을 위험을 사전에 방지하기 위한 중국의 장기 전략으로 이를 보기 때문이다. 비록 시간이 걸리지만 굳이 싸우지 않고 이기는 방법이 최고의 이기는 방법임을 손자병법은 기원전부터 가르치고 있다.

먼저 중국의 군사적 전략 및 전술 원칙을 간략히 살펴보겠다. 중국의 공식적 외교 전략은 독립자주평화지향, 자주권 존중, 내정개입 반대, 反패권주의, 反확장주의 등이므로 방어적 국방전략을 지향한다고 볼 수 있다. 따라서 (군사)동맹은 잠재적 전쟁공동체를 의미하므로 이를 형식적으로는 배제하고 있다. 이는 1950년대의 반둥회의부터 지켜온 원칙이다.

그렇지만 미국과 서방의 나토(NATO) 동진과 아·태화 및 인도태평양 구상 등에 대응해 러시아와 '포괄적(전면적) 전략동반자관계를 맺음으로 실질적으로는 군사동맹과 같은 수준의 군사협력을 모색하고 있다. 2019년 6월 5일 러시아와 '신시대 전면적 전략협력동반자관계' 선언으로 중·러 연합대응을 선언한 이후 지속적으로 이 기조를 강화하고 있다. 또 상하이협력기구(SCO)로 러시아 및 중앙아시아 국가들과 군사적 동반자관계 결합을 유지하고 있다.

또한 우주전쟁, 핵전쟁, 사이버전쟁, 잠수함 위주로, 곧 미래형 전쟁을 억지하기 위한 군사력에 선택적 집중을 하고, 2020년대 후반 제2도련선을[47] 넘는 수준의 제한된 투사력이 가능한 일반 및 핵 항공모함을 건설하고 있는 것으로 알려져 있다. 이는 중국의 '반접근 지역거부'(Anti-Access Area Denial) 전략 곧, 먼 바다에서부터 미사일·잠수함·항공모함 등을 동원해 미 항공모함 전단의 중국 접근을 막고, 미군이 중국 근처에 도달하더라도 소모전으로 격퇴한다는 전략을 위해서라고 알려져 있다.[48] 덧붙여 한·미·일의 군사동맹 강화로 인해 중·러 양국은 동해안과 독도영공에 양국 공군 장거리 연합 초계 비행 등을 수시로 실시하고 중·러 연합훈련의 정례화 등 한국의 미국 전초기지화에도 대비하고 있다.

1) 평화와 중국

먼저 중국의 평화에 대한 인식과 전략 등에 관해 간략히 짚어보겠다. 중국은 평화에 대한 절대적 가치부여와 '분열과 불안정에 대한 병적인 두려움'을 역사적 체험에서 배태했다고 볼 수 있다. 진시황의 만리장성 방어선 구축이나 한나라의 흉노에 대한 '조공', 13세기 몽골 침입으로 인해 전체인구의 1/3인 약3,500만의 희생, 17세기 만주족

---

[47] 도련선은 중국의 해상안보 라인으로, 제1도련선은 일본 오키나와-대만-필리핀-몰라카해협을 잇는 가상의 선을, 그 바깥인 제2도련선은 일본 이즈반도-괌-사이판-인도네시아를 잇는 선이며, 제3도련선은 가장 바깥인 알류샨 열도와 하와이, 뉴질랜드를 연결한 선이다.

[48] 미국이 전매특허처럼 독과점하고 있는 항공모함 전단은 미사일 특히 극초음속미사일의 등장으로 21세기에는 위력이 현저히 저하되었다고 평가되고 있다. 전재일 교수는 중국은 제2도련선 넘어서 방어선을 구축하기 위해 제한된 항공모함을 구비하는 것으로 판단하고 있다. https://www.youtube.com/watch?v=6CIRRJR3c-0

의 침입으로 약 1/6이 약2,500만의 희생, 19세기 아편전쟁 등 서구 열강의 침략이후 태평천국 등 근대이행기 회오리 속에서 약 5천만의 희생을 치렀다.[49] 또한 20세기 항일전쟁에서 30만의 난징대학살과 3-4천만의 희생을 치렀다.

이에 따라 평화를 갈구할 수밖에 없는 신(新)중국은 항미원조전쟁이 끝난 1954년 주은래의 평화공존외교5원칙을 발표했다. 곧 영토보전과 주권상호존중, 상호불간섭, 내정불간섭, 평등호혜, 평화공존이다. 이 외교 5원칙을 중국은 아직도 신봉하고 있다. 이를 이어받아 1986년 조자양총리는 독립자주·평화외교 10원칙을 발표했다. 비록 냉전 기간에 선언됐지만 이 기조는 지금까지 유지되고 있다:

> 1. 패권주의 반대, 세계평화 유지·보호, 각국과 우호협력발전 및 경제 공동번영 촉진을 대외업무 근본목표로 한다.
> 2. 세계 모든 국가는 평등하여야 한다.
> 3. 어떠한 시기와 상황에서든 독립자주를 견지하며 모든 국제문제에 대해서는 독자적으로 결정한다.
> 4. 초강대국과의 동맹·전략관계를 결코 맺지 않을 것이며, 미국과는 공동성명서에 수립된 원칙하에 양국관계의 착실한 발전을 계속 추진하며, 소련과는 3대 장애요소 제거를 위한 구체적 행동이 선행될 경우 진정한 양국관계를 개선한다.
> 5. 평화공존 5원칙을 고수하고, 세계 각국과 관계정상화를 도모하며 사회제도 및 이념차이로 국가 간 관계를 결정하지 않는다.
> 6. 중국은 제3세계에 속하며 제3세계 국가와의 유대 및 협력강화가 대외업무의 기본방침이며 제3세계에 국가의 민족경제 발전, 남북관계 개선 도모와 남남협력 발전 노력을 지지한다.

---

[49] 마틴 자크, 안세민 옮김, 『중국이 세계를 지배하면: 패권국가 중국은 천하를 어떻게 바꿀 것인가?』, 부키, 2010, 278쪽.

7. 핵무기를 선제 사용하지 않을 것임을 선언한 바에 따라 군비 경쟁을 반대하며 이러한 경쟁을 우주공간에까지 확대하는 것을 반대하고 핵무기의 생산금지 및 완전 폐기를 제안한다.
8. 대외 개방정책을 장기간 지속할 것이며 평등과 상호 이익의 기본 원칙하에 다른 나라들과 경제·무역 및 기술접촉을 계속 확대해 나가는 한편, 모든 국가에 개방정책을 실시한다.
9. UN헌장에 제시된 유엔 목적과 원칙을 준수하고 UN 사업 지지하며, UN 기관 활동에 적극 참여한다.
10. 다른 나라 인민들 간의 접촉에 중요성을 두고 상호이해와 우호증진을 위해 각국과의 경제·문화·교육·과학기술·스포츠 등 각 분야에서의 접촉을 유지한다.

이 기조를 이어받아 2011년 3월 전인대에서 다이빙궈 중국 외교 담당 국무위원은 "평화적 발전 노선을 견지하자"를 발표하며 "중국은 세계 최강대국으로 국내 총생산이 세계의 30%에 달했지만, 확장이나 패권을 추구하지 않았다. 정화(鄭和)는 세계에서 가장 큰 선단을 이끌고 서방으로 일곱 번이나 출항 하였는데, 가져간 것은 피와 불, 약탈과 식민화가 아닌 도자기, 실크 그리고 찻잎이었다."[50]라고 설파했다.

2008년 국제금융위기에 중국은 흑기사 역할을 자임한 이후 미국에게 신형국제관계론(Co-operation and Co-ordination)을 제안했지만 미국은 대중 포위봉쇄 전략인 아태재균형전략으로 대응했다. 이 신형국제관계론을 요약하면:

---

[50] 명의 영락제 당시 정화함대는 1404~1433년 2만7870명, 62척 함대를 이끌고 7차례의 대(大)원정을 통해 홍해, 페르샤만, 동아프리카까지 진출하여 인도양 전역에 걸쳐 중국의 위세를 과시했다. 이는 서방제국주의의 서세동점 시작인 1492년 콜럼버스의 신대륙발견, 1497년 바스쿠 다가마의 희망봉항해보다 90년 가까이 앞섰고, 규모도 30배나 컸다고 한다. 이후 북방의 안보상황 악화로 중국의 대원정은 중단되었다.

1〉 상호존중·공평정의·호혜협력(合作共赢)의 원칙 준수
2〉 다른 문명·제도의 국가와 평화공존과 공동발전의 세계역사를 일구는 새로운 장 개척
3〉 상호존중=성의와 평등으로 상대하고, 강권정치와 패권주의 반대
4〉 공평정의=경쟁지상 법칙 폐기, 평등한 발전 권리·기회 확보
5〉 호혜협력=자신의 더 많은 이익만 추구하는 이념 폐기, 각국의 공동발전 함께 촉진하기
6〉 중국은 평화공존5원칙 견지, 평등·개방·협력의 전(全)세계 동반자관계 심화·확장

비록 평화지향적인 전략이나 정책을 채택하고 있지만, 과거 미국과는 항미원조전쟁까지 치렀고, 현재는 미국과 비슷한 국력을 가진 굴기(崛起)한 국가로 전환한 중국이다. 이러한 중국에 대해 끊임없는 봉쇄와 중국위협론 및 투키디데스함정에 빠질 위험이 거론되는 상황에서, 중국이 대(對)미국 전쟁억지력을 강화하는 것은 합리적인 선택이다. 이에 대비한 중국의 전쟁억지력 발전 현황을 체계적으로 고찰하는 것은 필자의 역량을 뛰어넘는 영역이다. 따라서 모든 국가역량이 동원되는 총력전이라는 전쟁의 특성과 군사 분야 과학기술발전 현황을 선택적으로 살펴보면서 중국의 전쟁억지력 상승을 유추해보도록 하겠다.

2) 중국의 대미 전쟁억지력

미래형 전쟁은 우주전쟁, 핵전쟁, 사이버전쟁, 잠수함위주전쟁, 하이브리드전쟁, 인공지능전쟁[51] 등등으로 특징지어 있어 중·미 군사경

[51] 100살 생일을 맞는 키신저는 “인공지능(AI)이 국제정치에 미치는 영향에 관한 책을

쟁은 무기의 개수나 성능을 넘어 전장 환경전반을 지배하는 기술패권 경쟁으로 확장되고 있다. 이에 발맞춰 중국은 기존 지역 군별과 같은 지역관구체계를 2015년 통합사령부체계로 바꿔 현대적 통합작전이 가능하도록 체제개편을 단행했다.

2022년 10월에 열린 공산당 제20차 전국대표대회는 2027년 건군 100주년을 맞아 국방과 군대를 현대화하여 신국면을 열고 현대전에 대비하면서 전쟁억지력 구축을 강조하고 있다.[52]

> 정보화 지능화 전쟁의 특징과 규칙을 연구하고 파악하며, 군사전략 지도를 혁신하고, 인민전쟁 전략과 전술을 발전시킨다. 강력한 전략적 억제력체계를 구축하고, 새로운 영역과 새로운 질적 전투력의 비중을 높이며, 무인 지능형 전투력의 발전을 가속화하고, 네트워크 정보체계 구축과 활용을 통합적으로 추진한다. 연합 작전 지휘 체계를 최적화하고, 정찰경보, 연합타격, 전장지원, 종합 보장체계와 능력 구축을 추진한다.

낼 예정이라며 인공지능이 미-중 충돌을 촉진하는 수단이 될 것이라고도 경고했다. 세력 균형과 기술이 전쟁에 대해 가지는 의미가 급변하는 상황에서 세계가 이에 대한 '합의된 원칙'을 마련하지 못하고 있다는 이유에서다. 인공지능은 인간의 통제를 받지 않는 자율무기 개발로 이어지고, 그에 따라 전쟁 개시 여부나 작전 결정도 알고리즘에 의존하게 되면서 전쟁의 파괴력과 비인간적 측면이 강화될 수 있다는 우려가 나온다. 키신저 전 장관은 인공지능은 5년 안에 안보 영역에서 핵심적 역할을 할 것이기에 미-중이 5~10년 안에 인공지능의 군사화 문제에 대한 합의를 보지 못하면 재앙적 결과로 이어질 수 있다고 했다. 그는 결국 파멸적 충돌을 막을 방법은 '냉정한 외교'밖에 없다"고 했다. 워싱턴/이본영 특파원, "지금 1차대전 직전과 비슷"…데탕트 주역 키신저의 '경고' "AI가 미-중 충돌 촉진할 것", 『한겨레』, 2023.5.18.

52 "十二, 实现建军一百年奋斗目标, 创国防和军队现代化新局面:…研究掌握信息化智能化战争特点规律, 创新军事战略指导, 发展人民战争战略战术。打造强大战略威慑力量体系, 增加新域新质作战力量比重, 加快无人智能作战力量发展, 统筹网络信息体系建设运用。优化联合作战指挥体系, 推进侦察预警, 联合打击, 战场支撑, 综合保障体系和能力建设"。출처: "高举中国特色社会主义伟大旗帜 为全面建设社会主义现代化国家而团结奋斗—在中国共产党第二十次全国代表大会上的报告(2022年10月16日)《人民日报》(2022.10.26.)http://paper.people.com.cn/rmrb/html/2022-10/26/nw.D110000renmrb_20221026_3-01.htm

전쟁은 한 국가의 흥망성쇠가 달려 있으므로, 이에는 필연적으로 국가의 역량이 총체적으로 동원되는 특성을 가진다.[53] 이 동원역량은 대체적으로 제조업 발전정도에 많이 의존한다고 볼 수 있다. 〈서구의 패배〉 지은이 에마뉘엘 토드는 실제로 미국과 러시아 간의 전쟁인 러·우전쟁에서 미국은 제조업의 '황폐화'로 더 이상 '민주주의의 무기고(arsenal of democracy)'가 아님을 여실히 드러냈고, 이 때문에 결국 패배한다고 볼 정도로 제조업을 중시하고 있다.[54] 또한 세계2차 대전에서 독일이 초기에는 전력의 질과 양에서 연합국을 능가했지만 미국이 개입하면서 미국의 압도적인 무기생산력으로 인해 결국 패망에 이르게 된 점 역시 제조업의 결정적 중요성을 보여 준다.[55]

앞의 4장에서 이미 살펴본 바와 같이 국내총생산(GDP) 대비 제조업 비중은 2022년 중국 28%, 2021년 미국 10.7%였고, 2020년 기준 중국의 제조업 생산 규모는 세계의 35%에 달해 세계 2~9위 국가를 합친 34%보다 비중이 더 높다고 OECD는 밝히고 있다. 또한 2030년 세계에서 중국의 제조업 비중을 45%, 미국 11%$로 추정하고 있다.[56]

---

[53] 전쟁핵심 당사국의 총체적 역량 뿐 아니라 동맹세력의 역량 또한 동원되기 마련이다. 최근 미국은, 오바마의 아태재균형전략에서부터 바이든 집권기에 이르기까지, 가치동맹, 나토확장, 한미일3각동맹, 오커스(AUKUS) 등으로 동맹세력을 형성해 대처하고 있다. 중국 또한 2019년 6월 5일 러시아와 '신시대 전면적 전략협력동반자관계' 선언으로 중·러 연합대응 태세를 갖추고 상하이협력기구로 러시아 및 중앙아시아 국가들과 군사적 동반자관계 형성으로 대처하고 있다.

[54] 김진호, "허무의 제국, 미국은 러시아를 이길 수 없다", 『시민언론 민들레』, 2024.4.9(https://www.mindlenews.com/news/articleView.html?idxno=7939).

[55] 박종훈, 『세계경제 지각변동』, 글로퍼스, 2025, 150~151쪽.

[56] "The Future of Industrialization: Building Future-Ready Industries to Turn Challenges into Sustainable Solutions" United Nations Industrial Development Organization (UNIDO), MIPF 2024 conference paper, Figure 4 https://www.unido.org/sites/default/files/unido-publications/2024-11/The%20Future%20of%20Industrialization%20-%20Building%20Future-ready%20Industries%20to%20Turn%20Challenges%20into%20

제조업 왕국으로서 제조업이 전(全)세계의 35%를 차지하고 국내 GDP의 28% 이상을 차지하는 중국과 국내 GDP의 10%남짓인 미국이 상호 장기전을 전개한다면 군사무기나 군수품 조달 역량의 현격한 차이로 미국이 장기지구전을[57] 펼칠 수 없다. 비록 미국이 우방국을 동원하드라도 제조업은 여전히 중국에 비해 열세에 놓여있다.

더구나 중국은 유엔분류 전산업 품종의 생산국으로 전(全)산업 공급연결고리가 자체적으로 형성돼 모든 군수품이 낮은 원가로 신속히 자체 조달되고 있다. 그렇지만 미국은 금융자본주의화로 제조업이 거의 쇠락하고 있어 중국으로부터 원부자제 구입이 차단되면 군사무기 및 군수품 자체의 생산과 조달이 어려워진다.[58] 이러한 중국의 제조업 강세와 미국의 열세는 러·우전쟁에서 보듯이 미국과 나토의 전쟁수행역량이 러시아에 비해 열세에 놓이게 되었고, 장기지구전에서 중국에 유리하게 작동할 것으로 보인다.

더구나 중국은 제조업의 고급화·지능화·녹색화 발전을 집중적으로 촉진해 왔고, 중국산업체계의 전(全)세계적 배치와 연계사슬 또한 전(全)

Sustainable%20Solutions.pdf

[57] 이러한 문제점을 지나치게 강조한 글로는, Seth G. Jones(전략국제연구센터의 국방안보 분야 책임자), “China Is Ready for War-And Thanks to a Crumbling Defense Industrial Base, America Is Not”, *Foreign Affairs*, 2024.10.2.

[58] 이의 전형적인 경우가 항공모함 등 해군 군사력을 뒷받침하는 조선업이다. 2025년 4월 9일 트럼프는 미국의 해양 사업의 부흥을 위한 대통령 '행정명령 (executive order)'을 내리면서, "미국은 전 세계 상업용 선박의 1% 미만을 건조하는 반면, 중화인민공화국(PRC)은 약 절반을 생산한다.“고 지적했다. 미 전략국제문제연구소(CSIS)에 따르면 전 세계 선박 건조의 53.3%를 중국이, 29.1%를 한국이, 13.1%를 일본이 점유하고 미국은 0.1%에 불과하다. 이 결과 트럼프2기를 맞아 군함제조나 수리 등을 한국에 맡기겠다면서 도움을 청했다. 이후 한미 관세협상에서 총 3,500억 달러(약 487조원) 규모의 투자·협력펀드를 조성하고 추가로 1,500억 달러가 MASGA (Make America Shipbuilding Great Again) 조선협력펀드로 선박건조, MRO(유지·보수·정비), 조선기자재 등 조선업 생태계 전반을 한국 조선업이 주도하게 되었다. 이에 중국은 예민한 반응을 보였다.

세계 공급사슬의 중심을 형성하고 있어,[59]기술과 혁신 분야에서의 실력이 선순환을(良性循环) 이루고 있다. 애플의 아이폰 경우 87%가까이 중국에서 제조된다. 또한 여기에 소요되는 원부자제와 중간재는 대부분 중국에서 조달된다. 자동차 또한 미국의 지엠(GM), 포드(Ford) 등도 미국보다는 멕시코 등 해외 제조를 주도하고 있다. 미국 자체의 기술력, 노동력, 채산성, 원부자제 공급망 등 생산역량 저하와 같은 구조적 현실을 제대로 감안하지 못한 채, 2025년 4월 초 트럼프 미국이 촉발한 대 중국 관세전쟁을 통한 제조업 부활기도는 그 전망이 비관적일 수밖에 없다.[60]

또한 ICT시대 현대전의 경우 사이버전쟁 등 하이브리드성격을 주로 갖기에 제조업 가운데 과학기술 분야의 중요성이 더욱 두드러진다고 볼 수 있다. 이를 반영하여 중국공산당 20차 전국대표대회 보고서는,

> 총체적 국가안보관의 5대 요소에서 과학기술을 새롭게 추가했다....이는 4차 산업혁명의 광범위한 영향을 고려할 때 과학기술이 향후 경제뿐 아니라 군사 분야에서도 핵심적인 요소가 될 것이라는 인식에 더하여, 미중 전략경쟁이 기술전쟁으로 확대되고 있는 상황을 반영한 것으로 해석할 수 있다.[61]

---

59 취치앙(강정구 번역), "중국 제조업 우세는 어떻게 이뤄졌나?", 『통일뉴스』, 2024.4.30(https://www.tongilnews.com/news/articleView.html?idxno=210574). 출처: "中国制造业新优势是如何形成的"(『환구시보』 게재) https://opinion.huanqiu.com/article/4HWsBf1b1qe (2024-04/25)

60 제조업 부활을 위한 트럼프의 관세전쟁 시도 요인을 박종훈은, 첫째 미중패권전쟁의 격화로 무력충돌까지 대비해야할 필요성, 둘째 미국의 최첨단무기까지 중국의 반도체와 전자제품 의존도가 높아 이를 낮춰야 할 필요성, 셋째 급격한 임금상승을 경험한 중산층의 기대치를 충족시킬 필요성, 넷째 AI로 인한 미국 일자리 급격한 감소 대비 등으로 꼽고 있다. 박종훈, 『세계경제 지각변동』, 글로퍼스, 2025, 150~154쪽.

61 이영학, 「'중국의 꿈 실현을 위해 중국군 현대화를 조속히 추진하다」, 이희옥·조영남, 『중국식 현대화와 시진핑 리더십: 중국공산당 제20차 전국대표대회 분석』, 책과함께, 2023, 269쪽.

따라서 로봇, 드론, 자율주행, 우주탐험, 심해탐사, 저궤도 위성, 원격조종, 양자기술, 양자통신 등의 중요성이 강조된다. 이에 관해서는 앞 5장에서 지적한 바와 같이 2023년 호주전략정책연구원(ASPI: Australian Strategic Policy Institute) 1차보고서 해설인 "The global race for future power" Policy Brief Report No. 69/2023은 중국의 군사 관련 과학기술 현황에 대해 우려를 다음과 같이 표명하고 있다.[62]

> 3. 중국은 국방·우주관련 기술에서 두드러지게 앞서고 있다. 보도에 의하면, 핵 탑재 극초음속 미사일 개발에서 이룬 중국의 엄청난 실적은 2021년 8월 미국 정보계를 놀라게 하였다 한다.
> 4. 중국은 초음속 포함 첨단 항공기엔진 관련 영향력 논문의 48.49%를 배출했다. 또한 이 분야 세계 10대 연구기관 중 7곳을 중국이 차지하고 있다.
> 5. 미국은 본 호주전략정책연구소가 조사한 44개 기술 중 대부분 2위에 그치고 있다. 현재 고성능컴퓨팅·양자컴퓨팅·백신 등에서 선두를 지키고 있다.
> 6. 이러한 추세를 방치하면, 기술의 개발·통제뿐 아니라 전 세계의 권력과 영향력까지도 권위주의 국가로 이전할 수 있을 것이다. 또한 중국이 어떤 특정 핵심 기술의 글로벌 공급을 장악할 수도 있을 것이다.

2차 보고서 또한 "우려스러운 점은 고위험으로 새로 분류된 기술에는 국방 분야에 적용되는 레이더(radar), 첨단 항공기 엔진(advanced aircraft engines), 드론(drones), 군집 및 협동 로봇(swarming and collaborative robots), 위성 위치추적과 항해(satellite positioning and navigation)와 같은 기술을 포함하고 있

---

[62] https://ad-aspi.s3.ap-southeast-2.amazonaws.com/2023-03/ASPIs%20Critical%20Technology%20Tracker_0.pdf?VersionId=ndm5v4DRMfpLvu.x69Bi_VUdMVLp07jw

다."고 지적하고 있다.[63] 이러한 '전반적' 군사력분야의 비교에 이어 개별 부문별 전쟁억지력을 한정적으로 살펴보겠다.

(1) 핵 억지력

먼저 상호확정파괴(MAD) 전략에 의존하고 있는 핵 억지력을 보겠다.[64] 스톡홀름국제평화연구소(SIPRI)는 '2024년 연감'에서 중국의 핵탄두 보유량을 다음 표가 보여 주듯이 500기로 추정하고, 이를 2023년 1월의 410기보다 90기 늘어난 것으로 보고 있다. 또한 사상 처음으로 평시에 소량의 핵탄두를 미사일에 장착했을 가능성이 있고, 향후 10년 내 ICBM 장착 핵탄두를 650~1200개로 전망했다.[65]비록 핵 선제 불사용을 공약한 유일한 핵 강대국이긴 하지만 미국의 신냉전전략이나 3개의 '동시 혹은 순차적' 핵전쟁 승리 전략, 골든 돔 등에 대비해 핵 확정파괴(MAD)전략을 확고히 하려는 조치로 보인다. 또한 중국이 초대형 무인잠수함(XLUUV·Extra Large Uncrewed Undersea Vehicle) AJX002를, 곧 러시아의 핵 어뢰 포세이돈과 유사한 모델로 미국의 MD를 회

---

[63] 2025년 5월초 인도와 파키스탄 무력충돌에서 중국의 전투기와 방공시스템이 위력을 발휘한 것으로 확인되었다. "중국산 전투기가 인도의 프랑스산 최신예 전투기 라팔을 격추한 것으로 확인된 데 이어 인도의 이스라엘산 드론(무인기)을 무력화한 방공 시스템도 중국산일 것이라는 분석이 나오면서다....파키스탄이 최근 몇 년 간 도입한 레이저 대(對)드론 시스템인 '사일런트 헌터'와 방공 미사일 '훙치-16'의 수출용 버전인 'LY-80'을 비롯해 중국의 다양한 방공 시스템이 활용됐을 것이라는 분석이 나온다." 권숙희기자, "라팔 격추하더니 드론도 무력화…印·파 교전서 中군사력 '주목'", 『연합뉴스』, 2025.5.9.

[64] 중국은 1964년 원자폭탄을, 1967년 수소폭탄을, 1965년 미사일 DF-2A을, 각기 개발하여 핵폭탄 탑재 발사 실험에 성공했다. 이어 1980년 주취안에서 발사한 ICBM인 DF-5를 태평양에 착지하는 실험으로 세계 3번째로 ICBM 개발 국가가 되었고, 1981년에 이는 실전 배치됐다.

[65] 박은하 베이징 특파원, "중국, 세계에서 제일 빠르게 핵무기 늘리고 있다", 『경향신문』, 2024.6.17.

피할 수 있는 '게임 체인저'로 일컬어지는 핵무기 탑재가 가능한 이 병기를, 올해 9·3전승절 기념 열병식에 등장시킨 것 또한 전형적인 핵전쟁억지력 과시의 일환이라고 볼 수 있다.

2024년 1월 기준
각국 핵 탄두 보유 현황

단위: 기(총 재고 기준, 추정치), 자료: SIPRI
※( )안은 2023년 대비 증감

	2023년	2024년
러시아	5889	5580(↓)
미국	5244	5044(↓)
중국	410	500(↑)
프랑스	290	290
영국	225	225
인도	164	172(↑)
파키스탄	170	170
이스라엘	90	90
북한	30	50(↑)
총	1만2512	1만2121(↓)

(2) 드론

현대전의 특성은 테슬라의 머스크가 미래 전쟁은 드론이 주도한다고 했듯이 러·우 전쟁에서도 핵심전력으로 확인되었다. 우크라이나 측에서만 월 1만기 정도의 드론이 소모된다고 한다. 또한 양측 사상자의 70~80%가 드론 무기에 의한 것으로 추산되고 있다.[66] "드론은 다양한 센서와 AI 알고리즘을 활용하여 실시간으로 환경을 인식하고, 자율비행(자율보정, 이착륙), 장애물 회피, 자율임무수행(탐지, 추적, 감시, 배송) 등 복

[66] 황철환기자, "우크라전 전장서 '광섬유 드론' 공포 확산…전파 방해도 안통해", 『연합뉴스』, 2025. 4.23.

잡한 작업을 자동으로 수행"하는 특징을 가진다.[67] 군사적으로 "단일 정찰·타격 일체형 드론의 비용은 현대 전투기의 1%에 불과하지만, 90% 이상의 전장 커버리지 능력을 실현"할 수 있다고 한다.[68]또한 자율주행 로봇, 사물인터넷 등과 결합해 수만 대의 군집비행, 항공망 기반을 활용한 "데이터수집, 통신·감시 체계 확장은 곧 군사전략으로 직결된다."[69]드론의 정찰, 공격, 항속, 생존 역량의 급속한 진전과 뛰어난 가성비로 드론항모 개발이 이뤄지고 있고, 이미 이란은 세계 최초로 드론 항모를 진수했을 정도다.

이 AI드론 비군사분야에서 중국의 비중은 압도적이다. 세계 드론 시장의 70%를 중국의 다장촹신(DJI, 大疆創新)이 점유하고 있고 프로펠러·배터리·엔진 등 드론의 주요 부품 공급망까지 장악하고 있다. 미국 민간 용 드론 시장 또한 최소 75%를 중국산이 점유하고 있다.[70]이 때문에 미국은 드론관련 무기제조에서 중국의 부품 사용을 금지하는 '안전조치'를 취할 정도이다.

AI와 융합한 드론은 그 성능 또한 뛰어나 1톤의 짐을 싣고 1천km까지 비행할 수 있다.[71] 또 중국배달업체인 메이퇀(美团)은 수직이착륙(VTOL) 드론과 지능형항법시스템을 자체 개발해 "실시간 기상 데이터

---

67 "AI 무기체계 현황 및 시사점: AI 드론을 중심으로", 『나보포커스』 제87호, 국회예산정책처, 2025.1.14.

68 중앙광파망·군사채널기자: 관루이징(김정호 번역), "전쟁 양상을 바꾸고 있는 신무기 "드론", 그 방어책은?", 『울산함성』, 2025.3.29(http://www.ulham.net/science/30776, 출처: https://uav.huanqiu.com/article/4LzL0IUAl7H).

69 강경주 기자, "'미국도 긴장할 판' 파격 변화 일어났다…중국서 벌어진 일", 『한국경제』, 2025.5. 1.

70 정목희기자, "美, 中 장악 드론 기술 규제 검토…'국가 안보 위험 우려'", 『헤럴드 경제』, 2015.1. 3.

71 "'드론, 1톤 화물도 거뜬'‥성큼 앞서간 중국 '저고도 경제'", 〈MBC 뉴스데스크〉, 2025.3.17.

와 도시·지형 정보를 융합해 최적 항로를 자동으로 산출"해 배송하는 드론·로봇·소비자 연결의 '하이브리드 배송망'을 구축했다. 이를 통해 "베이징 도심에서 만리장성까지 따뜻한 커피 한 잔이 배달되는 데 6분37초밖에 걸리지 않는다."[72]

2024년 4월 DJI는 6,000m 이상의 에베레스트에 "영하의 기온과 강풍 속에서 진행된 왕복 비행에서 드론은 최고 약 6,200m의 고도에 도달했고 돌아온 뒤에도 배터리 전원이 43% 남았다고" 발표했다.[73] 군사부문에서도 중국은 2만 5,000m 고도에서 48시간 순항할 수 있는 WZ-9 무인 조기경보기, 중국판 글로벌 호크'로 불리는 WZ-7 등이 이미 실전 투입가능 단계인 것으로 알려졌다.[74]최근에는 길이 2cm 무게 0.3g정도 모기크기의 초소형 드론을 중국 국방과학기술대학교가 개발했다고 한다. 내장 배터리를 사용해 초당 최대 500번의 날갯짓으로 시속 62~74km 바람 속에서도 안정적으로 날 수 있고, 초소형 카메라로 구석구석 촬영이 가능하고 자유롭게 비행할 수 있어 "전장에서 정보 정찰 등 특수 임무에 특히 적합"하다고 한다.[75] 이들 드론 관련 중국의 여러 가지 성과는 쉽게 군사용으로 전이되어 자국의 전쟁억지력 구축에 기여할 것으로 보인다.

---

72 강경주 기자, "단순 배송 넘어 물류 허브 연결수단으로…'드론 경제' 키우는 中", 『한국경제』, 2025. 5.1.

73 구자룡 기자, "세계 최대 드론업체 中 DJI '6000m 이상 에베레스트 화물 운송 성공'", 『뉴시스』, 2024.6.7(https://v.daum.net/v/20240607164447991).

74 송현서기자, "UFO 닮은 中 '드론 조기경보기' 실체 공개", 『서울신문 나우뉴스』, 2025.2.26.

75 김지혜 기자, "'모기인 줄' 레이더도 못잡는다…中 개발한 초소형 드론 보니", 『중앙일보』, 2025.6.21; 이도성 베이징특파원, "'몰래 적진 침투 생중계'…중국 모기 크기 스파이 로봇 공개" 『JTBC』, 2025.6.20.

(3) 로봇

드론과 더불어 인간을 닮은 휴머노이드(인간형) 로봇[76] 및 지능형 로봇 또한 산업 및 생활 분야 뿐 아니라 미래전쟁에서도 자율주행과 더불어 큰 역할을 할 것이다. 2025년 2월 우크라이나 국방부는 특수로봇부대 창설을 발표하면서 "UGV(Unmanned Ground Vehicle)가 공격, 방어, 물류, 사상자 대피, 지뢰 설치와 제거 등에 사용될 것"이며 "우리 목표는 혁신적인 기술로 가장 위험한 임무를 수행해 군인의 생명을 구하는 것"이라고 밝힌 바 있다.[77]이처럼 이미 미국을 비롯해 많은 국가들이 AI장착 인간형로봇 무기를 개발해 왔다.

중국은 AI장착 로봇으로 생산성을 극대화함으로써 중국 상품의 경쟁력을 획기적으로 끌어올릴 수 있다고 보고, 또 미래의 인구감소에 대비해, 로봇제조를 역점사업으로 육성해 왔다. "2024년 12월 말 기준 중국의 지능형 로봇산업 기업은 45만 1,700개로 2020년 말 대비 206.73%, 2023년 말 대비 19.39% 증가"할 정도다.[78] 또한 2024년 7월 기준 중국 보유 로봇관련 특허는 19만 건이 넘어 전 세계 로봇 특허의 약 3분의 2를 차지한다.[79]

중국 선전시의 경우,

> 도시 전역의 모든 시나리오를 인공지능과 로봇에 개방할 예정

---

76 AI를 로봇 자체에 내장시켜(embodied) 사람처럼 학습하고 환경에 적응할 수 있는 로봇을 지칭

77 박종익기자, "현실이 된 '로봇 전쟁'…우크라군, 기관총 쏘는 '전투 로봇' 배치", 『서울신문』, 2025. 4.26.

78 "작년 12월 말 中 지능형 로봇 기업 45만 개 돌파", 『인민망』 한국어판, 2025.2.12.

79 "中 로봇산업, 고품질 발전 향해 '성큼'", 『인민망』 한국어판, 2024.9.23(http://kr.people.com.cn/n3/2024/0923/c207467-20222057.html).

인 것으로 알려졌다. 정부 부처와 국유기업은 도시 환경미화, 응급 구조, 의료·건강관리 등 분야에 주도적으로 문을 열고 있다. 제조업체들도 품질 검사, 생산라인 조립, 자재 운반 등을 적극적으로 개방하고 기술 혁신을 위한 테스트필드를 제공함으로써 신기술이 더 좋게, 더 빠르게 제품으로 변신해 수많은 산업과 가정에 진입할 수 있도록 돕고 있다.[80]

모건스탠리 연구보고서는 중국의 "유니트리 로봇은 현재 시장에서 유일하게 실행될 수 있는 인간형 로봇으로... 지능형 로봇 시스템, 특히 인간형 로봇 분야에서 경제적 이익을 얻을 유일한 국가는 중국이며, 미국은 모든 면에서 뒤처지고 있다"고 경고했다.[81] 또 '응급 로봇'은 "네 발, 네 바퀴, 무한궤도'라는 세 가지 이동 방식을 탑재해 걷기, 달리기, 계단 오르기, 경사로 이동, 장애물 회피 및 극복 등 다양한 기능을 수행할 수 있으며, 영하 20℃부터 55℃까지의 극한 환경에서도 안정적으로 작동한다. 이 로봇들은 자연재해 구호, 복잡한 환경에서의 작업, 안전사고 대응 및 병원 내 이송 등 다양한 분야에 활용될 예정"이라고 한다.[82]'민첩한 동작과 무릎을 곧게 편 보행' 능력을 갖춘 휴머노이드로봇 '아톰'은 "명령에 따라 초콜릿 상자 조립, 우유 따르기, 악수, 꽃 배달 등 작업을 수행할 수"[83] 있다. 중국은 지난 3년 동안

---

[80] "지능과 유연성을 겸비한 로봇의 도약 [경제 포커스-미래산업 전망]", 『인민망』 한국어판, 2015.4.22.

[81] 권재현 선임기자, "전기차처럼 휴머노이드도 중국이 미국 추월 중?…연구기관 분석 나왔다", 『뉴스플리』, 2025.3.29.

[82] "중국 자체 개발 '응급 로봇' 공개!", 『인민망』 한국어판, 2025.3.28.

[83] 권윤희기자, "중국의 '휴머노이드 로봇 굴기'…전 세계 생산량 과반; 올해 생산량 1만대 세계 절반…2030년 점유율 45%", 『서울신문』, 2015.5.3(https://v.daum.net/v/20250503172601795).

이 인간형로봇의 글로벌 점유율 61%를 기록했다.[84]

지난 3월 한국전자통신연구원이 발간한 보고서에 따르면 2023년~2024년 공개된 60개의 휴머노이드 로봇 중 39개가 중국 기업 로봇이고, 12개가 미국 기업 로봇으로 두 국가가 전체의 85%를 차지했다. 휴머노이드 로봇 분야 상위 16개 기업을 봤더니, 미국 기업 6개, 중국 기업 8개가 이름을 올렸다. 보고서는 "미국·일본·독일 등 전통적 로봇 강국의 다자 경쟁체제가 미국과 중국 중심의 양강체제로 변모했고, 휴머노이드 분야 초기 선점 효과에 따라 고착화할 가능성이 있다"고 분석했다.

중국의 로봇 발전단계는,

> 단일기계 작업에서 집단협업으로, 실행 단말에서 의사결정 중추로, 단순 조립에서 전면적 국산화로⋯ 기술혁신, 현장융합, 인공지능 적용을 통해... 전통적인 단순 기계 팔에서 집단협업, 지능적 의사결정, 전체 체인 자주화, 다중 영역 지원이 가능한 '만능선수'로 업그레이드되고 있다.[85]

앞의 4장에서도 언급했듯이 베이징에서 2,000~3,700m 떨어져 있는 티베트나 윈난성에서 의사들이 베이징에 있는 환자들의 간, 쓸개, 췌장 수술을 중국이 개발한 로봇을 통해 집행했다.[86]이들 원격의료 수술은 정지위성 궤도를 이용하는 통신위성으로 실시간을 맞추기가 힘

---

[84] 이정연기자, "'100% 손해 봐도 된다'는 투자⋯로봇 대국을 만들다", 『한겨레』, 2025.7.10.

[85] "从单机作业到集群协同, 从执行终端到决策中枢, 从简单拼装到全面国产化⋯⋯通过技术创新, 场景融合, 人工智能赋能, 工业机器人正从传统简单的机械臂升级为集群协同, 智能决策, 全链自主, 多域赋能的"全能选手"。"工业机器人, 迈向'全能选手'" 〈人民日报海外版〉, 2025.5.23(https://finance.huanqiu.com/article/4Mn87V71Xn6).

[86] 최현준기자, "베이징서 2,600km 떨어진 환자 원격 수술 성공", 『한겨레』, 2025.1.5.

들었으나[87] 중국은 정지궤도 통신위성 Apstar-6D발사로 이 통신지연 문제를 해결했다.[88] 이들 인력을 대신하는 휴머노이드 로봇은 산업용이나 생활용으로 주로 활용되지만 동시에 군사용으로 쉽게 전이될 수 있어 이 또한 전쟁억지력의 일정 몫을 수행하는 것으로 보인다.

중국의 진행형 석탄광산 무인화를 보면 산업 및 상업 용 인간형(휴머노이드)로봇의 군사 활용 가능성 단면을 유추할 수 있다.[89]

> 현재 공장 구역에서는 지능화 제어가 생산의 거의 모든 단계에 통합되어 있다. 갱내에 설치된 수백 개의 센서가 완전 자동화된 지능형 채탄기의 운행 상황, 갱내 환경 등을 실시간으로 모니터링하고 있다. 또한, 지능형 순찰 검사 시스템을 구축하여 24시간 온라인 검측과 전면적인 감지 및 조기 경보를 실현했다. 선탄 공장에는 지능형 로봇 기술을 기반으로 한 지능형 채취-제조-화학 시스템이 배치되어 상품 석탄의 채취, 샘플링, 화학 분석, 저장 및 조회의 전 과정이 무인 조작으로 이루어지며 하루 24시간 중단 없이 운영된다.

중국의 이러한 발전과 혁신은 DeepSeek 추론 모델과 같이 오픈소

---

87 이에 대비 저궤도 위성 개발을 위한 중국판 '스타링크'인 첸판 프로젝트는 2027년 말까지 1,296기의 인터넷 위성으로 전 세계를 포괄하는 네트워크를 구축하고, 2030년까지 지구 저궤도에 1만 5천기로 광대역 멀티미디어 네트워크를 구축한다는 계획이다. "광활한 우주 탐사… 中, 우주강국 건설 '성큼'" 『인민망』 한국어판, 2024.9.23(http://kr.people.com.cn/n3/2024/0923/c207467-20222037.html).

88 "사람의 생명을 다루는 수술에서 가장 큰 위험요소 중 하나는 바로 시간 지연이나 의사의 손끝 신호가 위성을 거쳐 수술기계에 도달하기까지 미세한 시차라도 생기면…생명을 잃을 수도 있다. 그러나 중국의 위성통신 기술은 이러한 시차문제를 수술이 가능한 수준으로 획기적으로 개선했다. 이는 단지 의료분야에 그치지 않는다. 중국이 향후 공중, 육상, 해양서 무인기들을 집단으로 조종해 작전을 펼치는 '벌잡 드론전쟁'도 현실화할 수 있다는 점을 시사한다." 이철, 『차이나테크의 역습: 중국은 어떻게 기술 강대국이 되었나』, 경이로움, 2025, 189쪽.

89 드미트리 카푸스틴(김정호 번역), "우리는 꿈에서도 상상하지 못했다, 중국 '석탄광산'의 무인화 작업", 『울산함성』, 2025.4.18(http://www.ulham.net/foreignissue/32034).

스 전략을 택하는 데 힘입은 바가 크다. 중국 로봇개발회사인 림스가 개발한 '림스 비디오젠모션(VGM)' 경우도 관련 코드를 공개해 세계 누구든 활용할 수 있도록 했다. 유니트리 역시 그들이 개발한 "로봇 대부분을 대학과 연구실에 보내고, 모터와 센서를 조작하고 컨트롤하기 위한 코드를 누구나 무료로 이용할 수 있도록 하고 있다." "미국의 로봇기업은 그들의 기술을 영상으로만 보여주고, 전시회나 박람회에 가도 외부 접근을 철저히 배제하고 눈으로만 보라고 한다"며 "이에 비해 중국은 실물을 공개하고, 사람들이 사용해보도록 한다."[90]이 결과 미래 군사용으로 중심을 이룰 인간형(휴머노이드)로봇의 경우 중·미 양강 체제를 이룬 것으로 평가되고 있다.[91]

(4) 자율주행

중국은 운전자가 없는 레벨4~5단계의[92] 완전 자율주행 차량을 이

---

[90] 강경주 기자, "오픈소스·무제한 실험으로 무장…'글로벌 로봇 수도' 노리는 선전", 『한국경제』, 2025.4.28(https://www.hankyung.com/article/2025042813501)

[91] "지난 3월 한국전자통신연구원이 발간한 보고서에 따르면 2023년~2024년 공개된 60개의 휴머노이드 로봇 중 39개가 중국 기업 로봇이고, 12개가 미국 기업 로봇으로 두 국가가 전체의 85%를 차지했다. 휴머노이드 로봇 분야 상위 16개 기업을 봤더니, 미국 기업 6개, 중국 기업 8개가 이름을 올렸다." 이수정기자, "中서 첫 휴머노이드 격투대회…'사람 같은' 휴머노이드 기술 어디까지 왔나", 『중앙일보』, 2015.5.25.

[92] 미국 자동차공학회 SAE(Society of Automotive Engineers)가 설정하고 업계 표준화한 자율주행 기술 단계별 분류:
레벨0 비자동화(No Automation): 운전자가 주행의 모든 것을 통제하고 책임지는 단계. 운전자가 항시 운전하며, 차량의 시스템은 긴급 상황 알림 등 보조 기능만 수행. 주행 제어의 주체는 운전자이며, 주행 중 변수 감지와 주행 책임도 운전자에 있는 레벨.
레벨1 운전자 보조(Driver Assistance): 어댑티브 크루즈 컨트롤, 차선유지 기능을 통해 운전자를 보조하는 단계. 시스템 활성화로 차량의 속도와 차간거리 유지, 차선 유지로 운전자를 보조. 주행 제어 주체는 운전자와 시스템에 있으며, 주행 중에 발생하는 변수의 감지와 주행 책임은 모두 운전자에게 있는 레벨
레벨2 부분 자동화(Partial Automation): 특정 조건 내에서 일정시간 동안 차량의 조향과 가감속을 차량이 인간과 동시에 제어할 수 있는 단계. 완만한 커브에서의 조향

용한 무인택시, 무인배달 시험을 세계에서 가장 활발하게 진행하고 있다. 이 자율주행은 인공지능, 통신, 센서, 디스플레이 등 수많은 디지털 정보기술과 자동차 제조기술의 융합체로서 상업용이나 군사용으로 미국과 중국이 치열하게 경쟁을 벌이고 있는 분야다. 중국의 자율주행 개발 정책은 2015년 '중국 제조 2025' 선언과 함께 시작되어, 2020년 미국의 GPS 대항마인 '베이더우'를 완성해 본격화하고, 5개년 발전계획에서 2025년을 레벨4~5단계 자율주행 기술의 본격적인 상용화 시점으로 잡고 있다.

바이두의 자율주행 택시 '로보콰이파오(萝卜快跑)'의 차량이 허베이성(城) 우한시내 곳곳을 누비며 연간 이용 승객 90만 명을 넘었고, 상하이와 광저우, 선전, 베이징 등에서도 운영된다. 자율주행 스타트업 닝장 포니.ai 부사장은 다음과 같이 전망했다.

> 이미 500회 가까이 우리 자율주행택시에 탑승한 승객이 있다.... 한 직장인 승객은 총 50회 이용했는데, 점심식사 후 남는 시간 동안 주행 중인 차에서 낮잠을 자고 있었다....2~3년 후엔 중국 큰 도시

과 앞 차와의 간격을 유지하는 보조 주행 가능. 주행 중 변수 감지와 주행 책임은 인간에게 있는 레벨, 운전자는 항상 주행 상황의 모니터링이 필요하며, 시스템이 인지하지 못하는 상황 등에서는 운전자가 즉시 운전에 개입해야 하는 단계

레벨3 조건부 자율주행(Partial Automation): 고속도로와 같은 특정 조건의 구간에서 시스템이 주행을 담당하며, 위험시에만 운전자가 개입하는 레벨. 주행 제어와 주행 중 변수 감지는 시스템이 담당하며, 레벨 2와 달리 상시 모니터링을 요구하지 않음. 다만, 시스템의 요구 조건을 넘어서는 경우 시스템은 운전자의 즉시 개입 요청 단계

레벨4 고등 자율주행(High Automation): 대부분의 도로에서 자율주행 가능. 주행 제어와 주행 책임이 모두 시스템에 있음. 제한 상황을 제외한 대부분의 도로에서 운전자 개입 불필요. 다만, 악천후와 같은 특정 조건에서는 운전자 개입이 요청될 수 있기에 인간을 통한 주행 제어 장치가 필요한 단계

레벨5 완전 자율주행 (Full Automation): 운전자는 불필요하며, 탑승자만으로 주행이 가능한 단계. 탑승자는 목적지만 입력하며, 시스템이 모든 조건에서 주행을 담당. 차량의 조향과 가속, 감속을 위한 제어 장치 불필요한 단계.

의 전체 구역에 대규모 투입돼 상업화를 이룰 것이며, 2028년쯤 중국 전역이 자율주행 지역이 될 수 있다. 전 세계에 모두 도입되기까진 5~10년 정도 걸릴 것 같다.[93]

바이두의 6세대 무인자율주행택시는 38개의 센서를 장착하고, 승객과 음성으로 소통하고, 배터리를 자동 교체할 정도이고, 이를 이미 중국 20개 도시에 운행 중이다.[94] 미국의 테슬라를 이미 앞지른 것이다. 원가 낮추기 또한 마찬가지다. 자율주행차의 눈이라는 미국산 라이더(LiDAR, Light Detection and Ranging) 센서는 2015년 미국에서 수입 당시 대당 가격이 거의 8만 달러(약 1억1000만원)였다. 그렇지만 중국 국유자동차 기업인 둥펑웨샹에서 150만 원으로 대체 생산하였다.[95] 앞 4장에서도 지적했지만 오늘날에는 이 1억 원 이상의 라이더를 200달러로 무려 1/400가까이 가격을 낮추었다. 이를 바탕으로 세계 라이더 시장의 90% 점유율을 차지하고 있고, 이제 자율주행 뿐 아니라 로봇 등 다른 분야로까지 활용도를 확대하고 있다. 이로써 중국은 초기의 비싼 가격 때문에 카메라 센서를 이용하고 있는 테슬라와 센서의 성능이나 가격에서 우위를 점유하게 되었다. 레이저 빔을 활용하는 라이더는 이 같은 가격혁명으로 군사용으로도 널리 활용할 수 있게 되었다.

또 전기차 생산에서 테슬라를 앞지른 BYD는 2025년 2월 생성형 AI업체로서 획기적으로 개발비를 낮춰 선풍을 일으킨 딥시크(DeepSeek)와 협력해 자율주행 시스템인 '천신의 눈'을 모든 차종에 탑재하여 이를 모두 무료로 제공하겠다고 발표했다. 반면 테슬라의 자율주

---

93 "'500번 탄 승객도 있다'…中자율주행차, 연내 한국 투입 추진", 『중앙일보』, 2024.10.4.

94 https://www.youtube.com/watch?v=7LTHJNWOxJ8

95 우한=신정은 기자, "美서 1억 주고 사오던 '자율주행 눈'", 『한국경제』, 2024.5.5.

행 소프트웨어인 첨단운전자보조시스템(ADAS)[96]의 FSD(Full Self-Driving)는 12,000달러나 된다. 이 BYD의 발표로 테슬라 주식이 폭락하기도 했다. 또 중국은 "자율주행차, 차량통신(C-V2X: Cellular Vehicle-to-Everything), 스마트 도로 등 스마트 커넥티드카 분야에서 제도·인프라·기술·서비스 전반을 체계적으로 정비하며 글로벌 주도권을 확보하고 있다". 또한 "차량 통신기술 V2X(Vehicle-to-Everything)는 차량과 사람·인프라 간 통신을 포괄하는 기술로, 도로 안전성, 교통 효율성, 운전 편의성 향상을 목표로 설계되었으며, 현재는 중국 주도의 C-V2X(Cellular V2X)가 글로벌 주류 기술로 자리 잡"을[97] 정도이고, 또 첨단운전자보조시스템(ADAS) 관련 특허(2013~2019년) 비중에서 중국이 30.7%로 미국(27.6%)과 일본(20.8%)을 앞서고 있다. 이처럼 자율주행 분야에서 중국은 이미 미국을 앞서고 있다.

만능선수로 업그레이드된 휴머노이드 로봇이, 레벨5로 완전자율주행(Full Automation)의 UGV(Unmanned Ground Vehicle)나 비행체 및 잠수정 등을 AI의 지휘를 받아 운행하면서, 모기크기의 초소형 드론을 통해 전장에서의 정보정찰 공격과 방어 등 특수임무를 부여받아 전쟁을 수행하는 '미래전쟁'. 필자의 가상 상상도에 그치지 않고 엄연한 현실로 부각되고 있는 오늘날, 이 기막힌 현주소에 대한 인류차원의 대책은 무엇이어야 하는지 우리 모두가 고뇌와 고뇌가 요구된다.

---

96 Advanced Driver Assistance System: 자동차를 안전하고 편리하게 운행할 수 있도록 운전자의 운전을 보조하고 지원하는 시스템

97 "중국 스마트 커넥티드카, 어디까지 왔나?" 『정책동향』, 한중과학기술협력센터, 2025.4.16(https://kostec.re.kr/policy_trends/view/id/38181#u).

(5) 우주 굴기

중국은 미국보다 40여년 늦게 달 및 우주 탐사에 나섰다. 그렇지만 2003년 선저우(神舟) 5호로 유인 우주비행, 2007년 달 탐사위성 발사, 2008년 선저우 7호로 우주유영, 2011년 실험용 우주정거장 톈궁(天宮) 1호 발사, 2013년 미국과 소련에 이어 세 번째로 무인 우주선 창어3호 달 착륙, 2019년 인류 최초로 달 뒷면 우주선 착륙, 2020년 베이더우 위성항법망 완성, 2020년 화성 탐사선 톈원(天問) 1호 발사, 2020년 창어 5호 달 표본 갖고 귀환, 2024년 인류 최초로 달 뒷면 토양 채취,[98] 2025년 4월 선저우 20호 발사로 선저우 19호 승무원과 임무를 교대하고 약 6개월 간 톈궁(天宮) 우주정거장에서 과학실험과 기술검정을 하면서 우주탐사의 업적을 쌓아가고 있다.

최근에는 세계 첫 사례로 고도 약 3만 6,000km의 정지궤도에서 '우주 급유'에 성공한 것으로 평가된다. 이는 "위성 수명을 늘릴 획기적 방안이다. 특히 이 기술은 군사 위성의 활동 범위와 임무 기간을 크게 확대할 수 있어 미·중 간 우주 패권 경쟁에서도 변수가 될 것으로" 평가된다.[99]

또 2030년까지 "유인 달 착륙을 목표로 멍저우(夢舟) 우주선을 중심으로 심우주 탐사를 본격 추진 중"에 있다.[100]이를 위해 중국은 역대 최강 로켓 창정 10호를 개발하고 있다. 창정 10호는 지름 5m의 3단

---

98 이기욱 기자, "中, 아무도 못간 달 뒷면서 토양 채취 성공… "보물찾기 끝났다": '창어 6호' 샘플 싣고 25일 귀환 예정; 거친 지형-통신 불가 등 악조건에도; 中, 달 뒷면 착륙 이어 탐사도 앞서; 형성과정 등 달 연구 새지평 기대감", 『동아일보』, 2024.6.5.

99 이정호 기자, "중국, 세계 첫 '우주 유조차' 가동 성공…긴장하는 미국", 『경향신문』, 2025.7.20.

100 "中 선저우 20호 발사 성공, 6개월간 우주정거장 체류 돌입", 『정책동향』, 한중과학기술협력센터, 2025.4.25(https://kostec.re.kr/policy_trends/view/id/38188#u).

로켓으로 최대 27톤의 화물을 달 궤도까지 보낼 수 있다. 2020년7월 톈원(天問: '하늘에 묻는다'는 뜻으로, 중국 고대 시인 굴원의 시에서 유래한 이름) 1호로 화성 무인탐사에 착수해 2021년 5월 화성 유토피아 평원에 착륙하며 궤도선·착륙선·로버를 통한 다중 탐사 시스템을 운용하고 있다. 2025년 5월 29일 발사된 톈원(天問) 2호로 단계적 행성 탐사계획을 출범시켰고, 2028년 말에는 톈원 3호가 화성 표본 수집에, 2030년에는 톈원 4호가 목성 탐사에 나선다.[101]

이러한 중국을 두고 미국의 싱크탱크 미국기업연구소(AEI)의 이글렌이 '미국이 대비하지 않으면 중국에 뒤처질 것'이라는 보고서에서 "중국은 2018년 이후 정보 수집, 감시, 정찰 위성 수를 두 배로 늘려 미국에 이어 전 세계에서 두 번째로 많은 국가가 됐다. 중국의 궤도 위성 발사 횟수는 2018~2021년 4년 연속 미국을 앞질렀다."고[102] 경고했다. 다음 표는 20회를 맞은 선저우(神舟) 발사의 내용을 한중과학기술협력센터가 요약한 것을 인용한 것이다.[103]

중국 선저우 유인우주 임무 연표 및 핵심 임무

시간	우주선	주요 특징
1999.11.29	선저우 01호	첫 무인 시험 비행, 지상-우주 왕복 및 핵심 시스템 신뢰성 검증
2001.01.10	선저우 02호	정규형 무인 비행, 전 시스템 점검, 생물 실험 탑재
2002.03.25	선저우 03호	로켓 탈출, 긴급 구조, 자율 복귀 기능 검증
2002.12.30	선저우 04호	신뢰성 강화, 모의 인체 탑재

[101] "중국 소행성 샘플 귀환과 혜성 탐사를 동시에! 톈원 2호, 10년 대장정 시작", 『정책동향』, 한중과학기술협력센터, 2025.5.30.

[102] 차이나랩 이충형 특임기자, "미국이 대비하지 않으면 중국에 뒤처질 10가지", 『중앙일보』 2023.8.26(https://www.joongang.co.kr/article/25187543)

[103] "中 선저우 20호 발사 성공, 6개월간 우주정거장 체류 돌입", 『정책동향』, 한중과학기술협력센터, 2025.4.25(https://kostec.re.kr/policy_trends/view/id/38188#u).

시간	우주선	주요 특징
2003.10.15	선저우 05호	첫 유인비행(1인 탑승), 지구 14바퀴 비행(세계 3번째 유인 우주기술 보유국)
2005.10.12	선저우 06호	최초 2인 장기 우주 체류 성공
2008.09.25	선저우 07호	최초 3인 승무원, 첫 우주 유영(출입 활동) 수행
2011.11.01	선저우 07호	무인, 톈궁(天宮)1호와 첫 자동 도킹
2012.06.16	선저우 08호	최초 우주 도킹(톈궁1호), 최초 여성 우주비행사(류양/劉洋) 탑승
2013.06.11	선저우 10호	우주 도킹 및 첫 우주 강의(우주과학교육) 실현
2016.10.17	선저우 11호	톈궁 2호와 도킹, 30일 궤도 체류
2021.06.17	선저우 12호	톈허(天和) 핵심모듈 진입, 3인 3개월 체류→우주정거장 운영 개시점
2021.10.16	선저우 13호	최초 6개월 장기 체류, 여성 우주비행사 포함
2022.06.05	선저우 14호	우주정거장 조립 단계, 3선 3실(三艙三船) 조합체 형성
2022.11.29	선저우 15호	우주정거장 내 최초 '임무 간 교대' 수행, 6인 동시 체류
2023.05.30	선저우 16호	새로운 기체(차세대 비행선) 투입, 민간 탑재 전문가(桂海潮) 첫 진입
2023.10.26	선저우 17호	정기 임무화, 최초 선외 보수유지 작업을 통해 태양광 전지판 수리
2024.04.25	선저우 18호	정기 임무화, 최초 식물 줄기세포 연구 등 90여 건의 실험 수행
2024.10.30	선저우 19호	최초로 초파리를 활용한 생명과학 실험을 실시
2025.04.25	선저우 20호	생명과학 실험, 우주유영, 외부 장비 설치 등 다양한 임무를 수행

* 톈궁은 중국이 독자적으로 설계·건설한 유인 우주정거장으로, 국제우주정거장(ISS) 이후 세계 세 번째의 대형 유인 우주 플랫폼

** 톈허는 톈궁 우주정거장의 핵심 모듈로, 우주정거장의 통합 관리, 자세 제어, 에너지 분배, 승무원 거주 및 도킹 기능을 수행

*** 3선실은 톈궁 우주정거장의 최대 운용 구성으로, 'T'자형 구조의 3개 모듈(톈허/天和, 원톈/問天, 멍톈/夢天)과 3척의 우주선(선저우, 톈저우 등)이 동시에 도킹된 형태를 의미함

(6) 9·3전승절 전쟁억지력 과시

2025년 9·3전승절 기념식에서 시진핑은 중국민족의 투쟁적 역사 발자취를 강조하였다.

> 중화민족은 강압을 두려워하지 않고 자립 자강하는 위대한 민족이다. 오늘날, 정의와 사악, 빛과 어둠, 진보와 반동의 생사대결에 직면하여, 중국 인민은 적에 대한 적개심으로 분발하고 저항하며 국가의 생존을 위해 싸우고, 민족부흥을 위해 싸우며, 인류정의를

위해 싸워왔다.[104]

이어 9월 18일 열린 제12차 샹산포럼 개막식 기조연설에서 둥쥔 국방부장은 "군사력의 절대적 우월성에 대한 집착과 '힘이 곧 정의'라는 접근 방식은 정글의 지배와 무질서로 정의되는 분열된 세계로 이어질 것"이고 "언제나 어떠한 외부의 무력간섭도 좌절시킬 준비가 돼 있다"고 말했다. 이러한 말을 뒷받침하려는 듯 열병식에서 최첨단무기를 선보여 중국의 전쟁억지력 강화를 과시했다.

ICBM DF-5C(사거리 2만km, 지구 전역 타격가능, '다탄두 각개 목표 설정 재돌입체' MIRV 탑재), ICBM DF-61(사거리 1만5천km, 미국 본토 타격가능), 극초음속미사일 YJ-21(최대속도 마하6-10), SLBM JL-3(미국전역 사정권), 지대공미사일 HQ-29(중국판 패트리오트MD), 스텔스 전투기 J-20S, J-35A(세계 최초 2개 좌석의 5세대 스텔스전투기), 초대형 무인잠수정(XLUUV) 'AJX002'(러시아의 포세이돈과 유사한 핵탑재 가능), 인공지능(AI) 기반 드론 '페이훙(FH)-97', 요격미사일 'HQ-29'(대기권 밖 고도 500km 미사일은 물론 저궤도 위성까지 요격가능), IRBM DF-17(사거리 2천5백km, 마하 10, 극초음속 활공체 탑재해 주한미군 사드와 일본 SM-3 요격 시스템 무력화 가능).....

이를 두고, 홍콩 '사우스차이나 모닝포스트'는 "인민해방군이 단순히 서방을 따라잡는 것을 넘어 '미래 전쟁'을 준비하고 있음을 보여줬다"고 짚었고, 왕웨이웨이 인민대 교수는 "미국에는...중국을 군사적으로 도발하려는 사람들이 많다"며 "중국은 이번 열병식을 통해 이들에게 '중국에 대한 군사적 강압은 불가능하다. 시도조차 하지 말라'는 메시지를 전달했다"고 말했다. 러시아와의 우크라이나전쟁에서 '불감당(不堪當)'에 직면해 발을 빼고 있는 미국에 중국역시 불감당임을 현시

---

[104] 习近平, "在纪念中国人民抗日战争暨世界反法西斯战争胜利80周年大会上的讲话", 『人民日报』, 2025.9.3.

(顯示)하고자 한 것으로 보인다.

4. 전술적 기동전

이제까지 미국의 대 중국 전략경쟁 도전에 대한 대응을 위해서나 또 이와는 별개로 중국 자신의 장기적 발전을 위해서 수행된 장기 전략적 진지전을 살펴보았다. 곧, 〈황금방패공작〉, 〈일대일로〉, 〈전쟁억지력 증강〉 등을 세부적으로 고찰하였다. 이밖에도 '중국제조 2025', 식량증산, 희토류와 같은 지하자원 확보 등 역시 심모원려의 장기 전략적 진지전의 일환으로 볼 수 있다. 그렇지만 여기서는 다루지 않았다.

물론 이런 장기 전략적 대응만으로 그칠 수는 없다. 중국계 미국인인 카일 첸이 다음과 같이 지적했듯이 중국은 발 빠른 대응을, 곧 전술적 기동전을 당과 국가 주도로 펼치면서 미국의 도전에 응전해 왔다.[105] 이제 선택적으로 이 단기 전술적 기동전을 간략히 살펴보겠다.

> 중국체제는 재빨리 조정을 단행하고, 적기에 정책을 변경하고, 자원배분을 조정할 수 있었다. 이들을 통해서 국가의 장기적 이익에 복무하도록 할 수 있었던 것이다. 중국의 이러한 지속적 탄력성은 의심의 여지가 없다(毋庸置疑). 곧 자유 시장 옹호자들도(倡导者) 이를 부득불 인정하지 않을 수 없다.

---

105 "이론가들이 상정하는 중국의 세기가 이미 도래했는가?" 카일 첸(강정구 번역), 『통일뉴스』, 2025.5.23(https://www.tongilnews.com/news/articleView.html?idxno=213544). 출처: "理论家们设想的中国世纪已到来?", 『환구시보』, 2025.5.21(https://oversea.huanqiu.com/article/4MlHbEjvhMS).

1) 2008년 세계금융위기 이후 신상태(新常态)로의 전환

2008년 미국의 프라임모기지 사태로 촉발된 세계 금융위기를 맞아 중국은 사상 최초로 무려 4조 위안의 경기부양책으로 이 위기를 잠재우는 주도적 역할을 했다. 중국은 이후를 '신상태'로(新常态 '뉴 노멀) 규정하고 이에 대비해 이제까지의 수출주도형 초고속성장 기조에서 수출·내수 병존의 중·고속성장으로 전환하면서 전술적 변환을 기했다.

첫째, GDP대비 무역의존도 축소정책을 펼쳐 외적 경제파동에 대한 방어벽을 쌓았다. 2006년 GDP 대비 수출 35%, 수입 29%에서 2019년 17.50%와 14.55%로, 2020년 17.63%와 14.07%로, 2021년 18.97%와 15.16%로 대폭 낮추었다. 둘째, 경제성장 동력의 전환을 기해 기존 노동력·자원·토지 등 낮은 요소가격에 의존한 외연적 및 양적 성장방식에서 과학기술혁신 중심의 내포적 질적 성장체제로 지향하였다. 이는 트럼프 1기 이후의 과학기술경쟁에서 선제적 대응을 한 결과가 되었다. 셋째, 투자와 수출 중심에서 내수 소비중심과 도시농촌간격 축소를 추진하여 경제의 자생력을 높였다. 넷째, 공급 측 개혁을 위해 정부개입을 축소하고 시장역할을 확대하여 자유경쟁을 유발시켰다. 이처럼 발 빠른 대응과 그 이후 '중국제조 2025 인터넷+'으로 제조업 초강국으로 비약하는 토대를 구축했다.[106]

---

[106] 2011년 6월 17일 가나다에서 열린 "21세기 패자는 중국인가"의 대논쟁에서 니얼 퍼거슨은 2008년 세계금융위기와 중국의 긴급 경기진작 이후 중국의 위상은 "중국의 모든 이웃나라들은, 중국은 더 이상 그들의 경쟁자가 아니고 그들의 제품을 갖다 팔 시장이라는 사실을 깨닫게" 되었다고 평가했다. 헨리 키신저 외 3인, 백계문 옮김, 『21세기 패자는 중국인가: 세계석학 4인의 대논쟁』, 한울, 2012, 55쪽.

2) 트럼프의 1차 무역전쟁과 내수중심 경제발전으로 국내-국제 대순환 촉진의 쌍순환전략

2018년 트럼프의 대 중국 무역전쟁에 대비해 중국은 2020년 8월 내수중심 경제발전 정책으로 "국내 대순환을 주체로 국내·국제 쌍순환 방식 신발전 모델"을 채택하고 세계 최초로 (상해)수입박람회 개최와 이후 연례행사로 이를 지속해 수입시장을 확대하고 국내 소비 확산정책을 강화하였다. 쌍순환 전략에서의 "매력적인 국내시장 육성은 중국의 기술발전을 위해서도 중요하다... 결국 대외환경의 악화 속에서도 국내시장의 매력으로 외부요소를 유입시켜"[107] 이를 기반으로 반도체 등 주요 품목의 생산을 자국에서 해결하고 인공지능(AI), 빅데이터 산업으로 제조업을 고도화해 중국 경제의 해외 의존도를 낮추면서도 대외 무역의 문은 열어두겠다는 전략이다. 이 결과 중국은 2023년 성장률에 소비 기여도가 82.5%를 차지할 정도로 소비의 비중이 큰 경제가 되어 자생력을 키우게 되었다.

3) 과학기술전쟁 대비 7대 첨단과학기술 육성정책과 2035년까지 디지털차이나완성

바이든은 2021년 집권과 동시에 가치동맹을 내세우면서 대 중국 탈동조화 행정명령을 내리고 대중 과학기술전파 차단에 나섰다. 반도체, 고용량배터리, 의약품, 희토류, 방위산업 및 IT, 공중위생, 생물학

[107] 이현태, 「시진핑 집권 3기, 중국경제는 어디로 가는가?」, 이희옥·조영남 엮음, 『중국식 현대화와 시진핑 리더십: 중국공산당 제20차 전국대표대회 분석』, 책과함께, 2023, 102~103쪽.

적 대비, 에너지, 운송, 식량 등의 공급 망 탈(脫)중국 전략을 수립하라는 명령을 내렸다. 이어서 중국을 배제한 인·태 경제프레임(IPEF)을 결성하고, 반도체 인프라의 80%를 차지하는 한국·대만·일본·유럽·미국의 반도체, 양자암호, 인공지능관련 대 중국 수출규제 틀로 Chips & Science Act, IRA(Inflation Reduction Act) 등의 법률제정을 단행하였다. 또한 한국의 삼성전자, SK하이닉스, 대만의 TSMC, 미국의 인텔 등을 워싱턴으로 소환해 리쇼어링(re shoring)을 강요하고 기업정보를 탈취하는 등으로 기술패권을 장악하려는 반(反)시장 약탈행위식 탈동조화를 강행했다. 트럼프의 무역전쟁과 과학기술전쟁을 계승·강화한 것이다.

이를 예측한 듯 중국은 2020년 10월 말 열린 공산당 제19기 중앙위원회 5차 전체회의(19기5중전회)에서 14차5개년 규획(2021~2025년)과 함께 사회주의현대화를 위한 9가지 영역에서 2035년까지 구축할 중장기비전목표를 설정하여 디지털차이나(중국)를 완수할 10년 규획을 제시했다.[108] 미국의 견제에 맞서 '기술자립'과 '내수확대' 등으로 중국경제의 내실화를 통한 자립경제체제구축 정책이다. 기술자립과 디지털차이나 완성을 통한 산업혁신을 2035년까지 성취해야할 중장기목표로 설정했다. 이로써 사회주의현대화를 기본적으로 실현한다는 계획이다.

디지털차이나는 정보화를 기반으로 한 국가전환전략으로, 디지털인프라, 디지털경제, 디지털정부, 디지털사회, 디지털보안 등 전방위 분야를 포괄하고, 이를 위해 국가 전체의 R&D 총액을 매년 7% 이상 늘리고 AI, 클라우드, 빅데이터, 사물인터넷, 산업인터넷, 증강현실(VR)/가상현실(AR), 블록체인 등의 7대 분야에 대한 기술자립과 중점산

---

[108] 이의 정식명칭은 〈중공중앙의 국민경제와 사회발전 제14차5개년규획과 2035년 장기비전목표 제정관련 건의〉(中共中央关于制定国民经济和社会发展第十四个五年规划和二〇三五年远景目标的建议)이다.

업육성을 도모하기로 했다.[109]이로써 2035년까지 세계 최고수준의 디지털국가로 도약한다는 규획이다. '2024년 디지털중국발전보고서'는 최근 3년간 디지털중국 발전지수가 연평균 10% 이상 안정적으로 상승했고 AI, 데이터, 연산인프라 분야에서는 세계 최상위권이라고 평가했다.[110]

4) 중점육성 미래산업 10대 핵심분야 제시

중국 전자정보산업발전연구원(賽迪研究院)은 위의 기술자립을 위한 중장기 육성정책에 따른 진행상황을 분석하여 중점적으로 육성할 미래산업 10대 핵심분야를 제시했다. 이에는 다음 10가지가 선정됐다. '범용인공지능', '고수준자율주행', '상업용 우주산업', '휴머노이드로봇(임바디드 인텔리전스, embodied intelligence)', '저고도경제', '차세대 에너지저장', '친환경 수소에너지', '연산용 반도체', '세포·유전자 치료', '메타버스'. 이 10대 핵심분야의 추진현황을 다음과 같이 점검하고 있다.[111]

---

109 디지털차이나에 관해서는 이병한, 『테크노 차이나: 대반격과 대격변의 서막』, 라이스메이커, 2022, 126~150쪽의 "7장 2035: 디지털차이나" 참조.

110 "2024년 디지털중국발전보고서, AI·데이터·연산인프라 분야 세계최상위권 진입", 『정책동향』, 한중과학기술협력센터, 2025.4.30(https://kostec.re.kr/policy_trends/view/id/38191#u)

111 "中 2025년 향한 미래산업 전략, AI·수소·로봇 등 10대 기술 낙점", 『정책동향』, 한중과학기술협력센터, 2025.4.11(https://www.kostec.re.kr/policy_trends/view/id/38178#u).

중국 전자정보산업연구원 선정 2025년 미래산업 10대 핵심 분야

구번	분야	산업 현황
1	범용 인공지능	• 범용 인공지능은 대규모 언어모델을 중심으로 알고리즘 고도화, 연산 능력 향상, 데이터 자원 통합 등을 통해 지속적 기술 진전을 이루고 있음 • 중국 인공지능 산업 중심지는 베이징·상하이로 지역 간 차별화된 전략을 기반으로 산업 육성을 가속화되는 양상임
2	고수준 자율주행	• 자율주행 분야는 산업 생태계와 공급망이 비교적 완비되어 있으며, 기술 경로와 상용화 전략에 따라 △빅테크 기업 △ 수직기술 특화 기업 △ 전통 완성차 전환 기업 등 3대 유형으로 산업 구조가 형성됨
3	상업용 우주산업	• 상업용 우주 분야는 국유 항공우주 기관(항천과기그룹, 항천과공그룹, 중국 과학원 등) 중심에서 민간 기업(장광위성, 은하항천 등)으로 다변화되고 있으며, 기업수가 빠르게 증가 중임
4	휴머노이드 로봇/ 임바디드 인텔리전스	• 글로벌 주요 기술기업들이 인간형 로봇 기술 개발에 본격 착수한 가운데, 상업화 전환 속도도 가속화되고 있음 • 중국은 장강삼각주(長三角), 주강삼각주(珠三角), 징진지(京津冀) 지역을 중심으로 산업 클러스터를 형성하고 있음 * 장강삼각주, 주강삼각주, 징진지는 중국의 3대 핵심 경제권으로 각각 혁신 주도, 제조업 기반, 협동 발전을 중심으로 지역 간 기능 분담과 통합을 통해 국가 경제의 고도화 및 균형 발전을 추진
5	저고도 경제	• 중국 조고도 경제는 정책 및 규제 환경이 지속적으로 개선되고 있으며, 인프라 확대(무인기·소형고항 등)와 더불어 항공 제조 역량도 빠르게 강화되고 있음
6	차세대 에너지저장	• 고체전지, 리튬이온 전지 등 다양한 에너지 저장 기술이 함께 발전하고 있으며, 특히 대용량·장시간 저장에 적합한 액체전지와 나트륨이온전지 분야에서 기술 개발이 빠르게 진행되고 있음
7	친환경 수소 에너지	• 친환경 수소 생산 분야에서는 향후 10~20년간 알칼라인 수전해 방식이 주류 기술로 자리잡을 것으로 보이며, '30년까지 미국, 유럽, 중국이 글로벌 수소 시장의 약 80%를 점유할 것으로 예상된
8	연산용 반도체	• AI와 고성능 연산 수요 증가에 힘입어 연산용 반도체 시장이 급성장하고 있으며, 특히 특정 알고리즘에 최적화된 ASIC(특수목적용 집적회로) 가속기의 부상이 두드러짐
9	세포 및 유전자 치료	• 중국 세포·유전자 치료 분야는 빠른 기술 진전을 바탕으로 일부 제품의 사용화와 임상시험 성과가 가시화되고 있으며, 이 분야에서 세계적 영향력을 확대할 것으로 평가됨
10	메타버스	• 메타버스는 기술 고도화와 응용 시나리오 화장을 기반으로 산업화가 진전 중이며, 향후 다양한 지역에서 메타버스 클러스터가 조성되고, 글로벌 산업 구조도 다극화 양상을 보일 것으로 전망됨

5. 작은 결론

이제까지 몇몇 대표적 사례를 살펴 본대로 중국은 미국의 전략경쟁 도전에 자국의 장기적 발전전략에 따라 심모원려(深謀遠慮)의 장기 전략적 진지전과 발 빠른 단기 전술적 기동전으로 대응해 왔다. 이로써 미국의 강도 높고 끈질긴 견제에도 불구하고 최근의 트럼프 관세전쟁에서 보듯이 중국은 튼튼한 보루를 어느 정도 구축한 것으로 보인다.[112] 이러한 전략 가동은 포퓰리즘에 휘둘리는 정치체계에서는 구사하기가 쉽지 않다는 점 또한 유의할 점인 것 같다.

---

[112] 구조론적으로 중국은 세계최대의 인구와 시장 및 중산층, 신자유주의 세계화의 국제분업 체계에서 제조업중심 국가정립, 막강한 실물경제와 제조역량, 세계적 공급망 구축, 높은 국유기업 비중, 국가주도 은행중심 금융체계, 당과 국가의 강력한 장기 기획력과 집행력 등등이 튼튼한 방어벽의 중심을 이룬다고 볼 수 있다.

7장

새로운 지구촌

중국의 굴기는 중국이라는 역사적 토양 속에서 일구어지는 것으로 다음과 같은 각각의 역사성이 어떤 형태로든 응축된 굴기일 것이다. 세계 최대의 인구를 가진 중국, 서구 제국주의 지배기간을 뺀 거의 전 세기에 걸쳐 세계 최대의 생산력과 부를 자랑하던 중국, 5천년의 역사를 가진 문명국가로서의 중국, 기원전 춘추전국시대부터 공자의 통치이념을 이상형으로 받아들여 이의 계승을 표방해 왔던 유교의 중국, 중화로서 천하의 질서를 주관하고 주변국과의 위계적 구조에서 천하를 이끌어가는 중화주의 질서체제를 고수해왔던 중국, 아편전쟁 이후 서구제국주의의 침탈에 의해 반식민지상태로 전락하여 100여 년의 국치를 겪어 왔던 중국, 대장정을 거치면서 농민 중심의 사회주의혁명 국가를 건립했던 중국, 신(新)중국 건설 1년 만에 세계를 주름잡던 미국과의 항미원조전쟁을 치러 나름대로의 목적을 성취한 중국, 급진적 사회대개혁인 대약진운동과 문화혁명의 소용돌이 속에 피폐해졌던 중국, 개혁개방 이후 세계적으로 유례가 없을 정도의 속도로 경제성장을 이룩한 중국, 2008년 세계금융위기 때 경기진작용 긴급구제금융을 대대적으로 풀어 흑기사 역할을 담당했던 중국, 이후 미국의 지속적이고 강도 높은 전략경쟁의 도전에 맞서고 있는 14억 인구의 중국, 이러한 역사적 족적을 오랜 기간 쌓아온 중국이라는 나라의 굴기인 것이다.

이러한 중국의 굴기는 한 나라의 굴기를 넘어서서 미국의 대중국 전략경쟁의 도전에 대응하는 가운데 다져지고 있는 굴기로서, 중국 자체는 물론 세계사적 파장을 몰고 올 수밖에 없는 굴기이다. 이미 이 책 4-5-6장에서 살펴본 대로 미국은 서서히 그 패권적 지위를 상실하고 있는 중이고 또 상실하게 될 것이다. 여기에 그치지 않고 세계질서는 서구제국주의지배 300여 년을 포함한 서구지배 500여 년의 과거 포악한 식민주의와 약탈적 패권주의 질서와는 다른 구도의 질서가 펼쳐질 것이고 응당 그래야 할 것이다.

또 내적으로는 빈부격차가 극단적으로 심화하고 시장이 국가나 공동체를 재단하는 현존 신자유주의식 자본주의경제체제와는 결이 다른 세상일 것이다. 또한 자의건 타의건 인류사적 '보편적 가치관'으로 각인되어 있는 민주도, 바이든의 가치동맹에서 민주주의 대 권위주의 대립구도로 등장시킨 서구식의 대의민주와는 뚜렷이 구별되는 민주와 직면할 것이다. 인권 역시 발전권과 생존권을 중시하는 새로운 인권관이 중시될 것이다. 또한 자연과 인간이 함께 조화·공생을 도모하는 생태문명건설과 생명공동체를 지향할 것이다. 이러한 구도 속에 이곳 한반도 역시 새로운 자리매김을 찾아야 하고 찾을 수밖에 없을 것이다.

세력교체기 또는 역사 갈림길에서는 기존의 패권국가가 점잖게 역사에 순응하지 않기 마련이다. 지금 트럼프2기를 맞아 천문학적인 부채로 파산 중인 미국은 마가(MAGA)와 관세전쟁처럼[1] 지극한 혼돈과 고도의 위험이 난무하는 역사 갈림길의 과도기를 겪기 마련이다. 이러한 과정 속에서 새로운 세상과 새로운 세계질서가 잉태되고 발현되고 자리 잡을 것이다. 동시에 우리가 살고 있는 이 땅 지구촌은 한편으로는 전통적 또 비전통적 위기에 노출되면서 다른 한편으로는 인류공동체와 생명공동체의 속성을 드러내면서 새 세상살이로 한 걸음 더 다가설 것으로 보인다.

---

[1] 트럼프의 광란적이고 강압적이고 약탈적인 관세전쟁에도 불구하고 한국무역협회 통계에 따르면, 중국은 2025년 1~7월 전체무역 수출이 2,132,308,480$로 6.0% 증가했고 무역수지는 685,200,168$였다. 2024년은 수출 3,579,803,942$, 수입 2,587,149,035로 무역흑자는 1조 달러에 가까운 992,654,907$였다. https://stat.kita.net/stat/istat/cts/CtsWholeList.screen

2017년 10월 제19차 전국대표대회에서 중국공산당은 두 가지 큰 목표인 중국 몽(夢)을 제시했다. 첫째는 중국공산당 창건 100주년인 2021년까지 첫 번째 100년 목표인 전면적 소강사회 실현과 2035년까지 '사회주의현대화국가' 건설이다. 둘째는 중화인민공화국 창건 100년인 2049년까지 두 번째 100년 목표인 전면적사회주의현대화강국을 건설하여 전체인민공동부유시대, 중화민족위대부흥시대, 세계무대중앙접근시대, 인류공헌시대를 열겠다는 것이다. 이 두 번째 100년 목표는 궁극적으로 중국식현대화를 통해 안으로는 전체인민공동부유사회를 이룩하고 밖으로는 인류공헌시대를 열어 인류운명공동체를 구축하기 위해 진력하겠다는 것이다. 동시에 '아름다운 중국건설(美丽中国建设)'을 통해 생태문명 건설을 지향하여 자연과 생명체가 조화공생을 이루는 생명공동체로 중국 자신이 나아가겠다는 것이다. 이는 결코 중국 혼자만의 여정은 아닐 것이다. 지구촌 전체로 각 나라가 처한 역사적 조건과 접목되어 여러 가지 양태를 취하면서 전파·확대될 것이다.[2]

2022년 10월 열린 제20차 전국대표대회보고[3] 3항 역시 중국식현대화강국의 전면적 건설을 두 번째의 백년목표라고 밝히면서 중국식

---

[2] 중국은 글로벌 문명창의에서(Global Civilization Initiative) 평화·발전·공평·정의·민주·자유라는 전(全)인류공동가치를 선양하고(弘扬), 폭넓은 마음으로(宽广胸怀) 다른 문명이 내포한 가치에 대한 인식을 이해하고, 자신의 가치관과 방식을 타인에게 강요하지 않고, 이념적 대결을 감행하지 않는다고 밝혔듯이 중국 자신의 발전경로나 역사행보를 타국에 전파·강요하지 않고 그 나라의 역사적 조건에 맞게 그 나라 자신이 접목 및 취사(取捨)선택할 문제라고 보고 있다.

[3] 중국공산당 제20차 전국대표대회 보고서 기초를 위해 중앙과 국가기관 54개 단위가 특별조사를 실시하고, 80개의 조사보고서를 작성하고, 대회 관련 업무 네트워크 의견수렴 활동에서 854만2000개 이상의 메모를 접수하고 이 가운데 일부를 반영했으며, 초안 작성 후 4,700명 이상으로부터 의견을 수렴한 것으로 알려졌다.

현대화를[4] 통해 이 목표를 달성하겠다고 밝혔다. 중국식현대화는 중국공산당이 영도하는 사회주의현대화이고, 여러 나라들의 현대화와 공통된 특징을 가지면서도 중국의 실정에 맞는 중국적 특색을 더 많이 가진다고 주장하면서, 다음과 같은 다섯 가지 특색을 제시하고 있다.[5] 인구규모가 거대한 현대화, 전체인민의 공동부유현대화, 물질문명과 정신문명이 서로 조화하는 현대화, 인간과 자연이 조화·공생 하는 현대화, 평화적 발전 노선의 길을 걷는 현대화[6] 등이다. 여기에다 중국식현대화의 본질적 요구로 중국공산당영도 견지, 중국특색사회

---

4 서방현대화는 이론체계에서 '서방 중심론'을 지탱하면서 다음과 같은 논리적 결함을 가진다고 비판받고 있다. 하나, "'서방현대화 노선'을 세계현대화의 유일한 노선으로 해석해 버린다."; 둘, "세계를 주체인 서방세계와 객체인 비(非)서방세계로 구획을 지어 나눠버리고(划为), 주체인 서방이 객체인 비(非)서방을 반드시 통치해야 한다고 인식하고 있다"; 셋, "서방문명은 세계에서 가장 선진된 문명이라고 생각하고, 서방 세계는 하느님이 목표로 삼는(上帝旨意的) '문명개화 사명'을 행사할 것이 요구된다고 인식하고 있다". 이래서 (하나님에 의해 선택을 받은) "선민의식=유일성(先发性=唯一性), 이분법적 세계=주체의 객체에 대한 통치, 선진성=합법성의 인식이 나온 것이다. 그렇지만 논리 상, 선민성은 반드시 유일성은 아니다. 또한 주객 이분법은 반드시 주체가 객체를 통치하는 것은 아니다. 선진성이 합법성을 필연적으로 의미하는 것은 더더욱 아니다." 장지엔(강정구 번역), "서방현대화의 난국을 타파할 중국식현대화", 『통일뉴스』, 2023.3.22(http://www.tongilnews.com/news/articleView.html?idxno=207577), 출처: "中国式现代化打破西方现代化困局", 『환구시보』, 2023.3.15(https://opinion.huanqiu.com/article/4C53FkiUQeu).

5 "高举中国特色社会主义伟大旗帜 为全面建设社会主义现代化国家而团结奋斗--在中国共产党第二十次全国代表大会上的报告", 『人民日报』, 2022.10.26(http://paper.people.com.cn/rmrb/html/2022-10/26/nw.D110000renmrb_20221026_3-01.htm).

6 이 가운데 특히 평화적 발전노선을 걷는 중국식 현대화는 서방의 식민주의 침탈과 제국주의 횡포와 대별시키고 있어 주목을 끈다. "우리나라는 일부 국가들이 전쟁·식민·약탈 등의 방식을 통해 현대화를 실현한 옛 노선을 걷지 않는다. 또한 다른 사람에게 손해를 끼치면서 자신에게 이익이 되는 피비린내 나는 죄악으로 충만한 옛 노선으로 광대한 개발도상국 인민들에게 깊은 고통을 안겨준 노선을 물론 걷지 않는다. 우리는 역사의 올바른 편에 확고히 서고 인류 문명의 진보 편에 서서 평화·발전·협력·상생의 깃발을 높이 들고, 세계의 평화와 발전을 확고히 수호하는 과정 중에서 우리 자신의 발전을 모색한다. 또한 우리 자신의 발전을 기반으로 세계의 평화와 발전을 더 잘 수호할 것이다".

주의 견지, 고질량발전의 실현, 전과정인민민주주의 발전,[7][8] 인민정신

---

[7] 중국의 민주주의 제도는 다음과 같은 특성을 가진다:

1. 미국의 대의제 선거민주 비판: 돈 선거, 충돌정치, 대중영합주의로 심모원려 전략 정책과 공약의 제약 등으로 인민주체와 인민주권이 위기에 직면하고 있다고 비판
2. 중국의 선거민주제도
1〉 정당·사회단체·주민의 추천, 주민 누구든 출마 가능
2〉 후보 수는 할당 인민대표 수보다 1/3 또는 1배 많아야 함, 초과 경우 예비선거로 후보숫자 줄이기
3〉 향·진·현은 직접선거로 인민대표 선출. 시·성·직할시는 아래 급 인민대표대회 선출의 간접선거
4〉 간접선거 경우 돈선거·충돌선거·포퓰리즘선거·가짜뉴스선거 등이 상대적으로 자리잡기 어렵다
3. 중국의 협상(協商)·숙의(熟議) 민주제도
1〉 인민이 주체로서 인민대표대회·인민정치협상회의(정협)에 통제력 발휘의 '전(全)과정인민민주주의'
2〉 주석포함 약 3000명 전인대 대표와 약15일간 대회행사에 참여해 지역 대표단별 심의와 토론
3〉 양회기간 수백만 인민이 논의 분야에 대한 댓글플랫폼이나 건의채널로 토론·질의·신속답변 진행에 참여
4〉 각계 정파·사회단체·민족·종교집단을 아우르는 통일전선체인 정협(인민정치협상회의)은 2,000여 위원, 250여 상무위원으로 구성되고, '정치협상'과 '민주감독'으로 관료주의 극복을 목표
5〉 정협은 내부 토론·협상으로 수렴된 안건·견해를 국가기관에 참고자료로 제공하는 정치협상 활동
6〉 국가의 헌법, 법률, 법규의 실시와 국가정책에 대한 건의와 시찰, 고발 등 감독활동
4. 이러한 숙의민주를 통해 인민이 선거권과 동시에 정책·지도자선출 등에 폭넓게 관여한다는 의미에서 전(全)과정인민민주주의는 선거에 집중된 서구의 민주와 차별화
5. 선거민주와 협상민주 양쪽이 서로 병행조화하고 서로 보충하며 양쪽 장점이 더욱 부각한다고 중국은 평가하고 있음

[8] 최근 다른백년 이래경 명예 이사장이 "하버드대학의 'Ash 민주주의 혁신센터' 연구보고서"를 소개한 글이 중국의 전과정인민민주주의의 요체(要諦)를 직시하고 있어 이를 간략히 소개함으로써 중국의 민주주의에 대한 이해를 돕고자 한다. "시진핑 주석은 2014년 CPPCC(전국정치협상회의) 연설에서 중국 사회주의 민주주의의 '협의적(協議的)' 요소를 강조하며, '전과정 인민민주주의'라는 개념을 공식화했다. 이는 선거 순간의 참여를 넘어 **정책의 발의-숙의-결정-집행-감독 전반에 대중 참여를 구축하는(필자 강조)** 것을 목표로 한다. 민법 제정(2020년) 당시 42만 5천 명으로부터 백만 건 이상의 의견을 수렴했고, 내년부터 실시되는 제15차 5개년 계획 협의에서는 300만 건 이상의 의견을 접수했다는 수치는, 참여의 폭과 깊이를 상징적으로 보여준다...핵심은 '정치적 권리'와 '경제·사회적 권리'를 결합하려는 시도다. 보고서는 '굶주리고, 목마르고, 집이 없는데 자유롭다고 할 수 있는가?'라는 물음으로, 자유를 물질적 조건과 분리하지 않는 민주주의의 정의를 제시한다. 중국식 거버넌스의 정당성은, 절차적 선거만이 아니라 생활의 개선과 사회 권리의 확장이라는 결과로 측정되어야 한다는 주장

세계의 풍부, 전체인민공동부유의 실현, 사람과 자연의 조화공생 촉진, 인류운명공동체구축, 신형태인류문명 창조 등을 제시했다.

이는 중국사회 자신이 나아가야할 역사방향으로 또 중국이 꿈꾸는 새로운 세상의 중국으로, 전체인민공동부유실현을 중핵으로 여기고 있다. 또 다른 하나는 중국을 포함해 전 세계 인류사회가 나아가야할 역사방향인 새로운 세계인 인류운명공동체구축이다. 이는 중국의 세계전략 핵심으로 올해 2025년 9·3전승절 80주년 기념식에서도 시진핑 주석은 한층 더 이를 강조하고 있다.

> 오늘날 인류는 평화냐 전쟁이냐, 대화냐 대립이냐, 상생이냐 제로섬이냐의 선택에 직면해 있다. 중국인민은 역사적으로 올바른 편에서 또 인류문명의 진보 편에 서서 평화발전노선을 견지하며 각국 인민과 더불어 손잡고 인류운명공동체를 구축할 것이다.[9]

이같이 중국은 굴기를 통해 나아가자는 중국 내적 모습과, 새로운 세계질서로서 외적 모습의 이념형과, 여기에다 우리가 살고 있는 이 지구촌은 자연과 인간이 서로 조화·공생하는 생명공동체의 지구촌으로 나아가면서 이를 뒷받침할 생태문명건설 방향에 대한 원대한 기획을 동시에 품고 있다. 그래서 "확고부동한 생산력발전·생활부유·생태양호의 문명발전노선"을 견지하여야만 비로소 중화민족의 영속발전 실현을 가능케 한다고 보고 있는 것이다.[10]

이다...이 모델은 투표장의 순간을 넘어서, 일상의 문제 해결과 정책 설계에 상시적인 참여가 보장될 때 민주주의가 시민의 삶에서 실재한다는 원리를 기반으로 한다. "〈울산함성〉 (2025.12.02., http://www.ulham.net/internalissue/43157)

9 习近平, "在纪念中国人民抗日战争暨世界反法西斯战争胜利80周年大会上的讲话", 『人民日报』, 2025.9.4 第 03 版.

10 『인민일보』(강정구 번역), "중국식현대화는 강국건설이고 민족을 부흥시키는 탄탄대

이에 이 장은 위의 세 가지 곧, 중국이 지향하는 내적모습인 전체인민공동부유실현, 인류사회 전반이 지향해야할 이상형으로서의(Max Weber의 ideal type과 유사한 개념) 인류운명공동체구축, 생명공동체로서 지구촌이 되살아남을 수 있는 바람직하고 중국의 체험을 통해 어느 정도 검증이 되어가고 있는 생태문명건설을 살펴보겠다. 끝으로 이런 세기적 역사전환에 따라 우리가 살아가고 있는 현장인 한반도 또한 새로운 자리매김으로 나아가야 할 역사방향에 관해 다음 장에서 간략히 논의할 것이다.

1. 전체인민공동부유(全体人民共同富裕)의 실현

2021년 8월 열린 중앙재경위 제10차 회의는 "공동부유는 사회주의의 본질적 요구이며, 중국식 현대화의 중요한 특징이다. 인민 중심의 발전 사상을 유지하고, 높은 수준의 발전을 통해 공동부유를 추진해야 한다"면서 공동부유(共同富裕, Common Prosperity) 실현방안을 구체화하기 시작했다. 2021년 전면적소강사회라는 거국적 목표를 이룬 다음, 새로운 역사지향으로 이 공동부유를 제창한 것이다.

공동부유라는 역사지향은 중국의 전통문화와 고전에서 소강, 조화, 대동에 관한 사상으로 그 맹아를 이루고 있다. 그 이후 신(新)중국 건설을 위한 마르크스주의와 모택동주의를 거치면서 그 역사지향점으로

로", 『통일뉴스』, 2023.2.15(http://www.tongilnews.com/news/articleView.html?idxno=207277); 원제: 中国式现代化是强国建设, 民族复兴的康庄大道, 『인민일보』, 2023.2.11(https://m.gmw.cn/2023-02/11/content_36360390.htm).

당위론적 지위를 확보하게 되었다. 이를 계승하여 덩샤오핑은 '공동부유'라는 개념을 1984년 11월 9일 이탈리아 외빈 접객 당시 최초로 제시하고 그 방법도 제시했다. 선(先)부론이다.

> 중국공산당은 국가와 선진지역이 함께 낙후된 지역을 돕기로 결정했다. 사회주의 제도아래서는 일부지역이 먼저 부유해진 뒤 다른 지역을 견인해 공동부유를 실현하는 것이 가능하다. 이러한 과정에서 양극화(이른바 양극화는 새로운 자산계급의 출현을 말한다)가 발생하는 것을 방지할 수 있다. 그러나 이것은 평균주의가 아니다. 경제가 발전하기 시작하고 일부가 부유해졌을 때, 국가는 분배를 조정하는 조치를 취할 능력이 있다.[11]

이 선(先)부론에 따라 40여 년 동안 개혁개방을 추진하면서 다음을 제도화시켰다. 첫째, 소유제 구조에서 공유제를 위주로 한 다종소유제 활성화,[12] 둘째, 경제운영 기제에서 사회주의 시장경제체제 확립, 셋째, 분배방식에서 노동에 따른 분배를 위주로 한 다종분배제도 정착화였다.[13] 사회주의초급단계에서 구축된 이러한 제도적 장치인 '혼합경제체제'를 통한 개혁개방은 생산력의 비약적 발전을 가져 왔다.

---

11 류젠쥔·천저우왕·왕스카이 지음, 구성철 외 3인 옮김, 『중국식 현대화의 논리2: 사회주의 중국을 움직이는 체계와 동력』, 산지니, 2024, 25~26쪽.

12 이 다종소유제에서 공유제경제(국유기업)는 중심지주 역할을, 비공유제의(민영·외자기업) 시장자원배분 역할을 위주로 하고 있다. 특히 국유기업은 국민경제의 생명줄이고 중심 기둥으로 주로 기간(가스·전기·철도·항만 등) 및 핵심 산업 분야와 경제안정, 과학기술혁신, 민생보장, 공공산품 제공 등에서 중요 역할을 해왔다. 민영기업은 시장의 자원배분 분야에서 중심역할을 하고 있다: 곧, 50% 이상의 세수, 60% 이상의 GDP 기여, 70% 이상의 기술혁신, 80% 이상의 도시고용, 90% 이상의 기업 수를 담당하고 있다. 출처: 류상시(刘尚希, 중국 재정과학연구원 연구원, 강정구 번역), "민영경제 없이 어찌 공동부유를 말할 수 있으랴?"(http://www.tongilnews.com/news/articleView.html?idxno=203124); 원제: "没有民营经济, 何谈共同富裕", 『환구시보』, 2021.9.7(https://opinion.huanqiu.com/article/44fXhLw8OE9).

13 위의 류젠쥔·천저우왕·왕스카이 지음, 구성철 외 3인 옮김, 앞의 책, 28쪽.

비록 공동부유가 시진핑시대에 당면과제로 부각된 시점은 2021년이지만, 역사지향으로서의 지위는 역대 지도부에서 지속적으로 자리잡고 있었다. 장쩌민은 공동부유를 실현하는 것은 사회주의의 근본원칙이자 본질적 특징이라며 결코 흔들려서는 안 된다고 밝혔다. 후진타오 역시 "모든 인민이 개혁발전의 성과를 공유하도록 하여 전 인민이 공동부유의 방향으로 착실히 전진하도록 해야 한다"면서 '조화사회론'을 통해 '생산력 해방'에 더해 '공동부유'를 함께 강조하여 왔다.

중국은, 클린턴 미국이 그들의 입맛에 따라 1995년 새로 창설한 세계무역기구(WTO)에 2001년 가입이후, 연 10% 이상의 경제성장을 이루면서 2014년에는 실질구매력기준(ppp: purchase power parity) GDP에서 세계 1위 미국을 추월하였고, 2019년 1인당 GDP 1만 달러를 돌파하여 중진국 대열에 들어섰고, 2023년 13,724 달러에 이어 2025년에는 14,000달러로 예견되고 있다. 2021년 중국공산당 창건 100주년 목표인 전면적소강사회 실현을 이룩하면서 이제 중국은 두 번째 100년 목표인 전체인민공동부유사회 실현을 위해 분투·매진할 역사 단계에 접어든 것이다. 비약적 생산력 발전은 생산관계의 변화를 요구하는 객관적 상황이 되면서 공동부유가 전면에 등장할 수밖에 없었다. 역사의 순리인 것이다.

2022년 10월 제20차 전국대표대회보고 3항 '새 시대 새 여정 중국공산당의 사명과 임무(新时代新征程中国共产党的使命任务)'는 다음과 같이 명시하고 있다.

> 중국식현대화는 전체인민공동부유현대화이다. 공동부유는 중국특색사회주의의 본질적인 요구이며, 또한 장기적인 역사과정이다. 우리는 인민의 더 나은 삶에 대한 열망을 현대화 건설의 출발점

이자 종착점으로 삼고, 사회의 공평정의를 유지·촉진하며, 전체인민공동부유를 진력을 다해 촉진하고, 양극화를 단호히 방지할 것이다.

비록 부유(富裕)라는 생산력에서는 비약적 성장을 이뤄 2014년 실질구매력기준 PPP GDP 19조 달러로 미국 18조를 앞질렀지만 생산관계인 공동(共同)의 측면에서는 개인별 소득격차, 도농격차, 지역격차, 사회집단격차가 크고, 중산층 비중도 2022년 현재 4억 정도로 전체인구의 30% 정도로 낮은 편이었다. 2021년 지니계수는 35.7로 2022년 미국의 41.3보다 낮지만 한국 32.9 프랑스 31.5에 비해 높았다.[14] 여기에다 2024년 말 기준으로도 약 2억 7천만 중국인민은 실제 도시에 살면서도 양로, 주택, 의료, 자녀 교육 등에서 아직 동등한 기본 공공서비스를 누리지 못하고 있는 농민공이다.[15]

이에 시진핑은 경제력이 상대적으로 우세한 저장(浙江)성을 시범구로 선정하고 전체인민공동부유실현을 위한 이정표를, 14차 5개년계획(2021~2025년) 말년인 2025년까지 주민수입과 실제 소비수준 격차의 점

[14] 세계은행 발표 2021년 기준 지니계수는 중국 35.7 러시아 35.1 한국 32.9 영국 32.4 프랑스 31.5, 2022년 기준 미국 41.3, 2020년 기준 독일 32.4였다. https://data.worldbank.org/indicator/SI.POV.GINI . 그러나 현격한 차이는 앞으로 미국이나 서방의 빈부격차는 개선될 전망이 낮지만 중국의 경우 중국몽인 공동부유사회 실현 등으로 보다 낙관적 전망을 가질 수 있다는 데 있다.

[15] 국가통계국 자료에 따른 도시화 비율은 2024년 말 도시 상주인구 9억 4,350만으로 실제 도시화율 67%지만, 호적 인구상 도시화율은 48%로 19%의 차이가 난다. 이 차이에 해당하는 약 2억 7천만은 실제 도시에 살면서도 양로, 주택, 의료, 자녀 교육 등 면에서 아직 동등한 기본 공공서비스를 누리지 못하고 있는 농민공이다. 자캉(贾康)(중국재정과학연구원 연구원), "이것은 안정 속에 진보해가는(稳中有进) '시대의 선구적 목소리'이다" 출처: 环球圆桌对话 : "在'千亿县' '万亿市'中感知中国经济韧性" 来源 : 环球时报 作者 : 李长安 许炎武 贾康 -2025-05/15 https://opinion.huanqiu.com/article/4MgIsEVNdrp. 김정호 번역, "'천억 현' '만억 시'에서 느끼는 중국 경제의 회복력", 『울산함성』, 2025.6.2(http://www.ulham.net/foreignissue/34755).

차적 축소, 2035년까지 더욱 실질적 진전으로 기본 공공복무(서비스) 균등화, 2050년까지 전체인민공동부유의 기본 실현을 제시했다. 또한 그는 다음과 같은 지적을 했고 이는 실현방안에도 반영된다.

> "공동부유는 전 인민의 공동부유로 인민대중의 물질생활과 정신생활이 모두 풍요로운 것이지 소수의 부유도 아니고 획일적인 평균주의도 아니다." "공동부유를 실현하는 것은 경제문제일 뿐만 아니라 당의 집권기반과 관련된 중대한 정치문제이다." "발전성과를 전 인민에게 더 많이, 더 공평하게 혜택이 돌아가도록 하여 인민의 전면적인 발전을 끊임없이 촉진하고 전 인민의 공동부유를 실현하기 위해 끊임없이 전진한다."[16]

실현 모델로는 고소득층의 과다수입 조절(调高), 중산층의 확충(扩中), 저소득층의 수입 증식(增低) 곧, '调高·扩中·增低'로 '올리브 형 분배구조'[17]를 형성하는 것이다. 이를 위해 1차 분배는 효율성을 중시하는 경쟁시장 주도의 분배에 의존하고, 2차 분배는 전체적인 공평과 정의의 촉진을 목적으로 하는 사회보장제도 등으로 정부 주도의 분배에 의존하고, 3차 분배는 사회성원의 더욱 높은 정신적 추구의 구현에 의존한다. 이는 도덕·문화·관습에 의거 기부금·후원 등 공익방식과 자발적으로 궁핍한 사람을 구제하고 약한 사람을 부양해 주는(济困扶弱) 방식으로 인민의 정신적 부유에 많이 의존하는 방식이다.

---

16 崔友平, '中促进共同富裕(人民观察)' "人民日报整版阐述：深刻理解和把握中国式现代化的本质要求·实现全体人民共同富裕"(중국식 현대화의 본질적 요구를 깊이 이해하고 파악하여 전체인민공동부유를 실현하자) 『인민일보』, 2023.8.4(http://opinion.people.com.cn/n1/2023/0804/c1003-40050060.html).

17 올리브나 럭비공 같이 불룩한 중간 부문(절대다수의 중산층을 상징)이 대부분을 차지하고, 양 끝 부분이(아주 소수의 빈곤층과 부유층을 상징) 아주 얇아 소수에 그치는 형태의 분배구조를 상징하는 것임.

여기서 3차 분배 방식은 서구 자본주의 사회에서는 순진한 발상으로 조롱의 대상이 될 수도 있을 것이다. 그렇지만, 중국 전통의 대동(大同)이라는 이상사회는 이를 지극히 당연하게 설정하고 있고, 조선의 많은 유학자들도 이를 이상향으로 수용해 왔고, 우리의 풍물놀이에도 어김없이 이 대동세상은 등장하고 있다. 물질적 부유와 정신적 부유가 함께 궤도에 오른다면 강제성을 기본으로 하는 1, 2차 분배보다 3차 분배가 자발적인 사회적 덕목으로 또 아름답고 도덕성과 품격이 높은 이념형적(ideal type) 분배 방식으로 추앙될 수 있을 것이다. 마치 따뜻한 인간의 온유한 손길이(温柔之手) 넘치는 사회는 결코 유토피아만이 아닐 것이다.

> 대도가 행해지면 천하는 모두의 공유물이다. 유덕하고 유능한 사람이 지도자로 선발되고 신의와 화목이 이루어진다. 따라서 사람들은 자기 부모만을 부모로 여기지 않고 자기 자식만을 자식으로 여기지 않는다. 모든 노인들은 여생을 편히 보낼 수 있고, 젊은이에게는 각기 알맞은 일자리가 주어지며, 어린이들은 보살핌을 받을 수 있다. 홀아비, 과부, 고아, 무의탁 노인 및 온갖 난치병 환자들은 모두 부양받을 수 있다..... 재화는 버려져서는 안 되는 것이지만 꼭 사적인 이익만을 도모하지도 않는다. 그러므로 각종 음모는 없어져 생겨나지 않았고, 각종 절도와 반란의 행위도 일어나지 않아, 바깥문을 잠그지 않아도 되었다. 이런 사회가 바로 대동이다.[18]

---

[18] 류젠쥔·천저우왕·왕스카이 지음, 구성철 외 3인 옮김, 『중국식 현대화의 논리2: 사회주의 중국을 움직이는 체계와 동력』, 산지니, 2024, 351~52쪽. 맹자 역시 "늙어서 아내가 없는 것을 환(鰥)이라하고, 늙어서 남편이 없는 것을 과(寡)라하고, 늙어서 자식이 없는 것을 독(獨)이라 하고, 어려서 부모가 없는 것을 고(孤)라고 합니다. 이 네 가지는 천하의 곤궁한 백성으로서 하소연 할 곳이 없는 사람들입니다. 문왕은 어진 정치를 시행하면서 반드시 이 네 부류의 사람들을 우선으로 돌보았습니다. 『시경』에 '부자들은 괜찮지만 이 곤궁한 이들이 가엾다'라고 하셨습니다."하면서 이들에 대한 우선적 배려를 역설하였다. 맹자원전, 박소동 옮김, 『맹자』, 현암사, 2024, 78쪽.

공동부유는 소수인의 부유나 획일적인 평균주의도, 집단 취식(大锅饭)"하는 게으름뱅이 양성도(养懒汉), 부자 돈을 빼앗아 빈자를 구제하는(劫富济贫) 것도 아니다. 시 주석은 "법에 따른 합법적 소득은 보호하면서 양극화를 막고 분배의 불공정성을 해소해야 한다"며 "지나치게 높은 수입은 합리적으로 조절하고, 각종 자본 규범의 건전한 발전을 촉진해야 한다"고 말했다.[19]

그렇지만 일부 연예인, 운동선수, 인플루언서 등등의 엄청난 수입, 빅 테크의 방대한 이익집적, 거대해진 사교육시장, 부동산투기, 탈세, 부정부패, 연예인 팬듬현상 등등은 인민의 위화감을 유발하고 있는 게 현실이었다. 이들 지나치게 높고 불합리하고 악의적인 이익원천을 합리적으로 조절하기 위해 개인 소득세와 부동산세를 개혁하고 소비세 징수 범위 확대를 검토하고, 공평정의를 강조하고, 세제 혜택을 보완해 고소득층과 기업의 사회 환원을 장려하고 주가나 재무 조작, 세금 포탈 등을 통한 불법 수입에 대해서는 단속을 강화하겠다고 밝혔다. 또 자본의 독과점과 무질서한 확장을 막기 위해 반독점 관리를 강화해야 한다는 점도 강조했다.

유명 여배우 정솽이 탈세 혐의로 거액의 벌금을, 알리바바에 투자해 떼돈을 번 것으로 알려진 자오웨이는 연예계에서 퇴출됐고, K팝 산업에도 찬바람이 불고 영향이 미쳤다. 일부 정보기술 산업 창업주들도 퇴출되거나 2선으로 물러나고, 사교육이 사실상 금지되고, 게임 산업에는 이용시간 제한제가 도입되는 등등 정풍운동(整风运动)이 대거

---

19 이와 같은 공동부유 실현 모델과 방식은 다음에 많이 의존하였다. "공동부유를 위해 고수입 개인과 기업의 더 많은 사회보답을" 『통일뉴스』, 2021.8.29. 『인민일보』 강정구 번역(https://www.tongilnews.com/news/articleView.html?idxno=203004) 출처: "鼓励高收入人群和企业更多回报社会" 『人民财评』, 2021.8.21(http://opinion.people.com.cn/n1/2021/0821/c1003-32202461.html).

일어났다. 거대기업인 알리바바와 텐센트는 각각 1,000억 위안(약 18조 원)을 기부하면서 여기에 동참하였다.[20]

이렇게 정풍운동이 강화되자 이를 민영기업과 경쟁적 시장경제 및 소유권 탄압 등으로 몰아가는 한국을 비롯한 외국 언론과 이를 무비판적으로 퍼뜨리는 중국 국내 개별인터넷 자가 업체들의 왜곡과 흠집내기가 난무하기 시작했다. 이에 류상시(刘尚希, 중국 재정과학연구원 연구원)는 "민영경제 없이 어찌 공동부유를 말할 수 있으랴?"는 『환구시보』 칼럼을 통해 이들 왜곡을 명확히 반박했다.[21]

그는 중앙정치국원 겸 국무원부총리 류허의 2010년 중국 국제디지털경제박람회 발표문을 근거로 오해를 바로잡고 악의적인 왜곡을 명쾌히 논박했다. 당시 류허는 "사회주의시장경제 개혁 방향과, 높은 수준의 대외개방 추진과, 사회주의초급단계 기본경제제도와, '민영과 공유 양쪽을 조금도 흔들리지 않고 고수하는(两个毫不动摇)' 노선을 반드시 견지할 것이고, 소유권과 지적재산권도 확고히 보호된다고 발표했다."

---

20 지은이 또한 이러한 정풍운동에 100%이상 동의한다. 미국과 한국을 비롯한 자본주의 국가에서 만연한 초(招)극단적 부의 쏠림은 인민대중의 물질생활과 정신생활을 모두 핍박(逼迫)한다. 유명 모델, 연예인, 운동선수 등은 그 자체로서 영광과 명예의 특혜를 누리는 일이고 이는 영광된 일이다. 그런데도 천문학적인 물질적 특혜까지 누리게 하는 것은 인민일반의 물질적 정신적 재부를 억압하는 것과 다름없다고 본다. 2025년 1월 세계적 선풍을 일으킨 중국의 DeepSeek 창업자이자 최고경영자인 량원펑은 "오픈소스와 논문 발표로 잃을 것이란 아무것도 없다. 기술자들로부터 팔로우 당하는 것에는 큰 성취감이 따른다"며 "사실 오픈소스는 상업적 행위보다는 문화적 행위와 비슷한 것으로 추가적인 명예다. 회사가 이렇게 하면 문화적 매력도 있을 것"이라고 말했다. 그래서 세계적으로 다른 사람 개인이나 집단의 개발비나 사용비도 놀랄 정도로 낮춰 진입문턱을 획기적으로 낮췄다. 이 얼마나 물질과 정신의 부유를 공유하는 아름다움인지 우리 모두 깊게 새겨야 할 것 같다.

21 류상시(刘尚希, 중국 재정과학연구원 연구원, 강정구 번역), "민영경제 없이 어찌 공동부유를 말할 수 있으랴?"(http://www.tongilnews.com/news/articleView.html?idxno=203124). 원제: "没有民营经济, 何谈共同富裕", 『환구시보』, 2021.9.7(https://opinion.huanqiu.com/article/44fXhLw8OE9).

첫째, 민영경제발전의 지지와 고무는 우리가 현재 처한 사회주의초급단계에서는 결정적이다. 사회주의초급단계는 장기적 과정이다. 이 과정 중에는 "공유제를 주체로 삼아, 다양한 소유제 경제가 동반 발전하는 것이" 기본 경제제도이다.

둘째, 우리나라 사회주의시장경제는 공유제를 기초로 점차적으로 확립되고 발전돼 왔기에, 소유권 개혁이 핵심이었다. 소유권은 시장경제의 초석이었고(基石), 시장경제 활력의 근원이었다...

셋째, 국유기업과 민영기업은 모두 공동부유 실현의 중요한 주춧돌이다. 이론상으로 따져 보면, 공유제는 광대한 인민대중의 근본이익과 공동부유를 실현하는 중요한 보증 요소다. 그렇지만 이와 같은 실현은 공유자원을 시장경제 기제를 통해서 효율적인 배치와 높은 효율적 사용을 이룩하는 전제 하에서 건립될 것을 요구한다.... 민영경제가 우리나라에서 차지하는 공헌도를 보면, 세금수입의 50% 이상, GDP의 60% 이상, 기술혁신의 60% 이상, 도시농촌 취업의 80% 이상, 시장주체 수량에서 90% 이상을 차지한다. 이들 자료만보아도 민영경제가 전체 인민경제 중에서 차지하는 중요한 위치가 이미 충분히 증명되고 있다....

넷째, 반독점은(反垄断) 전적으로 민영기업만을 겨냥한 것은 아니다. 실제로 반독점은 국유기업이나 민영기업을 구분하지 않는다. 단지 시장에서의 공평경쟁을 방해하는 것은 무엇이든지 반독점의 대상이 되는 것이다...

다섯째, 민영기업이 강대하게 업적을 쌓도록 고무하는 것은 우리의 일관된 주장이다. 민영기업은 기술혁신의 중요 수원지이고(重要来源), 단지 혁신만이 경쟁력을 높일 수 있다.

이러한 반박을 통해 공동부유를 옹호하면서 〈인민일보〉는 공동부유 관련 여덟 가지 키워드를 제시하여 인민들의 공동부유에 대한 의의, 이해, 학습, 동참, 촉진, 실현 등을 이끌었다. 애초부터 이 전체인민 공동부유실현을 장기적 역사지향과 역사과정으로 접근하였기에 〈인민일보〉는 〈이론원탁회의〉를 거쳐 이에 관한 여덟 가지 키워드를 다음과

같이 제시하였던 것이다.[22]

1. 공동분투: 행복한 삶은 모두 분투하여 만들어지며, 공동부유는 근면과 지혜로 창조돼야 한다.
2. 진력으로 역량 다하기: 공동부유를 위한 역량발휘에 진력을 다해야 한다.
3. 합법적 치부: '선(先)부가 후(后)부를 이끈다'는 하나의 논리적 총체로, '선부'를 장려하여 발전의 활력을 불러일으키고, '후부'를 이끌어 사회의 공정성을 실현해야 한다.
4. 정신풍요: 물질문명과 정신문명 양대 건설 모두 잘 이루어져야 국가의 물질적 힘과 정신적 힘이 강화된다.
5. 장기임무: 전체인민공동부유 촉진을 더욱 중요한 위치에 두고, 착실하게 꾸준히 노력하여 이 목표를 향해 더욱 적극적이고 능동적으로 또 장기적으로 노력해야 한다.
6. 전체인민: 인간의 전면적 발전과 전체인민공동부유를 촉진하여 더욱 뚜렷한 실질적 진전을 이뤄야 한다.
7. 본질적 요구: 공동부유는 사회주의의 본질적 요구이다.
8. 중국공헌: 전체인민공동부유 촉진은 인민중심 발전사상을 반영하며, 공동부유를 촉진하고 인간의 전면적 발전 실현을 고도로 통합하고, 인간의 전면적 발전 실현의 기초를 지속적으로 다지며, 인류사회가 인간의 자유 실현과 전면적 발전을 이루는 데 중대한 공헌을 하는 것이다.[23]

---

[22] "공동부유에 관한 여덟 가지 키워드 함께 보기", 『인민일보』 [이론 라운드 테이블], 2021.11.3. 원제: 【理论圆桌会】关于共同富裕 一起来看这八个关键词

[23] 1. 共同奋斗: 幸福生活都是奋斗出来的, 共同富裕要靠勤劳智慧来创造。2. 尽力量力. 3. 合法致富: '先富带后富'是一个逻辑整体, 既要鼓励'先富', 激发发展活力；也要带动'后富', 体现社会公平。4. 精神丰盈 5. 长期任务: 必须把促进全体人民共同富裕摆在更加重要的位置, 脚踏实地, 久久为功, 向着这个目标更加积极有为地进行努力。6. 全体人民: 推动人的全面发展, 全体人民共同富裕取得更为明显的实质性进展。7. 本质要求: 共同富裕是社会主义的本质要求。8. 中国贡献

처음부터 전체인민공동부유의 기본실현을 2050년까지의 장기적 규획으로 설정하였기에 그 실현이 상속세 등 도입에서와 같이 지연될 수 있고 예상보다 진척속도가 늦어질 수도 있다. 그러나 궁극적으로 공동부유 실현을 위한 중국의 발걸음은 결코 멈출 수 없고 시간이 흐르면서 강화될 것이다. 그러나 거의 동일한 문제에 봉착한 미국과 서방은 어떠한가?

마아틴 자크가(Martin Jacques) 이 문제를 공동부유가 본격화하는 출발 시점에 잘 지적했고 그의 다음과 같은 우려는 지금까지 지속되고 있으며 아마 서구에서는 결국 이 우려가 해소될 수 없을 것이라고 전망하고 있는 듯하다. 그는 중국이나 미국은 지난 20여 년 넘게 거의 동시에 정보통신기술(ICT) 빅 테크라는 '경제스타'에 의해 경제적인 비약을 이루어 왔다. 그렇지만 이제 이들 비대해진 공룡들에 의해 "방대한 데이터를 사유화하고 반(反)경쟁적 관행을 통해 시장을 약화시키고 소비자의 입지를 약화시키면서" 통제되지 않은 독점 권력화로 기득권을 형성해 사회에 더 큰 위험을 초래할 수 있게 되었다. 그는 "불행하게도 서구는 심각한 불평등이나 거대기술회사 길들이기에 거의 또는 전혀 진전을 이루지 못하고 있다. …미래에 대한 비전이 없고 분열이 사회의 에너지를 고갈시키며 강력한 기득권이 변화를 가로막고 있다"고 최종 진단했다.[24]

전체인민공동부유가 기본적으로 실현될 예정인 2050년 쯤 중국은 고대 중국인들이 꿈꿨던 이상향이었던 대동(大同)사회의 현대판이 그 윤곽을 드러낼 것으로 보인다. 〈예기(禮記)〉에서 제시했던 그 대동사회

[24] Martin Jacques, "China is taking action against tech giants while West stalls: Martin Jacques, *Global Times*, 2021.10.11.

가 오늘날 정보화시대에 어떤 새로운 모습으로 나타날지 우리 모두의 관심이 아닐 수 없다. 또한 이 새로운 모습의 미래상을 지구촌이 얼마나 접목 및 수용하여 어떤 새로운 모습으로 단장해 나갈지 또한 초미의 관심사다.

2. 인류운명공동체구축

중국은 2014년이 되면 실질구매력기준 pppGDP가 미국을 능가하는 세계 제1의 경제대국으로, 2016년이면 세계최대 무역국가로, 2019년이면 1인당 GDP 1만 달러를 넘겨 중진국 대열로 진입했다. 이러한 중국의 경제적 굴기와 세계 최대무역국가화는 개혁개방을 바탕으로 경제세계화라는 세계사적 조류 속에 이뤄졌다. 국내의 '혼합경제체계'를 바탕으로 한 중국의 국가 거버넌스는[25] 부단히 미국 중심의 신자유주의 경제전략을 바탕으로 한 글로벌 거버넌스와 상호작용, 수렴, 소극적 마찰 등을 겪으면서 유기적으로 접목하고 때로는 부분적으로 통합되는 과정을 겪기 마련이다.

> 신시대 중국에 있어서 국가 거버넌스와 글로벌 거버넌스 간의 관계는 단순한 상호영향, 상호의존의 관계가 아니다. 글로벌 거버넌스는 이미 나날이 국가 거버넌스의 중요한 범주가 되고 있으며, 국가 거버넌스는 인류사회가 보다 보편적으로 연결되는 조건과 상태

---

[25] 중국이 개혁개방 이후 국가 거버넌스의 여러 영역에서 직면한 도전을 분석한 글로는 옌지룽·라이센진, 옌지룽편저/성균중국연구소 옮김, 「중국 국가 거버넌스가 직면한 도전」, 『중국의 국가 거버넌스』, 책과함께, 2021, 181~238쪽.

> 에서 진행될 것이다. 국가 거버넌스의 주제는 점차 국내정치주도형에서 국내외통합형으로 전환될 것이며, 국가 거버넌스의 패러다임 또한 갈수록 국가 거버넌스 위주에서 국가 거버넌스와 글로벌 거버넌스가 유기적으로 통일되는 형태로 전환 될 것이다.[26]

게다가 2008년 글로벌 경제위기 이후 중국 위협·경계론이 심화하고, 2011년 오바마 미국의 대(對)중국 포위전략인 아·태재균형전략이 등장하고, 2018년이면 마가(MAGA, 미국을 다시 위대하게)를 외쳐온 트럼프의 인도·태평양구상과 대 중국 무역·관세전쟁이 발동되었다. 이 과정에서 글로벌 거브넌스의 구성요소인 미국 자신의 이해관계에 따라 1995년에 만들었던 WTO체제가 무력화되고, 파리 기후협약 등이 약화하는 등 경제세계화와 생태문명건설이 위축되어 갔다.[27] 바이든은 집권과 동시에 가치동맹을 내세워 권위주의 국가로 중국과 러시아를 지목해 거짓 '신냉전'을 구사하면서 우크라이나전쟁을 도모하여 세계평화를 직격했다. 게다가 펠로시 하원의장이 대만을 방문하여 '하나의 중국'이라는 중국의 절대 핵심이익을 공략하고 2027년 중국의 대만침공설을 거짓 유포하는 등으로 평화위협이 가중되었다.

6장에서 본 바와 같이, 중국은 전략적 진지전과 전술적 기동전으로 미국의 대중국 전략공세에 성공적으로 대처하였다. 그렇지만 2010년대 중반부터는 평화와 안보 측면에서 미국의 경계와 위협이 가중·심화하기 시작했다. 이러한 미국의 군사·경제적 위협에 직면하여 중국

---

26 류젠쥔·천저우왕·왕스카이 지음, 구성철 외 3인 옮김, 『중국식 현대화의 논리2: 사회주의 중국을 움직이는 체계와 동력』, 산지니, 2024, 379~380쪽.

27 "미국은 안보리 승인 없이 광범위한 제재를 가하고, 세계무역기구(WTO)와 같은 국제기구를 약화시키고, 트럼프 행정부 기간 동안 글로벌 협정을 철회하는 등 자신이 만들어낸 바로 그 제도와 규범 밖에서 활동하는 것으로 점점 더 인식되고 있다." Elizabeth Economy, "중국이 추구하는 대안질서 그리고 미국이 그것으로부터 배워야 할 것" *Foreign Affairs*, 2024.4.23.

은 단기 전술적인 수세적인 대응과 장기 전략적이고 근본적인 글로벌 거브넌스의 재구성을 심모원려 방식으로 시도하였다. 그 결과 등장한 것이 인류운명공동체구축의 창도(唱導)였다. 곧, 전쟁억지력 구축이라는 자신을 위한 직접적인 대응과 더불어, 중국이라는 좁은 테두리를 초월하여 지구촌 전체를 아우르는 장기적이고 근본적인 역사지향과 역사 이끌어가기라는(歷史引领) 이념형적인 해법인 중국의 세계비젼(vision)과 세계전략의 핵심을 창도(唱導)하고 있는 것이다. 이의 출발은 시진핑이 2013년 3월 러시아 모스코바 국제관계대학교에서의 연설부터라고 일반적으로 보고 있다.[28]

> 평화·발전·상생·협력이 시대적 흐름이 되었습니다. 낡은 식민체제는 무너졌고, 냉전시대의 집단 대응은 더 이상 존재하지 않으며, 그 어떤 국가나 국가적 집단도 독단적으로 국제정세를 지배할 수 없게 되었습니다....세계 각국은 유례없이 서로 연결되고 상호의존적입니다. 인류는 역사와 현실이 융합하는 같은 시공간 속, 같은 지구촌에 살면서 갈수록 '네 속에 내가 있고 내 속에 네가 있는' 운명공동체가 되고 있습니다....각국은 협력상생(合作共赢)을 핵심으로 하는 신형 국제관계의 수립을 공동으로 추진해야하며...모든 국가와 인민은 존엄을 지녀야 합니다...국가의 크기, 강약, 빈부를 막론하고 일률적으로 평등해야하며, 각국 인민이 자주적으로 발전방식을 선택하는 권리를 존중해야하며, 다른 나라의 내정에 간섭하는 것을

[28] 2013년 3월, 시진핑 주석은 인류운명공동체구축 이념을 제안했습니다. 9월과 10월에는 각각 '실크로드 경제벨트'와 '21세기 해상실크로드' 공동건설을 제안했습니다. "일대일로" 공동건설 이니셔티브는 인류역사문명발전 성과인 고대 실크로드를 창의적으로 계승하고 발전시키며, 새로운 시대정신과 인문적 의미를 부여하여 인류운명공동체구축을 위한 실천 플랫폼을 제공합니다. 출처: 国务院新闻办公室10日发布《共建"一带一路": 构建人类命运共同体的重大实践》白皮书。국무원판공실, 〈일대일로 공동건설: 인류운명공동체구축을 위한 중대한 실천〉 백서 (2023년 10월 10일).

반대하며, 국제적 공의와 정의를 수호해야 합니다.[29]

이후 중국은 네 가지 글로벌 거버넌스 프로그램을 발표하며 지구촌이 나아가야 할 각론적 역사지향과 실천지침을 제시했다. 포용적 균형, 조화로운 포용, 협력과 상생, 공동번영의 발전구도를 함께 창조하자는 글로벌 발전창의(GDI),[30] 다자주의와 유엔중심의 세계질서 추구의 글로벌 안보창의(GSI);[31] 중국 뿐 아니라 각기의 개별문명을 초월한 글로벌 '대동사회'를 꿈꾸는 글로벌 문명창의(GCI);[32] 주권평등, 국제 법치준수, 다자주의 실천, 인간중심 옹호, 행동지향 중시 등을 핵심 이

[29] 시진핑, 박연옥 역/김승일 감수, "시대의 흐름에 순응하고 세계의 평화적 발전을 촉진시키자", 『인류운명공동체 구축의 지속적 추진을 위한 논담』, 경지출판사, 2024, 20~21쪽.

[30] 중국은 인민중심의 인권을 강조하면서 생존권과 발전권을 최우선으로 하는 기본 인권을 고수하고 있다. 또한 인간의 자유롭고 전면적인 발전을 촉진하는 것을 최고의 가치추구로, 또 발전을 통해 인권을 증진시켜야 한다고 보고 있다.

[31] 2023년 2월 21일 중국 외교부 발표에 의하면, 글로벌안보구상(GSI) 개념 및 원칙으로 다음을 제시했다: 〈공동의 포괄적·협력적·지속가능 안보〉 〈모든 나라의 주권·영토통합 존중〉 〈유엔 헌장의 목적 및 원칙 준수〉 〈모든 나라의 정당한 안보 우려, 신중하게 고려〉 〈국가 간 이견·분쟁, 대화와 협상을 통해 평화적 해결〉 〈전통적·비전통적 영역에서 안보 유지〉

[32] 글로벌 문명창의(GCI)는 다음 네 가지로 요약될 수 있다: 첫째, 세계문명의 다양성을 존중하고, 문명의 평등·상호학습·대화·포용을 견지하고, 문명교류로 문명 간의 간극을(隔阂) 초월하고, 문명 상호학습으로 문명충돌을 넘으며, 문명포용으로 문명우월을 초월한다. 둘째, 평화·발전·공평·정의·민주·자유라는 전(全)인류공동가치를 선양하고(弘扬), 폭넓은 마음으로(宽广胸怀) 다른 문명이 내포한 가치에 대한 인식을 이해하고, 자신의 가치관과 방식을 타인에게 강요하지 않고, 이념적 대결을 감행하지 않는다. 셋째, 문명의 계승과 혁신을 중시하고, 각국의 우수한 전통 문화를 촉진하고, 현대화 과정에서 창의적인 전환과 혁신적인 발전을 실현한다. 넷째, 국제 인문교류협력을 강화하고, 각국 인민들이 서로 이해하고 친밀해지도록 촉진하며, 인류문명의 발전과 진보를 함께 추동한다. 주펑(강정구 번역), "변란으로 뒤엉킨 세계, 긴요해진 문명 간 대화", 『통일뉴스』, 2025.7.18(https://www.tongilnews.com/news/articleView.html?idxno=214010) 원본: 朱锋(난징대 국제관계학원 원장) "变乱交织的世界更需要文明对话", 『환구시보』, 2025.7.10(https://opinion.huanqiu.com/article/4NQl9CAVKPJ).

념으로 하는 글로벌 거버넌스창의(GGI) 등의 실현을 중국의 전략적 지침으로(战略引领) 삼았다.

또한 시진핑 집권과 동시에 시작한 '일대일로' 공동건설을 강력한 발판과 실천 플랫폼으로 삼아 공동협의·공동건설·공동향유(共商共建共享)라는 글로벌 거버넌스의 '이상적 원칙'하에 인류운명공동체구축이라는 대(大)항해의 여정을 실행에 옮겨 나가겠다고 선언했고 또 이를 진행형으로 실행하고 있는 중이다.

2017년 중국공산당 제19차 전국대표대회보고 13항에 "인류운명공동체구축의 지속적 추진"을 공약하였고, 2022년 제20차 전국대표대회보고 14항 "세계 평화와 발전을 촉진하고 인류운명공동체구축을 추동한다"에서 보다 구체화했다.

> 평화 적자, 발전 적자, 안전 적자, 거버넌스 적자가 가중되어 인류사회는 전례 없는 도전에 직면하고 있다… 중국은 각국의 주권과 영토보전을 존중하며, 국가의 크기, 강약, 빈부에 관계없이 모두 평등하다는 원칙을 고수하고, 각국 인민이 자주적으로 선택한 발전 경로와 사회제도를 존중하며, 모든 형태의 패권주의와 강권정치에 단호히 반대하고, 냉전 사고방식을 반대하며, 다른 나라의 내정에 간섭하는 것을 반대하고, 이중 잣대를 들이대는 것을 반대한다. 중국은 방어적인 국방정책을 시행하고 있으며, 중국의 발전은 세계 평화세력의 성장이다. 어떤 정도로 발전하더라도 중국은 결코 패권을 차지하거나 확장을 하지 않을 것이다…
>
> 중국은 글로벌 거버넌스 체계의 개혁과 건설에 적극적으로 참여하고 있으며, 공동협의, 공동건설, 공동향유(共商共建共享)의 글로벌 거버넌스 관점을 실천하고 있다. 진정한 다자주의를 고수하며 국제관계의 민주화를 추진하고, 글로벌 거버넌스가 더욱 공정하고 합리적인 방향으로 발전하도록 추진하고 있다. 유엔을 중심으로 한 국제체계, 국제법에 기반한 국제 질서, 유엔 헌장의 목적과 원칙에 기반한

국제관계의 기본 원칙을 확고히 수호하고,…

세계 각국이 평화·발전·공평·정의·민주·자유라는 전 인류의 공동 가치를 선양하고, 각국 인민들이 서로 이해하고 친밀해지도록 촉진하며, 세계 문명의 다양성을 존중하고, 문명 교류로 문명 장벽을 넘고, 문명 상호학습으로 문명 충돌을 넘고, 문명 공존으로 문명의 우월성을 초월하여 다양한 글로벌 도전에 함께 대응할 것을…중국 인민은 세계 인민과 손잡고 인류의 더 나은 미래를 열어나가기를 원한다!

이어서 인류운명공동체구축 선언 10주년인 2023년 10월 〈인류운명공동체 제휴구축: 중국의 창의와 행동〉이라는 백서를 발표해 종합평가와 이후의 방향을 명기했다:

먼저 백서는 2항 공동발전과 번영의 길 닦기(铺就共同发展繁荣之路)에서 목표와 원칙 등을 명확히 했다. 원칙으로는 공동협의, 공동건설, 공동향유(共商, 共建, 共享); 이념으로는 개방, 녹색, 청렴(开放, 绿色, 廉洁); 목표로는 높은 기준, 지속 가능성 및 민생 향상(高标准, 可持续, 惠民生); 비전(愿景)으로는 세상을 행복하게 하는 행복의 길(造福世界的幸福路) 등이다.

또한 인류운명공동체 구축 조건 다섯 가지를 다음과 같이 제시했다: 신형(新型)경제세계화를 추동하고, 평화적 발전노선을 걸어야 하고, 신형국제관계를 건설하여야 하고, 진정한 다자주의를 실행하여야 하고, 전(全)인류공동가치인 평화·발전·공평·정의·민주·자유를 선양하여야 한다.[33]

[33] 신형(新型)경제세계화는 일방주의·보호주의보다 개방·연동·융통지향의 개방형 세계경제를 지향해야 하고; 개방·포용·보편적 혜택·균형·호혜이익으로 각국 인민이 경제세계화·세계경제성장 성과를 향유해야 한다. 평화적 발전노선은 일체의 패권주의·강권정치를 반대하여야 하고; 중국 또한 이에 발맞춰 영원히 패권과 확장 불(不)추구를 선명히 하고; 전(全)세계안보규칙제정, 국제안보 협력강화, 세계안보창의실행·세계평화안녕 공동수호를 약속했다. 신형(新型)국제관계는 상호존중·공평정의·호혜협력(合作共

동시에 지난 10년의 성과를 다음과 같이 자평했다. 인류운명공동체구축을 위해 탁상공론(卓上空論)이 아니라 이의 실천 플랫트폼인 일대일로를 통해 점차적으로 실현화 해왔다는 것이다.

> 10년 동안 각국의 공동 노력으로 "일대일로" 공동 건설은 중국의 제안에서 국제적 실천으로, 이념에서 행동으로, 비전에서 현실로...실질적이고 묵직한 성과를 거두어 매우 인기 있는 국제 공공재이자 국제협력 플랫폼이 되었다....
>
> 책임 있는 개발도상국으로서 중국은 인류의 공동운명과 전체 이익을 출발점으로 삼아 인류운명공동체를 구축하고, 지속가능한 평화, 보편적 안전, 공동 번영, 개방 포용, 깨끗하고 아름다운 세계를 건설하여 인류의 미래에 새로운 아름다운 비전을 그려냈다...
>
> 관련 국가들에게 실질적인 이익을 가져다주었다. 뿐만 아니라 경제세계화의 건강한 발전을 추진하고, 글로벌 발전의 난제를 해결하며, 글로벌 거버넌스 체계를 완비하는 데 적극적으로 기여했다. 이로써 인류가 함께 현대화를 실현할 수 있는 새로운 길을 열었고, 인류운명공동체구축의 뿌리내리기를 촉진시켰다.[34]

赢)의 원칙을 준수하고; 다른 문명·제도의 국가와 평화공존과 공동발전의 세계역사를 일구는 새로운 장을 개척하고; 상호존중과 성의와 평등으로 상대하고, 강권정치와 패권주의를 반대하고; 공평정의=경쟁지상 법칙 폐기, 평등한 발전 권리·기회 확보하고; 호혜협력=자신의 더 많은 이익만 추구하는 이념을 폐기하고 각국의 공동발전 함께 촉진하고; 중국은 평화공존5원칙 견지, 평등·개방·협력의 전(仝)세계 동반자관계 심화·확장할 것이다. 진정한 다자주의는 국제적 일을 공동 협상으로 처리하고(商量着办); 세계의 앞길 운명은 각 나라 공동으로 장악하고; 유엔을 핵심적인 국제체계로 삼아 국제법 바탕의 국제질서, 유엔헌장 기초의 국제관계 기본준칙을 삼고; '패거리' 만들기, '자국 우선주의' 배제, 임의의 배척·위협·타국탄압·탈동조화·금수·제재 등을 배척하여야한다. 전(仝)인류공동가치인 평화·발전·공평·정의·민주·자유를 선양하지만 어떤 한 가치관을 제1의 존엄으로 삼는 것을 허용하지 않고; 같은 점을 구하면서도 다른 점을 인정(求同存异)하고, 화합하면서도 부화뇌동 않고 자기입장을 유지(和而不同)하고; 문명의 다양성을 존중하고 각 나라의 사회제도·발전노선·자주적 선택권을 존중한다.

34 国务院新闻办公室1,《共建"一带一路": 构建人类命运共同体的重大实践》白皮书(2023.10.10).

이 뿌리내리기를 촉진 및 실행시키기 위해 중국이 여러 분야에서 창도(唱導)적 노력을 경주해 왔음을 이 백서는 보여주고 있다. "세계은행은 2030년까지 '일대일로' 관련 투자가 760만 명의 참여 국가가 극심한 빈곤에서 벗어나고, 3,200만 명이 중간 정도의 빈곤에서 벗어날 것으로 예측"하고 있다. 중국수출입은행을 통한 대출 프로젝트로 2조 달러 이상의 무역을 촉진했고, 생태문명건설에서도 중국은,

> 40여 개국 150여 개 파트너와 '일대일로' 녹색 발전 국제 연맹을 구축했으며, 32개국과 '일대일로' 에너지 협력 파트너십을 수립했다. 중국은 해외 신규 석탄화력발전 프로젝트 건설 중단을 약속하고, 녹색금융 발전 플랫폼 및 국제협력 메커니즘 구축을 적극 추진하며, 공동건설 국가들과 생물다양성 보호 협력 연구를 수행하고, 해상 실크로드 생태 안전을 공동으로 유지하며, '일대일로' 생태환경 빅데이터 서비스 플랫폼과 '일대일로' 환경기술 교류·이전 센터를 건설하고, 녹색 실크로드 사절 계획을 시행하고 있다.[35]

결론에서 중국은, "지속가능한 평화, 보편적 안전, 공동 번영, 개방과 포용, 깨끗하고 아름다운 세계를 건설해 평화의 불꽃이 대대로 이어지고, 발전의 동력이 끊임없이 이어지며, 문명의 빛이 찬란히 빛나도록 하여 인류운명공동체의 아름다운 그림을 함께 그려 나가겠다!"고 약속했다.

이를 두고 E. Economy는 인류운명공동체 구축의 실행 플랫폼인 일대일로를(BRI, Belt & Road Initiative) 두고, "중국의 비전은 거의 모든 국가에서 설득력을 갖도록 설계되었다"고 평가했다. 또 약 150개 국가가

---

[35] 国务院新闻办公室1, 《共建"一带一路": 构建人类命运共同体的重大实践》白皮书 (2023.10.10).

회원이 되어 일대일로와 인류운명공동체가 내세우는 "발전의 선차성, 주권, 국가주도의 정치적 권리, 공동안보" 등을 옹호하고 있다고 진단하고, 20개 이상의 UN 기관과 프로그램에 이를 포함시켜 영향력을 확대하고 있으며, GDI의 경우 70개국 이상의 'GDI 우호 그룹'을 발전시켰고, 50개 프로젝트를 진행했고, 이들 우호그룹의 공무원과 전문가에게 중국에서의 100,000회의 교육 기회를 약속했다. 더 나아가 GSI는 더욱 국제사회의 동의를 얻어 100개 이상의 국가, 지역기구, 국제기구의 지지를 받았다고 중국외교부가 밝혔다고 지적했다. 이러한 중국의 성공은 미국이 "전염병, 기후 변화, 부채 위기, 식량 부족 등 지구에서 가장 취약한 사람들에게 불균형적으로 영향을 미치는 글로벌 문제를 해결하는데 성공한 기록이 없기" 때문이라고 진단했다.[36]

패권국 미국을 중심으로 펼쳐진 2025년에 즈음한 지구촌은 어떠한 모습인가? 여러 분야에서 화급한 위기에 처해있는 인류사회나 지구촌은 미국이 기획하고 주도한 우크라이나전쟁, 미국이 뒷배로 방조하고 있는 이스라엘의 가자학살, 베네주엘라에 대한 미국의 노골적 침략행위 등으로 주로 미국에 의해 여전히 평화는 위협받고 있다.[37] 지구촌 전체의 빈부격차 심화로 수많은 굶주림이 빈발하고 있고, 자연생태계

[36] Elizabeth Economy, "China's Alternative Order: And What America Should Learn From It" *Foreign Affairs*, Published on April 23, 2024

[37] 트럼프 2기는 애초에 냉전시대 소련을 제어 및 고립시키기 위해 중국과 관계개선을 도모했던 닉슨-키신저 독트린을 역이용해 러시아와 북조선 등과의 관계개선을 통해 미국의 표적을 중국에 집중하려는 책략을 구사하려고 했다. 그렇지만 미국의 제조업 붕괴로 인한 산업공동화, 군사력의 한계, 폭증하는 부채 등 미국 역량의 현저한 저하로 인해 이 글로벌 전략을 바꾸어 새로운 먼로주의(Monroe Doctrine)를 채택해 북남미주 전체에 대한 영향권을 강화하는 일종의 고립주의 또는 제한된 지정학적 패권주의로 회귀하려는 움직임을 보이고 있다. 이런 차원에서 현재 베네주엘라가 표적이 되고 있다. 이 경우 대만사태 등으로 인한 한반도 전쟁위협의 구조적 요소가 약화할 수 있다. 그렇지만 미국사회 전체가 군사주의에 매몰되어 왔기에 트럼프이후 이 먼로주의는 다시 글로벌 군사패권주의로 회귀될 수 있다. 우리의 지속적인 경각심이 요구된다.

파괴로 기후재앙은 일상화되고 있고, 자유무역질서는 보호주의로 얼룩지고 있다.

레오 14세 교황은 "60년 전 CEO들은 노동자 임금의 4~6배를 받았다. 최근 수치를 보면 이제는 평균 노동자들의 600배를 받는다"며 "아마 어떤 곳에서는 인간 삶의 더 고귀한 의미를 상실한 게 이와 관련 있을 것"인데 최근 억만장자가 아니라 조(兆)장자로 부상하는 테슬라의 머스크를 겨냥해 "이런 가치에 대한 감각을 잃어버린다면 이제 무엇이 중요한가?"라고 한탄하였다.

이럼에도 불구하고 이 지구촌을 이끌어와 무거운 책임을 져야 할 패권국 미국은 오히려 포퓰리스트 트럼프에 의해 마가를(MAGA) 부르짖으며 이를 위해서 식민지약탈자의 모습으로 되돌아가고 있다. 관세전쟁이라는 약탈적 탈취를 통해 마치 식민지 착취의 재도입 악몽을 일으키고 있는 것이다.

미국은 조지아주 '현대차-LG에너지솔루션' 공장 건설에서 한국인 300여 명을 포함한 475명을 불법으로 감금하고 반인권적 만행을 지질렀다. 뿐만 아니라 한국의 3,500억 달러와 일본의 5,500억 달러로 '경제안보기금'을 조성하여 미국에서 반도체, 의약품, 조선 등 제조업 기반시설을 구축해 산업공동화한 미국에 제조업을 부흥시키겠다고 한다. 한국 할당금액 3,500억 달러를(한화그룹의 미국 조선업에 대한 투자 1,500억 달러 미포함) 대출이나 보증이 아닌 현금으로 제공하고, 투자 항목도 미국이 일방적으로 결정하고, 트럼프 임기 기간인 2029년 1월 19일까지 모든 투자를 마쳐야 하고, 투자이익도 투자금액 회수까지 한·미가 각각 50%씩 차지하고, 그 이후는 미국이 90%를 독식하는 구조다. 이는 마치 19세기의 야만적 식민주의 약탈시대로 되돌아간 모습이다.

대조적으로, 중국이 창도하는 인류운명공동체구축과 생태문명지구촌 축성은 중국이라는 좁은 테두리를 뛰어넘어 지구촌 인민의 보편적 소망에 순응하려는 것이고 지구촌 문명이 나아가야 할 방향이라고 볼 수 있다. 단지 관념적 제시에 그치지 않고 일대일로라는 실천 플랫폼과 '글로벌 거버넌스의 모범'을 통해 실질적인 진전을 이루고 있는 진행형적 역사 지침이고 창도(唱導)이다.

물론 이는 세계 최대무역국이고 경제세계화의 수혜자로서 중국 자신의 이해관계와도 직결되어 있다. 미래 어느 시점에서 이러한 인류운명공동체구축이 중국 자신의 이해관계에 저촉될 수도 있고, 이에 따라 이에 대한 중국의 창도성은 뒷걸엄질 칠 수도 있다. 2차 세계대전 이후 서유럽이 경제적 도약을 이루면서 녹색당의 자리 잡기, 재생에너지 발전의 선도적 이끌어가기, 빅 태크에 대한 규제 등 지구촌 공공재에 대한 관심과 기여가 높았다. 그렇지만 우크라이나전쟁이후 러시아의 값싼 에너지수급이 단절되면서 경제적 곤궁에 처하자, 이러한 역사적 진보의제에 대한 열의가 식어 뒷걸음질 치고 있는 단면 역시 중국에서도 나타날 가능성을 배제할 수 없다.

그렇지만 중국이 인류역사에서 물꼬를 튼 인류운명공동체는 결코 쉽사리 시들어질 수가 없는 역사지향이다. 이미 이 책 6장 2항에서 확인한 바와 같이 '중·아프리카 협력 정상회의' 등과 같은 일대일로의 실현을 위한 국제협약을 통해 지구촌 곳곳에 인프라 구축 등으로 이미 상당부분 뿌리를 내렸기 때문이다. 곧 중국의 창도와 이끌어가기를 통해 이미 자생력의 근거를 구축했다는 것이다. 속도의 완급은 있을 수 있지만 이를 향한 에너지는 지구촌 구석구석에 이미 스며들어 자리를 굳건히 잡았고 이는 점차 강화될 것이기 때문이다. 지구촌은 점차 인류운명공동체 본연의 형상으로 서서히 탈바꿈하는 긴 여정의 새로운 길을 걸어갈 것으로 기대된다.

3. 전면적 녹색전환과 생태문명건설을 통한 아름다운 중국건설(美丽中国建设)

중국식현대화는 인간과 자연이 조화·공생하는 현대화라는 특성에 따라, 자연과 인간이 함께 조화·공생을 도모하는 생태문명건설을[38] 통해 생명공동체를[39] 지향하고 있다. 이에 따라 녹색전환과 신에너지개발 등을 통한 '아름다운중국건설'(美丽中国建设)을 도모하고 있는 것이다. 우리는 앞 4장에서 전기차, 배터리, 태양광의 신 녹색3종 제품에 대한 중국의 굴기를 다루면서 중국의 녹색전환에 대한 성과를 짚어보았다. 여기서는 이를 확대한 전면적(포괄적) 녹색전환과 이를 위해 가장 핵심적인 영역이라고 볼 수 있는 신에너지체계 등을 살펴봄으로써 생태문명건설과 지구생명공동체로 향하는 심모원려의 중국을 살펴보겠다.

'코페르니쿠스 기후변화서비스'에 의하면 2025년 2월 지구상 해빙면적이 사상최저치를 기록했고 이는 2년 만의 기록갱신이라고 한다. 해빙은 태양 빛을 반사해 극지방 온도유지 역할을 하므로 이 해빙이 줄어들면 태양열을 더 많이 흡수해 해류의 흐름을 변화시켜 극단적 기상현상이 잦아진다고 한다. 또한 2025년 2월 지구평균기온은 13.36도로 작년 2월에 이어 세 번째로 높았다한다. 산업화 이전에 비해 1.59도 높고, 이는 파리 기후협정이[40] 정한 1.5도를 넘긴 것으로

---

[38] 생태문명은 인간중심주의에서 벗어나 지구 생태계의 모든 구성원과 생명체 간의 조화와 상호의존성을 존중하며 살아가는 문명을 의미한다.

[39] 생명공동체는 인간을 포함한 모든 생명체뿐만 아니라, 생명이 살아가는 대지, 토양, 대기 등 무생물까지 아우르는 포괄적인 공동체를 의미한다. 인간 중심적 사고에서 벗어나 자연 전체를 하나의 유기체로 보고, 모든 생명과 무생물이 상호작용하며 공존하는 전체를 생명공동체로 포괄적인 규정을 하고 있다.

[40] 파리협정(Paris Climate Agreement)은 지구온난화를 방지하기 위해 온실가스를 줄이자는 최초의 전 지구적 합의로 2016년에 체결되었다. 이 협약은 국제사회가 함께

"지난 20개월 중 지구 평균기온이 산업화 이전보다 1.5도 이상 높았던 19번째 달"이었다고 밝히고 있다.[41]

또한 세계기상기구(WMO)가 2025년 3월 19일 공개한 '전지구 기후 현황보고서'에 의하면, 2024년 지구 평균기온은 산업화 이전(1850~1900년)보다 약 1.55도 상승해 175년 동안 가장 뜨거웠던 해였고; 대기권 온실가스(메탄과 이산화질소) 농도는 80만년 만에 최고 수준이었고; 해양온난화 속도에서도 2024년은 65년 관측 시기 동안 최고였고; 2024년 평균 해수면 고도는 1993년 이후 최고였고, 2022~2024년 빙하질량 최고 감소로 북극 해빙면적이 지난 18년 중 최소였다.[42] 또한 2025년 3월말 발생한 사상초유 경상남북도 산불, 7~8월 남부지역의 극한 폭우와 폭염 또한 이제 일상화한 기후위기의 결과물이다.

이렇게 다가오는 일상화한 기후재앙과 생물다양성 상실, 사막화 등에 대비한 중국의 녹색전환 공정은 '녹수청산은 바로 금산은산(绿水青山就是金山银山)'이라는 신조(信條)를 바탕으로, '아름다운중국건설(美丽中国建设)'을 통한 생태문명건설이라는 초장기 전략의 일환으로 추진되고 있다.[43] 이의 획기적 계기는 2015년 12월 중앙경제공작회의의 결정이

공동으로 노력하여 지구의 평균 온도 상승을 2도 아래에서 억제하고, 1.5도를 넘지 않도록 노력하는 것을 목표로 내걸고, 각국은 온실가스 감축 목표를 스스로 정해 국제사회에 약속하고, 이 목표를 실천해야 하며, 국제사회는 그 이행에 대해서 공동으로 검증하게 된다.

41 박기용기자, "지구상 해빙 면적 사상 최저…2년 만에 경신", 『한겨레』, 2025.3.9.

42 반기웅 기자 , "2024년, 기후위기 '마지노선' 1.5도 넘긴 첫해", 『경향』, 2025.3.19(https://www.khan.co.kr/article/202503191120001).

43 "중국공산당 100년의 분투는, 전국 인민을, 일어서게 하고(站起来), 부유하게 하고(富起来), 강성하게 하는(强起来) 역사의 과정을 이끌어 왔다. 현재는 아름다운 중국건설의 전면적 추진을 우리 당은 제안했고, 중국인민을 아름다운중국 만들기라는(美起来) 새로운 역사의 길로 이끌어갈 필요가 있다." "中国生态文明建设进入新阶段" 夏光(중화 환경보호연합회 부주석, 전(前)환경보호부 정책연구중심 주임, 강정구 번역), 『환구시보』, 2023.7.21(https://opinion.huanqiu.com/article/4DnK64qVOnc)

다.[44]

2008년 미국의 서버프라임모기지 금융위기로 촉발된 세계금융위기 당시, 무려 예산의 12.5%에 해당하는 4조 위안을 투입해 중국 자체의 경기부양과 이에 따른 전(全)세계 경기부양을 이끌어 세계경제에 활력을 불어넣었다. 그렇지만 이의 장기적 여파로 중국은 통화팽창과 부동산투기 및 2014년 경제성장이 7.5%로 하락하는 등 신(新)상태 전환의 진통을 겪었고 그 후과는 지금도 진행형이다. 또한 충격적인 것은 "경제성장이 둔화되면 오염배출이 감소하기 때문에 환경이 더 좋아져야 하는데, 실제상황은...환경이 원래보다 더 악화되었다."는 사실이다.

물론 신상태 이전인 개혁개방 직후부터 중국은 자원집약적인 경제성장을 단기간에 급속히 이룩해 왔고, 에너지의 70%를 화력발전에 의존하는 등 환경악화적인 발전경로를 밟아 왔다. 이 때문에 생태계 교란이나 환경파괴가 다음 인용문이 보여주듯 극단적으로 나타났다.

> 전체 강물의 3/4정도가 식수로 사용할 수도 없고...또 3억에 달하는 인구가 주변지역에서 깨끗한 물을 얻을 수 없게 되었다...세계에서 가장 오염이 심한 20대 도시에 중국 도시 16군데가 포함되는...전국토의 1/3에 해당하는 지역에 산성비가 내리고, 전국토의 1/4이 사막화되었으며, 전 국토의 58%가 메마른 땅이거나 그에 준하는 것으로 분류된다.[45]

"중국의 생태문명건설 새로운 단계 진입", 『통일뉴스』, 2023.7.28(http://www.hyanglin.org/home/index.php?mid=board_hhXD46&page=5&document_srl=41826).

44 장윈링, 「시진핑 정부의 경제진단」, 최종현학술원 펴냄, 『중국, 새로운 패러다임 II』, 글항아리, 2020, 148~149쪽.

45 마틴 자크, 안세민 옮김, 『중국이 세계를 지배하면: 패권국가 중국은 천하를 어떻게 바

이 결과 2007년 중국공산당 제17차 전국대표대회에서 후진타오 주석이 제시한 신정치이론인 '과학적 발전관'과 '조화사회론'이 당장에 삽입되기도 했다. 이는 환경파괴를 급격히 초래하는 경제 급성장만 추진할 것이 아니라 '이인위본(以人爲本)'을 핵심으로 공동부유와 지속가능한 발전과 에너지 효율적인 발전을 이룩하자는 것이다.[46]

이러한 환경문제와 함께 신(新)상태 하에서 발생한 근본 문제해결을 위해 2012년 10월 18차 전국대표대회를 통해 새로 집권한 시진핑은 두 가지 전략적 정책을 제시했다. 첫째는 '5대 발전'이념(혁신·조화·녹색·개방·공유)을 제시하고, 둘째 '공급측 개혁'으로 제품품질향상과 생산효율성을 강조하면서 이를 위해 정부개입 축소와 시장역할확대를 추진하기로 했다.

이와 같이 5대 발전이념에 녹색을 포함함으로써 이후 경제성장이나 발전에서 생태계와 조화를 이루는 녹색전환이 필수적 전제로 자리잡았다. 실제로 2015년 초에 발표된 '중국제조 2025'에서도 이런 기조는 반영되고 있었다. 10대 전략적 중점분야에 에너지절약과 대체에너지자동차를(전기자동차, 연료전지자동차, 전지, 모터, 고효율 내연기관) 포함시켰고, 5대 공정 주요내용에 녹색제조공정을 포함시켰다. 세부사항으로 청정생산과 순환이용 등 전문프로젝트 기술 개선; 중점 지역·유역·업종의 청정생산 수준향상 계획 실시; 대기·물·토양 오염원 방지 전문프로젝트 실시; 녹색제품·녹색공장·녹색단지·녹색기업 표준체계 제정과 녹색평

꿀 것인가?』, 부키, 2010, 228쪽.

46 중국의 녹색전환과 생태문명건설 기획은 중국 내부에 급격히 악화된 환경오염 등과 범지구적 기후위기 등에 대처한 능동적 대응이다. 동시에 이를 "(유럽의 시민사회 등) 외부 시민사회 및 지정학적 고려에 의한 대응으로" 보고 있다. 최필수, 「중국의 경제안보형 산업 정책의 양상」, 이희옥·조영남, 『중국식 현대화와 시진핑 리더십: 중국공산당 제20차 전국대표대회 분석』, 책과함께, 2023, 156~158쪽.

가 실시 등을 제시했다. 이에 대한 건설공정도 2020년까지 1,000개의 녹색시범공장과 100개의 녹색시범단지 구축, 중점업종 주요오염물 배출비중을 20% 감소시켜 2025년까지 제조업의 그린성장과 주요제품의 소비는 선진국 수준으로 향상시키고 녹색제조체계를 구축하겠다는 것이다.[47]

이 기조는 2017년 열린 제19차 전국대표대회보고에서도 강조되었다. 신시대중국특색사회주의 사상과 기본방략의 9항인 '인간과 자연의 조화공생 견지'에서 다음과 같이 제시되었다[48]:

> 생태문명건설은 중화민족의 지속가능한 발전을 위한 천년의 대(大)계획이다. 우리는 반드시 녹수청산은 금산과 은산이라는 이념을 수립하고 실행하여, 자원절약과 환경보호라는 기본 국가정책을 견지해야 한다. 생태환경을 생명처럼 취급하며, 산수림전호초(山水林田湖草)의 체계적 관리를 총괄적으로 기획하고, 가장 엄격한 생태환경보호제도를 실행하고, 녹색발전방식과 녹색생활방식을 형성하고, 생산발전·풍요로운 삶·생태양호의 문명발전경로를 확고히 추진하여, 아름다운중국을 건설하여야 한다. 이로써 인민을 위해 양호한 생산·생활환경을 조성하고, 지구촌 생태안전에 공헌하여야 한다.

이의 연장선상에서 2020년 중국은 탄소최고점을(碳达峰, peak) 2030년 이전에, 탄소중립을(碳中和, neutrality) 2060년 이전에 각각 실현하겠다고 선언했다. 이러한 중국의 녹색전환 기획은 일정 정도 중국의 지형적

---

47 〈한중과학기술협력센터〉 Issue Report 2015년 제25호, 2015.12, 표. 5대 공정 중점 내용

48 중국공산당 제18기 중앙위원회 제7차 전체회의 공보(2017.10.14.), 3. 신시대 중국특색 사회주의 사상과 기본 방략 9) 인간과 자연의 조화로운 공생을 고수하며(中国共产党第十八届中央委员会第七次全体会议公(2017.10.14.), 三, 新时代中国特色社会主义思想和基本方略 九) 坚持人与自然和谐共生):

특성에서도 비롯된다고 볼 수 있다. 신장에 위치한 세계에서 두 번째로 큰 모래사막인 타클라마칸사막과 몽골지역에 걸쳐 있는 악명 높은 황사의 발원지인 고비사막의 경우다. 타클라마칸은 약 33만 7,600㎢로 독일 전체면적에 해당하고, 환경이 혹독해 '죽음의 바다'라고 불려진다. 중국은 이 사막을 에워싸는 3,000km의 인공 숲과 2,712km의 고속도로를 무려 40년 동안 건설해, 2024년 11월 신장의 여러 도시를 연결시켰다.

고비사막의 경우 매년 3,600 평방km의 초원을 잠식하고 황사를 일으켜 동북아지역 대기 오염의 주범이다. 이에 사막 확장을 억제하고 지역 주민에게 목재를 제공하기 위해 설계된 인공 방풍림사업인 '삼북방풍림계획'(三北防护林-중국의 북부, 북서부, 북동부에 걸친)을 추진해 4,500km의 녹색만리장성을 2050년 경 완료할 예정이다. 여기에다 에너지 녹색전환과 서부지역 대(大)개발이 연계되어 지역발전에 이바지하고 있다. 인구가 적고 소수민족이 주로 거주하며 경제적으로 뒤처진 신장·서장·내몽고의 광활한 서부지역에 이곳의 지형적 특성에 맞는 맞춤형 발전전략인 녹색에너지전환을 결합시켜 녹색에너지산업 중심지로 발전시키고 있다.[49]

2024년 1월 12일 발표된 〈중국공산당 중앙국무원의 아름다운중국건설 전면 추진에 관한 의견〉은 당중앙이 "생태문명건설을 전(全)국면적 사업의 두드러진 위치에 놓고, 전방위·전지역·전과정에서 생태환경보호를 강화하고, 중점 시정(施政)에서 체계적 관리(治理, 거버넌스)로, 수동적 대응에서 능동적 행동으로, 전(全)세계 환경관리 참여자에서 선도자로, 실천적 탐구에서 과학적 이론 지도로의 중대한 전환을 실현하고,

---

[49] 중국은 연 강수량 400mm 이상인 지역의 산림과 초원에 태양광 발전시설을 금하고 있다.

아름다운중국건설을 위한 중대한 발걸음을 내디뎠다."고 평가하고 이 아름다운중국건설을 강대국건설과 민족부흥과 같은 반열의 위치에 올려놓고, "생산발전·생활부유·생태양호라는 문명 발전의 길을 확고히 걸어야 하며, 푸른하늘·녹색땅·맑은물의 아름다운 고향을 건설해야" 한다고 선언하고 있다.[50]

위의 〈의견〉은 3단계의 주요목표를 제시하고, 이를 "전(全)분야에 걸쳐 전환하고(全领域转型), 전(全)방위적으로 제고하고(全方位提升), 전(全)지역에 걸쳐 건설하고(全地域建设), 전(全)사회적으로 실행하는(全社会行动)" 등 전면적으로 추진하겠다고 선언했다.

> 2027년까지, 녹색저탄소 발전을 심도 깊게 추진하고, 주요 오염물 배출 총량을 지속적으로 감소시키고, 생태환경 품질을 지속적으로 상승시키고, 국토의 공간개발과 보호에 대한 새로운 격식과 구조를 최적화하고,... 아름다운중국건설에 대한 현저한 효력을 달성한다.
>
> 2035년까지, 녹색 생산방식과 생활방식을 광범위하게 형성하고, 탄소배출이 정점에 도달한 후 꾸준히 감소하도록 하고, 생태환경을 근본적으로 호전시키고,... 생태계통의 다양성·안정성·지속성을 현저히 높이고...생태환경 관리체계와 관리역량의 현대화를 기본적으로 실현하고, 아름다운 중국이라는 목표를 기본적으로 실현시킨다.
>
> 금세기 중반까지, 생태문명을 전면적으로 향상시키고, 녹색 발전방식과 생활방식을 전면적으로 형성하고, 중점분야에 대한 깊이 있는 탈탄소화를 실현하고, 생태환경을 건강하고 아름답게 하며, 생태환경 관리체계와 관리역량의 현대화를 전면적으로 실현하여, 아름다운중국을 전면적으로 건설한다.

---

[50] "中共中央国务院关于全面推进美丽中国建设的意见", 『人民网』, 2024.1.12(http://cpc.people.com.cn/n1/2024/0112/c64387-40157631.html).

이의 연장선에서 2024년 7월에 열린 중국공산당 제20기 중앙위원회 3중전회는 7대 '중점' 과제 중 하나로 아름다운중국건설(美丽中国建设)을 선정하고, 이 과제를 완수하기 위해 '경제사회발전의 전면적 녹색전환 가속화'를 설정했다.[51] 이어 2024년 8월 당중앙 국무원은 '중국의 에너지전환' 백서를 2007년 1차, 2012년 2차, 2020년 3차에 이어 네 번째 발표했다.[52]

이처럼 중국은 국가차원에서 전면적 녹색전환을 아름다운중국건설이라는 자신의 미래상과 융합시켜 총체적으로 또 체계적으로 철저히 추진해 오고 있다. 이 백서는 다음과 같이 맺음하고 있다.

> 중국은 자연을 존중하고, 자연에 순응하며, 자연을 보호하고, 인류운명공동체구축 이념을 항상 고수하며, 에너지의 녹색저탄소발전을 가속화하고, 공정하고 공평하며 균형 잡힌 포괄적인 전(全)세계 에너지 관리체계를 구축하도록 추진하고 있다. 중국은 국제사회와 함께 에너지협력 계획을 논의하고, 전(全)세계 기후변화에 공동으로 대응하며, 인간과 자연의 조화로운 공생을 추진하고, 깨끗하고 아름다운 지구의 집을 함께 건설하기를 원하고 있다.

이는 지구를 하나의 유기적 생명체로 간주하는 지구생명공동체 이념에 기초하고 있다. 이는 "서구의 생태문명 이론이 인간과 자연을 대립시키는 인식 한계를 돌파하고, 생태의 흥망성쇠와 문명의 계승 관

---

[51] 2024년 7월 열린 제20기 3중 전회에서 선정한 7대 '중점' 과제는 다음과 같다: 높은 수준의 사회주의시장경제체제 구축, 전(全)과정인민민주주의의 발전, 사회주의 문화강국 건설, 인민 삶의 질 향상, 아름다운중국 건설. 더 높은 수준의 평안한(平安) 중국 건설, 당의 지도력과 장기집권 능력 향상에 중점을 두고 계속해서 개혁 추진. 김정호, "중국공산당 제20기 3중 전회의 역사적 의미", 『울산함성』, 2024.11.14(http://www.ulham.net/project/24704).

[52] 中华人民共和国 国务院新闻办公室, 〈中国的能源转型〉白皮书, 2024.8.29(https://www.gov.cn/zhengce/202408/content_6971115.htm).

계를 설명하며, 마르크스주의 생태관을 견지하고 발전시키며, 중화문명의 자연과 인간의 일체화(天人合一)와 만물이 함께 육성한다는(万物并育) 생태이념을 전승 발전시켰다"고 해석하고 있다.

이에 따라 중국은 "21세기 이후 전 세계에 약 1/4의 신규 녹지면적을 기여했으며, 약 7년 동안 선진국들의 10여 년, 심지어 수십 년의 대기 관리 과정을 거쳐 전 세계 오존층 보호에 가장 크게 기여한 국가가 되었다. 전 세계에서 에너지소비 강도가 가장 빠르게 감소한 국가 중 하나이며, 세계 최대의 청정발전 체계를 구축하여 글로벌 생태 위기에 대응하는 데 중요한 기여를 했다."[53]

이를 두고 백서는 중국은 세계 최대 에너지 생산국이면서 소비국이기에 에너지의 녹색저탄소전환 추진은 세계적 흐름에 부응하는 것이고 동시에 지속가능 발전을 위한 세계 최대 석유수입국인 중국의 내재적 요구이기도 하다고 명시하고 있다. 이를 상징하듯 2022년 베이징 동계올림픽과 2023년 항저우 아시안 올림픽 모두 100% 녹색전력을 사용했다.

이 4차 에너지전환 백서는 중국을 전(全)세계 에너지전환의 엔진으로 보면서, "2013년 이후, 중국의 재생에너지 신규설치 용량은 연평균 전 세계 재생에너지 신규설치 용량의 40% 이상이고, 2023년에는 신규설치 용량이 전 세계 신규설치 용량의 절반 이상을 차지"하고, 국제에너지기구(IEA)가 발표한 '2023년 재생에너지' 보고서를 인용해 "중국이 전 세계 재생에너지 분야의 선두주자이며, 전 세계 재생에너지의 빠른 대규모 성장의 주요 원동력"이며 "2014년부터 2023년까

---

53 리훙웨이, "시진핑 생태문명 사상의 상징적 개념과 독창적 기여", 『인민일보』, 2025.3.10(http://paper.people.com.cn/rmrb/pc/content/202503/10/content_30061069.html).

지 전 세계 비(非)화석에너지 소비비중은 13.6%에서 18.5%로 증가했으며, 그중 중국의 비화석 에너지소비 증가율은 45.2%임을" 인용하고 있다.[54] 또한 백서는 2023년 중국의 에너지전환 투자는 6,760억 달러로 전 세계 최다이고 지난 10년 동안 중국의 연간 재생에너지 신규설치 용량에서 40% 이상이라고 밝혔다.

2023년 기준 중국 자체의 전원별 설비규모 및 비중을 보면 화력발전 46.1%, 태양에너지 21%, 풍력 15.1%, 수력 12.7%, 원자력 1.9%, 양수발전 1.7%, 바이오 1.5%로 재생에너지 설비가 화력발전 설비를 능가하여 53.9%를 차지하고 있다.[55] 미국은 같은 해 화석연료 59.1%, 원자력 18.2%, 풍력 10%, 태양광 5.6%, 수력 5.5%, 바이오 1.1%, 기타 신재생 0.4%로 원자력 포함 재생에너지 비율이 40.8%로 원자력에 과다 의존하고 있다.

또한 미국과 영국 등을 비롯한 20세기 인구 15%의 산업 선진국은 지구촌 전체의 석유 56%, 천연가스 60%, 광물자원 50% 이상을 소비했다.[56] 이들은 당연히 에너지 녹색전환에 앞장서서 자신의 과거사에 대해 책임질 의무가 있다. 그렇지만 이들은 중국의 태양광, 전기차,

---

54 "2013年以来, 中国可再生能源新增装机年均占全世界可再生能源新增装机的40%以上, 2023年新增装机占全世界新增装机的一半以上。国际能源署(IEA)发布的《2023年可再生能源》报告指出, 中国是全球可再生能源领域的领跑者, 也是全球可再生能源快速大规模增长的主要驱动力。2014年至2023年, 全球非化石能源消费占比从13.6%增长至18.5%, 其中, 中国非化石能源消费增量的贡献率为45.2%." 中华人民共和国 国务院新闻办公室, 〈中国的能源转型〉白皮书, 2024.8.29(https://www.gov.cn/zhengce/202408/content_6971115.htm).

55 김나연, "중국 2023년 재생에너지 발전 보고서(CREEI)", 『세계 에너지시장 인사이트』 제24-16호, 2024.8.12, 3쪽. 원자료: 中國可再生能源發展報告2023年度, 2024.6.28.=CREEI(China Renewable Energy Engineering Institute)의 보고서 '中國可再生能源發展報告2023年度(2023년 중국 재생에너지 발전 보고서)'의 내용을 요약정리.

56 김규남기자, "재생에너지는 대세…트럼프, '보기 흉하다'고 막을 수 있을까", 『한겨레』, 2025.3.19(https://www.hani.co.kr/arti/society/environment/1187810.html).

배터리 등 신녹색 3종제품에 '과잉생산론'을 퍼트리면서 지구촌 녹색 전환을 지연시키고 있다. 여기에다 트럼프 미국은 화석에너지 강화론을 펼치면서 풍력과 태양광 활용 발전을 허가하지 않겠다며 시대의 흐름을 완전 역행하고 있다. 또한 AI데이터센터 등 AI추론 등에 엄청난 에너지가 과소비되어 상태를 더욱 악화시킬 것으로 보인다.

대조적으로 중국은 본국이라는 '좁은' 테두리를 넘어서 지구촌 전체의 녹색전환에 대한 사명감과 실행은 주목받을만하다. 우리가 앞의 중국의 굴기 장에서 살펴 본대로 중국의 '신녹색 3종 제품'은 중국 자체의 녹색전환을 뒷받침할 뿐 아니라 그 기술력이나 획기적인 가성비 등으로 인해 지구촌 전반에 엄청난 기여를 하고 있다. 여기에서도 '일대일로'와 연결돼 세계 도처에서 성과를 내고 있는 것으로 보인다.

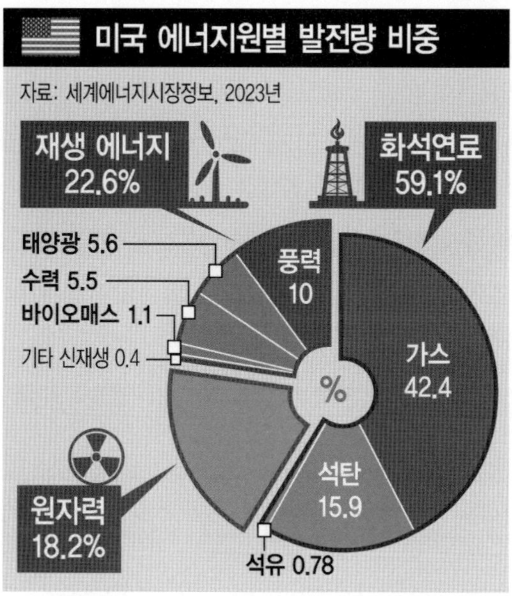

한국수출입은행의 "2024년 하반기 태양광 산업동향" 분석 보고서에 의하면, 2024년 전(全)세계 태양광 설치 총량은 599GW로 중국 310GW, 미국 45GW, 인도 27GW, 브라질 17GW, 파키스탄 13GW, 사우디 3.5GW 등이다. 중국의 설치총량은 미국의 6.89배, 전(全)세계에서 차지하는 비중은 51%로, 2위인 미국의 7.5%와 엄청난 격차를 보인다. 이 보고서는 2024년 12월 기준 태양광의 핵심인 폴리실리콘 가격은 $5.6/kg로 1월 대비 36.4% 하락했고, 생산용량은 1,600GW로 2024년 수요 대비 1,000GW가 '공급과잉'이라고 보았다. 이 "공급과잉의 주원인은 글로벌 태양광 제품 공급의 90% 이상을 차지하고 있는 중국 태양광 업체들의 공격적인 증설 때문"이라고 진단했다.[57]

그러나 이는 오히려 재생에너지 전환이 저조한 개발도상국이 점점 더 가성비가 좋아지는 중국산 태양광 제품에 접근할 수 있는 기회가 확대될 수 있는 여건 조성으로 보아야 할 것이다. 중국전력기업연합회(China Electricity Council, CEC)의 '2024~2025년 중국 전력수급 현황·전망 보고서'에 의하면 2025년 말 중국의 발전누적설비는 약 3,800GW로 이 가운데 비화석에너지 비중은 2,300GW로 총설비의 60%로 전망하고 있고, 태양광과 풍력의 설비규모는 화력발전의 설비규모를 넘길 것으로 전망하고 있다.[58]

2025년 6월 5일 세계 환경의 날을 맞아 린젠(林劍) 중국 외교부 대변

---

57 강정화, "2024년 하반기 태양광산업 동향 보고서" 한국수출입은행, 2024 SEMI-ANNAL Report: VOL.2024-반기-1, 2024.12.26(https://docviewer.nanet.go.kr/reader/viewer).

58 중국전력기업연합회(China Electricity Council, CEC), '2024~2025년 중국 전력수급 현황·전망 보고서', 『세계 에너지시장 인사이트』 제25-3호, 2025.2.17(https://www.keei.re.kr/pdfOpen.es?bid=0014&list_no=124561&seq=1).

인은 다음과 같이 말했다.[59]

> [중국은] 100여 개 국가 및 지역과 녹색 에너지 프로젝트 협력을 펼쳐 우수한 녹색 기술과 제품의 자유로운 유통을 적극적으로 지원하고, 세계에 태양광 모듈의 80% 이상, 풍력 장비의 70%를 제공해 글로벌 풍력 및 태양광 발전 프로젝트의 평균 전력비용을 각각 60%, 80% 넘게 낮춰 각국, 특히 광범위한 개발도상국이 이용할 수 있고, 이용할 능력이 있으며, 잘 이용할 수 있도록 하고 있다.

이처럼 중국의 녹색저탄소전환은, 미국의 탄소회귀와는 대조적으로, 더욱더 가속도가 붙어 아름다운중국건설과 지구촌생명공동체 구축의 뒷받침이 되고 있다. 이 책 4장 '중국의 굴기'에서 확인했듯이 녹색저탄소전환 규획의 결과물로 신녹색 3종제품 등은 중국 자신의 굴기를 이루는 밑거름이기도 하거니와 동시에 지구촌 인류운명공동체의 보편적 핵심과제에 대한 심모원려의 '의무적' 실행이라고 볼 수 있다.

여기에다 최근 중국의 인공태양 "중국환류3호(中国环流三号)"가 원자핵온도 1.17억 도와 전자온도 1.6억 도 달성에 성공하여 제어핵융합 기술에서 중요한 진전을 일구었다고 한다. 인공태양은 핵융합반응으로 방대한 에너지를 방출하고, 핵융합 자원의 매장량이 풍부하며, 주요 생성물이 청정하고 안전하여 '인류 미래의 이상적 에너지'라고 일컬어지고 있다. 이 분야 연구에 선두를 지키고 있는 중국, 미국, 러시아, 영국, 독일, 일본, 한국 등이 쾌거를 이뤄 지구촌 생명공동체 구축의

---

[59] "中 외교부 '각국과 함께 깨끗하고 아름답고 지속가능한 세계를 함께 건설할 의향 있어'" 『인민망』 한국어판, 2025.6.5(https://kr.people.com.cn/n3/2025/0606/c414496-20324406.html).

새로운 발걸음이 빨라지기를 기대해 봄직하다.[60]

[60] 쉬춘양(许春阳), “중국 ‘인공태양’ 연구 세계 1위 진입”, 『환구시보』, 2025.3.21(https://opinion.huanqiu.com/article/4LwbsdGfmcY); 김정호번역, “중국 신세대 인공태양 "2중 1억도" 달성! 실용화 대폭 앞당겨”, 『울산함성』, 2025.3.29. 출처: “신세대 인공태양, “2중 1억도” 달성! 중국 제어핵융합 기술 새 돌파구” 〈CCTV 뉴스 앱〉, 2025.3.28.

8장

역사 갈림길에 선 한반도

1. 역사 갈림길

2025년 마가(MAGA)를 기치로 트럼프 2기가 출범하면서 미국은 본격적인 역사전환기의 여러 증상을 여기저기서 드러내고 있다. 우선 미국 자신이 기획하고 이끌어 왔던 우크라이나 전쟁을 더 이상 지탱할 수 없어 우크라이나를 바둑판 사석으로 버리고 손을 틀면서 러시아에 손잡기를 시도하고 있다. 무기력한 유럽연합 또한 근거도 없이 체질화한 러시아포비아를 외치면서 전쟁지속을 표명하지만 결국 공수표로 끝날 것이란 인식이 대세이다.

산업공동화한 미국의 제조업에 대한 투자와 부활을 진작시키려고 관세전쟁이라는 과거 식민지 약탈의 횡포를 재연하고, 조지아 주에서 동맹국이라는 한국의 노동자들을 불법감금하고 반인권적 만행을 저지르면서, 현금 3,500억 달러의 진상을 강요하는 등 약탈적 공세를 펼치기도 한다. 그렇지만 가장 표적의 대상이었던 중국에는 정작 고개를 숙였고, 중국 포위망 구축의 일등공신인 인도를 중국과 러시아 편으로 돌려세웠다.

구매력기준 pppGDP 1, 3, 4위 국가 모두와 2위인 미국 자신이 버거운 게임을 전개하고 있는 것이다. 이런데도 패권주의 악습에 젖어 '신(新)먼로주의'를 재연시키려는 듯, 베네주엘라에 불법적인 무력행위를 휘두르면서 남북 미주에 '작은 패권'을 감행하려 한다.[1] 안으로는 미국 쇠퇴의 근본원인인 전쟁국가화나 과포화군사력 및 신자유주의 범람을 통한 금융자본주의화, 최악의 빈부격차, 무려 37억 달러에

---

[1] 물론 미국의 네오 콘이나 글로벌리즘 전쟁옹호세력 등에 의해 이러한 움츠림이 다시 사나운 글로벌 패권의 형태로 일시적으로 재연될 가능성과 반복이 여러 차례 계속될 수도 있을 것이다.

이르는 부채의 이자 갚기에만 국가예산의 10% 이상을 할당해야 하는 등등에 대한 근본적인 개혁은 외면한 채 이민자, 진보세력, 민주세력 등을 희생양으로 삼으려고 발버둥치고 있다.

전략경쟁의 표적국인 중국의 경우 2025년 9·3전승절을 맞아 성대한 열병식을 치르면서 "미국에는…중국을 군사적으로 도발하려는 사람들이 많다. 중국은 이번 열병식을 통해 이들에게 '중국에 대한 군사적 강압은 불가능하다. 시도조차 하지 말라'는 메시지를 전달했다"고 평가할 정도로 자신만만하다.

또한 2015년을 기점으로 '인터넷+' 산업 전략으로 물류·금융·전자상거래·사물인터넷(IoT)에 클라우드와 빅 데이트를 결합시켰고, 2019년부터 '스마트+' 전략으로 제조업 구조혁신에 ICT 기술을 융합시켜 스마트공장 등으로 제조업 생산성과 가성비를 획기적으로 높인데 이어, 올해 8월 'AI+' 전략으로 디지털 산업클러스터 조성을 통해 2035년 까지 'AI사회' 실현을 꾀해 전 사회의 디지털 전환을 이루겠다고 발표했다. 곧, AI+과학기술 혁신, AI+산업경쟁력 강화, AI+소비 혁신, AI+민생복지 개선, AI+사회거버넌스 고도화, AI+글로벌 협력확대 등 6가지 분야의 AI융합을 추진하겠다는 것이다.[2] 이는 2017년 제19차 전국대표대회에서 중국공산당이 제시한 중국몽인 2035년까지 '사회주의현대화국가'와 디지털차이나 완결과 연계된 규획으로 이의 구현이 이뤄질 것으로 보인다.

이러한 대조적인 모습의 결과로 10년 후인 2035년 경 미국과 중국

---

[2] "중국 'AI+ 행동' 개시, 지능사회 3단계 로드맵 공개", 『정책동향』, 한중과학기술협력센터', 2025.8.29(https://kostec.re.kr/policy_trends/view/id/38287#u); "'人工智能+'国际合作倡议", 『人民日报』, 2025.9.25(https://paper.people.com.cn/rmrb/pc/content/202509/25/content_30106917.html).

은 지구촌 선도국가로서의 위상이 상당부분 뒤바뀔 것으로 추론된다. 지구촌 글로벌 거버넌스에서 역사전환의 가속화가 이뤄져 불가역의 경로를 밟을 것으로 보인다. 이는 미국 제국의 패권몰락을 의미할 뿐 아니라 지난 500여 년 동안의 악랄한 서구 식민지배와 자본주의 제국주의 패권의 종말을 의미하는 인류사적 대전환을 의미하기도 한다. 또한 앞장에서 살펴본 대로 '새로운 지구촌'의 등장을 초래하기도 하거니와 우리가 살고 있는 이곳 한반도 역시 역사전환의 갈림길에 놓이게 됨을 의미한다. '해방'과 더불어 미국에 의해 강제된 샌프란시스코 체제라는 '동아시아 대(大)분단체제', 한반도 분단과 지속되는 냉전이라는 '소(小)분단냉전체제', 이 동아시아 대(大)분단체제가 한반도 소(小)분단냉전체제에 구조적 제약으로(structural limitation) 작동해 왔던 강고한 구조 등이 근본적 변환을 맞을 수밖에 없는 역사전환을 맞을 것이다.

2. 새로운 한반도

이러한 역사 갈림길을 마주한 21세기 초입의 남과 북은 더 이상 미국주도와 일본방조의 샌프란시스코 대(大)분단 체제에 의해 휘둘려버린 체 서로 간에 분단, 냉전, 전쟁, 적대를 지속적으로 강제 당해왔던 지난날의 남과 북은 더 이상 아니다. 남은 자주성이 극도로 제약되고 위축된 구조 속에서도 '중견국가'로 부상하면서 지구촌 제조업과 과학기술 혁신의 준(準)선도국가로 발돋움했다. 북은 세계 제1의 강대국인 패권제국 미국과 시종일관 예민하게 대치하면서 자주성을 끝까지 관철시키는 저력을 발휘하여왔다. 이 과정에서 끝없는 시련을 겪었지만 자력으로 양탄일성(兩彈一星)을 일구어내어 자주와 자위의 상징으로 우뚝 서 있다.

이러한 남과 북은 '동아시아 대분단체제'가 이완(弛緩)되고 허물어지고 있어, '한반도 소분단체제'를 구조적으로 강요하고 제약해 왔던 지난 80년의 질곡에서 벗어날 절호의 역사적 기회를 맞았다.[3] 남과 북은 외세 강요와 이에 따라 내재화한 남북 적대관계를 청산해 나가면서 서로 마주 손잡고 자주와 평화 및 통일을 향한 새로운 우리의 전략적 역사행보를 서둘러야 할 것이다.

이제까지 한반도 냉전분단체제를 주조하고, 한미동맹, 주한미군, 미국의 군사기지화, 연합전쟁연습, 전시작전권 강탈 등등을 통해 지속적으로 남과 북에 전쟁위협과 적대관계를 강제하고 확대재생산해 왔던 주역이 바로 미국이다. 이 패권제국 미국의 퇴조는 이러한 제약을 뛰어넘어 우리의 보폭을 넓힐 수 있는 구도를 형성할 것이다.

탈냉전의 서막과 더불어 노태우정권의 북방정책, 남북기본합의서, 한민족공동체통일방안 등으로 소(小)분단체제의 구조적 제약 벗어나기 시도; 김대중정권의 6·15공동선언이라는 민족의 대서사시, 미국의 사드배치 요구 거절, 금강산관광·이산가족상봉·개성공단 등 민족화해의 실질적 터전 닦기; 노무현정권의 10·4평화번영선언, 6자회담을 통해 2005년 9·19공동성명이란 남·북·중·러·미·일 6자간의 모범적인 합의, 동북아균형자론으로 한반도의 자주적 행보 시동, 전시작전권 반환 일자 못 박기; 문재인 정권의 지속되는 전쟁위기 속 전쟁

---

[3] 지난 80년 동안 질곡의 역사를 한반도에 강제해 왔던 서막인 미국 점령군을 중심으로 한 해방공간의 반민족사적 행보를 비판적으로 분석한 글로는 강정구, 「현대사의 출발: 분단, 전쟁, 그리고 외세」, 강정구외 4인, 『시련과 발돋움의 남북현대사』, 선인, 2009, 107~134쪽; 강정구, "미국을 알기나 하나요?", 『통일뉴스』, 2006; 강정구, 『좌절된 사회혁명: 이 점령하의 남한·필리핀과 북한 비교연구』, 열음사, 1989.

소방수 역할, 중·미 균형외교와 전략적 모호성으로 한·미·일 군사동맹 진전 가로막기, 4·27판문점선언과 9·19 군사분야합의 등등은 대(大)소(小)분단체제에 파열을 내면서 자주적 민족사 행로를 개척하기 위한 값진 분투였다. 그렇지만 패권제국 미국이라는 대(大)분단체제의 제왕적 집행관과 이명박·박근혜·윤석열 정권의 소(小)분단체제의 '대리인'(代理人)들에 의해 우리의 값진 역사적 행보는 중단을 강요당해 왔다.

이들 '대리인'가운데 최악은 극(極)냉전으로 회귀한 윤석열이었다. 그는 출범 11일 만에 열린 한·미 정상회담 공동성명을(2022.5.21.) 기점으로 대미(對美)대일(對日) 자발적 예속주의의 길을 걸으면서 켐프 데이비드에서 한·미·일 군사동맹 체제를 매듭지어 한반도를 전쟁의 분화구로 밀어 넣는 상태로까지 끌고 갔다. 이에 따라 9·19남북군사합의 파기, 확장억제전략상설협의체(EDSCG)구성, 미국·일본·영국·호주 등과 함께 하는 상시적 연합전쟁연습, 우크라이나 전쟁지원, 대만문제·남중국해 등 노골적 대중(對中) 내정개입 발언, 아시아판 나토(NATO) 끌어들이기, 대(對)중국 탈동조화(de-Coupling)인 인도·태평양경제프레임워크'(IPEF) 앞장서기, 대일(對日) 탈(脫)역사문제화 등등으로 반(反)역사·반(反)자주·친미친일의 극단적사대주의·전쟁친화전략 등을 구사하다 끝내는 12·3 내란·외환죄까지 저질렀다.

이제 새롭게 등장하는 세력교체이행기라는 역사 갈림길의 초입에서 남과 북은, 한편으로는 자주평화통일이라는 전략적 행로를 향해 매진하여야 할 것이다.[4] 이 과정에서 다른 무엇보다도 이행기의 소용돌이 속에서 한반도를 전쟁위기로 치닫게 하는 반(反)역사적인 외세의

---

[4] 점진적 통일방안으로는 다음을 참조: 강정구, 「'아리랑통일민주공화국'을 주창하며」, 『민족의 생명권과 통일』, 당대, 2002, 493~528쪽.

책동이나 윤석열 식의 '전쟁 끌어들이기'가 작동되지 못하도록 전력을 기울여야 할 것이다.[5] 이런 가운데 한반도 '새판 짜기'에 전략적 및 전술적 예지와 소명을 한껏 구현(具顯)해야 할 것이다.

미·소냉전에서 냉전의 첨병으로 몰려 분단과 전쟁 및 남북적대체제

---

[5] 이들 대(大)분단과 소(小)분단 체제 속에 한반도는 지속적으로 전쟁위협 하에 놓여왔었지만 동시에 전쟁억지력은 내외적으로 작동해 왔었다. 외적인 전쟁억지력에서는 중국이 그 중심적 역할을 해왔다:
1. 2024년 11월 16일 페루 리마의 아시아태평양경제협력체(APEC) 중 열린 중·미 정상회담에서 시진핑: "중국은 한반도에서 전쟁이 나고 혼란이 나는 것(生戰生亂)을 절대로 용납할 수 없다." 출처: 박민희기자, "'한반도 전쟁·혼란 용납 못 해' 시진핑 발언 속 고도의 노림수", 『한겨레』, 2024.11.18.
1. 2017년 12월 14일 베이징에서 열린 문재인 대통령과의 정상회담에서 시진핑: "북핵 문제를 대화와 협상을 통한 평화적 수단으로 해결하고, 한반도에 절대로 전쟁이 일어나는 것은 용납할 수 없다." 출처: 박민희기자, "'한반도 전쟁·혼란 용납 못 해' 시진핑 발언 속 고도의 노림수", 『한겨레』, 2024.11.18.
1. 2017년 4월 20일 북의 6차 핵시험 예정을 앞두고 중국의 '강제적' 개입으로 이를 중단시킨 이후 2017년 4월 22일 『환구시보』 사설을 통해 미국과 조선 양측에 경고: "일단 미국과 한국 군대가 38선을 넘어와 조선의 영토에 대한 침략을 전개하고, 직접 조선정권을 전복하려 한다면, 중국은 즉각 필요한 군사적 개입을 당연히 전개해야 한다." "우리는 결단코 무력수단을 통해 조선정권을 전복하고 조선반도를 통일하는 일이 발생하는 것을 허용할 수 없다." "중국은 조선의 핵 보유에 대해 반대한다. 동시에 무력으로 조선반도의 현상을 개변시키는 것도 반대한다." 출처: "중국의 대미 대북 최후통첩?", 『통일뉴스』, 2017.4.25(http://www.tongilnews.com/news/articleView.html?idxno=120561) 원문: "社评: 朝核, 华盛顿该对北京寄多高期望", 『환구시보』, 2017.4.22(http://opinion.huanqiu.com/editorial/2017-04/10520761.html).
1. 2016년 4월 '제5차 아시아 교류 및 신뢰구축회의'(CICA) 외교장관 회의 기조연설에서 시진핑: "중국은 한반도의 이웃으로서 반도에 전쟁과 혼란이 일어나는 것을 결코 용납하지 않을 것"이라며 "(전쟁과 혼란은) 누구에게도 이롭지 않다".
1. 2014년 2월 14일 박근혜의 통일대박론을 무력흡수통일로 해석한 중국의 왕이 외교부장 케리 국무장관에게: "우리는 반도에서 난이 일어나거나 전쟁이 발생하는 것을 절대로 허용하지 않겠다." "조선반도에는 (중국의) 중대한 이익이 걸려 있고 중국의 한반도 문제에 대한 입장은 한결같다" "우리는 그렇게 말할 뿐 아니라 (실제) 그렇게 할 것이다"
1. 2009년 5월 북의 2차 핵시험 안보리제재에 찬동했던 중국은 2009년7월 중국 대외관계 최고 정책결정기구인 외사영도소조는(外事領導小組, 후진타오 외 15인 당정 최고 간부로 구성된 특별위원회) 북 핵시험에도 불구하고 북·중 전략적 협력관계 정책을 확정: "1〉 한반도 비핵화 2〉 북핵은 미국이 책임지고 해결하고, 중국은 협조한다. 3〉 북과 중국의 전통적 우호협력관계는 확대 발전시킨다. 4〉 이를 위해 중국은 "不戰(평화), 不亂(안정), 無核(핵폐기)" 입장을 견지한다. 이어 9월 원자바오 총리가 방북해 북과 '대대손손 우의'를 다짐했다.

를 강제당한 지난 역사의 전철을 원천적으로 배제하고 남과 북의 개별적 이해관계를 넘어서서 민족 전체의 총체적 이익 중심으로 나아가야 할 것이다. 또한 한·미 군사동맹과 미군주둔을 바탕으로 한 한반도 냉전체계를 원천적으로 허물어 전략경쟁체제 속에 묶이는 구조를 타파해 나가야 할 것이다.

동시에 한·중·미·일· 분업체계에서 남북 분업체계 중심으로 확충 및 정착화하여 통일 밑거름 쌓기에 나서야 할 것이다. 더 나아가 남북중러 에너지·물류·교통 연결망 등을 바탕으로 동북아경제평화협력체구축 지향과 주도자 위상 구축으로 '평화경제'를 활성화해야 할 것이다. 궁극적으로는 탈(脫)외세·비동맹·중립의 위치에서 평화조정자로서의 새로운 한(조선)반도의 전략적 위상을 정립해야 할 것이다.

이러한 역사행로 속에서 남과 북은 미국과 중국에 대해 불가근불가원(不可近不可遠)의 접근방식으로 전략적 및 전술적 행보를 걸어 나가야 할 것이다. 나락하는 미국에 대해서는 불가근(不可近)에 방점을 두면서 접근하고, 상승하는 중국에 대해서는 불가원(不可遠)에 방점을 두면서, 우리의 행보를 조정하는 유연성을 발휘해야 할 것이다.[6] 아울러 중·미 전략경쟁의 결과로 예측되는 새로운 지구촌의 '전체인민공동부유실현', '인류운명공동체구축', 현존체제 등등에 대해 우리 통일한반도가

---

[6] 이 역사 갈림길 서막에 등장한 이재명정권은, 아직 이르기는 하지만, 세계사적 역사전환에 대한 기본인식이 결여된 모습을 보여주고 있다. 미국과는 문재인정권의 안미(安美)경중(經中)에서 오히려 '안미경미'(安美經美)로, 일본과는 과거사의 효율적인 활용에서 '묻어두기'라는 행보로 자주적 보폭을 자진해서 축소하고 있다. 이러다보니 세계사적 역사전환과 접목하기 힘든 구조로 나아가는 듯, 미국에 대한 불가근(不可近)적 접근과 중국에 대한 불가원(不可遠)적 접근과도 거리가 있는 행보를 보여주고 있다. 자주지향적인 광해임금을 몰아낸 인조반정 대명 사대주의자들은 명·청 세력교체기에 시대착오적인 역사행보를 보여 1636년 병자호란이라는 엄청난 전화를 입었다. 병자호란이라는 악몽과 같은 유령이 21세기 초입의 한반도 상공에 다시는 떠돌아다닐 수 없는 구조를 축성해야할 역사적 책무가 우리 모두에게 부여되고 있다.

어떻게 또 어떤 정도로 접목이나 융합, 또는 거리두기 등을 할 것인지, 우리 남북 주민들이 예지를 모아 우리 자신이 스스로 자주적으로 결정해야 할 과제이다.

참고문헌

『KBS』『MBC』『SBS 비즈』『경향신문』『뉴스플리』『뉴스핌』『뉴시스』『동아일보』『매일경제』『머니투데이』『서울신문』『신화사』『신화통신』『아시아경제』『연합뉴스』『울산함성』『인민망』『인민일보』『정책동향』『조선일보』『중국뉴스』『중앙일보』『통일뉴스』『프레시안』『한겨레』『한국경제』『해럴드경제』『환구시보』

강수정, 「대외인식과 외교정책 노선」, 이희옥·배승욱 엮음, 『중국공산당 100년의 변천: 혁명에서 '신시대'로』, 책과함께, 2021.

강정구, 「'아리랑통일민주공화국'을 주창하며」, 『민족의 생명권과 통일』, 당대, 2002.

강정구, 「북핵문제를 둘러싼 국제적 대응의 실체: 한국·미국·IAEA를 중심으로」, 『역사비평』 계간 27호, 1994년 겨울호.

강정구, 「현대사의 출발: 분단, 전쟁, 그리고 외세」, 강정구외 4인, 『시련과 발돋움의 남북현대사』, 선인, 2009.

강정구, 평화·통일연구소 엮음, 「한반도 전쟁위기의 실상과 평화협정(평화체제) 모색의 역사」, 『전쟁과 분단을 끝내는 한반도평화협정』, 한울, 2010

그레이엄 엘리슨(Graham Allison), 「미국과 중국은 투키디데스의 함정을 피할 수 있는가?」(Can America and China Can Escape Thucydides's Trap?), 최종현 학술원펴냄, 『중국, 새로운 패러다임 II』, 글항아리, 2020.

김나율, 「중국의 대미국 우회수출 추이 분석: ADB MRIO를 중심으로」, 한국무역협회, Trade Focus 2024년 19호.

린이푸(林毅夫), 「중국 경제 부흥이 세계경제에 미치는 영향(China's Rejuvenation and its Implication for Global Economy)」, 최종현 학술원펴냄, 『중국, 새로운 패러다임 II』, 글항아리, 2020.

서봉교, 「사회주의 경제와 자본주의사이에서」 이희옥·백승욱 엮음, 『중국공산당 100년의 변천: 혁명에서 신시대로』, 책과함께, 2021.

서정경, 「미국의 견제 속 '중국 특색 강대국 외교'의 시련과 응전」, 이희옥·조영남, 『중국식 현대화와 시진핑 리더십: 중국공산당 제20차 전국대표대회 분석』, 책과함께, 2023.

스위안화, 「포스트 샌프란시스코 체제와 한반도에서 중·미의 전략적 상호작용」, 김영호 외 17인, 『샌프란시스코 체제를 넘어서: 동아시아 냉전과 식민지 전쟁범죄의 청산』, 메디치, 2022

시진핑, (박연옥 역/김승일 감수), 「시대의 흐름에 순응하고 세계의 평화적 발전을 촉진시키자」, 『인류운명공동체 구축의 지속적 추진을 위한 논담』, 경지출판사, 2024.

옌지롱·라이센진(옌지롱편저, 성균중국연구소 옮김), 「중국 국가 거버넌스가 직면한 도전」, 『중국의 국가 거버넌스』, 책과함께, 2021.

옌지룽(燕繼榮)(옌지룽(燕繼榮)편저, 성균관대 성균중국연구소 옮김), 「국가거버넌스 현대화 추진의 임무와 역량」, 『중국의 국가 거버넌스』, 책과함께, 2021.

위완잉, 「중미 경쟁과 디지털 산업」, 성균관대학교 성균중국연구소 기획, 『미중 전략경쟁과 한반도: 한·중 학계의 시각』, 선인, 2021.

윤종석, 「시진핑 집권 10년 이후, 중국사회의 안정은 지속될까?」, 이희옥·조영남, 『중국식 현대화와 시진핑 리더십: 중국공산당 제20차 전국대표대회 분석』, 책과함께, 2023.

이삼성, 「동아시아 대분단체제론과 미중 갈등 그리고 한반도」, 『동아시아 대분단체제론』, 한길사, 2023.

이영학, 「'중국의 꿈 실현을 위해 중국군 현대화를 조속히 추진하다」, 이희옥·조영남, 『중국식 현대화와 시진핑 리더십: 중국공산당 제20차 전국대표대회 분석』, 책과함께, 2023.

이왕휘, 「미중 기술경쟁의 위기와 기회」, 성균관대학교 성균중국연구소 기획, 『미중 전략경쟁과 한반도: 한·중 학계의 시각』, 선인, 2021.

이현태, 「시진핑집권 3기, 중국경제는 어디로 가는가?」, 이희옥·조영남 엮음, 『중국식 현대화와 시진핑 리더십: 중국공산당 제20차 전국대표대회 분석』, 책과함께, 2023.

자오티양(趙汀陽), 「천하체계, 21세기 중국의 세계 인식과 미래 전망(天下槪念與未來問題)」, 최종현 학술원펴냄, 『중국, 새로운 패러다임 II』, 글항아리, 2020.

자오티양(趙汀陽), 「천하체계론-화이질서를 넘어 유토피아로」, 문정인, 『중국의 내일을 묻다: 중국 최고지성들과의 격정토론』, 삼성경제연구소, 2010.

자칭궈, 「중미관계 변화와 불변(中美關係 變化&不變)」 최종현학술원펴냄, 『중국, 새로운 패러다임 II』, 글항아리, 2020.
장윈링, 「시진핑 정부의 경제진단」, 최종현학술원 펴냄, 『중국, 새로운 패러다임 II』, 글항아리, 2020.
정재호, 「'강대국화'의 조건과 중국의 부상」, 정재호 엮음, 『중국의 강대국화: 비교 및 국제정치학적 접근』, 길, 2005.
정재호, 「중국의 개혁-개방 20년: 그 성공과 위기에 대한 평가」, 『중국 개혁-개방의 정치경제 1980-2000』, 까치, 2002.
조영남, 「시진핑, '일인지배'의 첫발을 내딛다」, 이희옥·조영남, 『중국식 현대화와 시진핑 리더십: 중국공산당 제20차 전국대표대회 분석』, 책과함께, 2023.
조영남, 「인터넷과 소셜미디어 통제」, 『중국의 통치체제2: 공산당 통제 기제』, 21세기북스, 2022.
조영남, 「제3부, 정치학습: '학습형 정당의 건설'」, 『중국의 통치체제2: 공산당 통제 기제』, 21세기북스, 2022.
차태서, 「탈냉전시기 미국의 대외전략과 동아시아: 단극구조와 자유주의 국제질서」, 최종현학술원, 『한미일중 100년 II: 냉전해체와 중국의 부상(1970-2023)』, 일조각, 2023
청시(程熙), 「당정 건설 국가 거버넌스의 영도역량 구축」, 옌지룽(燕繼榮), 「국가 거버넌스 현대화 추진의 임무와 역량」(옌지룽(燕繼榮)편저, 성균관대 성균중국연구소 옮김), 『중국의 국가 거버넌스』, 책과함께, 2021.
최우선, 「북한 비핵화 전망과 한국의 정책」, 『KDI 북한경제리뷰』 2019년 12월호.
최필수, 「중국의 경제안보형 산업 정책의 양상」, 이희옥·조영남, 『중국식 현대화와 시진핑 리더십: 중국공산당 제20차 전국대표대회 분석』, 책과함께, 2023.
황웨이핑(黃衛平), 「신창타이(新常態) 하에서의 중국 자본시장 발전」, 최종현 학술원펴냄, 『중국, 새로운 패러다임 II』, 글항아리, 2020.

Ernest Callenbach·Michael Phillips, 손우정·이지문 옮김, 『추첨 민주주의: 선거를 넘어 추첨으로 일구는 직접 정치』, 이매진, 2011.
Jonathan E Hillman, 박선령 옮김, 『디지털 실크로드』, 로크미디어, 2022.
강정구, 『미국을 알기나 하나요?』, 통일뉴스, 2004.

강정구, 『좌절된 사회혁명: 이 점령하의 남한·필리핀과 북한 비교연구』, 열음사, 1989.
김상준, 『붕새의 날개 문명의 진로: 팽창문명에서 내장문명으로』, 아카넷, 2021.
김영호 외 22인, 『샌프란시스코 체제를 넘어서: 동아시아 냉전과 식민지 전쟁범죄의 청산』, 메디치, 2022.
더글라스 러미스(이승렬·하승우 옮김), 『래디컬 데모크라시』, 한티재, 2024.
류젠쥔·천저우왕·왕스카이 지음, 구성철 외 3인 옮김, 『중국식 현대화의 논리2: 사회주의 중국을 움직이는 체계와 동력』, 산지니, 2024.
림 마휘, 마이클 행 시암 행(조세종, 심영보 옮김), 『코로나 19와 구조적 위기의 시대』, 사회적가치연구원, 2023.
마틴 자크(안세민 옮김), 『중국이 세계를 지배하면: 패권국가 중국은 천하를 어떻게 바꿀 것인가?』, 부키, 2010.
먀오웨이(강정규 외 옮김), 『중국 전기차가 온다: 자전거 왕국은 어떻게 전기차 강국이 되었나』, 글항아리, 2025.
문정인, 『중국의 내일을 묻다: 중국 최고지성들과의 격정토론』, 삼성경제연구소, 2010.
박승찬, 『알테쉬톡의 공습』, 도서출판 더숲, 2024.
박종훈, 『세계경제 지각변동』, 글로퍼스, 2025
서승 책임편집, 『동아시아와 샌프란시스코 조약체제: 3개의 분단과 2개의 정전을 넘어서』, 진인진, 2023.
에드가 스노우(홍수원·안양노·신홍범 옮김), 『중국의 붉은 별 상, 하』, 두레, 1995.
엘렌 랜드모어(남상백 옮김), 『열린 민주주의: 21세기 민주주의의 재발명』, 다른 백년, 2024.
王樹增(나진희·황선영 옮김), 『The Korean War, 한국전쟁: 한국전쟁에 대해 중국이 말하지 않았던 것들』, 글항아리, 2013.
이병한, 『테크노 차이나: 대반격과대격변의 서막』, 라이스메이커, 2022.
이철, 『차이나테크의 역습: 중국은 어떻게 기술 강대국이 되었나』, 경이로움, 2025.
이철의, 『국공내전: 신중국과 대만의 탄생』 엘피, 2023.
이희옥·백승욱 엮음, 『중국공산당 100년의 변천: 혁명에서 신시대로』, 책과함께, 2021.

조영남, 『중국의 통치체제 2』, 21세기북스, 2022.
파올로 제르바우도(남상백 옮김), 『거대한 반격: 포퓰리즘과 팬데믹 이후의 정치』, 다른백년, 2022.
평화·통일연구소, 『전쟁과 분단을 끝내는 한반도 평화협정』, 한울, 2010.
헨리 키신저 외 3인(백계문 옮김), 『21세기 패자는 중국인가: 세계석학 4인의 대논쟁』, 한울, 2012.

"[김진경의 오래된 유럽] 선진국의 '백신 국수주의' 중국·인도·러시아는 웃는다", 『피렌치의 식탁』, 2021.2.19(https://www.firenzedt.com/news/articleView.html?idxno=14463)
"'드론, 1톤 화물도 거뜬'··성큼 앞서간 중국 '저고도 경제'", 〈MBC 뉴스데스크〉, 2025.3.17.
"16차 브릭스 정상회담 '카잔 선언' 전문: 다자주의 강화, 공정한 글로벌 발전과 안보 촉진", 『중국 신화통신』, 김정호 번역, 2024.10.26(http://www.ulham.net/foreignissue/24113).
"2천만 원대 中 휴머노이드 로봇, 양산 모델 공개됐다", 『지디넷코리아』, 이정현 미디어연구소, 2024.08.20(https://v.daum.net/v/20240820140620461).
"AI 무기체계 현황 및 시사점: AI 드론을 중심으로", 『나보포커스』 제87호, 국회예산정책처, 2025.1.14.
"IMF "中, 향후 5년 세계경제 성장기여 22.6%로 1위…美는 11.3%" 한국무역협회, 2023.4.18.(https://kita.net/board/totalTradeNews/totalTradeNewsDetail.do?no=%2074582&siteId=1).
"WIPO 2024 글로벌 100대 과학기술 혁신 클러스터" 『ISSUE REPORT』, 2024.9. v.5, 한중과학기술협력센터(https://www.kostec.re.kr/sub0101/view/id/38010#u).
"强달러에 美 작년 무역적자 9천184억달러 '사상 최대'", 『한국무역협회』, 2025.2.6(https://www.kita.net/board/totalTradeNews/totalTradeNewsDetail.do?no=89410).
"국가별 과학기술 역량 분석 보고서(ASPI)와 중국 미디어의 평가와 반응", KOSTEC(한중과학기술협력센터), 2024.9.3(https://kostec.re.kr/sub0101/view/page/1/id/38002#u).

"러·우 전쟁의 끔찍한 결말! 곧 전세계 판도가 뒤바뀐다 (진재일 교수 3부)" https://www.youtube.com/watch?v=AjzQnQL0qjI

"이병한의 [미래견문 : PROTOPIA] 2035: 디지털 차이나", 『THE TOMORROW』, 2022.06.24(https://thetomorrow.cargo.site/PROTOPIA-10-2035).

"일본 닛케이社, 첨단기술 분야의 국가별 특허출원 순위 등 발표", 연구보고서 통권 2020-07호, 한국지식재산연구원, 2020.2.18.(https://www.kiip.re.kr/ipmap/board/trend/view.do?bd_gb=db&bd_cd=1&bd_item=0&po_item_gb=&po_cate_l=tc_D&po_cate_m=tc_D3&currentPage=62&po_no=19420).

"저장대·바이두(2025) 분석에 따르면, 미국은 기초(22.8%)·기술(37.3%)·응용(39.9%) 인력 비중이 균형적인 반면, 중국은 응용 비중이 61.8%로 매우 높고 기초 인력은 3.3%에 불과한 문제가 존재; 중커커쩨(中科科界) 2024 통계에서도 중국 AI 인력은 기초 17.1%, 기술 28.6%, 응용 54.3%로 응용 비중이 절반을 상회하고 기초 인력은 부족한 것으로 나타남", 『정책동향』, 한중과학기술협력센터, 2025.8.18, "AI산업 속도를 따라가지 못하는 중국의 인재 수급: 3대 수급 불균형"(https://kostec.re.kr/policy_trends/view/id/38276#u).

"中 5G 기지국 총 383만7천 개 달해...보급률은 60% 이상", 『신화망 한국어판』, 2024.7.7.

"중국 전자상거래 산업 발전 현황", 『정책보고』, 한중과학기술협력센터(KOSTEC), 2024.12.6.(https://kostec.re.kr/policy_trends/view/search_field/eNortjI2tlJy1CsuTcpKTS7RdtTLS8xNBVIlielAMjk_ryQ1r6RYyRpcMAypDUU~/search_keyword/eNoBM1wwzP9zOjQzOlwi7KSR6rWtIOyghOyekOyDgeqxsOuemCDsgrDsl4Ug67Cc7KCEIO2YhO2ZqVwiO_VaHeY~/page/1/id/38086#u).

"중국 해외 고급 인재 유치 정책과 10년의 성과", 『이슈 리포트』, KOSTEC, 2025.6.17(https://kostec.re.kr/sub0101/view/search_field/eNortjI2tlJy1CsuTcpKTS7RdtTLS8xNBVIlielAMjk_ryQ1r6RYyRpcMAypDUU~/page/1/id/38224#u).

"중국, 차세대 에너지 기술 핵융합특허 1위…美 2위, 日 4위" 닛케이 "中, 핵융합 연구 유력 특허 2015년 이후 대폭 늘려 미국 역전", 한국무역협회, 2023.2.23.

(https://www.kita.net/board/totalTradeNews/totalTradeNewsDetail.do;JSESSIONID_KITA=706055E933310CE37B6215).

"중국, 차세대 에너지 기술 핵융합특허 1위…美 2위, 日 4위" 닛케이 "中, 핵융합 연구 유력 특허 2015년 이후 대폭 늘려 미국 역전", 한국무역협회, 2023.2.23.(https://www.kita.net/board/totalTradeNews/totalTradeNewsDetail.do;JSESSIONID_KITA=706055E933310CE37B6215D72FA1CB4B.Hyper? no=73373&siteId=2&logGb=).

"중국 과기인재 발전 보고", 『정책보고』 2022년 09호, 한중과학기술협력센터(KOSTEC), 2022(https://kostec.re.kr/policy_trends/view/id/38085#u).

「2024년 우리나라 산업구조 동향 분석」, 『경제·산업 통계』 KIAT 산업기술정책단 정책기획실, 2024.5.30(https://www.iitp.kr/kr/1/knowledge/statisticsView.it?masterCode=publication&searClassCode=K_STAT_01&identifier=02-008-240710-000001).

Alexander Hurst, "A French university is offering 'scientific asylum' for US talent. The brain drain has started", Guardian, 2025.3.24(https://www.theguardian.com/commentisfree/2025/mar/24/french-university-scientific-asylum-american-talent-brain-drain).

Benjamin Plackett, "News 11 June 2025 Nature Index 2025 Research Leaders"(https://www.nature.com/nature-index/news/nature-index-research-leaders-united-states-losing-ground-china-lead-expands-rapidly).

David Wallace-Wells "What Happens if China Stops Trying to Save the World?", The New York Times, 2024.9.16.

Issue Report 2015년 제25호(2015.12), 한중과학기술협력센터.

Jihye Lee, "IMF raises 2023 economic outlook for Asia, sees China and India making up half of global growth" *CNBC*, 2023.5.1.(https://www.cnbc.com/2023/05/01/imf-asia-outlook-china-india.html).

Krishen Mehta, "지구촌 남반구에서 바라본 우크라이나 전쟁" 미국진보시민단체포탈 CommonDreams.Org, 2023.2.23.

Paolo Gerbaudo, 『The Great Recoil: Politics after Populism and Pandemic』, London: Verso, 2021.

강정화, “2024년 하반기 태양광산업 동향 보고서” 한국수출입은행, 2024 SEMI-ANNAL Report: VOL.2024-반기-1, 2024.12.26(https://docviewer.nanet.go.kr/reader/viewer).

김상준, 『붕새의 날개, 문명의 진로: 팽창문명에서 내장문명으로』, 아카넷, 2021.

김연지 기자, “중국, 전세계 신규 재생에너지 발전용량 2/3 차지…석탄비중 역대 최저”, 『ESG경제』, 2024.7.12(https://www.esgeconomy.com/news/articleView.html?idxno=7100).

김용원 기자, “화웨이 중국의 자체개발 EUV 내년 상용화 추진, 미국의 반도체 규제 대응”, 『BusinessPost』, 2025.03.12(https://www.businesspost.co.kr/BP?command=article_view&num=386661).

김유진 특파원, “미, 중국산 SW ‘빗장’···2027년식 커넥티드 차량부터 판매 금지”, 『뉴스플리』, 2024.9.23.

김진선기자, “중국산이 결국 최고예요”…Z세대 트렌드, 가성비 챙기고 ‘국뽕’은 덤, 『아시아경제』, 2024.10.26.

김진호, “허무의 제국, 미국은 러시아를 이길 수 없다”, 『시민언론 민들레』, 2024.4.9(https://www.mindlenews.com/news/articleView.html?idxno=7939).

김현경 기자, “전세계 소비전력 40%가 무탄소 전원...풍력·태양광 14% 차지”, 『ESG경제』, 2024.8.28.(https://www.esgeconomy.com/news/articleView.html?idxno=7722).

대외경제정책연구원(KIEF) [월간정세변화] “아프리카 대륙 내 점점 커지는 중국의 영향력”, 2022.8.31(https://www.kiep.go.kr/aif/issueDetail.es?brdctsNo=335336&mid=a30200000000&search_option=&search_keyword=&search_year=&search_month=&search_tagkeyword=&systemcode=05&search_region=&search_area=&currentPage=7&pageCnt=10).

류은주 기자, “中 배터리 쌍두마차 CATL·BYD, 내수시장 장악력 더 커져”, 『지디넷코리아』, 2024.11.17.

모종혁 중국 통신원, “‘코로나 종식’ 선언으로 장기집권 길 튼 中 시진핑”, 『시사저널』, 2021.5.11(https://www.sisajournal.com/news/articleView.html?idxno=216570).

박상기 ifsPOST 대기자, “바이든, 핵심 산업 탈(脫)중국 강화, 동맹국들과 ‘연대’ 모색” 국가미래연구원(ifs), 2021.2.28(https://www.ifs.or.kr/bbs/board.php?bo_table=News&wr_id=3391).

방성훈 기자, “‘최종 조립만 할게’…중국 기업들, 빠르게 남반구 장악중”, 『이데일리』, 2024.8.2.

봉강호(AI정책연구실 선임연구원), “우리나라 및 주요국 인공지능(AI) 기술수준의 최근 변화 추이(2023년 조사 기준)” SPRi소프트웨어 정책연구소, 2024.2.28(https://spri.kr/posts/view/23683?code=industry_trend).

손영주, “중국 과학논문, 질적 측면 미국 추월”, 한국과학기술정보연구원(KISTI), 2022.4.4 (https://www.kisti.re.kr/promote/post/news/5590#).

송현서기자, “UFO 닮은 中 ‘드론 조기경보기’ 실체 공개”, 『서울신문 나우뉴스』, 2025.2.26.

한승동, “세계 재생에너지 발전 30% 넘어…한국 뒷걸음질” 『민들레』, 2024.5.8(https://www.mindlenews.com/news/articleView.html?idxno=8237).

이병한의 미래견문, “그린 거버넌스: 홀어스, 홀이코노미”, 2022.6.10(https://thetomorrow.cargo.site/PROTOPIA-9-1).

이해영, “한반도-대만에서 동시 전쟁나면 한국 GDP 60% 떨어진다” [2024 평화통일시민강좌] ⑥ 이해영 한신대국제관계학부교수·황남순 평화통일시민행동사무국장, 2024.10.30(https://www.pressian.com/pages/articles/2024102815591909197).

이해인기자, “크레인도 트럭도 무인화‥치열해진 스마트 항만 경쟁”, 〈MBC 뉴스〉, 2024.4.13.

전병수 기자, “세계 최고 권위 반도체 학회서도 中 굴기… 3년 연속 최다 논문 채택”, 『조선비즈』, 2024.11.28.

정수영기자, “중국, 결국 일냈다…창신메모리, 프리미엄 D램 깜짝 공개”, 『이데일리』, 2025.11. 24.

정의진·신동평, “3대 게임체인저 분야 기술수준 심층분석 ①: 반도체 강국으로 재도약을 위한 미래 이슈”, 한국과학기술기획평가원(KISTEP) 기술예측센터, 2025.2.19.

정혜연 기자, [이코노미스트] “미국 추종 대신 실용주의 추구, 127개 국가에 달한다” 『민중의 소리』, 2023.4.16.(https://vop.co.kr/A00001631351.html).

조민정 기자, “中, EUV도 자체개발…美 제제가 반도체 자립 키웠다; 화웨이, EUV 3Q 시범 생산…2026년 양산 목표; LDP 기술 채택…ASML보다 저렴, 에너지 효율성↑; 파운드리 SMIC 도입 시 7나노 이하 칩 양산 가능”, 『이데일리』, 2025.3.13(https://www.edaily.co.kr/News/Read?newsId=04247606642102992&mediaCodeNo=257).

중국전력기업연합회(China Electricity Council, CEC), ‘2024~2025년 중국 전력수급 현황·전망 보고서’, 『세계 에너지시장 인사이트』 제25-3호, 2025.2.17(https://www.keei.re.kr/pdfOpen.es?bid=0014&list_no=124561&seq=1).

한국무역협회베이징지부, “중국-아프리카 무역투자 동향”, 2022.4.20, 11(https://m.korcham-china.net/files/board/0009/5DD7FAE2-5F5D-41B6-BE98-B2A2E7996B82.pdf)

한우덕 차이나랩 선임기자, “화웨이 최첨단 기술 장착, 중국 전기차 초격차 향해 질주”, [한우덕의 차이나 워치] 상하이 모터쇼 르포, 『중앙SUNDAY』, 2025.5.10(https://v.daum.net/v/20250510000147514).

Asa Fitch and Stu Woo, “The U.S. vs. China: Who Is Winning the Key Technology Battles?”, April 12, 2020.

Bernstein, Richard and Ross Munro, The Coming Conflict with China (Alfred Knopf, 1997)

Henry M. Paulson, “America’s China Policy Is Not Working: The Dangers of a Broad Decoupling”, *Foreign Affairs* January 26, 2023.

Swaine, Michael, “Don’t Demonize China”, *Washington Post* (1997.05.18).